国家出版基金项目
NATIONAL PUBLICATION FOUNDATION

“十三五”国家重点图书出版物出版规划项目

—— 面向未来的交通出版工程·交通大数据系列 ——

国土空间规划背景下的交通大数据分析技术

杨东援　李玮峰　段征宇　张天然　邵　丹　张晓明／著

同济大学出版社·上海

图书在版编目(CIP)数据

国土空间规划背景下的交通大数据分析技术/杨东援等著.—上海:同济大学出版社,2022.6

面向未来的交通出版工程.交通大数据系列 "十三五"国家重点图书出版物出版规划项目

ISBN 978-7-5765-0117-9

Ⅰ.①国… Ⅱ.①杨… Ⅲ.①数据处理—应用—交通运输管理—研究—中国 Ⅳ.①U495

中国版本图书馆CIP数据核字(2022)第005587号

"十三五"国家重点图书出版物出版规划项目

国家出版基金资助

上海市新闻出版专项资金资助

面向未来的交通出版工程·交通大数据系列

国土空间规划背景下的交通大数据分析技术

杨东援 李玮峰 段征宇 张天然 张晓明 邵 丹 著

丛书策划: 高晓辉

责任编辑: 高晓辉

责任校对: 李 杰

封面设计: 王 翔

出版发行	同济大学出版社 www.tongjipress.com.cn (地址:上海市四平路1239号 邮编:200092 电话:021-65985622)
经 销	全国各地新华书店、建筑书店、网络书店
排版制作	南京文脉图文设计制作有限公司
印 刷	上海安枫印务有限公司
开 本	787mm×1092mm 1/16
印 张	24
字 数	599 000
版 次	2022年6月第1版
印 次	2022年6月第1次印刷
书 号	ISBN 978-7-5765-0117-9
定 价	188.00元

内 容 提 要

国土空间规划承担着国土空间开发与保护的职责，其任务是实现国土空间治理和国土空间资源的高效利用，其规划产出不仅是国土空间开发与治理的空间策略性方案，还包括实施过程中由规划部门承担的管控机制。综合交通规划的决策内容，属于具有“公共政策性”的技术策略，为了与具有引领和管控作用的国土空间规划体系相融合，需要在空间组织顶层设计过程中建立一种跨行业、跨领域的有效沟通的决策支持语境。依据“空间中的关系—空间中的行为—空间中的网络”的分析逻辑，通过大数据环境下基于证据的决策分析方法，这方面的研究课题由于制度环境变革、规划任务转变和政策议程调整而成为受到关注的研究领域。

全书分为三个部分：第一部分是在理解国土空间规划制度背景的基础上，重新梳理对交通系统的认识，帮助读者理解交通大数据分析的技术价值；第二部分介绍交通规划领域基于大数据资源的实践探索，帮助读者了解相关技术的应用情况，理解大数据资源的技术价值；第三部分则是围绕“空间中的关系—空间中的行为—空间中的网络”的基本逻辑，介绍学术研究成果。本书适合交通规划师、交通信息工程师和城市规划师阅读，也可以作为交通规划、交通信息等专业领域的研究生教材。

作者简介

杨东援，同济大学交通运输工程学院教授，博士生导师，享受国务院政府特殊津贴。现任中国城市交通规划学会副主任委员，上海市城市规划行业协会会长。曾任同济大学党委副书记、副校长、交通运输工程学院院长等职务。长期从事城市交通规划、物流系统规划、交通大数据分析、交通信息工程等方面的研究，曾主持国家自然基金重点项目等多个国家及省部级科研项目，承担上海世博会交通规划研究，以及城市交通规划、智能交通系统规划、物流规划等数十项技术应用项目。研究成果获公安部科技进步奖一等奖、华夏建设科学技术一等奖等奖项。著有《大数据与城市交通治理》《透过大数据把脉城市交通》《大数据环境下城市交通分析技术》《连续数据环境下的交通规划与管理》《交通规划决策支持系统》等专著。

李玮峰，同济大学交通运输工程学院助理研究员，博士。研究方向为交通规划、智能交通系统规划和交通大数据分析。参加国家重点研发计划项目 1 项，国家自然基金重点项目 2 项、面上项目 2 项，国家科技支撑计划项目 2 项，地方政府和科研院所的研究与咨询项目多项。发表期刊及会议论文 50 余篇，其中 SCI 检索 16 篇、EI 检索 20 余篇；出版专著 3 本；获得发明专利 4 项，软件著作权 3 项。

段征宇，同济大学交通运输工程学院副教授，博士生导师。入选上海市浦江人才计划(2016)。长期从事交通规划和交通大数据分析等方面的研究。主持国家自然科学基金项目 1 项、国家重点研发计划子课题 1 项、省部级项目 8 项，主持和参加地方政府和科研院所的交通规划、交通大数据与仿真平台等咨询项目 20 多项。研究成果获上海市科技进步一等奖(2020)、钱学森城市学金奖(2020)、华夏建设科学技术一等奖(2018)、深圳市科技进步一等奖(2018)等奖项。发表期刊及会议论文 100 余篇，其中 SCI/SSCI 检索 20 篇、EI 检索 50 余篇；出版专著 7 本；获得发明专利 7 项，软件著作权 4 项。

张天然，上海市城市规划设计研究院交通分院副院长，综合交通首席规划师，博士，正高级工程师。兼任中国城市规划学会交通规划学术委员会委员，中国仿真学会交通建模与仿真专业委员会委员，上海市交通委员会科学技术委员会委员等。主要研究方向为综合交通规划和交通模型，交通地理信息系统和大数据等。作为主要负责人和参与人承担了国家级和省部级科研项目6项，研究成果获得20多个奖项。入选上海市青年拔尖人才，获得第四届中国城市规划青年科技奖。发表学术论文40篇，著有《基于交通网络均衡理论的交通需求管理政策评价研究》等专著。

邵丹，上海市城乡建设和交通发展研究院交通所副所长，中国城市交通规划学术委员会副秘书长，享受国务院政府特殊津贴。长期从事综合交通规划、交通政策与法规、低碳可持续发展、大型活动交通组织等方面的研究。曾参与完成上海世博交通保障总体方案、上海市交通发展白皮书、上海市综合交通五年规划等重大任务。研究成果获得华夏建设科学技术奖(二等奖)、上海市决策咨询研究成果奖(一等奖)等。著有《上海交通发展政策演变》《上海世博交通研判技术与实践》等专著，是2013版上海市交通发展白皮书主要起草人。

张晓明，广州市城市规划勘测设计研究院交通规划设计所所长、未来城市实验室主任，高级工程师。兼任中国公路学会城市交通分会常务理事，中国城市交通规划学术委员会青年专家组成员，广州都市发展研究会理事。长期从事城市交通规划、交通枢纽TOD规划与设计、物流规划、空间规划大数据等方面的研究。主持广州市综合交通枢纽总体规划、广州市交通物流融合发展规划、广州铁路客货运枢纽概念方案及周边土地综合开发规划研究等各类城市规划和科研项目100余项，研究成果获得国家、省(部)、市级各类规划设计及科技奖40余项。参与编写《道路交通运行可靠性理论及应用》《广州市城市道路全要素设计手册》等专著。

“面向未来的交通出版工程·交通大数据系列”

丛书编委会

总 序

FOREWORD

城市交通领域正在发生一系列深刻的变化。在管理体制变革、相关技术领域创新以及社会发展目标变化的背景下，城市交通战略与对策规划方法、技术支持系统务必作出相应的调整。如何将与交通相关的大数据资源转变为决策支持，进而提升相关的行动效果，正是在此背景下提出的重要课题。

当前，正值交通规划与战略决策体系变革的热潮，我非常高兴地看到"面向未来的交通出版工程·交通大数据系列"丛书的编写稿。这套丛书涵盖了基础分析理论、实践经验总结、平台构建实操以及领域场景应用思考等各个环节，为城市交通规划、设计和管理领域大数据技术的应用推广提供了宝贵的理论依据和实践范例。丛书的作者们长期致力于交通大数据分析领域的研究与实践，字里行间蕴藏着他们的不懈努力和辛勤付出。

在生态文明的前提下，强调以人为本的城市交通，面临着通过技术与政策解决社会问题的巨大挑战，是一个需要体系化作战才能取得胜利的战场，也是一个存在诸多未知和不确定性的领域。经过多年努力，尽管我们已经在交通网络连接方面取得了巨大的成功，在构建健康社会和经济空间结构方面不断取得进展，却依然面临社会治理模式、城市生活模式和经济发展模式转型的挑战。因此，突破原有经验和理论的束缚，通过创新决策方式、创新服务模式、创新对策方法，探寻城市交通可持续发展的路径，显得尤为重要。

交通大数据技术所展现出的应用前景，对于城市交通复杂系统的可持续发展具有重要的意义。它能够帮助管理者和研究人员更加及时、准确地认识城市交通自身属性，乃至认识所关联的社会经济环境发生的变化，更快地掌握演化进程中的各种规律，更好地适时响应外界环境变化对城市交通系统生存发展的调控需求。交通大数据已经成为科学决策不可或缺的基础资源与技术支持手段。

对于处在变革和创新时代的城市交通来说，交通大数据技术绝非信息技术的简单应用，而是推动管理和决策模式变革的一种技术手段。正因如此，对于应用场景的深入理解，对于管理和决策科学的融会贯通，是交通大数据研究的精髓，也是这套丛书的独到之处。在领略大数据应用逻辑的基础上研究数据处理方法，是这套丛书向读者传递的重要学术内容。

尽管我们在交通大数据技术研究和应用方面取得了可喜的进展，但若想真正进入“自由王国”还需付出更大的努力。希望这套丛书的出版，能够帮助更多人进入这一富有挑战和希望的领域，从而更好地推动城市交通领域的技术进步。

（全永燊）

2021年11月

前言

PREFACE

伴随社会发展和体制变革，交通规划所处的制度环境和规划逻辑随之变化，交通规划所具有的公共政策导向的技术策略属性更加凸显，支持规划的决策分析任务也随之改变。遵循物理定律的传统交通网络流分析理论，建立在小样本意愿调查基础上的行为分析理论，已经不能满足分析的要求，必须对技术方法体系进行拓展。

在多年来的研究和实践探索中，我深感“就交通论交通”(局限于技术对策方案本身的研究)已经难以适应时代的要求，需要在新的制度架构背景下建构新的技术语境，并探讨与之适应的技术方法。这种需求变化为交通大数据分析技术提供了宽广的舞台，同时交通大数据分析也将成为决策支持模式变革的技术催化剂。

本书的内容是由一批在交通大数据分析领域中不避困难、坚持探索的研究者和技术人员共同创造完成，包括我所在课题组的教师和众多研究生，以及很多实际工作岗位上的志同道合者。本书第5章由邵丹执笔，第6章由张晓明执笔，第7章由张天然执笔。除了本书的著作者以外，第5章的研究工作中融入了王媛、陈欢、沈云樟、王磊、刘明姝、陈俊彦、许丽等的宝贵心血；在第6章中，廖顺意、胡至赛、周清雅作出了重要的贡献；第7章包含了魏贺、朱春节、李家斌、丘建栋、郑猛等的卓越工作成果。特别要感谢的是，周翔作为《上海市城市总体规划(2017—2035年)》编制工作的亲历者应邀执笔了第2章中的相关案例，博士研究生余庆在重要技术环节做出了富有成效的工作。直接参与本书研究工作的，还有课题组的研究生钱晨、宋少飞、李哲、何凌晖、吴钰茹、汪淳、贺璇、谭明基、李秀劲、赵浩然、顾名祥、刘晓磊等。感谢为本书提供案例的众多研究者，缺少了他们的贡献，本书恐怕会严重脱离实际。另外，课题组许多已毕业研究生的大量研究工作，为本书写作奠定了扎实的基础。感恩为此作出各种奉献的所有合作者。

希望将此书奉献给陪伴我38年的爱妻，难忘她早年为我誊抄论文，难忘她无怨无悔地承担了家庭重任；希望将此书奉献给我的父亲，他正直的为人和严格的教导，令我终身受用；希望将此书奉献给我的导师，他严谨求实的作风和踏实奉献的精神，永远铭刻在我的心中。

对我来说，科学研究工作已到谢幕之时，但交通大数据分析技术领域才刚刚拉开大幕。这是一条富有挑战性的道路，需要跨领域的宽广知识结构，需要在数据海洋中艰苦探索，需要对实际工作做深入了解，更需要的是对事业的热爱与奉献。相信后浪会很快超越前浪，期待后来者作出更加卓越的贡献。

（杨东援）

2022年元旦

目 录

CONTENTS

1 绪　论

国土空间规划体系的建立，对综合交通规划来说意味着制度框架的变化、规划逻辑的转变、实施模式的转型，综合交通系统分析方法的变革需求随之产生。这种变革并不仅限于技术工具的变化，还包括决策支持工具使用方式的转变。

大数据技术提供了针对研究对象多角度、多层次的连续观察能力，但所获得的并非直接给出最终答案的计算工具，而是一种建立在大量间接证据基础上的决策助手[1]。它很难适应传统意义上{肯定、否定}的0-1抉择思维，但能够帮助人们探讨问题，并逐步深化人们对问题的理解。大数据技术这一特有的研究范式，对于本质上属于公共政策安排，且需要获得相关部门和行业有效支持的交通规划来说，能够带来决策支持方面的根本性变革。

1.1 对国土空间规划体系的理解

在新的规划体系架构背景下，深入理解国土空间治理与国土空间规划，对于厘清它们与综合交通系统相关的任务，处理好综合交通规划与国土空间规划之间的关系是极为重要的，这同时也揭示了在新的规划逻辑下中国交通规划理论所需要实现的转型任务。

为了协调原有众多与空间使用相关的规划，我国进行了一系列从自身国情出发的改革探索。在经历了"多规合一"、省级空间规划试点、城市总体规划编制试点等尝试之后，迎来了制度基础上的直接变革。在生态文明发展观指导下，为了有效推进国土空间治理，针对"政出多门"、规划逻辑差异导致空间治理难以有效实施的问题，中央最终选择了部委机构改革方案，组建新的自然资源部"统一行使全民所有自然资源资产所有者职责，统一行使所有国土空间用途管制和生态保护修复职责"，"建立国土空间规划体系并监督实施，将主体功能区规划、土地利用规划、城乡规划等空间规划融合为统一的国土空间规划，实现'多规合一'，强化国土空间规划对各专项规划的指导约束作用"[2]。

新的制度架构摒弃了原有城乡规划自下而上的模式，增强了自上而下的刚性管控[3]。这不仅体现在国土空间规划所建立的"五级三类"架构，更为逐步建立完善的编制审批、实施监督、法规政策和技术标准四个子体系提供运行和实施的保障。

针对具体实施传导，《中共中央　国务院关于建立国土空间规划体系并监督实施的若干意见》中明确提出了"健全规划实施传导机制，确保规划能用、管用、好用"的要求。传导机制包含三个目标：一是强化自上而下的功能，要"体现战略性""自上而下编制各级国土空间规划"，要使中央和上级政府的理念要求、战略意图、管控要求得以逐级贯彻落实；二是强化专项规划，要"强化国土空间规划的基础作用""国土空间总体规划要统筹和综合平衡各相关专项领域的空间需求"；三是强化核心内容的规划，在分清上下级政府和同级政府部门的事权基础上，实现"管什么、批什么，批什么、编什么，编什么、传导什么"，避免成为对专项规划的替代，重点明确规划约束性指标和刚性管控要求的向下传导，加强规划传导的强制性。

1.2 综合交通系统的任务演变

回顾历史，可以清晰地梳理出“连接—重组—转型”这样一条综合交通系统任务演变的脉络。

经过数十年的艰苦努力，综合交通系统在国土使用与开发中的作用日益显现。铁路、公路、航空和管道等交通基础设施网络，连接了资源分布极不均衡、地形阻隔严重的中国各部分，依托基础设施网络展开的交通服务和物流服务网络，更是依托中国庞大城镇体系构建了全球最为完整的产业链，并形成了覆盖超世界 1/5 人口的超大规模市场。同时，这一交通服务和物流服务网络正在向农村地区拓展延伸，支持扶贫攻坚并逐渐改变中国长期以来存在的二元化社会结构。

在建设生态文明、以人民为中心的发展建设理念指导下，交通系统不仅承担了自身转型发展的任务，更将成为转变发展模式、引导社会生活和生产方式转型的政策工具。

在经历了改革初期“还欠账”的基础设施建设、与城市快速发展相适应的一体化网络建设、融入城市网络的互通互联系统建设等发展阶段之后，伴随发展理念转变，以及城镇化进入城市群发展的新阶段，其综合交通系统的使命也进入作为空间组织策略的技术手段促进社会和经济发展模式转型的“深水区”。

一系列变化促使研究者重新认识交通与交通系统，从物理空间中的系统优化，走向三元空间中的体系化对策。交通规划从传统上围绕“车”的技术对策，转向以人为核心的公共政策导向的技术策略。相关决策分析要求，从给定社会经济外生变量条件下的系统优化设计，拓展到将部分社会、经济要素纳入决策研究范畴的政策议程。

这种规划决策理论的变革需求，并非限于中国特定的制度环境。交通规划转向移动性规划，规划目标凸显以人为本，对策行动转向综合施策，推进策略强调多部门协同等，这些已经成为国际上城市与交通规划的发展趋势。

这种变化扩大了决策分析中的非结构化问题份额，改变了对策研讨的参与者结构，从而造成基于 OD（Origin Destination）的传统技术分析方法体系难以适应的局面，因而要求交通规划决策分析技术进行相应的变革：①认识论从物理空间概念主导，转向三元空间中的复杂适应系统；②研究对象从以交通网络为中心，拓展到交通网络与空间的关系；③研究任务从制定技术对策方案，转向制定公共政策导向的技术策略方案；④研究内容从拟定和评价技术方案，扩展到方案形成过程中的沟通与协调；⑤研究方法从定量分析为主体，转向从定性到定量的有机融合过程；⑥数据资源从“专项定制数据”，转向充分利用多源异构数据。

1.3 在规划变革中的交通大数据技术

大数据技术的出现创造了“将大数据资源转变为决策能力，进而提升行动效果”的技术发展机遇。大数据分析提供的从更宽广角度、更多层次连续观察研究对象的能力，将在新制度框架内的技术分析和沟通协作中发挥宏观空间策略议题中的技术工具、规划传导过程中的沟通工具、研究系统演化规律的学习工具等关键性作用。

1. 宏观空间策略议题中的技术工具

国土空间规划在总体层面上以“1 取代 N”的方式整合相关规划的内容，促成新的整体性规划语境。

“国土空间规划是对空间使用的规划，不是对自然空间的划分，其核心是建立各种空间使用之间的关系，而空间使用的关系、空间使用本身都涉及空间使用的质量”[4]。在国土空间规划体系中，交通网络作为构建空间关系、优化空间结构的重要技术手段，以及改变国土环境的重要人造设施，其任务领域不再局限于对土地使用的支持保障，而是需要扩展到区域发展战略、空间关系组织、空间正义实现等范畴。

我国城镇化已经进入以城镇群为主体的发展阶段，生产要素在区域范围内重新布局，产业链上下游关系和职住关系正在通过适应调整，突破行政边界进而建立新的平衡。都市圈、城市群已成为承载人民幸福和国家竞争力的全新空间载体，双城生活、异地通勤、跨区多点执业等将成为全新的生产、生活形态。与此相适应，综合交通规划开始超越城市范畴，在“城市—区域”架构内构建综合交通网络。城市、都市圈、城市群等不同层级的空间联系需求及其叠加效应，亟待能够适应新型空间结构的交通网络分析理论的支持。

在空间关系组织等宏观策略议程中，“空间中的关系—空间中的行为—空间中的网络”决策分析逻辑，将替代传统理论中基于 OD 的网络交通流组织的技术逻辑。基于大数据的空间关系解构、空间行为识别，为研究综合交通网络在空间组织中的作用提供了技术支持手段。

2. 规划传导过程中的沟通工具

新的国土空间规划强化了自上而下的刚性管控机制，总体规划对专项规划发挥着引导与约束的作用，专项规划研究成果需被纳入详细规划之中才能成为法定内容。

总体层面上的“1 取代 N”融合，并不否认体系框架中的“1＋N”关系。由于综合交通系统层级强关联、系统强耦合的特点，保持其决策逻辑的连续性、战略意图的传导性、系统架构的整体性，需要使其有机融入而非简单地并入新体系之中。

国土空间规划体系中的总体规划传导，既包含“空间规划—专项规划”之间的横向传导，也包括“总体规划—单元/分区规划—详细规划”的纵向传导。大数据环境下基于证据的决策分析方法，一方面搭建了横向传导中促成共识的桥梁，另一方面则在纵向传导中发挥了从政策性、策略性内容向工程技术性布局方案转化过程中的协调作用。

3. 研究系统演化规律的学习工具

综合交通系统属于复杂适应系统，其演化的复杂性来自系统中行为主体在外部环境和相互关系交互作用下的适应性行为。在社会和经济转型发展的阶段，规划者不断深化对研究对象的认识，主动发现和纠正认识偏差，才能跟上时代发展步伐。基于大数据技术环境的连续追踪观测，正是这类学习过程中的关键性技术手段。

交通大数据分析技术将成为新的规划决策分析模式的催化剂。作为“公共政策性的技术策略”的交通规划，需要一种从宏观概念到具象网络的论证过程。由于体制特点，国土空间规划顶层设计中的战略研究一般采用目标导向的分析模式，往往会出现主观期望过强、趋势预判和挑战应对研究不足的倾向。与此同时，科层式规划管理模式下，管理者个人意志过强，导致干预过多，这一现象很难避免。为充分了解情况，正确理解问题结构，严谨判断趋势，客观认识挑战与任务，需要在规划的顶端层级中增强量化证据的作用。在大数据技术的推动下，顶层设计阶段的定性定量集成研讨的科学性和综合性将被增强。

需要强调的是，大数据分析与传统技术工具的使用方式有很大的不同，它所提供的是一组辅助判断的间接证据，而非直接的技术结论。将间接证据组织为证据链，并形成判断结论的过程被称为“情报决策”。宏微观嵌套的分析模板、从关联到因果的循证分析技术[5]、大数据环境下基于证据的群决策，是情报决策过程中的重要手段，而人是这个过程的最终掌控者。

与具有规范化使用程式的传统模型不同，交通大数据分析呈现的是一套借助“主题”组织起的技术工具。这些工具需要通过实际问题的“议程”组织成为工作程序，转化为人-机结合的决策分析过程。因此，根据实际问题合理拟定“议程”，并据此明确大数据的应用逻辑，是交通规划专业领域中大数据应用不可或缺的重要环节。

1.4 实践中的探索

经过多年努力，交通大数据分析已经不再是停留在理论探讨层面的技术。近年来，全国各地进行了一系列有价值的实践摸索，所取得的经验为本书的理论研究提供了素材、启示、经验和验证。

交通白皮书是交通战略与政策框架的融汇，交通白皮书编制过程中，建立在大数据资源基础上的态势判读，为部门和行业之间达成共识奠定了基础。《上海市交通发展白皮书》的成功编制，得益于持续进行的信息采集，定期进行的交通大调查，以及广泛采集的相关信息，充分利用了大数据资源，将其转化为决策判断能力。对既有白皮书的执行情况评估，以及对于当前阶段所面临的挑战，能够给出一个清晰的描述，有效支持了白皮书整体战略拟定的决策议程。

以人为本的规划理念，要求规划师和管理者深入理解城市中相关社会群体所认识、所使用的空间。围绕公共交通可达性和公共服务可及性展开的技术分析与评价，不仅是国际发展潮流，也已经引起国内特大城市的高度关注。充分利用多年努力建立起来的信息平台，上海、北京、广州、深圳、武汉、杭州等城市展开了富有成效的探索工作，其实践经验验证了将空间与网络之间的关系作为研究对象的技术路径可行性，展示了观察角度变换所带来的决策帮助。

城市更新并非单纯的物理空间意义上的吐故纳新，而是社会空间关系的重构、城市空间活动系统的重组。在城市更新过程中借助大数据资源实现精细化观察和分析问题的重要性，已被广州的实践探索所验证。在常规态势感知基础上，在精细尺度上摸清"人—地—房—设施"的底牌，并以此为基础深层次理解城市的空间活动，准确把握城市更新过程中城中村改造等举措所面临的问题，为公共政策和技术策略的科学决策奠定了基础。

由于诸多原因，规划领域的交通大数据应用和实践在一定程度上走在了理论的前面。与此同时，实践中面临的大量挑战，诸如总体规划纲要阶段的空间关系组织策略、城市群/都市圈区域的轨道交通网络规划、赋予外围新城发展活力的技术策略、健康空间关系的引导策略等，一直在呼唤理论研究成果的支持。

1.5 建立新的技术分析逻辑

空间中的关系—空间中的行为—空间中的网络提供了一条围绕结构关系研究空间与网络关联的技术逻辑主线，其核心技术思想是实现空间联系的结构表征，并据此展开空间关系与空间网络之间的关联分析。空间中的行为分析发挥获取因果关系启发性信息、搭建联系空间与网络的桥梁的作用。

空间中的关系是在公共服务要素分布与交通网络的共同作用下，由社会行为主体经过一个历史演化过程而形成的。站在规划立场所关注的关系包括职住关系、城市对外联系空间、公共服务覆盖和发展机会可达性等。这些空间中的关系与城市居民通勤时耗、绿色出行比例、区域活力等国土空间规划及交通规划所关注的目标紧密相关。

针对"空间中的关系"的研究，可以划分为城市网络与空间区域两个层级。城市网络层级专注于城市与网络（企业关联网络、交通运输网络、信息沟通网络）的关系研究，在宏观战略与政策研究中发挥作用；空间区域层级针对空间中的关系研究，从场所与网络关系角度来观察问题，主要用于支持空间规划及交通规划涉及的系统架构、网络布局、技术策略制定等决策问题。

空间关系的外在表现是空间中的流动。基于空间中的网络流，通过复杂网络理论提供的社区识别等技术工具发现内在模块化结构，是空间关系结构表征的核心研究内容。为了适应空间关系、空间行为的归因分析要求，将建成环境的表征从场所环境转变为联系环境。场所环境主要采用栅格或者分区内的公共服务等要素集聚情况加以表征，其中伦敦所采用的公共交通可达性指标(Public Transport Access Level，PTAL)仅表达了在分区内进入公交系统的方便程度，与所去目的地的交通时耗无关，本质上还是属于场所环境的概念。联系环境针对的是城市居民所认识和所使用的空间属性，综合考虑交通通达时耗与目的地要素分布等因素的联合作用，从居住/就业于特定空间位置中的人的角度，表征所认识与使用的城市空间，进而为建成环境赋予活动空间内涵。

采用“空间中的网络”取代“空间网络”概念，强调的是空间与网络融合的思想。具体包括网络服务在空间中的延展覆盖(例如轨道站点的空间服务/影响范围)、网络对空间联系的贡献(例如公交专用道对城市空间连通的贡献)、场所对网络的影响(例如轨道站点周边地区要素集聚对客流的影响)等。覆盖与连通是与空间关系结构进行关联分析的技术概念，希望能够在进一步研究工作中建立空间关系与交通网络之间的关联模型(很有可能是一种半定量模型)，以更好地支持相关规划决策。局部场所对网络流量的影响，在于进一步向线路沿线场所特征集计效应与线路流量规模的关联方向扩展研究，以更加有效地支持城市群/都市圈区域的轨道布局规划。

空间中的行为是联系空间中的关系与空间中的网络的技术分析纽带，其主要任务是对于两者之间关联的归因分析。空间规划与交通规划，其本质是公共政策的安排。这就决定了其决策结论所需的慎重性要求，以及决策过程为达成共识产生的证据信度说明要求。正因为交通大数据分析不可能像商业大数据分析那样完全忽视因果探寻，空间中的行为分析成为重要的技术内容。由于交通大数据并非专门定制数据(例如经过严格方案设计和统计检验的交通调查所获得的数据)，数据信息密度相对较低，无法使用严格数学模型描述空间要素分布和网络连通条件下的行为主体的空间活动，因而只能采用多维聚类等方法进行行为类型识别，并通过关联分析从中找寻因果征兆。[6]因此，空间中的行为分析需要将依据大数据的初步判断，与依据小样本调查的行为分析模型相结合，才能够更好地揭示空间中的行为背后的因果。

1.6 阅读建议

本书主体内容由三部分构成：

第一部分由第2—4章组成，阐述制度环境及技术环境变化。规划制度架构的变革使得交通大数据分析技术的需求变得十分迫切。为准确把握技术需求，展开相关研究工作，跟上时代发展，引入相关学科的新理念，重新审视对综合交通系统的认识，重新思考新的任务体系下的决策分析方法。

第二部分由第5—7章组成，介绍与大数据相关的实践探索。从中可以了解部分先行单位在数据平台、大数据资源应用等方面取得的宝贵经验。交通白皮书的案例为我们提供了围绕交通宏观战略分析的议程示范；针对城市更新的广州案例，展示了在存量规划中精准把握交通需求的必要性与方法；交通可达性与公共服务可及性，通过国内外城市实践揭示了如何在大数据资源支持下，以人为本观察和处理城市交通规划问题的成功方法。

第三部分由 8—10 章组成，介绍在“空间中的关系—空间中的行为—空间中的网络”分析逻辑下的一系列具体技术与方法。

得益于近年来的工作角色，笔者及团队能够在城市规划与交通规划变革过程中比较深入地了解相关问题，深感制度环境变化呼唤技术变革的迫切性。交通规划师不能仅满足于如何制定一个好的对策方案，更应该关注如何将问题及时提上政策议程，在制定对策过程中如何形成共识，以及在规划制定执行过程中如何协调落地。

适应顶层设计阶段的规划语境，产生了决策分析逻辑变化的要求；规划传导过程中的引导与控制，产生了对交通网络功能属性的分析要求；交通系统所承担的社会责任，产生了对公共政策导向下技术策略的效果预判要求。这些新的技术要求必须引入新技术方法的驱动力。

本书的研究工作只是一个起步，限于数据资源条件与研究精力的局限，主要对关键的技术环节进行了探索，对于技术的综合应用仅在第 11 章中提出框架性构想。希望能够抛砖引玉，期待以后的研究者能够获得更好、更加深入的成果。

参考文献

[1] 杨东援，段征宇. 透过大数据把脉城市交通[M]. 上海：同济大学出版社，2017.

[2] 中共中央　国务院关于建立国土空间规划体系并监督实施的若干意见[EB/OL]. [2019-05-23]. http://www.gov.cn/zhengce/2019-05/23/content_5394187.htm.

[3] 赵民. 国土空间规划体系建构的逻辑与运作策略探讨[J]. 城市规划学刊，2019(4)：8-15.

[4] 孙施文. 国土空间规划体系与逻辑[R]. 南京：中国土地学会第一期国土空间规划培训班，2019.

[5] 杨克虎，李秀霞，拜争刚. 循证社会科学研究方法[M]. 兰州：兰州大学出版社，2018.

[6] 杨东援，段征宇. 大数据环境下城市交通分析技术[M]. 上海：同济大学出版社，2015.

2 对国土空间规划的理解

规划本质上是一种公共政策的安排，国土空间规划是国土空间治理体系的重要组成部分，引领国家或地区的资源开发、保护与利用。对国土空间规划的理解有助于厘清其与综合交通系统建设的关系，明确相关决策支持技术的应用场景。

2.1 历史沿革

2.1.1 我国原有相关规划概况

国土空间既是各种社会与经济活动的载体，也是各种社会与经济活动所产生的结果。因此，在推进社会与经济发展的同时，产生了许多将空间作为主要对象的规划：城乡规划、土地规划、区域规划、城市群规划、都市圈规划、自然保护区规划、海洋功能区划，以及我国特有的主体功能区规划等。这些规划与我国国家行政体系相关联，横向上涉及住房与建设、国土资源、发展改革、环境保护、海洋等部委，纵向上分为国家级、省级、地市级、县级、乡镇级等多个层级。

1. 城市总体规划

《中华人民共和国城乡规划法》[1]指出，城乡规划包括城镇体系规划、城市规划、镇规划、乡规划和村庄规划。城市规划、镇规划分为总体规划和详细规划，详细规划又进一步分为控制性详细规划和修建性详细规划。城市人民政府组织编制城市总体规划。直辖市的城市总体规划由直辖市人民政府报国务院审批。省、自治区人民政府所在地的城市以及国务院指定城市的总体规划，由省、自治区人民政府审查同意后，报国务院审批。其他城市的总体规划由城市人民政府报省、自治区人民政府审批。

由于我国城市行政管辖范围一般属于“城市—区域”空间结构，城市总体规划要处理“城区”与“区域”、“城市”与“乡村”两个层面和两类问题，不可避免地与国土部门规划管辖范围产生交叉。

作为城市总体规划编制依据的总体规划纲要，是确定城市总体规划重大原则的纲领性文件。城市总体规划纲要需要就城市性质、规模、发展方向、布局结构、规划标准、各项工程系统的规划等重大问题提出原则意见。在城市总体规划纲要指导下，城市总体规划进一步对一定时期内城市性质、发展目标、发展规模、土地利用、空间布局以及各项建设进行综合部署和确定实施措施。

无论从理论还是实践的角度来看，尽管城市总体规划具有不容置疑的价值，发挥了非常重要的作用，但也存在重视城市空间布局结构、空间用途管制传导性较差，以及重视建设用地规划却忽视非建设用地规划等问题。

传统的城市规划存在“可批性”和“可用性”之间的矛盾。为了有效指导城市建设，城市总体规划力图尽可能充分地研究各类相关问题，做出合理的统筹安排，但由此容易造成内容体量大、审批时间拖长等问题，进而导致城市总体规划编制审批拖延，或是不能及时更新到期既有城市总体规划的情况。上位规划的不确定，也会造成下位规划难以审批，与城市建设、管理进程出现矛盾的问题。另外，存在已批准城市总体规划迅速被突破，或是实施了5～6年即要修编，以及城市总体规划与土地利用规划难以衔接等情况。

多年来，我国城市规划的功能不断增加，空间范围不断延展，范畴不断跨越。这体现在从规划方案设计到规划许可、从城市(区)规划到城镇体系规划、从物质性规划设计到经济社会发展战略、从城市规划到城乡规划(城市、镇、乡、村庄)等方面。城乡规划已经演化为与发展规划形成交叉的综合规划，但是由于规划理念、编制主体、技术标准、作用范围、管控手段等还存在不少有待提升和完善的地方，加之体制机制的矛盾日益突出，城市总体规划在客观上难以总揽发展全局。

2. 土地利用总体规划

土地利用总体规划是在一定区域内，根据国家社会经济可持续发展的要求和当地自然、经济、社会条件，针对土地的开发、利用、治理、保护，在空间上、时间上所作的总体安排和布局，是国家实行土地用途管制的基础。

《中华人民共和国土地管理法》[2]规定："土地利用总体规划按照下列原则编制：(一)落实国土空间开发保护要求，严格土地用途管制；(二)严格保护永久基本农田，严格控制非农业建设占用农用地；(三)提高土地节约集约利用水平；(四)统筹安排城乡生产、生活、生态用地，满足乡村产业和基础设施用地合理需求，促进城乡融合发展；(五)保护和改善生态环境，保障土地的可持续利用；(六)占用耕地与开发复垦耕地数量平衡、质量相当""下级土地利用总体规划应当依据上一级土地利用总体规划编制""城市总体规划、村庄和集镇规划中建设用地规模不得超过土地利用总体规划确定的城市和村庄、集镇建设用地规模"。

土地利用总体规划实行分级审批。省、自治区人民政府所在地的城市、人口在一百万以上的城市以及国务院指定的城市的土地利用总体规划，经省、政府审查同意后，报国务院批准；除此之外的土地利用总体规划，逐级上报省、自治区、直辖市人民政府批准，其中，乡(镇)土地利用总体规划可以由省级人民政府授权设区市的市、自治州人民政府批准。

由于国土部门实行垂直管理，土地利用规划总体规划上下传导，执行力较强。

土地利用规划与城市总体规划之间的矛盾，往往缘于规划组织方式与编制逻辑不同。城市总体规划基本是"自下而上"的模式，而土地规划是"自上而下"的模式。加上技术标准等方面的差异，经常出现有发展空间但没有建设用地指标，或是实际建设用地超过用地指标的情况。

3. 主体功能区规划

2006年3月，第十届全国人民代表大会第四次会议审议通过的《国民经济和社会发展第十一个五年规划纲要》，确定了编制全国主体功能区规划，明确主体功能区的范围、功能定位、发展方向和区域政策的任务。同年中央经济工作会议提出了“分层次推进主体功能区规划工作，为促进区域协调发展提供科学依据”的工作要求。2007 年 7 月，国务院印发《关于编制全国主体功能区规划的意见》，提出分国家和省级两个层次编制国家主体功能区规划和省级主体功能区规划，规划期至 2020 年。2011 年 6 月，国务院印发《全国主体功能区规划》，提出到 2020 年基本形成主体功能区布局的总体要求，实现空间开发格局清晰、空间结构优化、空间利用效率提高、区域发展协调性增强、可持续发展能力提升的目标。2013 年 6 月，国家发展改革委发布《贯彻落实主体功能区战略推进主体功能区建设若干政策的意见》，提出要按照主体功能区建设的需要，把相关政策区域化和具体化。

《国务院关于印发全国主体功能区规划的通知》[3]中明确指出：《全国主体功能区规划》是我国国土空间开发的战略性、基础性和约束性规划。对于推进形成人口、经济和资源环境相协调的国土空间开发格局，加快转变经济发展方式，促进经济长期平稳较快发展和社会和谐稳定，实现全面建成小康社会目标和社会主义现代化建设长远目标，具有重要战略意义。

《全国主体功能区规划》将我国国土空间分为以下主体功能区：按开发方式，分为优化开发区域、重点开发区域、限制开发区域和禁止开发区域；按开发内容，分为城市化地区、农产品主产区和重点生态功能区；按层级，分为国家和省级两个层面。

《全国主体功能区规划》作为我国国土空间开发的战略性、基础性和约束性规划，无疑有着重要意义。但作为一项新的规划，其严密性还存在值得商榷之处，例如如何定义“大规模高强度的工业化城镇化开发”，怎么处理政府选择与市场选择的关系等。规划所确定的“优化开发区”，诸如“环渤海”“长江三角洲”以及“珠江三角洲”等地区，在现阶段仍然需要一定大规模高强度的开发建设，但从其规划图示看，则显得过于抽象和简化，难以指导实际工作。在管理实施手段上，土地利用总体规划、城乡规划的成熟度高，主体功能区规划则显得难以操作。

2.1.2 生态文明成为国家建设和治理的基本导向

生态文明是人类对传统工业文明进行理性反思的产物。我国将生态文明提升为基本发展战略，是对日趋严重的生态环境问题的实践反思和理论应答，是为了解决工业文明困境所进行的一种文明建设活动。在新发展理念指导下，推进国土空间综合整治与生态保护修复转型，实现外延拓展和内涵提升的发展模式，成为日益迫切的任务。

2015 年 9 月，中共中央政治局召开会议，审议通过了《生态文明体制改革总体方案》[4]，强调树立尊重自然、顺应自然、保护自然的理念，树立发展和保护相统一的理念，树立“绿水青山就是金山银山”的理念，树立自然价值和自然资本的理念，树立空间均衡的理念，树立山水林田湖是一个生命共同体的理念。

当时所确定的生态文明体制改革的目标是：到 2020 年，构建起由自然资源资产产权制度、国土空间开发保护制度、空间规划体系、资源总量管理和全面节约制度、资源有偿使用和生态补偿制度、环境治理体系、环境治理和生态保护市场体系、生态文明绩效评价考核和责任追究制度八项制度构成的产权清晰、多元参与、激励约束并重、系统完整的生态文明制度体系，推进生态文明领域国家治理体系和治理能力现代化，努力走向社会主义生态文明新时代。

生态文明成为新时代国土空间规划体系建构的首位逻辑。构建以空间规划为基础、以用途管制为主要手段的国土空间开发保护制度，构建以空间治理和空间结构优化为主要内容，全国统一、相互衔接、分级管理的空间规划体系，成为生态文明导向下国家建设与治理的重要任务。

2020 年 9 月，习近平主席在第七十五届联合国大会一般性辩论上发表讲话，表示“中国将提高国家自主贡献力度，采取更加有力的政策和措施，二氧化碳排放力争于 2030 年前达到峰值，努力争取 2060 年前实现碳中和。”这一庄严承诺是又一项重大的战略决策，进一步反映出我国生态文明发展理念和目标的坚定性。“将碳达峰、碳中和纳入生态文明建设整体布局，全面推行绿色低碳循环经济发展”，意味着碳已成为生态文明建设目标和指标的重要参考。

碳排放涵盖了能源、工业、建筑、交通、农业等社会经济部门和领域，而碳汇则涉及森林、草原、湿地、海洋、土壤等多个生态系统类型。碳排放的数量和碳汇能力，共同显示了区域社会经济发展水平和自然资源生态环境禀赋，这是生态文明建设的基础和重要组成部分。

2.1.3 以空间作为主要对象的相关规划改革试点[5]

诸多涉及空间的规划，由于各个行政主体的立场、诉求存在差异，难免出现“政出多门”的规划不协调问题。

为了有效地实施国土空间治理，根据中央要求，国家发展和改革委员会会同国土资源部、环境保护部、住房和城乡建设部于 2014 年 8 月 26 日发出了《关于开展市县“多规合一”试点工作的通知》，该通知指出：“开展市县空间规划改革试点，推动经济社会发展规划、城乡规划、土地利用规划、生态环境保护规划‘多规合一’，形成一个市县一本规划、一张蓝图，是 2014 年中央全面深化改革工作中的一项重要任务。”按照通知要求，开展试点的主要任务是，研究并探索针对经济社会发展规划、城乡规划、土地利用规划、生态环境保护规划等实现“多规合一”的具体思路与方法，探索并建立相关规划衔接协调机制。

该项工作属于一种自下而上的摸索经验方式，其本意是在允许试错的思想指导下，进行有限范围的试点，探索经验后再行推广。通知下发之后，各地方政府很快积极响应，在全国范围内形成了将“多规合一”演化为一种新规划的趋势。然而国家发展和改革委员会、环境保护部、住房和城乡建设部分别提出了不同方案，基本思路存在较大的差异，从而造成面上推广存在难点。

在市县试点的基础上，中央提升了试点层级，部署了省级“空间规划”试点工作。《省级空间规划试点方案》[6]中提出：为贯彻落实党的十八届五中全会关于以主体功能区规划为基础统筹各类空间性规划、推进“多规合一”的战略部署，深化规划体制改革创新，建立健全统一衔接的空间规划体系，提升国家国土空间治理能力和效率，在市县“多规合一”试点工作基础上，制定省级空间规划试点方案。

省级空间规划试点工作推进中遭遇的难点，包括诸如“三区三线”①划定方法与依据等技术层面、与国家部委权责衔接等行政管理层面，以及其他具有空间属性规划关系等制度层面的问题。

2017 年 9 月 8 日，住房和城乡建设部发布《关于城市总体规划编制试点的指导意见》，提出为贯彻落实习近平总书记指示要求和中央城镇化工作会议、中央城市工作会议精神，做好新时期城市总体规划编制工作，创新规划理念，改革规划方式，完善规划体系。根据地方申请协商确定，在江苏、浙江两省和沈阳、长春、南京、厦门、广州、深圳、成都、福州、长沙、乌鲁木齐、苏州、南通、嘉兴、台州、柳州 15 个城市开展城市总体规划编制试点，并准备在总结试点基础上，部署全面启动新一版城市总体规划编制工作。

城市总体规划编制试点要求推进形成绿色发展方式和生活方式，强化城市总体规划的战略引领和刚性控制作用。要求以统筹规划和规划统筹为原则，落实主体功能区战略，把握好战略定位、空间格局和要素配置，坚持城乡统筹，落实“多规合一”，使城市总体规划真正成为城市党委政府落实国家和区域发展战略的重要手段。

以上一系列试点工作反映出一个重要的问题：中央政府各部门的关系是有效推进各项空间相关规划整合的基础。顶层设计出现了两种方案：一种是整合型，即“1 替代 N”，通过空间规划将既有有关空间的规划全部替代；另一种是包容型，以“1 加 N”，在既有各种规划之上再做一个空间规划，但各个规划都要服从于空间规划。

空间治理是国家治理能力和治理体系现代化建设的重要组成部分，而国土空间规划是空间治理的基础。为了有效落实国土空间治理的任务，推动国土空间规划工作，国家层面于 2018 年通过机构改革的方式成立了自然资源部。自然资源部作为国务院组成部分，统一行使全民所有自然资源资产所有者职责，统一行使所有国土空间用途管制和生态保护修复职责，着力解决自然资源所有者不到位、空间规划重叠等问题，实现山水林田湖草整体保护、系统修复、综合治理。将国土资源部的职责，国家发展和改革委员会的组织编制主体功能区规划职责，住房和城乡建设部的城乡规划管理职责，水利部

① “三区”指生态、农业和城镇三类空间。“三线”是指根据生态空间、农业空间和城镇空间划定的生态保护红线、永久基本农田和城镇开发边界三条控制线。

的水资源调查和确权登记管理职责，农业部的草原资源调查和确权登记管理职责，国家林业局的森林、湿地等资源调查和确权登记管理职责，国家海洋局的职责，国家测绘地理信息局的职责划归自然资源部，实现整合。

2.2 国土空间规划的编制、实施及传导

在机构改革基础上，中共中央、国务院发布《关于建立国土空间规划体系并监督实施的若干意见》[7]（以下简称《若干意见》），明确指出："建立国土空间规划体系并监督实施，将主体功能区规划、土地利用规划、城乡规划等空间规划融合为统一的国土空间规划，实现'多规合一'，强化国土空间规划对各专项规划的指导约束作用，是党中央、国务院作出的重大部署。"

《若干意见》给出了国土空间规划与专项规划的概念界定："国土空间规划是对一定区域国土空间开发保护在空间和时间上作出的安排……相关专项规划是指在特定区域（流域）、特定领域，为体现特定功能，对空间开发保护利用作出的专门安排，是涉及空间利用的专项规划。"

2.2.1 国土空间规划总体框架

新的规划编制体系为"五级三类四体系"框架（表 2-1）。纵向上，通过国家、省、市、县、乡镇五个层级的规划传导体现国家意志，保障国家和省市重大战略落实；横向上，国土空间总体规划、详细规划以及相关专项规划三类规划协调衔接；总体规划指导约束相关专项规划。三类规划之间的关系为：国土空间总体规划是详细规划的依据、相关专项规划的基础；相关专项规划要相互协同，与详细规划做好衔接。五级总体规划编制侧重点有所不同，共同构成了一种从宏观控制到微观落实的基本模式（表 2-2）。四体系则包含了编制审批体系（表 2-2、表 2-3、表 2-4）、实施监督体系、技术标准体系、法规政策体系。

表 2-1 国土空间规划的五级三类

<table>
<tr><th>总体规划</th><th colspan="2">详细规划</th><th>相关专项规划</th></tr>
<tr><td>全国国土空间规划</td><td></td><td></td><td>专项规划</td></tr>
<tr><td>省级国土空间规划</td><td></td><td></td><td>专项规划</td></tr>
<tr><td>市级国土空间规划</td><td rowspan="3">（边界内）
详细规划</td><td rowspan="3">（边界外）
村庄规划</td><td rowspan="2">专项规划</td></tr>
<tr><td>县级国土空间规划</td></tr>
<tr><td>镇（乡）国土空间规划</td><td></td></tr>
</table>

表 2-2　各级国土空间总体规划编制内容要点与审批程序

层级	内容要点与审批程序
全国国土空间规划	侧重战略性：对全国国土空间作出全局安排；是全国国土空间保护、开发、利用、修复的政策和总纲
	由自然资源部会同相关部门组织编制，由党中央、国务院审定后印发
省级国土空间规划	侧重协调性：落实全国国土空间规划，指导市县国土空间规划编制
	由省级政府组织编制，经同级人大常委会审查同意后报国务院审批
县乡和乡镇国土空间规划	侧重实施性：细化落实和具体安排上级规划要求。可因地制宜，将市县和乡镇国土空间规划合并编制，也可以几个乡镇为单元合并编制
	由当地人民政府组织编制

表 2-3　专项规划编制与审批

专项规划类别	编制与审批
海岸带、自然保护地等专项规划、跨行政区域和流域的国土空间规划	由所在区域或上一级政府自然资源部门牵头编制，报同级政府审批
交通、能源、水利等涉及空间利用的某一领域专项规划	由相关主管部门组织编制

表 2-4　详细规划的编制与审批

详细规划类型	编制与审批
城镇开发边界内	由市县自然资源主管部门组织编制详细规划，报同级政府审批
城镇开发边界外	以一个或几个行政村为单元，由乡镇政府组织编制“多规合一”的实用性村庄规划，报上一级人民政府审批

国土空间规划的编制，要求体现战略性、强化权威性、加强协调性、提高科学性和注意操作性（表 2-5）。

表 2-5　国土空间编制要求

编制要求	具体内容
体现战略性	体现国家意志； 自上而下编制
强化权威性	规划一经批复，任何单位和个人不得随意修改、违规变更； 先规划、后实施； 将国土空间规划纳入自然资源执法督察内容
加强协调性	国土空间总体规划是详细规划的依据、相关专项规划的基础； 相关专项规划要相互协同、与详细规划衔接

（续表）

编制要求	具体内容
提高科学性	以“双评价”（资源环境承载力评价、国土空间开发适宜性评价）为基础； 划定生态保护红线、永久基本农田、城镇开发边界以及各类保护线，强化底线约束； 坚持山水林田湖草生命共同体，延续历史文脉，加强风貌管控，突出地域特色
注意操作性	能用、管用、好用； 谁组织编制，谁负责实施

国土空间规划管理体现出一种严格的科层式模式，通过法律法规、制度政策、技术标准和信息平台加以实现（表 2-6）。

表 2-6　　国土空间规划的管理体系

管理手段	内　容	
法律法规	加快国土空间规划相关法律法规建设； 做好过渡期的法律衔接	
制度政策	健全用途管理制度	在城镇开发边界以内：“详细规划＋规划许可”； 在城镇开发边界以外：“详细规划＋规划许可”“约束指标＋分区准入”； 自然保护地、重要海域和海岛、文物等：特殊保护制度
	监督规划实施	规划一经审批，任何部门和个人不得随意修改、违规变更； 将国土空间规划执行情况纳入自然资源执法监督内容； 健全资源环境承载力监测预警机制； 建立国土空间规划定期评估机制
	推进“放管服”改革	规划审批改革：分级建立审查备案制度。谁审批，谁监管；管什么，批什么。 项目审批改革：以“多规合一”为基础，推动“多审合一”“多证合一”，提高审批效能
技术标准	按照“多规合一”要求，由自然资源部会同相关部门负责构建统一的国土空间规划技术标准体系	
信息平台	形成全国国土空间规划“一张图”； 相关专项规划在编制和审查过程中应加强与国土空间规划的衔接及“一张图”核对，批复后纳入同级国土空间基础信息平台，叠加到国土空间规划“一张图”上； 依托国土空间规划基础信息平台，建立健全全国空间规划动态监测评估预警和实施监管机制	

2.2.2 市级国土空间规划的编制[8]

市级国土空间总体规划在国土空间规划体系的“五级三类”规划中，发挥承上启下、统筹平衡、指导约束的重要作用，其任务是对市域国土空间开发保护作出统筹安排。

市级国土空间总体规划是在原有城市总体规划、土地利用总体规划等空间类规划的基础上，融合、优化、创新形成的更加适应生态文明新时代要求的空间规划。它不是过去几个规划的拼合，而是按照生态文明新时代的要求重新设计了基本内容结构（表2-7）。市级国土空间总体规划作为全域国土空间开发保护的纲领，强调全域全要素的规划管理，既注重保护也注重发展，既关注自然资源也关注人文资源，既要继承原有空间规划好的做法也要强调方法创新，既要发挥战略引领作用也要守住底线、发挥指导约束作用，更好地体现其自身的综合性、战略性、协调性、基础性和约束性。

表2-7　市级国土空间总体规划编制相关技术要求

总体要求	定　位	发展蓝图、战略部署、空间政策
	工作原则	贯彻时代要求，坚持以人民为中心的发展思想，坚持底线思维，坚持陆海统筹、区域协同、城乡融合，坚持从实际出发； 突出公共政策属性：按照“问题—目标—战略—布局—机制”的逻辑，针对性地制定规划方案和实施政策措施； 创新工作方法：坚持开门编规划，强化新技术手段对规划方案的辅助支撑作用
	规划层级	市域：统筹全域全要素规划管理，侧重国土空间开发保护的战略部署和总体格局； 中心城区：细化土地使用和空间布局，侧重功能完善和结构优化
基础工作	统一底数和底图	在第三次国土调查的基础上，形成符合规定的国土空间利用现状和工作底数； 根据需要展开补充调查，收集相关资料数据，加强基础数据分析
	分析自然地理格局	研究空间本底特征，分析空间匹配关系，开展“双评价”（资源环境承载能力和国土空间开发适宜性评估），提出国土空间优化导向
	重视规划实施和灾害风险评估	开展现行城市总体规划、土地利用规划等空间类规划及相关政策的实施评估； 分析区域发展和城市化趋势、人口与社会需求变化、科技进步和产业发展、气候变化等因素，开展综合的灾害风险评估
	加强重大专题研究	研究人口规模、结构、分布以及人口流动等对空间供需的影响和对策； 研究气候变化及水土资源、洪涝等自然灾害等因素对空间开发保护的影响和对策； 研究重大区域战略、新型城镇化、乡村振兴、科技进步、产业发展等对区域空间发展的影响和对策； 研究交通运输体系和信息技术对区域空间发展的影响和对策； 研究公共服务、基础设施、公共安全、风险防控等支撑保障系统的问题和对策； 研究建设用地节约集约利用和城市更新、土地整治、生态修复的空间策略；

（续表）

基础工作	加强重大专题研究	研究自然山水和人工环境的空间特色、历史文化保护传承等空间形态和品质改善的空间对策； 研究资源枯竭、人口收缩下城市振兴发展的空间策略； 综合研究规划实施保障机制和相关政策措施
主要编制内容	落实主体功能定位，明确空间发展目标战略； 优化空间总体格局，促进区域协调、城乡融合发展； 强化资源环境底线约束，推进生态优先、绿色发展； 优化空间结构，提升连通性，促进节约集约、高质量发展； 完善公共空间和公共服务功能，营造健康、舒适、便利的人居环境； 保护自然与历史文化，塑造具有地域特色的城乡风貌； 完善基础设施体系，增强城市安全韧性； 推进国土整治修复与城市更新，提升空间综合价值； 建立规划实施保障机制，确保一张蓝图干到底	

市级国土空间总体规划编制过程中，强调对于空间约束、空间协调、空间保障和空间治理的研究分析。

（1）空间约束：设定人口、用地、资源等天花板约束指标和生态保护、生态安全等底线约束指标，以空间约束引导生态、农业、城镇等功能空间结构的统筹优化，以尽可能少的投入获得尽可能多的回报产出，倒逼发展方式的转型，以人口、资源、经济、环境等方面的平衡，促进高质量、高品质和可持续的发展，确保国家战略和长远发展目标的实现。

（2）空间协调：统筹政府、社会、公众，向共识的规划目标集体行动。

（3）空间保障：处理好保护与发展、建设与非建设之间的关系。

（4）空间治理：在对自然生态本底进行保护的前提下，要按照规划的目标方向对未来时间轴上随时出现的各种需求，尤其是人的需求，进行及时响应，也要对工业化后期城市扩张带来的城市过度蔓延、生态退化、交通拥挤等城市病进行治理和修正。

2.2.3 国土空间规划的实施与传导

国土空间规划变革是落实国土空间治理的重要举措，但这并非简单地对各种专项规划的 1 取代 N，而是在战略高层和总体设计层面的 1 融合 N，在实施层面的 1 指导并协同 N 的过程。总体规划的实施传导是在总体设计指导下的分领域深化，并落实到具体资源配置和工程实施的跨部门协同过程。

1. 实施与传导的总体制度框架

国土空间总体规划作为公共政策安排和落实的过程，其实施和传导在整个规划体系中占有重要地位。

以上海市为例，2017 年 12 月 15 日，国务院正式批复了《上海城市总体规划（2017—

2035年)》(以下简称“上海2035”)。批复明确要求:“上海2035”是上海城市发展、建设、管理的基本依据,必须严格执行。上海市人民政府要坚持一张蓝图干到底,以“钉钉子”精神抓好规划的组织实施。

为了落实国家要求,并探索符合自身实际的国土空间规划实施和传导的有效途径,上海市制定了国土空间规划“2+3”的实施框架:《上海市委、市政府关于全面实施〈上海城市总体规划〉的意见》《关于上海建立国土空间规划体系并监督实施的意见》,以及在空间、时间、政策三个维度中展开的制度安排和工作推进(表2-8)。

表2-8　上海市国土空间规划实施的三个维度

维度	举措		
空间维度	总体规划	总体规划层次	上海市城市总体规划和土地利用总体规划；浦东新区和郊区国土空间总体规划；专项规划(总体规划层次)
	单元规划	单元规划层次	主城区单元规划；特定政策区单元规划；浦东新区和郊区新市镇国土空间总体规划
	详细规划	详细规划层次	控制性详细规划；专项规划(详细规划层次)；村庄规划
时间维度	国土空间近期规划、年度实施计划		
	监测—评估—维护机制		
政策维度	关于进一步加强四条控制线实施管理的若干意见		
	本市全面推进土地资源高质量利用的若干意见		
	……		

1)空间维度

总体规划突出战略引领作用,是指导全市、各区和各专业系统未来20年乃至更长远发展的战略蓝图。总体规划层级包括上海市国土空间总体规划、浦东新区和郊区国土空间总体规划(以下简称区总规)、专项规划(总体规划层次)等规划项目。

单元规划强调承上启下,保障公共资源的作用。包括主城区单元规划(图2-1)、新市镇国土空间总体规划(以下简称镇总规)、特定政策区单元规划,是统筹协调生态空间、公益性设施和文化风貌等底线型内容,强化空间引导和落地管控的管理平台。主城区单元规划包括中心城各区和主城片区单元规划,由市规划资源局会同各相关区政府组织编制,报市政府审批。包含在单元规划层级中的新市镇国土空间总体规划,由区政府会同市规划资源局组织编制,各乡镇参与,报市政府审批。由于镇是上海市“两级政府、三级管理”行政管理基本层次和城乡统筹基本单元，因而镇总规立足全镇域编制。

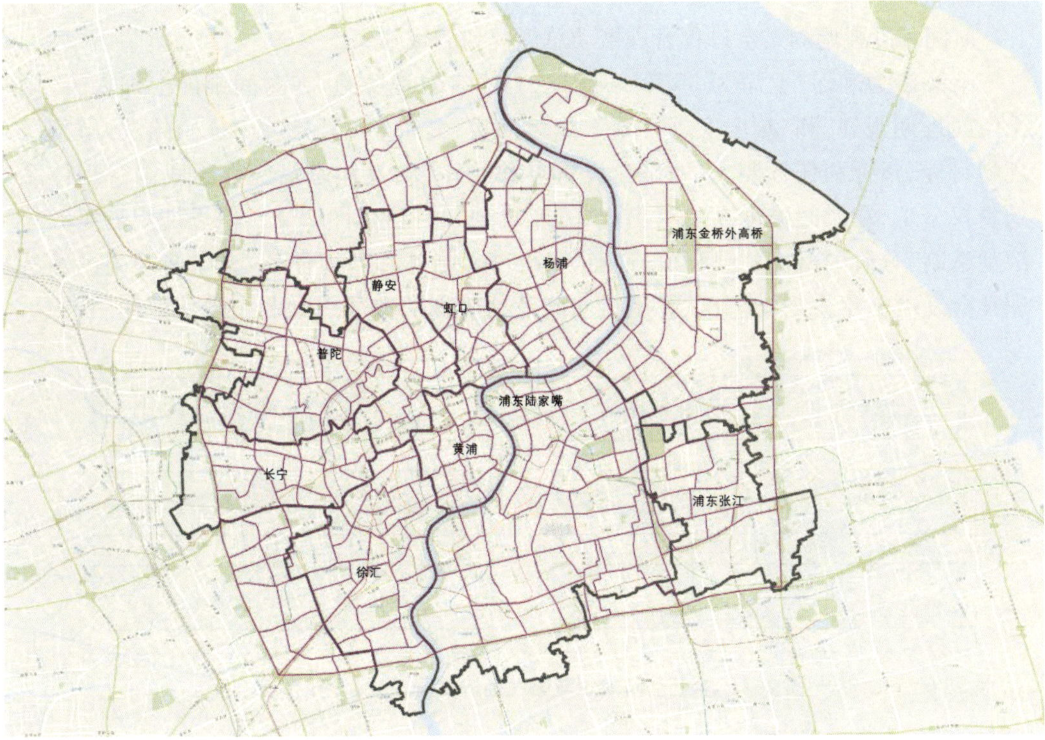

图 2-1　上海市国土空间规划编制单元示意(中心城区部分)

详细规划层级上突出实施导向，包括控制性详细规划、郊野单元村庄规划、专项规划(详细规划层次)，是建设项目阶段实施规划土地审批管理的法定依据。城市开发边界内和城市开发边界外的其他建设用地区内，编制控制性详细规划。控制性详细规划由区政府、市规划资源局组织编制，报市政府审批、市人大常委会备案。城市开发边界外的乡村地区，按实际需要编制郊野单元村庄规划，由乡镇政府组织编制，经区政府审批后，报市规划资源局备案。

在上述架构中，对交通市政基础设施线性工程、位于城市开发边界外和城市开发边界内控制性详细规划未覆盖地区的各类点状设施以及城市开发边界外的生态空间编制专项规划(详细规划层次)，作出统筹安排，并直接作为相关建设项目规划土地审批的依据。为充分体现对专项规划的指导约束作用，上海市将涉及空间安排的专项规划细分为总体规划、详细规划两个规划层次管理。由此产生需要讨论的问题是，在缺少中间统筹层级的情况下，如何实现从总体规划层面的框架性、策略性的交通体系，过渡到详细规划层次带有浓重工程性色彩的技术方案。这涉及具有线性工程特征的交通项目深化过程(从概念性布局方案到关键性控制指标，再到具体工程技术方案)，与自上而下的制度体系(从突出战略引领作用的总体规划,到承上启下、保障公共资源配置的单元规划,再到实施导向的详细规划)之间的衔接。

2) 时间维度

时间维度强调的是全过程管理推动总体规划的实施。

上海市为确保“上海 2035”科学合理、有序有效地实施,在时间维度上加入了“国土空间近期规划”和“年度实施计划”,作为落实“上海 2035”批复中提出的“分解落实规划目标、指标和任务要求,明确建设重点和时序”的具体举措。由于我国管理体系的责权分工,在时间维度上没有出现“五年规划”的概念(图 2-2),但近期规划每五年滚动编制,分阶段落实“上海 2035”确定的目标、指标和各项任务,有序衔接国民经济和社会发展五年规划,充分发挥国土空间近期规划的空间引领和土地保障作用。

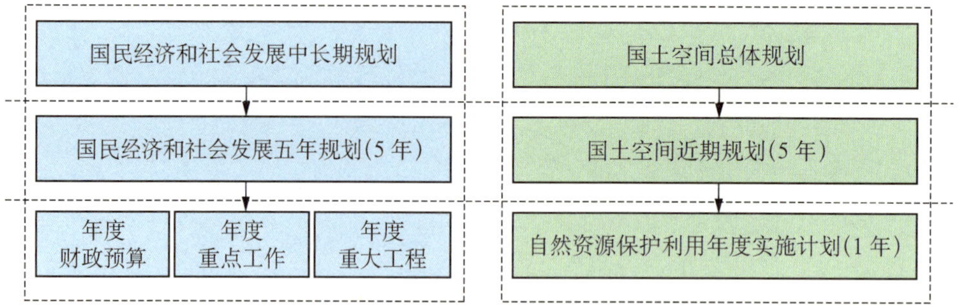

图 2-2　国土空间规划与国民经济发展规划之间的关联

年度实施计划从单纯聚焦土地资源利用拓展到了“山水林田湖草”等其他各类自然资源的保护利用(图 2-3)。在土地资源方面,提出构建由新增用地计划、土地供应计划、土地储备计划、建设用地减量化计划、城市更新计划等组成的综合性年度实施计划,根据近期建设和土地利用规划确定的空间引导、用地需求和土地供给导向,落实年度重点任务安排,统筹下达综合性年度实施计划,明确任务清单和落实责任,保障规划目标实现。

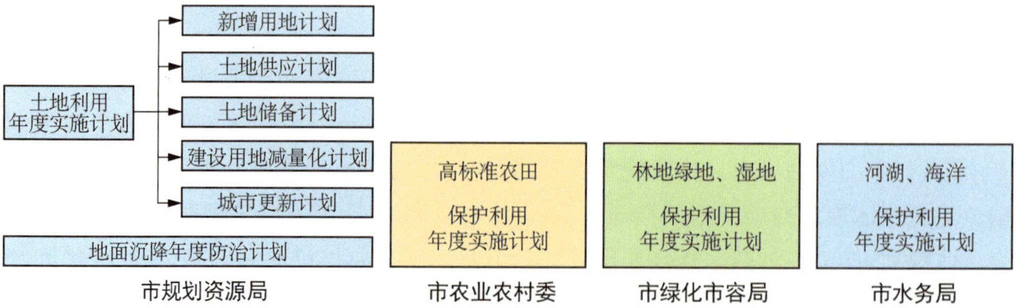

图 2-3　上海市综合性年度实施计划的概念

上海市城市总体规划实施的监测、评估和维护工作机制包含了实时监测、实施评估和动态维护的具体要求和工作机制，意在实现总规实施的全过程、常态化和制度化管理（图 2-4）。

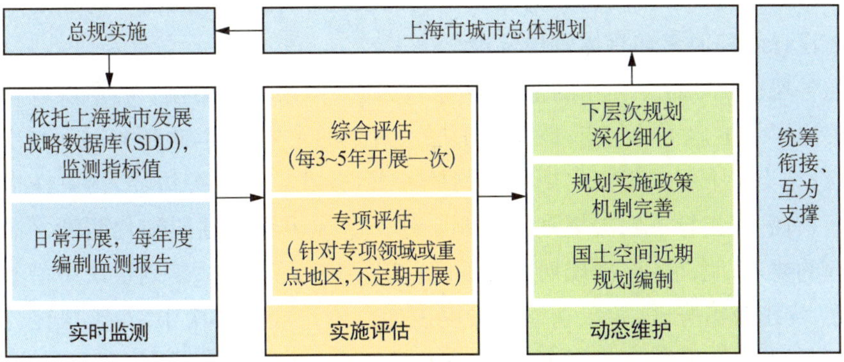

图 2-4 上海市总体规划实施监测、评估和维护工作机制构成示意

实时监测依托上海市城乡战略发展数据平台（SDD），反映总规指标值变动情况，以及一个完整年度的城市运行综合体征，并形成每年度总规实施监测报告，及时总结经验、发现问题、提出建议，发挥反馈预警和决策参谋作用。

实施评估分为综合评估和专项评估两类。综合评估突出客观性和法定性，每 3～5 年开展一次，旨在全面客观反映总规实施情况，评估规划实施效果；专项评估聚焦于总规实施的重大事项、重点领域或重点地区，突出针对性和时效性，及时提出实施优化建议。

动态维护是在实时监测和实施评估的基础上，及时系统推进总规内容动态维护，如下层次规划深化细化、规划实施政策机制完善、国土空间近期规划编制等，提高规划的适应性。

3）政策维度

将规划编制实施的过程视为开展空间治理的过程，针对国土空间保护、土地高质量利用、区域规划协同、城市品质和风貌保护、乡村振兴、制度建设和行政审批制度改革、执法监督等多个重点领域，形成支撑保障规划实施的政策法规性文件。

保障“上海 2035”实施的法规性文件包括国土空间保护、土地高质量利用、区域协同、城市品质和风貌保护、乡村振兴、制度建设和行政审批制度改革、执法监督等类型。

2. 实施传导机制

合理确定国土空间管控要素，包括：①指标管控。“上海 2035”提出了建立“目标（指标）—策略—机制”的逻辑框架，形成由总目标和涵盖经济、人文、生态三个维度分目标的目标体系，并建立起与目标体系对应的指标体系和规划策略，其中，指标体系是衔接目标、策略和实施机制的关键环节。②空间管制分区。将生态保护红线、永久基本农田保护红线、城市开发边界和文化保护控制线四条控制线、战略预留区等作为空间资源配置的核心手段及管控的核心要素，进行分类分级管理，明确差异化的管控措施，实现空间治理。③城市设计管控要素。为提升空间品质，需在各层次国土空间规划中明确相应的城市设计管控要素和具体管控要求。

加强各层次规划成果体系的衔接，包括：①成果框架加强衔接。各层次规划的成果框架均突出了承上启下的特点，既承接上层次规划的主要内容，也明确对下层次规划的指引内容，相当于下层次规划的规划编制任务书，有效传导管控边界、约束性指标等关键性要素，有利于指导下层次规划的编制工作。②成果深度逐层细化明晰。根据不同空间管理的要求，明确各层次规划成果深度。以用地为例，总体规划层次中借鉴主体功能区规划，突出政策分区，并以功能引导区表达。单元规划层次中，对于居住、商办、工业等经营性用地，以功能引导区表达，体现功能混合，也为下层次规划预留弹性，对底线型、公益性设施则直接落实到地块图斑；详细规划层次更加强调面向开发建设的实施导向。

构建空间管控体系。以空间规划体系为基础，统筹各类要素资源空间配置，兼顾刚性和弹性。

在"上海 2035"30 个核心指标中，共有常住人口规模、建设用地总规模、耕地保有量等 16 个指标实现了纵向刚性传导。与交通相关联的有 10 个指标，其中 6 个实现了纵向传导(表 2-9)。

表 2-9　"上海 2035"核心指标中与交通关联的指标

"上海 2035"指标体系	区总体规划指标体系	镇总体规划指标体系	主城区单元规划指标体系
年入境境外旅客总量			
航空旅客中转率			
公共交通占全方式出行比例	√	√	√
对 10 万人以上新市镇轨道交通站点的覆盖率			
职住平衡指数	√	√	√
卫生、养老、教育、文化、体育等社区公共服务设施 15 min 步行可达覆盖率	√	√	√
400 m^2 以上绿地、广场等公共开放空间 5 min 步行可达覆盖率	√	√	√
全路网密度	√	√	√
骨干绿道总长度	√	√	√
碳排放总量较峰值降低率			

2.3 国土空间与综合交通网络

国土空间并非单纯的各种用途(包括生态保护)的空间板块的拼接,而是各种功能空间单元之间所具有的有机联系。支撑这种有机联系的既包括涉及自然生态体系中的能量流动和物质循环的生态系统功能与结构,也包括涉及人流、物流关联的交通系统网络与功能结构。

在国土空间规划框架下讨论综合交通系统,交通规划师和交通模型分析师必须从网络概念走向空间概念,从面向工程技术人员的分析工具转变为面向多方参与政策议程的呈现工具,决策分析过程需要从技术逻辑转向公共政策导向下的技术策略逻辑。如何理解与交通网络紧密关联的空间的意义,如何利用空间的各种性质形成问题并寻找答案,如何呈现符合战略、策略型决策思维的解决方案,是在新任务面前必须解决的技术问题。

2.3.1 任务演化:连接—重组—转型

综合交通系统一直被认为是国土空间的支撑骨架。改革开放以来,我国综合交通领域所取得的成果为我们更加真切地理解综合交通网络与国土空间的关系提供了极好的例证。

我国国土地形复杂,资源分布极不均衡。空间距离和地形阻隔成为国土安全、国土开发、社会发展的主要障碍。经过几十年艰苦努力,截至 2020 年底,中国大陆已经建成了由 14.8 万 km 的特高压输电网络、11.5 万 km 的天然气和原油管道、14.6 万 km 的铁路网、519.8 万 km 的公路网构成的连接网络。“天堑变通途”“千里江陵一日还”这些理想已成为现实。

以交通基础设施网络为依托,我国建立了强大的交通与物流服务体系,从而推进了国土空间在社会和经济活动上的重组:依托 6 个超千万人口的超大城市、10 个超 500 万人口的特大城市、77 个超 100 万人口的大城市为主体的城市体系,重组成为全球最为完整的产业链,以及覆盖超全球 1/5 人口的超大规模市场。加之世界最大规模的基础教育和高等教育所提供的人力资源,今天的中国已经成为全球制造业的集聚地,为新兴产业发展奠定了良好的基础。

这些告诉我们,克服空间阻隔的连接和实现空间关系的重组是战略层面与交通网络紧密关联的空间概念,也是在国土空间规划架构内讨论综合交通系统所要紧扣的主线。

随着社会和经济的发展,综合交通运输体系必须跟上时代步伐。提高生活水平的同时实现“双碳”目标，要求城市在发展模式、生活方式、空间活动模式等方面实现转型，进入以人为本的发展阶段。

这种转型为空间概念增添了生态和社会的新维度。交通系统不仅需要融入地理空间，而且需要融入社会空间，并与生态空间和谐相处。

为解决全球变暖问题，中国从 1992 年签署《联合国气候变化框架公约》开始，深度参与全球应对气候变化事业，并作出“二氧化碳排放力争于 2030 年前达到峰值，努力争取 2060 年前实现碳中和”的承诺。

“双碳”目标不仅推动行业变革，也在促进世界各国的城市级行动。例如伦敦制定了碳中和路线图与相应行动计划，落实了碳预算分配，制定了补充规划导则以落实碳策略并指导实施。巴黎建立了 3D GIS 平台用于能源、资源和碳排放的评估，自 2018 年起在规划许可证审批要求中纳入相关要求，2021 年启动新一轮大巴黎总规、巴黎地方城市规划修编应对气候变化。纽约构建“目标—策略—行动—指标”内容框架，建立了多情景模型对碳中和路径进行预测。

与发达国家相比，我国人均消费占人均 GDP 比例不足 30%，仅为发达国家的一半左右，居民消费结构尚处于较低水平(图 2-5)。这意味着中国实现“双碳”目标，需要更加深入和广泛的社会动员，需要开创一条适合自身情况的可持续发展道路。

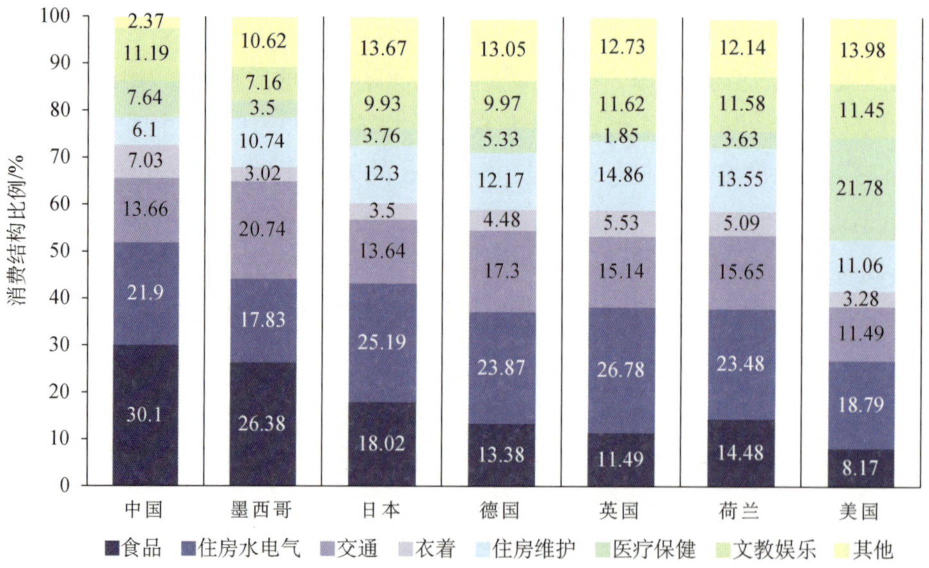

图 2-5　2016 年各国人均消费支出比重[9]

我国城市政府所开始积极探索的国土空间规划中的碳减排途径中，综合交通以及与交通网络紧密关联的空间格局，承担着重要的任务(表 2-10)。

表 2-10　　对国土空间规划中碳减排途径的探索

碳减排途径	国土空间规划—碳关联框架		策略路径
	碳排放/吸收	减碳增汇机理	现状与趋势→目标→策略
综合交通	分方式交通量与单位碳排放因子； 不同交通设施的运行碳排放	降低单位交通量的碳排放； 改善交通方式结构降低碳排放； 降低交通设施运行的碳排放	用地与交通整合，提高绿色出行比例； 调整货运系统结构，降低货运碳排放； 加快交通清洁能源设施建设； 推动交通运输工具的低碳转型； 增强智慧赋能水平
空间格局	单位建筑面积碳排放量； 单位工业产值的碳排放； ……	控制城镇建设用地规模； 打造集约紧凑的空间关系； 避免大拆大建的更新模式	以碳减排为目标强化建设用地总量控制，避免城市过度蔓延； 以低碳为导向引导集约紧凑的空间结构布局与空间关系； 促进建设用地的高效布局和高质量使用

不仅如此，更为积极的碳减排途径也成为尝试目标。例如北京市对绿色出行碳普惠的实验(图 2-6)，中国城市规划设计研究院、深圳建筑科学研究院与美国能源基金会联合展开的“中国街区更新中的绿色节能技术应用研究项目”(图 2-7)。

交通对城市居民生活质量的影响分为时间维度与空间维度。其中在时间维度上，居民生活时间可划分为三种基本类型(保障基本生活活动的第一类，由工作学习和通勤通学时间组成的第二类，属于可自由支配时间的第三类)。随着社会进步，需要努力降低第二类时间的比重，而增大第三类时间的比重(图 2-8、图 2-9)。

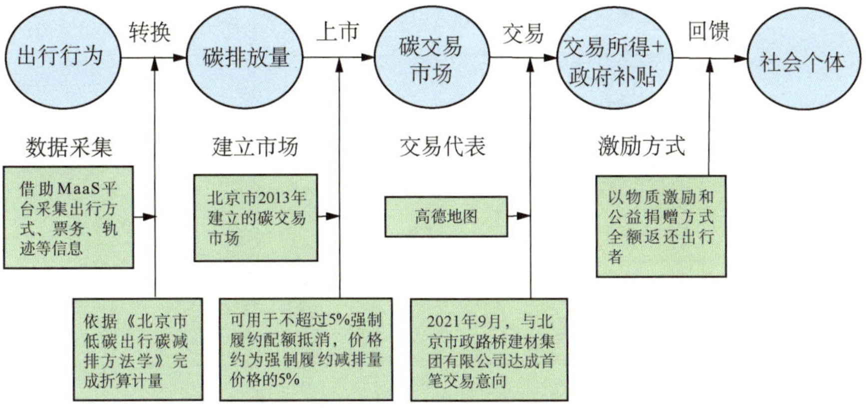

图 2-6　北京市绿色出行碳普惠所构建的利益回馈闭环示意[10]

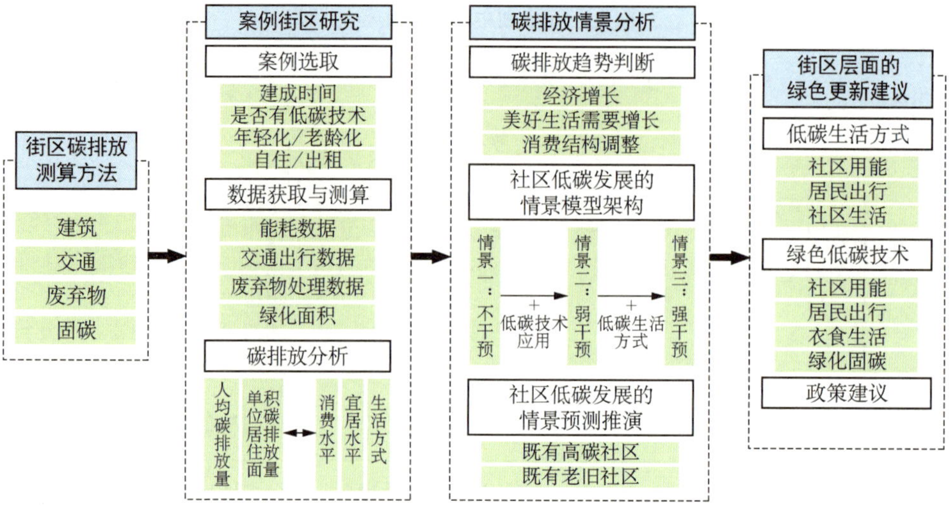

图 2-7　中国街区更新中的绿色节能技术方法示意[11]

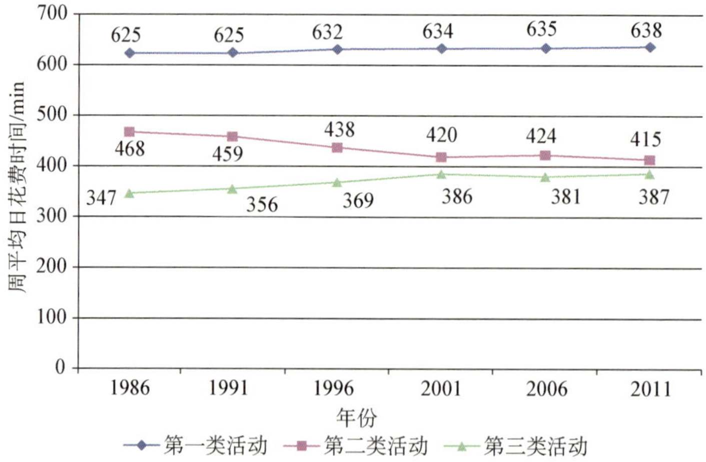

图 2-8　日本居民三类活动时间变化(周平均日)[12]

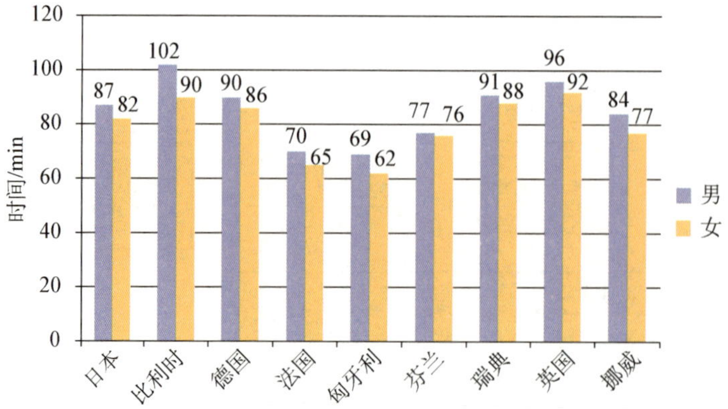

图 2-9　部分国家就业者周平均日交通时间比较[12]

中国城市规划设计研究院发布的《2021 年度中国主要城市通勤监测报告》表达了对我国城市居民通勤时间的关注(图 2-10),推动城市政府将缩短通勤时间列入国土空间规划的目标。

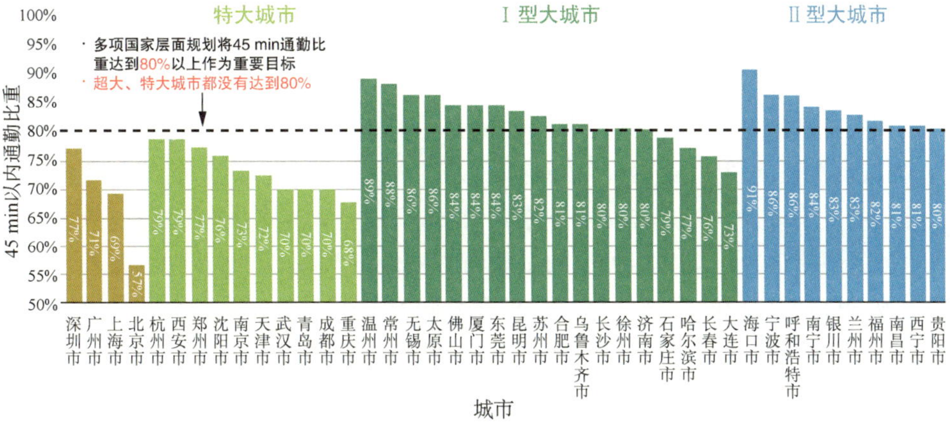

图 2-10　2021 年度中国主要城市 45 min 以内通勤时耗情况[13]

“空间正义”是转型发展的又一重要内容,即在城乡区域发展中,追求资源分配效率时要照顾不同群体的利益,尊重区域内每一位居民的基本权利,创造人人可享的基本保障和公共服务,提供均等自由的发展机会。近年来,多个城市规划设计部门开始进行交通可达性和公共服务可及性分析的研究,并推动此方面的工作进入政策议程(在本书第 7 章将对此进行专门讨论)。

2.3.2　角色变化:从保障到政策工具

在国土空间规划体系框架内,综合交通不再限于国土开发需求确定后的技术保障手段,而成为实现空间组织的政策工具。伴随角色变化,其讨论问题的方式也发生了很大的改变。在“上海 2035”编制过程中有关交通问题的处理,有助于加深对此的理解。

根据上海市政府发布的《关于编制上海新一轮城市总体规划的指导意见》要求,围绕卓越全球城市的目标定位,在编制总体规划纲要的同时开展各专项规划的研究和编制,以加强战略协调、空间统筹和政策衔接。《上海市综合交通发展规划(2017—2035)》是新一轮总规的四大重点专项之一,为“上海 2035”的全过程编制提供全面的技术支撑,并作为航空、港航运、铁路、公路运输、客运枢纽、货运交通、轨道交通、中运量公交、常规公交、道路网络、慢行交通、静态交通等系统专项规划和区级总体规划等下层次规划编制的重要依据。

1. 认识与定位

综合交通系统的目标由上海城市战略目标定位决定,同时也离不开对于上海区位特征和城市特征的认识。在前期实施评估的基础上,“国际及区域交通”“公交客运”成为“上海 2035”编制初期确定的两项战略议题。

(1) 区位决定了海空枢纽的关键地位。上海的交通战略始终需要围绕其作为长江流域“龙头”核心辐射国际、国内的开放枢纽的区位,来着眼交通系统与城市发展的关系。国际海港、空港枢纽不仅影响着城市定位与职能,更对城市空间结构起到关键性决定作用,所以这是总体规划中的首要战略议题。

(2) 亚洲超大城市模式决定了城市交通系统模式。上海具有亚洲大城市的典型特征,比如城市高强度开发、集中大规模建设,人口规模大、密度高等,始终需要遵循国际化大都市的发展规律。公共交通主导模式、轨道交通主体地位,是必然选择,也是需要深入论证的战略议题。与之相关联的是城市主城区的规模、尺度、强度,新城与主城区是否构成“城市群”,抑或仅仅是中心城与卫星城的关系。这一系列问题是上海在总规层面必须要讨论的重中之重。在此基础上,要进一步处理好骨干交通网络与各类交通设施系统的深化、细化问题。在总规中,需要提炼战略性、系统性、策略性的规划表达内容,以图、文的形式共同表述战略意图。

2. 工作历程

在总规纲要编制阶段(2014 年 5 月至 2015 年 8 月),通过历史演变的纵向研判和国际对标的横向对比,分析问题和新形势、新要求。在加强专题研究的基础上,科学运用理论方法,如基于时空压缩理论的“一小时定律”等,基本确定目标导向。结合“一张图”研究制定未来上海交通新一轮发展的核心战略,确定国际海空枢纽规模及布局和区域交通复合廊道规划方案,基本确定城市交通模式和骨干网络,同步形成远景轨道交通网络方案。

总规纲要通过审查后进入总体规划成果编制阶段。2015 年底至 2016 年初,通过对交通与空间、生态、产业、住房等领域问题的同步深化,结合核心专家和咨询专家的意见,确定将两项核心议题和两项专题研究(图 2-11)作为攻坚课题。支撑团队研究专题和核心团队深化成果两条工作线同步开展,从而确保交通方案的战略性、系统性和落地实施性。

3. 研究视角与技术路线

1) 多视角与多层次

“上海 2035”的编制过程是上海构建新的国土空间规划体系的创新探索和实践的过程。基于“生态为基底、交通为骨架”的城乡空间体系,以完善总规层面的交通引领空间重塑与布局优化方法为目标,探索从多种研究视角对不同时空尺度的问题进行识别和研究,进而支撑多层次空间与多模式交通的协同组织策略(图 2-12)。

2) 纵向与横向的互动

紧紧围绕“交通是城市发展的重要支撑和空间骨架”这一定位,为实现城市睿智增长,交通与城市空间必须协同优化、协调布局,建立 TOD 以公共交通为导向的开

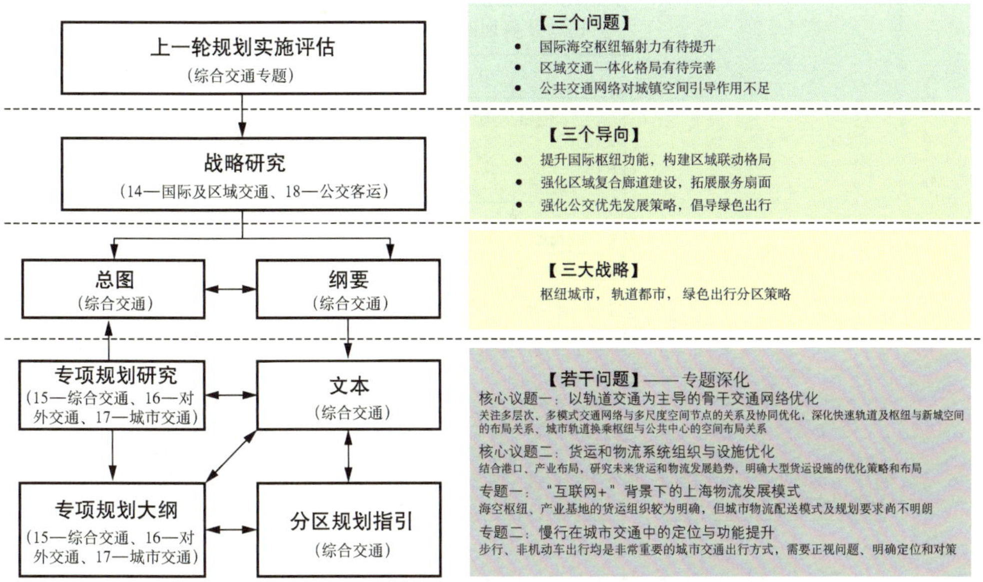

图 2-11 “上海 2035”工作路径与分阶段的交通战略任务

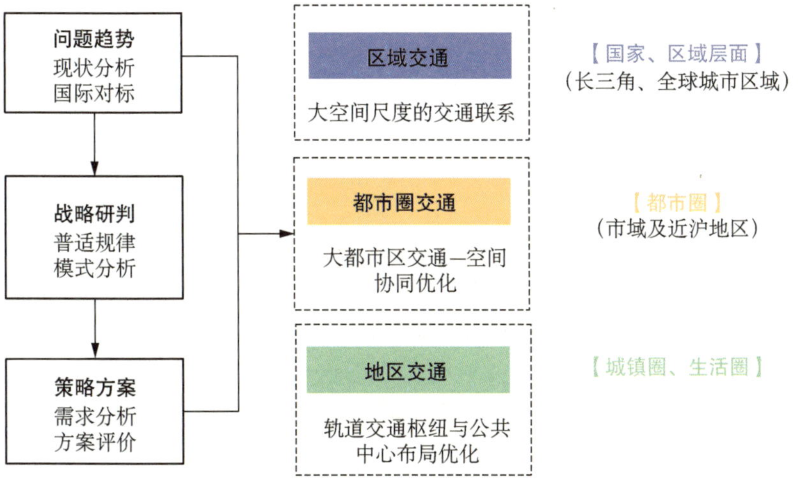

图 2-12 基于交通网络特征的“上海 2035”交通研究视角和规划层次

发(Transit Oriented Development，TOD)引导城市空间发展的总体框架。

基于不同时空尺度和战略重点，“上海 2035”以长三角协同区域为研究背景，聚焦同城化都市圈、市域、主城区及城镇圈等不同空间层次，通过系统支撑和政策引导，纵向上加强国家战略落实和城市交通模式转变，提高各层次交通系统服务能力；横向上实现区域交通廊道带动市域空间结构优化，加强对轨道交通网络的提升和对空间发展的导向性(图 2-13)。

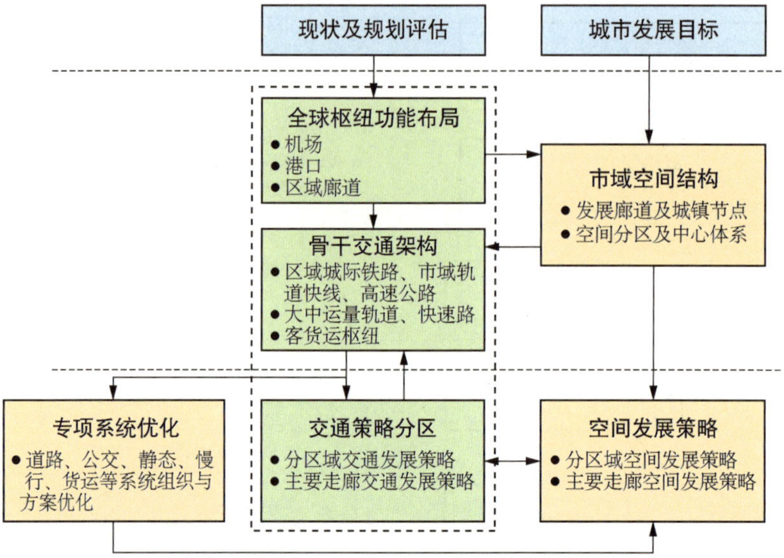

图 2-13 “上海 2035”交通与空间协同优化的技术路线

3）战略意图表达

基于“枢纽城市—轨道都市—绿色交通”三大战略重点，提出多层次空间与多模式交通的协同组织策略（图 2-14）。从对外交通、轨道交通、干线道路、货运交通等主要系统着手研究，提出骨干性交通设施和网络的布局方案构想，明确分区策略。

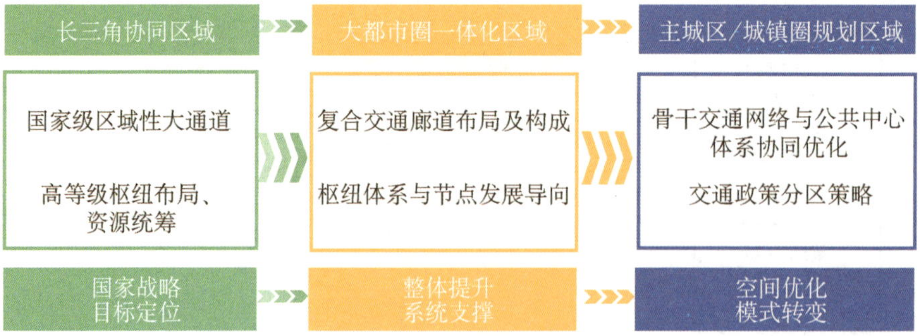

图 2-14 “上海 2035”多层次交通的战略重点

“上海 2035”针对多层次交通体系提出如下对策设计（图 2-15）。

（1）国际及长三角区域交通。完善空港、海港等链接全球性运输网络的功能，持续提升综合运输走廊的集散效率、服务能级和安全可靠性，形成“五个方向、九个通道”，着力完善“公铁水”复合通道网络。

（2）大都市圈一体化背景下的市域交通。以国际海空枢纽和区域交通廊道为基础，优化形成国际（含国家级）、区域级和城市级三级对外客运交通枢纽，强化系统衔接和便

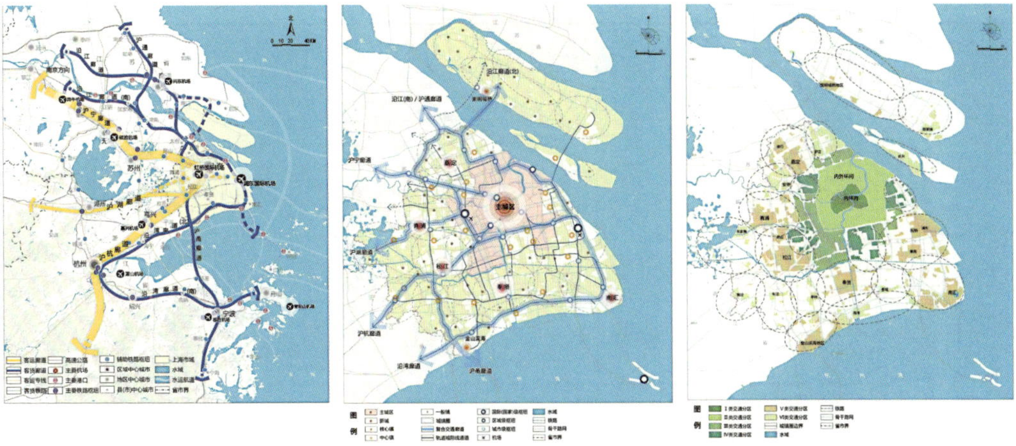

图 2-15 “上海 2035”战略方案的交通系统结构

捷换乘功能，建立“开放型、网络化、同城一体化”交通格局。通过完善国家铁路、区域轨道、城市轨道等多模式、广泛覆盖、高度融合的客运交通系统，优化轨道交通走廊引导的“主城区—新城—新市镇—乡村”上海市域空间布局，通过市域公共交通廊道串联新城、新市镇、产业基地等节点。

(3) “主城区—城镇圈”的地区交通。倡导以公共交通为主的低碳集约交通模式，在主城区、城镇圈两类空间范畴因地制宜地配置交通网络，实现一定空间尺度内的职住平衡和服务共享。主城区实现 85%的就业人员可在 60 min 内到达中央活动区和 9 个主城副中心，城镇圈在 30 min 内实现基础交通通勤组织。同时，强化交通—空间策略分区，综合考虑人口、岗位、交通等多重特征，制定各具特色的分区发展策略，加强与交通各专项系统之间的互动反馈和方案融合。

4. 与综合交通相关的控制指标

“上海 2035”的规划价值导向明确地指向了绿色发展、可持续发展，同样明确了综合交通的绿色发展理念，即以绿色交通支撑城市空间优化、组织城市高效运行，以尽量低的社会成本满足城市活动需求。基于卓越的全球城市目标愿景，将突出创新活力、人文魅力和可持续发展三个维度，强调建设“令人向往的创新之城、人文之城、生态之城”，研究形成支撑城市目标愿景和城市交通可持续发展的 3 类 11 项指标(表 2-11)。

为加强总体规划与专项规划的互动，将总规多维度远景下的交通策略转换为交通专项规划可以落实的目标及测度指标。“上海 2035”的成果为“1+3”(1 份总报告+3 份附件)体系，其中作为附件的“专项规划大纲”明确了各专项系统的规划目标、策略及技术指引，相比“总规文本”中的指标会更加详尽、具体(表 2-12)；《分区规划指引》中各区均有交通指引内容，分篇章表述在该区的规划(区级总规和主城区单元规划)中应落实的交通系统设施和差异化的分区策略导向。

表 2-11　　“上海 2035”综合交通目标—核心指标分解表(研究建议)

目标愿景	指标名称	指标值		类型	交通目标
		2015 年	2035 年		
创新之城：高效易达	航空国际客流比例	31.5%	≥38%	预期性	高效协作的门户枢纽城市
	航空旅客中转率	9.7%	19%左右	预期性	
	国际集装箱中转比例	6.9%	13%左右	预期性	
	平均通勤时间/min	43(中心城)	≤40(市域)	预期性	畅达便捷的城市交通体系
	轨道交通站点 600 m 用地覆盖率	32.4%(中心城)	50%(主城区) 40%(新城)	约束性	
	对 10 万人以上新市镇轨道交通站点覆盖率	53%	95%左右	约束性	
人文之城：包容公平	生活性出行距离/km	2.9	2.5	预期性	
	全路网密度/(km·km^{-2})	9.6 (中央活动区) 5.7 (中心城)	≥10 (中央活动区) ≥8 (主城区、新城)	约束性	
	轨道交通平均接驳时间/min	>20	12(主城区)	预期性	
生态之城：低碳集约	绿色交通出行比例	76%	≥85%	预期性	绿色低碳的交通发展模式
	公共交通占全方式出行比例	26.2%	40%左右	预期性	

注：标注黄色的部分为最终纳入核心指标体系的交通指标。

表 2-12　　“专项规划大纲”中的综合交通规划指标一览表

领域	指标项	现状值(2015 年)	规划值(2035 年)
对外交通	年航空客运吞吐量/亿人次	0.99	1.8 左右
	出入境客流比例	31.5%	38%
	航空旅客中转率	9.7%	19%左右
	集装箱吞吐量/万标准箱	3 653.7	4 000～4 500
	集装箱水-水中转比例	45%	>55%
	国际集装箱中转比例	6.9%	13%
	铁路通道方向及规模	2 个/5 条	5 个/12 条
	铁路占客运比重(小客车除外)	50%	65%

（续表）

领域	指标项	现状值（2015 年）	规划值（2035 年）
城市交通	新城、中心城的枢纽之间的轨道出行时间/min	>45	≤40
	对 10 万人以上新市镇轨道交通站点的覆盖率	53%	95%左右
	平均通勤时间/min	43（中心城）	40（中心城）
	公共交通占全方式出行比例	26.2%（市域） 37.9%（中心城）	40%左右（市域） 50%左右（中心城）
	轨道交通线网密度/(km · km^{-2})	0.6（中心城）	≥1.1（中心城）
	轨道交通站点 600 m 用地覆盖率	32.4%（中心城）	60%（中心城） 40%（主城区） 30%（新城）
	新城至中心城及重要交通枢纽的道路交通出行时间/min	≤75	≤60
	全路网密度/(km · km^{-2})	9.6（中央活动区） 5.7（中心城）	10（中央活动区） 8（主城区、新城）
	城区干线公交平均运营速度/(km · h^{-1})	15（市区线） 18（全市平均）	20 左右
	城区公交站点 500 m 用地覆盖率	—	100%（主城区） 90%（新城、核心镇和中心镇镇区）
	轨道交通平均接驳时间/min	>20	13（主城区）
	绿色交通出行比例	76%	85%左右
	生活性出行距离/km	2.9	2.5 左右
	停车泊位比	—	1.1 左右

2.3.3 语境转换：从交通系统到空间活动系统

从“上海 2035”规划编制的技术决策过程中可以看到，与交通相关的话语体系发生了根本性的变化，即传统基于 OD 的网络交通流分析方法已经退居次席。但并非意味着网络交通流分析不再重要，而是在宏观架构拟定中处于辅助地位。

在经历了多年超常规发展的客观情势（国情决定我国改革开放必然是一个局部先突破而非整体主义的过程）之后，国土空间规划需要纠正发展理念与发展方式上存在的某种程度的偏颇，克服某些地方领导的个人作用过强、政出多门及部门争利和话语权、行政法制不完善等方面的问题。在生态文明、以人民为中心的新发展理念指导下，我们有必要实现国土空间的优化组织、高效使用和生态修复。

在这种情况下，作为空间组织和转型发展的重要政策工具，综合交通系统的决策需要跳出传统技术思维的约束，发挥更为重要的科学、客观的决策支持作用。决策支持的话语体系转变，将“空间活动系统”与“综合交通系统”两种语境加以融合(图 2-16)，正是适应了这种需求。

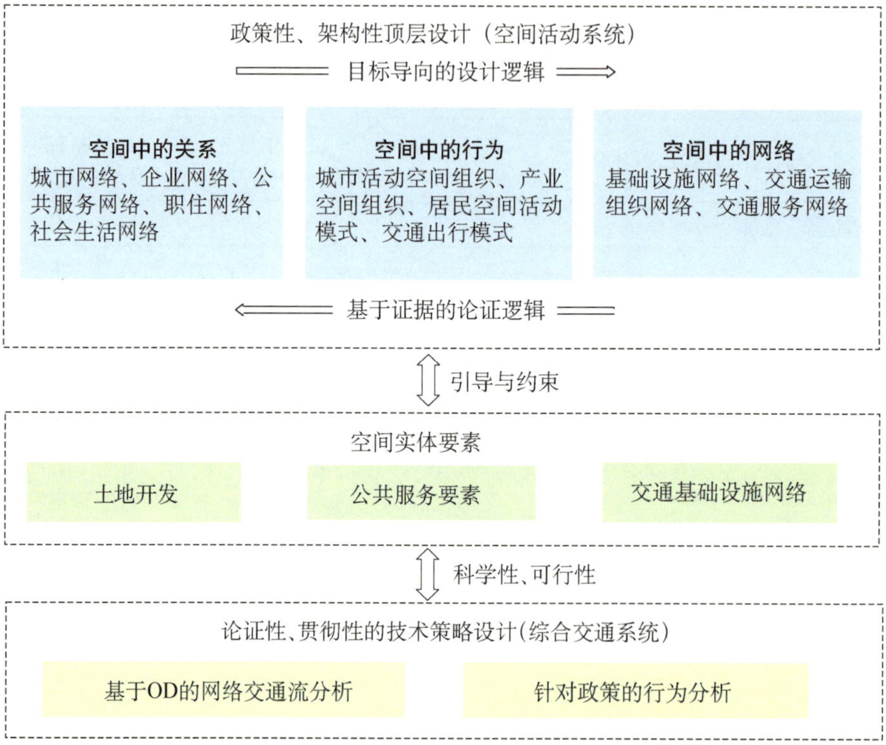

图 2-16 国土空间规划架构内的“空间活动系统”与“综合交通系统”的语境关联

空间活动系统的讨论循“空间中的关系—空间中的行为—空间中的网络”的技术逻辑而展开。

空间中的关系既是影响空间中的行为的重要因素，也是公共政策力图实现的目标内容。不同的空间层级所关注的空间关系是不同的：广域空间——城市网络、企业关联网络；城市群——城市之间的社会、经济联系，城市群区域的生态、历史结构，以及城市群空间的层级结构等；都市圈——都市圈中的职住空间关系、都市圈内的公共服务可及性、都市圈的社会空间关系等；城市内部——职住空间结构、魅力场所与活力网络之间的关系、公共服务覆盖、发展机会可及性等。

空间中的行为，一方面是行为主体主观意志的产物，另一方面也是所处的外部环境，即空间中关系影响的结果。与基于 OD 的网络交通流分析模型体系不同，行为主体被赋予更多的类别属性特征，例如不同居住区位、不同经济阶层类型等；同时关注点从单纯的交通流量转向空间活动模式(对于活动模式最易于理解的示例是“宅在家中”“两点一线”，还是“活动广泛”)、惯常性活动等与空间中的关系关联紧密的属性特征。

空间中的网络既是新语境中决策的对象，也是影响空间中行为和关系的要因。

在“以人民为中心”的理念下，为了实现人的城市化，需要将对空间中的关系的讨论扩展到人所感知和使用的空间来进行。居住在城市不同区域的人所感知和使用的城市建成环境存在差异，获得的公共服务和发展机会也存在差异，这些都成为空间属性中受到关注的内容。因此，新语境中的空间不再是抽象的不同用地性质的拼合，而是具象的与人的属性密切相关的城市建成环境和可达性指标。

大数据所提供的决策分析资源使我们能够对行为主体的空间活动进行连续观测，从而为分析空间活动模式、识别惯常性出行提供技术手段。这一新的技术能力，绝非限于技术人员的分析能力提升，而是补足了在空间中的关系与空间中的网络这一决策逻辑中所缺失的重要环节，从而使得宏观和框架层面的决策研究能够建立在更加客观的基础之上。

在国土空间规划中，无论是以特定时间通达的交通圈概念，还是以在特定网络体系中的枢纽地位等方式，所表达的都是针对综合交通的目标与愿景。为了解决理想与现实之间的冲突，在新的决策支持语境中需要加强对网络功能和结构的辨识，应重点关注能力、状态、效率等对外关联属性。

基于证据的论证逻辑，对于我们准确把握问题，识别理念与实践、理想与现实之间的差距具有很强的实际意义。经过多年的实践积累，我国城市已经积累了相当多的交通系统建设与运营经验，关键在于如何梳理这些经验和数据背后的技术逻辑，真正将其转化为决策能力。

我国城镇化进入城市群、都市圈的发展阶段以后，借助交通网络，特别是区域轨道网络进行空间重组面临一系列新课题。在上海及长三角区域，“中心城—都市圈—城市群”的网络型空间结构成为承载发展要素的主要空间形态，上海市提出“五个新城”建设的发展策略，希望进一步优化城市网络中的空间结构。

梳理与此相关的数据（上海市与新城联系的既有轨道交通线包括 5 号、9 号、11 号、16 号、17 号线）：轨道交通的旅行速度（特别是在都市圈范围内的轨道旅行速度，图 2-17）、

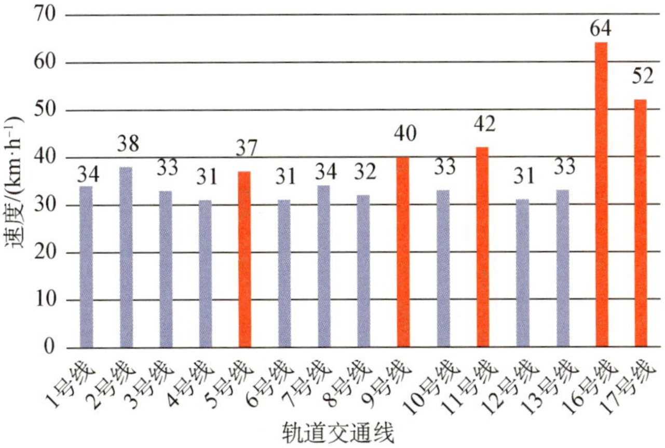

注：图中红色长条柱表示联系外围新城的轨道线。

图 2-17　上海市轨道交通平均旅行速度（2021 年）

与城市空间职住关系对应的交通网络瓶颈(图 2-18)、轨道网络运行效率(图 2-19)、轨道线路平均乘距、与新城关联轨道线路站点客流分布等，不难看出，既有轨道网络功能层次不清、原规划市域线快速功能未实现、市域线路运营效率和效益不理想等问题，已经超出交通系统能够解决的范围，需要在空间活动系统的顶层设计层面研究相关对策。

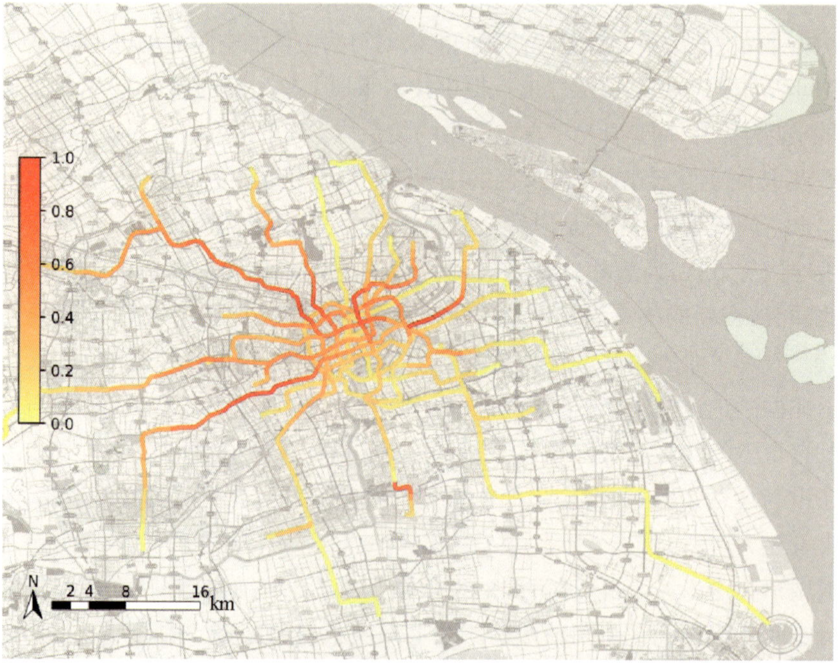

图 2-18　上海市轨道交通早高峰饱和度分布(2019 年 1 月 8 日 8:00—9:00)

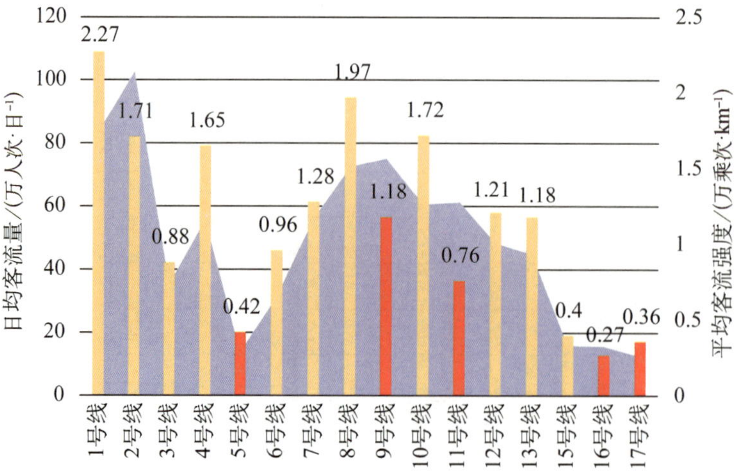

图 2-19　上海轨道交通日均客流量与平均客流强度(2021 年)

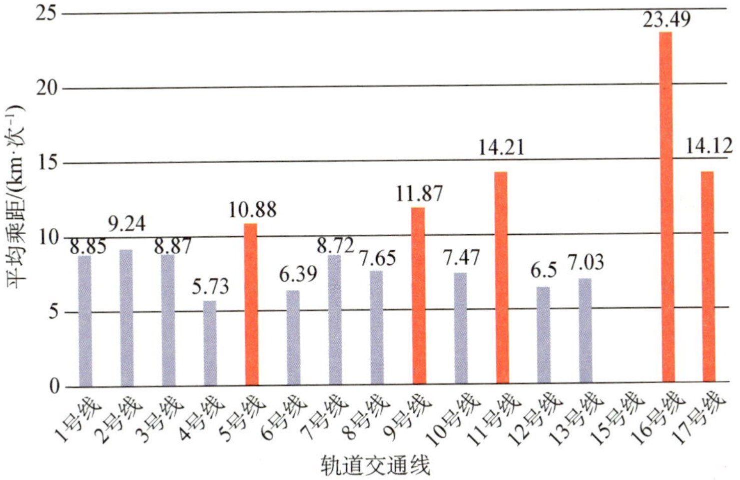

注：15 号线为试运行，故无数据。

图 2-20　上海市轨道交通平均乘距(2020 年)

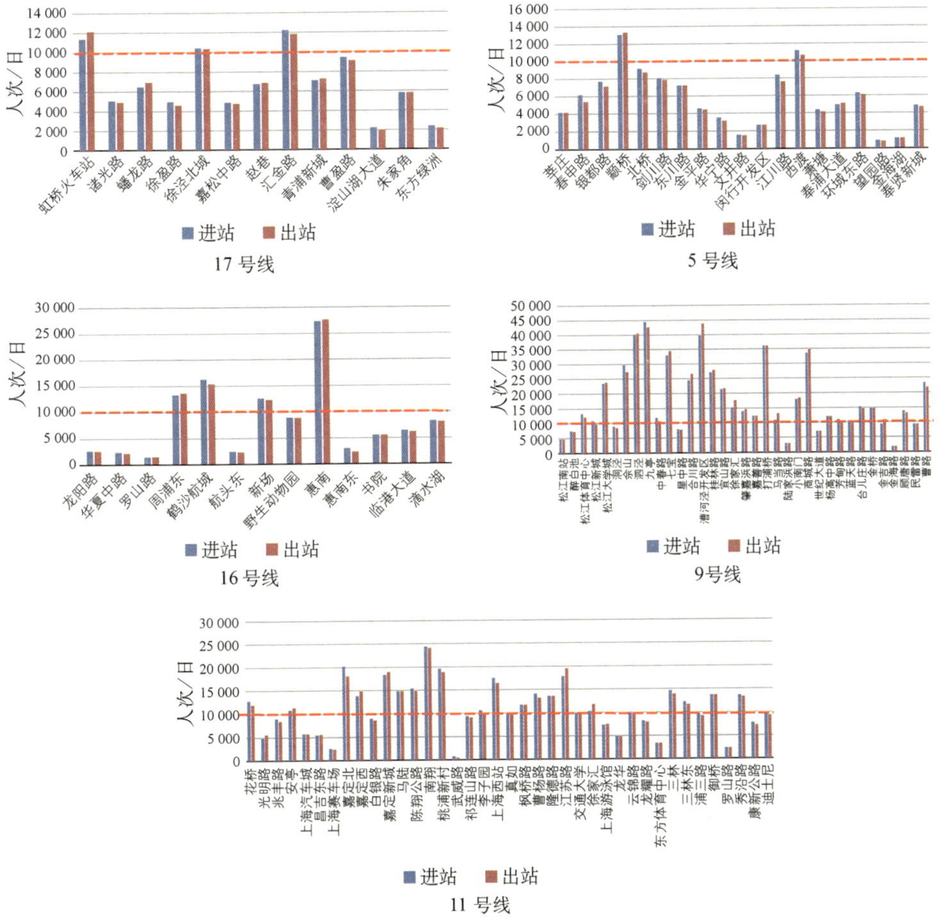

注：其中 17 号线为 2020 年数据。

图 2-21　上海市连接外围新城的轨道线进出站客流情况(2021 年 11 月)

上述数据虽然在一定程度上反映了存在的问题，但是缺少系统性的逻辑将其统合在一起，仍然难以成为围绕空间组织建构区域轨道网络的决策依据。

参考文献

[1] 中国法制出版社. 中华人民共和国城乡规划法（2019 年新修编）[M]. 北京：中国法制出版社，2019.

[2] 中国法制出版社. 中华人民共和国土地管理法[M]. 北京：中国法制出版社，2020.

[3] 中华人民共和国国务院. 国务院关于印发全国主体功能区规划的通知[EB/OL]. [2011-06-08]. http://www.gov.cn/zwgk/2011-06/08/content_1879180.htm.

[4] 中华人民共和国发展和改革委员会. 生态文明体制改革总体方案[EB/OL]. [2015-10-13]. https://www.ndrc.gov.cn/fggz/tzgg/ggkx/201510/t20151013_1078169.html?code=&state=123.

[5] 赵民. 国土空间规划体系建构的逻辑与运作策略探讨[J]. 城市规划学刊，2019(4)：8-15.

[6] 中共中央办公厅，国务院办公厅. 省级空间规划试点方案[EB/OL]. [2017-01-09]. http://www.gov.cn/zhengce/2017-01/09/content_5158211.htm.

[7] 中共中央、国务院. 关于建立国土空间规划体系并监督实施的若干意见[EB/OL]. [2019-05-23]. http://www.gov.cn/zhengce/2019-05/23/content_5394187.htm.

[8] 中华人民共和国自然资源部. 市级国土空间总体规划编制指南（试行）[EB/OL]. [2020-09-22]. http://gi.mnr.gov.cn/202009/t20200924_2561550.html.

[9] 李晓江. "碳中和"目标下的绿色发展与更新[R]. 上海：上海市城市规划行业协会，2021.

[10] 高翔. 城市全域交通[R]. 长沙：第 16 届中国智能交通年会，2021.

[11] 李晓江. "碳中和"目标下的绿色发展与更新[R]. 上海：上海市城市规划论坛，2021.

[12] 日本总务省统计局. 平成 23 年社会生活基本調査—生活行動に関する結果[EB/OL]. [2012-07-13]. https://www.stat.go.jp/data/shakai/2011/gaiyou.html.

[13] 赵一新. 城市交通的数字观察[R]. 上海：中国城市交通发展论坛，2021.

3 三元空间中的综合交通系统

综合交通是位于“社会—物理—信息”三元空间中的复杂适应系统，这不仅意味着其具有三个空间维度上的属性，而且意味着我们需要从三个空间维度之间的关联理解其演化规律，并将对策体系拓展到三个空间维度。

3.1 综合交通系统的概念模型

为了适应发展理念、规划制度环境和城市建设模式的转型，有必要重新审视对综合交通系统的理解。本节所讨论的综合交通系统概念模型，涵盖了综合交通研究对象的内涵理解、系统控制策略、对象网络结构、体系化对策结构和决策支持模式等不同方面，提供了一种认识论、对策论角度的理解框架。

3.1.1 认识论模型

伴随社会、经济、技术的发展，交通系统所处的外部环境发生了巨大的变化，由此促进综合交通系统的任务领域、对策方式等发生变革。为了跟上时代发展的步伐，需要重新审视对综合交通体系的认知。

综合交通是通过技术和政策手段解决社会问题的领域，现代综合交通系统区别于传统系统的是其在社会—物理—信息三元空间中的属性(图 3-1)。社会空间涉及综合交通系统的服务对象、任务目标依据、政策议程、服务市场管理、治理模式、资源配置等内容；物理空间由网络与场所构成，涉及基础设施建设、运输资源配置、系统运行管控等问题；信息空间一方面形成综合交通供需及运行状态的映像，以支持管理和决策能力的提升，另一方面提供物理系统能力的倍增器，借助智慧赋能提高系统的运行效率和服务水平。

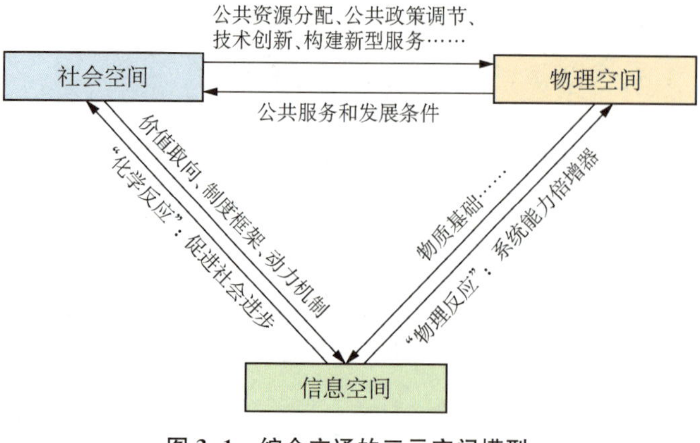

图 3-1 综合交通的三元空间模型

三元空间认识论模型的主要意义在于：一是扩展了系统的内涵，涉及社会、信息空间的部分要素，从外生变量转变为内生变量；二是强调三元空间的关联性，从三元空间的关联属性角度研究体系化对策的协同性。

从三元空间角度审视综合交通系统，需要将物理空间中的对策研究，拓展到社会空间中的政策议程领域；物理系统的评价，需要更多导入社会空间的指标；物理系统的规律研究，需要导入社会空间的行为主体属性，融入心理学和社会学的方法。

社会空间对物理空间的影响，体现为针对资源配置的公共政策运用；物理空间对社会空间的反作用，主要是对不同社会群体空间环境、空间关系和空间活动产生影响，由此引发社会利益诉求以及政策议程的变化。

物理空间在信息空间中的映射将影响对系统状态的认知和对使用效果的评价，信息空间与物理空间的融合使得信息对物理系统发挥出能力"倍增器"的作用。两者之间最广为人知的关联是智能交通系统——人工智能、物联网、区块链等技术应用，促进了自动驾驶和车路协同技术的发展，提升了交通系统的运行效率和服务水平。

物理空间的综合交通网络通过信息空间对社会空间产生三个层次的映射：其一是社会管理决策过程中的信息映射；其二是市场运营过程中的信息映射；其三是公众获取服务及出行过程中的信息映射。社会空间对信息空间的反作用集中表现为一种现代化治理能力，具体涉及信息采集和运用过程中的制度因素、行政资源的动员、公共治理中的信息运用战略与策略等。

这一认识论反映到综合交通规划领域，导致从关注"派生性需求"到关注"本原性需求"，从"就交通论交通"到"生态—产业—经济—民生"一盘棋，从工程学思维到社会学思维的一系列变化。

3.1.2 综合交通系统调控模型

新的发展阶段，城市交通面临一系列新的挑战：①城市变化带来的挑战。作为基础性、先导性、战略性产业，综合交通运输体系和城市交通运行体系建设如何及时跟上城市定位变化、引领城市发展、全面支撑城市价值的实现。②人的变化带来的挑战。"人的全面发展"正成为各行业发展基础逻辑加速转型的核心驱动力，用设施规模、运力投放、通勤出行效率等衡量一座城市的交通发展水平的时代已一去不返，能否在可接受的时间内，极大拓展组织生产生活的空间范围，为人民获得更多就业选择、更加公平地享有各类优质公共服务资源提供支撑，是新时期交通高质量发展面临的全新挑战。③出行变化带来的挑战。进入"以城市群为主体形态"的发展阶段，生产要素在区域范围内重新布局，产业链上下游关系和职住关系随之调整，突破行政边界建立新的平衡。都市圈、城市群已成为承载人民幸福和国家竞争力的全新空间载体。双城生活、异地通勤、跨区多点执业等将成为全新的生产、生活形态。

在新技术革命的推动下，城市交通需求变化周期大为缩短，市场模式演变速度也超出以往。交通管理业务结构随之发生变革：短周期的政策调控、常态化的运营管理服务、交通运行组织的适时动态调整，产生缩短决策响应链的需求，推动了基于大数据的决策支持技术发展。

在此背景下，单纯满足需求的供给模式正被通过战略调控实现理性需求与精明供给的动态规划建设模式所替代。综合交通系统调控是指通过政策和技术手段，干预系统的演化过程，促使其回归或保持在可持续发展的轨道上(图 3-2)。

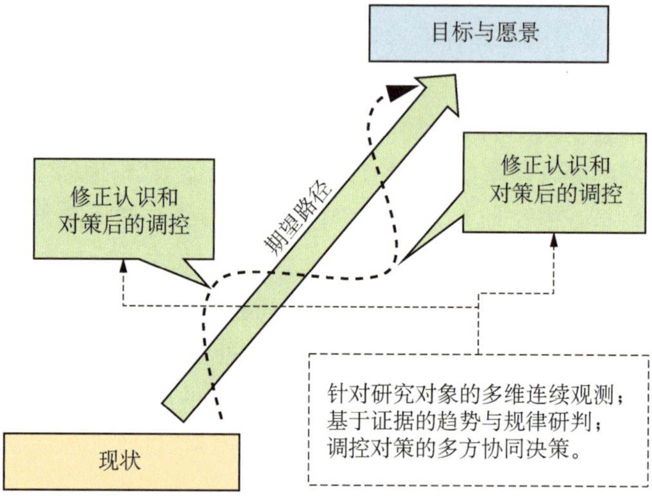

图 3-2　综合交通系统调控模型示意

综合交通系统属于复杂适应系统。行为主体适应性行动变化以及行为主体之间的关联结构，造成系统演化过程的复杂性和不确定性。对于这类系统的演化过程的控制不是一个优化过程，而是一个适时响应的调控过程。

综合交通系统演化调控属于社会控制范畴。诺伯特·维纳在《控制论》[1]中曾经指出，用控制论方法研究社会系统有两个主要的困难：①由于观察者会对被观察对象施加巨大的影响，很难像物理实验中那样将观察者与被观察对象间的耦合降到最低限度。②社会科学家没有从与时间、地点无关的角度来冷静地观察研究对象的条件。1975 年，罗马尼亚的控制论专家内戈伊策在第三届国际控制论与系统大会上提出退馈原理，认为前馈和反馈都是在系统外部研究系统的行为，属于行为研究方法。研究人体系统和社会系统往往要从内部干预着手，属于结构研究的范畴，应使用退馈的概念。这一概念随后成为社会控制论的核心。

与在系统外部实现的前馈和反馈控制不同，退馈特指处于系统内部的观察者通过重新审视，将对系统的“自我认识”升华到更高的综合水平。对于综合交通系统来说，规划者需要不断审视与反思自身的认识是否和假设基础存在偏差。

由于需要审视的内容包含了决策者、研究者和技术人员自身对问题的认识以及已有的解决方案构思，建立在既有认知和经验基础上的传统交通模型并不适应于这种类型决策支持。依托大数据资源，基于证据的信息凝练与讨论，是实现退馈控制的基础。不同于传统的数据统计和模型分析，这种分析方式允许存在一定程度的模糊性，将海量信息凝练，纵观全局、看清脉络、揭示规律，形成更为综合的认识。

3.1.3 综合交通系统网络结构模型

网络是综合交通系统的主体和基础，也是与空间组织关联最紧密的要素。综合交通网络并非单纯的交通基础设施网络，而是由基础设施网络、运输组织网络、协同服务网络共同组成的层级结构(图 3-3)。私人交通所使用的是基础设施网络，公交用户所接触的是运输组织网络，未来 MaaS(Mobility as a Service，出行即服务)系统用户所面对的是协同服务网络。

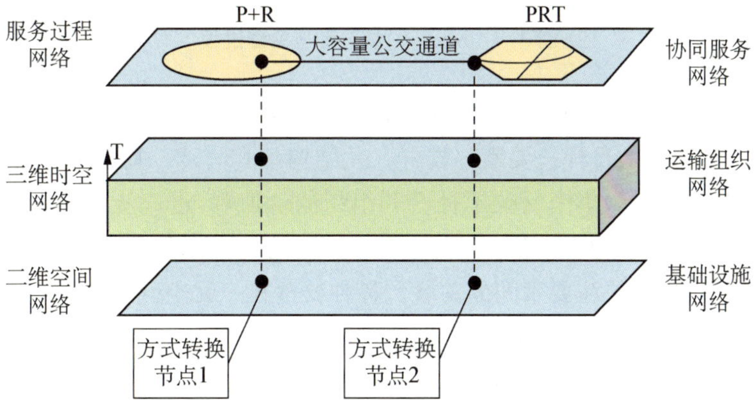

图 3-3 综合交通网络结构示意[2]

在综合交通基础设施网络中，不同交通工具所享有的路权也存在差异，例如部分货物运输车辆面临城市部分区域和路段的通行限制，公共交通车辆则在特定时间段享有公交专用道提供的专用路权。运输组织网络存在时空覆盖中的差异，因而不同用户群体所获得的公共服务和发展机会是不同的。

服务过程网络涉及多个运营主体之间的合作，诸如多式联运、MaaS(图 3-4)等有赖于市场机制的变革以及信用体系的建设。

3.1.4 体系化对策模型

体系化对策模型表征基于三元空间认识论模型而产生的对策领域框架。由于各类挑战的复杂性，综合交通日益强调对策的体系化，即联合使用设施建设、服务供给、管理调控、经济和政策杠杆等多种手段，在交通网络与城市/区域空间中促成社会的可持续发展。

体系化对策分为广义与狭义两种概念。广义体系化对策是站在社会整体和政府整体角度提出的对策和行动框架，强调跨部门、跨领域、跨行业的联合行动，一般在战略规

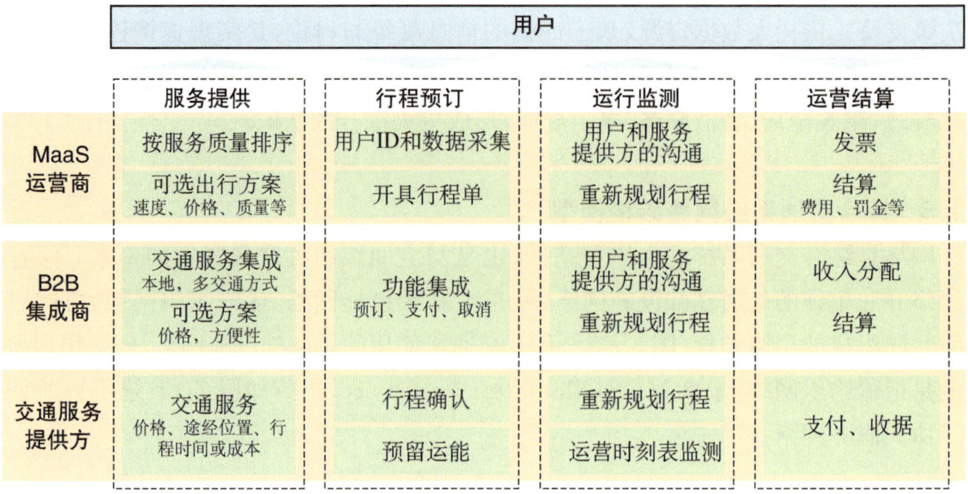

图 3-4 MaaS 的参与者与关键过程

划、空间规划、交通白皮书中加以明确相关原则和行动架构。广义体系化对策可以表达为在特定制度环境下的目标—要素—杠杆三元结构(图 3-5)。基于生态、社会、经济方面的诉求所提出的目标，集中反映了社会和组织的价值观，进一步派生出愿景和指标，转化为相关行业和领域的行动任务，成为制定计划的依据。要素结构不仅强调单个要素的重要性，而且更加关注要素间的关联。各种要素在三元空间中形成有机关联结构，必须通过政策杠杆的撬动才能实现，而制度环境是体系化对策的基础。

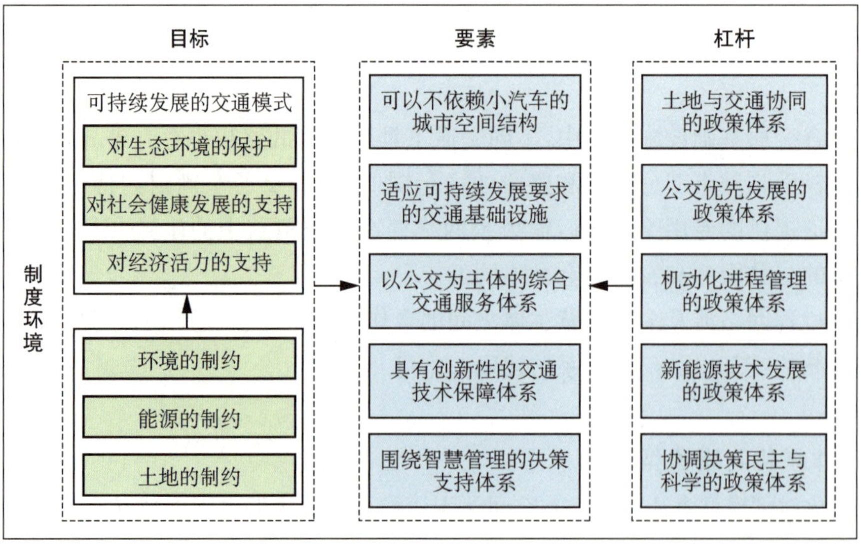

图 3-5 广义体系化对策构成示意

狭义体系化对策是在宏观战略与规划的指导下，针对交通行业领域内部问题所拟定的行动框架(图 3-6)，涉及交通政策、交通制度、交通网络等问题，其根本性目标是适应社会变革不断进行服务创新，实现行业的可持续发展。

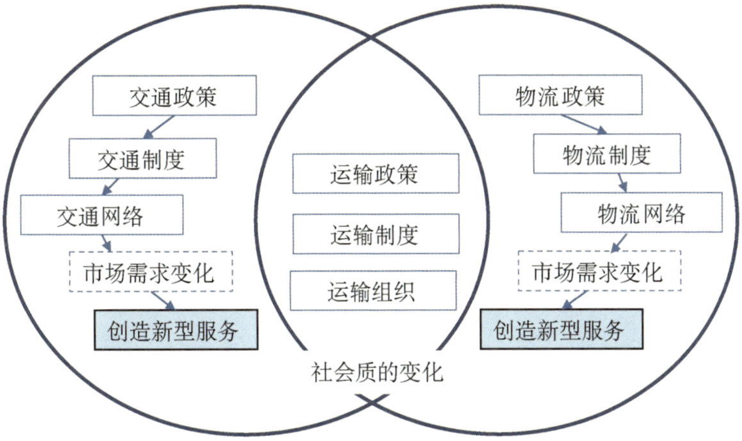

图 3-6　狭义体系化对策构成示意

广义与狭义体系化对策之间具有不可割裂的联系：广义对策体系着眼于协调外部环境与交通系统之间的关系，调动多种社会资源和多样化手段综合治疗城市交通病；狭义体系化对策强调行业事权范围内的工作着力点及协同行动。

3.1.5　决策支持技术应用模型

综合交通系统构建和管控过程中的决策是一个定性、定量相结合的审时度势的过程。在具有退馈和反馈双重控制机制的运行监测环中，管理者（控制者）发现并识别问题，就需要进一步深入分析的问题提交相应的分析流程，经技术专家对模型分析和大数据分析结果进行综合研判后，向决策部门提交决策建议（图 3-7）。

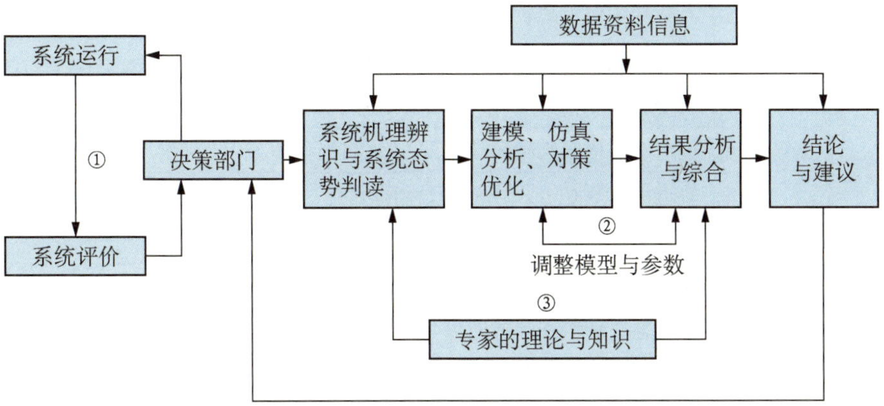

图 3-7　决策支持技术应用模型结构示意[1]

在图 3-7 中，闭环①为工作中的退馈控制环，主要应用的是系统状态监测和态势评价估计，技术主要表现形式为评价指标；闭环②为以模型分析为核心的专项分析技术环，其技术的主要表现形式为模型；闭环③由技术分析人员和专家共同承担的定性、定量相结合的技术研讨环所构成，其表现形式为一种融合专家、数据、模型的集成研讨模板。

系统评价所采用的指标是组织价值观的体现，反映了政府管理部门对问题的理解。表 3-1 所示案例对此具有启发作用，正如表中所看到的，技术指标的遴选实际上受到组织价值观的支配。

表 3-1　　深圳市轨道交通发展指标——规划布局类[3]

指标维度	指标类型	指标内容	指标导向
城市战略	对外辐射	高速铁路 3 h、5 h 覆盖的地级及以上城市数量	+
	湾区引擎	与大湾区城市的核心区城际轨道通达时间	−
	圈域一体	中心城区 1 h 轨道通勤覆盖的临深片区街镇	+
	城市出行	核心区域外围中心之间轨道通达时间	−
		核心区内任意两点之间轨道出行时间	−
		轨道交通“门到门”通勤时间低于 1 h 比例	+
	产业支撑	重点发展区域至中心城区轨道 45 min 通达率	+
	优质竞争	主要走廊轨道交通与小汽车出行时间比	+
规模结构	设施规模	全市及中心城区轨道交通线网密度	+
		全市及中心城区轨道交通站点密度	+
		轨道交通两线、三线及以上换乘站点数量	+
		轨道换乘站的公交首末站配置率	+
		轨道交通站点 150 m 范围内接驳公交线路	+
	出行结构	轨道交通占机动化出行分担率	+
		高峰期主要走廊轨道交通占机动化出行分担率	+
		深莞、深惠跨市轨道交通占机动化出行分担率	+
服务覆盖	人口覆盖	轨道站点 10 min 步行范围内人口岗位覆盖率	+
	枢纽布局	城市对外枢纽 45 min 轨道可达人口岗位覆盖率	+
	空间覆盖	轨道站点 800 m 以内的建设用地占比	+
		轨道站点 800 m 以内的建设面积占比	+
站城融合	空间耦合	轨道综合枢纽与城市中心体系的耦合度	+
	综合开发	轨道综合枢纽开发范围内的开发强度	+
	衔接换乘	轨道综合枢纽内乘客跨制式换乘时间	−
	慢生活圈	轨道站点步行 15 min 覆盖的生活服务类设施	+

注：“+”表示正向指标，即指标值越大越好；“−”表示逆向指标，即数值越小越好。

3.2 城市交通系统构建与运行中的决策

城市交通系统构建涉及从战略到设计的紧密关联过程，并根据运行管理的持续反馈不断进行系统结构与网络的调整。

3.2.1 城市交通战略与政策框架的拟定

交通战略的编制过程一般包括战略构思、战略聚焦和战略落地三个阶段。战略研究方法一般可划分为趋势预判型、挑战应对型、目标导向型三种类型，其技术研讨一般包括分析战略环境、厘清战略资源、明确战略驱动力、形成战略理念和建构战略对策等。

1. 案例分析

1）以交通白皮书为载体的城市交通战略研究

交通白皮书是城市交通战略与政策框架的载体，从交通白皮书的编制过程中可以提炼出与战略及政策框架相关联的决策议程特点。

交通发展战略在白皮书编制中往往占据核心地位。为有效听取各个部门对问题的理解和工作建议，在上海交通发展战略拟定过程中，相关部门和研究单位分别承担了20个子项专题的研究(图3-8)。

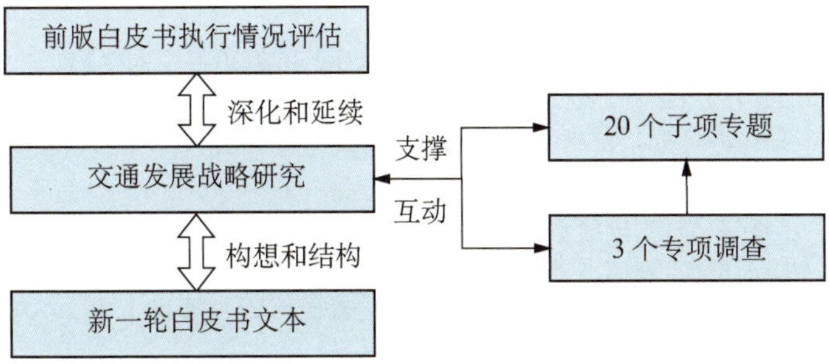

图3-8 上海交通白皮书编制中交通发展战略的关系与作用

尽管如此，交通战略所涉及的很多重要问题还是存在相当程度的观点差异。例如对于具有共享特征的分时租赁小汽车、网约车与出租车的关系，以及土地开发强度与交通网络承载力等问题，既有认识观点上的差异，也有对未来发展判断上的不同。对于如同长三角一体化发展等涉及多个行政主体，但相互之间又紧密关联的战略性议题，立场、视野导致的意见分歧也需要一个磨合性的决策过程。

从白皮书编制中交通发展战略研究所需要形成的共识来看，趋势判断是其核心问题。尽管传统理论中的行为分析模型能够发挥决策支持作用，但小样本意愿调查可能产生的选择性偏差仍是一个需要克服的障碍。

同时，面对新型业态的变化，决策者一方面需要在真实数据基础上分析判断，另一方面也需要连续追踪新事物尚未稳定的发展过程并积极开展研究工作以获得新的认识。由此产生了无法回避的城市交通战略研究的连续性问题。

2）深圳市福田区交通远景战略研究

一般城市中的单元/片区规划很少单独讨论交通战略。深圳市福田区由于外部发展环境的巨大变化（粤港澳大湾区发展规划纲要的发布），需要在新形势下认真审视自身定位与发展战略，对其交通远景发展战略项目所做的探索是一个可贵的案例（表 3-2）。

表 3-2　深圳市福田区交通远景发展战略研究概要[4]

挑战与动力	外在驱动因素	新空间：国内、湾区、都市圈新的空间结构产生的冲击。 新技术：未来技术手段对交通载运工具、业态发展、服务方式带来的变革。 新理念：满足人民美好生活需求、绿色可持续发展、城市精细化治理、科学化管理所产生的要求
	内在动力因素	高点定位：深圳将打造竞争力、创造力、影响力卓著的全球标杆城市。 高密度空间：已制定“3＋5”重点片区更新开发计划，计划新建建筑规模约 3 000 万 m^2。 高附加值产业：战略性新兴产业、金融产业、时尚产业等。 高净值人群：未来主导产业相关人群呈现年轻化、高净值、高带眷属性特点，需求更加多元，注重自我价值实现
战略性交通资源	趋势研判	国内层面：“双循环”背景下，“集聚协同”的城市群空间格局。 大湾区层面：高端要素向大湾区“内湾”地区集聚。 都市圈层面：“行政城市”走向“空间城市”
	目标拟定	国际层面：借助航空的可达性。 国内层面：利用高铁实现与重点城市核心区的可达性。 大湾区层面：依托城际网络、公路联系湾区内产业链节点，实现湾区核心地区可达性。 都市圈层面：满足一定范围内的同城化出行需求
出行环境	趋势分析	主导产业人群所带来的变化
	目标设定	生产空间目标设定
		生态空间目标设定
		生活空间目标设定

福田区是“按照规划建设”的城市组团，其在发展过程中根据历版城市规划推进交通系统建设：起步阶段（1980—1992 年）以公路交通为主；快速发展阶段（1993—2003 年），城市道路网络建设；加速发展阶段（2004—2015 年），轨道网络加速布局；转型升级阶段（2016 年至今），福田中心空间网络的品质升级。交通基础设施对于福田区的产业、

空间起到支撑和引领的作用，已经形成了完备的基础设施体系，其轨道和道路系统领先深圳其他区域，毗邻香港的优势也加快了各种资源在此的集聚与流通。在新的发展形势下，福田区交通领域再次开展发展战略研究，以根据新形势重新审视交通系统的目标和定位，优化网络结构，提升服务能级。

从这一案例中可以得到的启示是，正确拟定研究框架具有重要意义。传统交通模型处理的是结构化问题，面对非结构问题其能力无法施展。

2. 平台协作型组织模式

对于城市交通战略这种要求持续性积累的研究项目，平台协作型组织模式是值得关注的社会参与范式。

平台协作型组织模式：一般由政府下设的机构成立研究平台，规定研究范围体系，设定研究大方向，引入外部各研究力量加入，针对专项问题进行研究。如"美国 2050"项目于 2006 年由联邦政府提议，由洛克菲勒基金、福特基金、林肯土地政策研究所等资助，由"美国 2050"国家委员会管理，联合区域规划协会、林肯土地政策研究所、大学等机构的专家、学者和政策制定者共同研究构建美国未来空间发展的基本构架(图 3-9)。"美国 2050"国家委员会由商业领袖、政策制定者、区域规划人员组成。该项目作为一项持续性研究项目，研究时间较长，没有明确具体研究周期，其各阶段研究成果通过"美国 2050"网站发布。

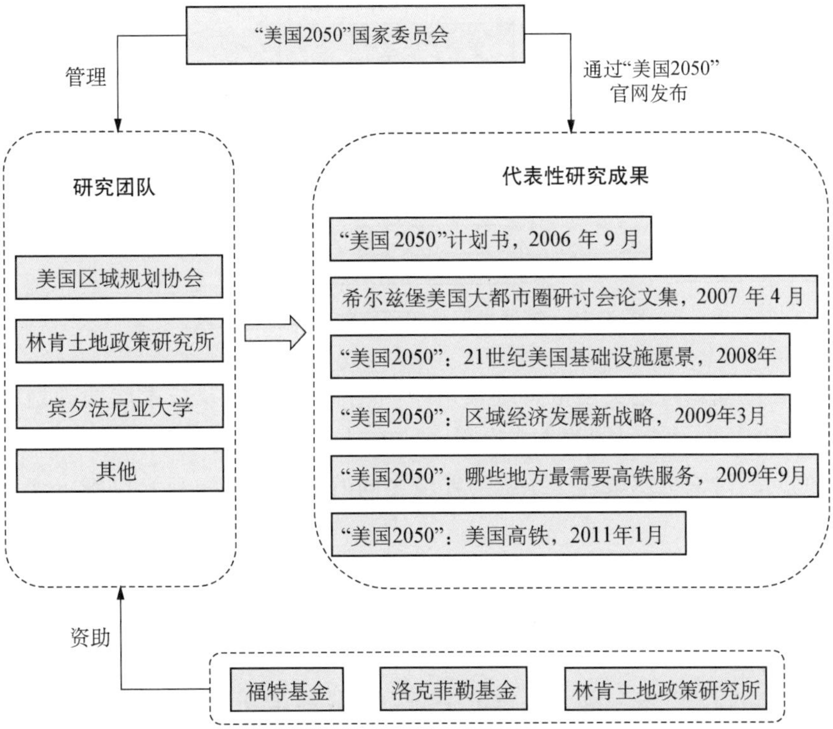

图 3-9 "美国 2050"平台型协作研究的组织方式示意

在交通发展战略的平台协作型组织中，参与各方可以有立场、视野和观点上的差异，但其参与组织的目的是逐步达成共识，而非陷于长期争论之中。为此，对研究单位信息开放，尽可能消除参与各方的信息非对称性，就不再是战术层级的任务，而是事关全局的高层级目标。

3. 技术支持需求

图 3-10 中建议的工作程序框架在传统的交通战略研究工作框架基础上增加了平台技术支持任务的内容。交通战略研究的平台协作式组织中的信息开放涉及数据安全、知识产权等诸多实际问题。开放的信息抽象程度过高，会限制研究者的认识主动性，压缩研究视野；而过于接近底层的原始信息，则可能受限于分析工具和数据处理经验，造成理解障碍。PaaS 或 SaaS 架构正是针对此类问题提供可信数据和受到知识产权保护的技术服务手段。

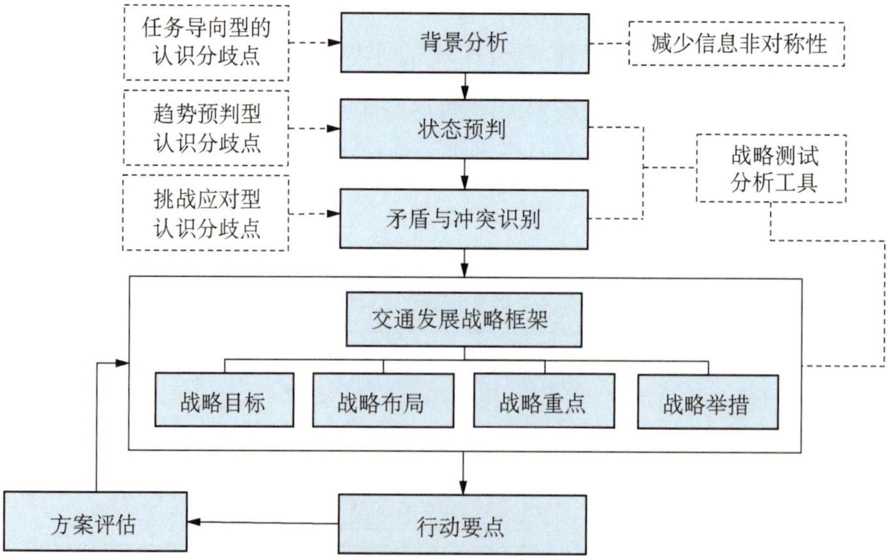

图 3-10 交通发展战略研究的工作流程示意

战略层面的问题讨论更多带有政策策略的色彩，与战术及技术层面规划所具有的浓厚工程色彩相比，讨论问题的方式有很大的差异。如果把综合交通视为一个系统，在战略层面的问题讨论更多聚焦于系统与环境之间的关系（图 3-11），以确定交通系统的功能需求。

3.2.2 综合交通规划的编制与协同

1. 历史沿革

城市交通规划是一项公共政策导向下针对网络型体系的技术策略规划，其编制内容和工作方式与国家治理体系和发展战略密不可分。

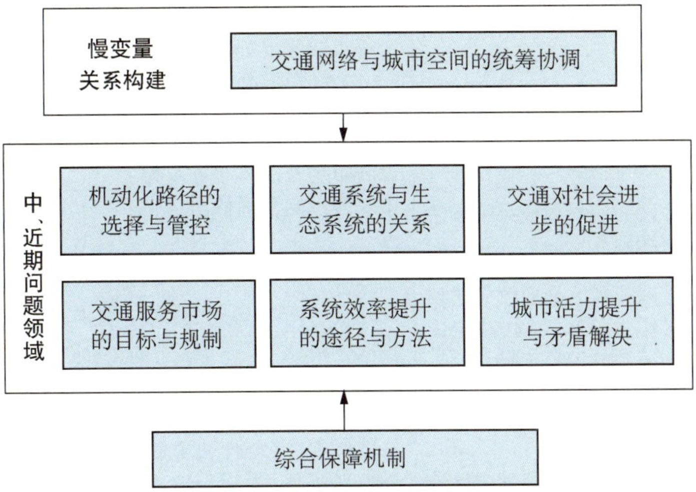

图 3-11　交通发展战略的决策内容框架示意

传统的由交通主管部门主导编制的城市交通规划，主要围绕交通系统自身建设而展开，其主要目的是：①协调交通整体发展与行业政策的关系；②对各类交通设施进行系统布局及明确用地需求；③为各类交通工程设施建设提供前期指导，并提供规划依据；④为城市交通系统的运营协调与交通综合改善提供依据。

传统城市交通规划设计成果具有如下特点：①交通各系统相互影响及相关程度大，政策性研究占据指导地位；②重大设施的系统性、工程经济性及可行性要求高，其中土地利用应可协调、落实；③考虑运行效果的要求高，定量分析较多；④成果指导性内容较多，其布置方案一般可逐阶段优化调整。

传统城市交通规划设计体系中的项目，由于层次不同、管理部门不同而存在目标差异（表 3-3）。

表 3-3　　城市交通规划设计体系项目在不同层面的目标与作用[5]

层次	各层次项目	城市规划层面	市政建设等规划管理层面	交通系统、行业发展和运行层面
交通规划类	综合交通规划	—	—	交通系统一体化建设发展纲领性文件
	分系统交通专项规划	轨道、干线路网、对外枢纽及综合枢纽等布局规划成果纳入城市总体规划。 公交场站布局规划纳入分区、组团规划。 停车配建标准纳入城市规划标准及准则	设施布局及交通、工程、经济性评价等作为市政建设管理依据	公交、停车、交通管理等发展政策成果作为行业发展的政策

（续表）

层次	各层次项目	城市规划层面	市政建设等规划管理层面	交通系统、行业发展和运行层面
交通规划类	分区交通规划	分区交通规划成果纳入分区/单元规划	设施布局及总体布置作为市政建设的管理依据	—
	片区交通规划	片区交通规划成果纳入法定图则		—
	分(片)区交通改善规划	分区或片区交通改善建议可作为分区规划、法定图则编制的参考依据	设施布局作为市政建设的管理依据	改善方案、措施作为交通综合治理依据
工程前期类	交通近期建设规划	交通近期建设规划成果纳入城市近期建设规划	规划成果为具体项目预可行性研究、可行性研究提供规划条件，为项目审批提供技术依据，也可作为交通设施近期建设管理依据	作为相关行业发展的依据
	交通详细规划	枢纽、轨道交通详细规划与站点和沿线土地利用规划调整同步协调	枢纽、轨道、干线道路等交通详细规划为安排布置设施功能空间提供技术依据，为方案、初步设计审批提供管理依据	—
	道路交通改善设计	设施改善应与沿线土地利用协调	设施改善布局可作为市政建设管理的依据	道路交通改善设计成果可为交通综合治理工程设计及管理改善提供依据
	交通影响分析	—	作为规划要点的部分依据	可作为局部交通改善的依据
专题研究	交通基础调查	—	交通调查数据是交通规划编制、交通政策制订的基础性依据	—
	交通专项研究	—	智能交通系统研究成果可提高交通系统运行效率； 交通模型研究成果可改善交通规划设计编制的技术手段； 规划设计指引研究成果可提高交通规划设计编制的技术水平； 交通政策研究成果可为交通发展与管理提供政策保障	—

为了适应时代发展，2018 年 9 月《城市综合交通体系规划标准》(GB/T 51328—2018)[6]（以下简称《标准》）由住房和城乡建设部、国家市场监督管理总局联合发布，并在 2019 年 3 月起实施。

《标准》与发展阶段相适应，加强了对城市空间结构调整、城镇化减速与存量地区发展、城市道路交通组织转型、绿色发展、以人为本和高品质发展等问题的关注。《标准》将城市交通发展目标由满足需求调整为支撑城市的正常运行，对发展阶段的认识由以建设为主调整为增量与存量两阶段并重，由关注系统的建设调整为关注系统的协调，将基于空间的指标体系调整为以功能主导的指标体系，由关注交通系统本身调整为关注交通活动的全过程。为体现综合交通体系规划的公共政策定位，其内容突出了引导空间、改善民生、统筹协调、控制投资、指导建设、预控发展、指导下位等方面的规定。《标准》将公交优先作为绿色交通体系规划和协调的手段；为适应城市交通发展的新技术、新环境变化，增强了对城市交通组织转型的关注。

通过对《标准》的研读不难看出，城市综合交通具有政策性、管理性、工程性等多方面的特征。在当时国家机构改革背景下，综合交通规划相关部委的事权处于调整、磨合之中，由此导致的规划编制协调问题有待进一步梳理。

自然资源部完成组建后全面展开的国土空间规划是国土空间治理的重要举措，旨在对一定区域国土空间的规划开发保护在空间和时间上作出安排，包括总体规划、详细规划和相关专项规划。

经过两轮调整完成组建的交通运输部，除了承担涉及综合运输体系的规划协调工作，会同有关部门组织编制综合运输体系规划，指导交通运输枢纽规划和管理外，主要职能还包括组织拟订并监督实施公路、水路、民航等行业规划、政策和标准，组织起草法律法规草案，制定部门规章等。2019 年中共中央、国务院印发的《交通强国纲要》，2021 年发布的《国家综合立体交通网规划纲要》等，对综合交通在国家发展中的地位、综合交通网络在国土空间中的布局等作出了国家层面的设计。

在统一的国土空间规划体系下，交通有必要从以发展为导向的城乡规划强互动转向与发展、保护、产业、社会多目标统一的国土空间规划的强互动（图 3-12）。

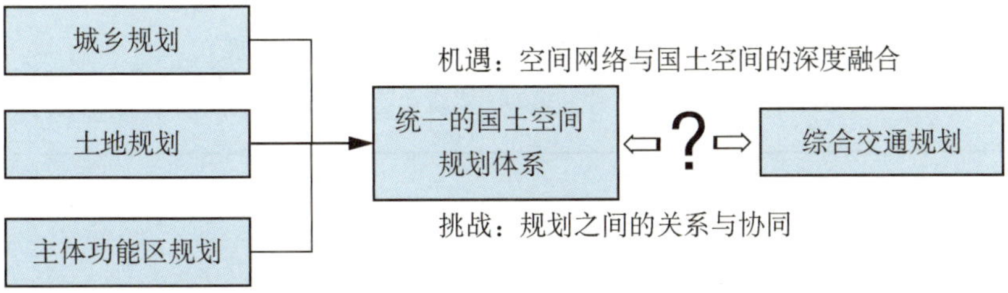

图 3-12　有待梳理的规划间关系示意

综合交通体系自身的政策性、工程性、管理性问题具有相对独立性，不能由国土空间规划完全替代综合交通的战略、政策、管理和网络规划内容。国土空间规划与综合交通规划之间形成了一种双螺旋的互动结构，两个规划体系之间的链接键是空间与网络的融合与互动。

然而，必须注意到新的国土空间规划体系是一种机制的转变，即从“自下而上”的弹性机制到“自上而下”的刚性管控。在这一体系中，强调国土空间总体规划对专项规划发挥引导和约束的作用，专项规划的成果必须融入详细规划才成为法定规划内容。因此，综合交通规划与国土空间规划之间需要实现：

(1) 空间战略、空间治理策略方面的有机融合；

(2) 总规传导过程中在时间节奏、制度安排、成果衔接方面的密切配合；

(3) 详细规划阶段的有效融入。

2. 案例讨论①

1) 西安市综合交通体系规划[7]

随着经济发展环境和社会发展阶段的变化，2014 年 5 月批准实施的《西安市城市综合交通体系规划》与新形势不相适应的问题逐渐显现出来(表 3-4)，本规划划分了四个阶段(图 3-13)、多个专题(表 3-5)，开展了西安市综合交通体系的规划编制工作。

表 3-4　　2014 年批复的《西安市城市综合交通体系规划》在新形势下的问题

新的发展形势	原规划在新形势下的不适应问题
与《关中平原城市群发展规划》的要求有一定差距	与规划提出的“打造以服务丝绸之路经济带为重点的国际性综合交通枢纽”有一定差距
与《大西安总体规划空间发展战略研究》构建多轴线、多组团、多中心的空间格局的目标不相适应	西咸新区代管后，对西咸、咸阳的空间、功能要有新认识。 城市空间结构和产业布局将进一步拉大，外围组团与中心城区的融合需要强有力的交通支撑。 对两市一区原交通模式(特别是轨道交通)有新要求
与国际化大都市品质提升、人民日益增长的美好生活需要不相适应	城镇化和机动化持续快速发展。 “互联网+”新业态给原交通模式带来新挑战

① 本部分所讨论的案例并非规划文本的最终成果，仅是用以说明问题的中间研究内容。

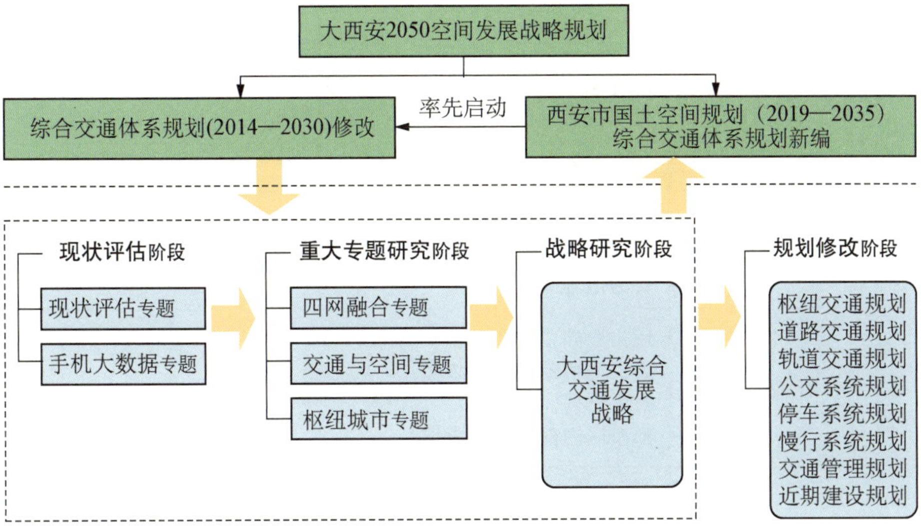

图 3-13　西安市综合交通体系规划编制组织

表 3-5　西安市综合交通体系规划的研究工作组织

工作内容	承担单位
综合交通现状评估	西安市城市规划设计研究院
综合交通枢纽城市研究	国家发改委综合运输研究所
交通与空间用地协调研究	中国城市规划设计研究院
轨道交通四网融合研究	西安市城市规划设计研究院
手机大数据	北京晶众智慧交通科技股份有限公司
综合交通发展战略	上海市城乡建设和交通发展研究院

由于综合交通的网络性特点，其体系规划将范围设定为：重点范围——西安都市区（4 310 km^2）；规划范围——西安市域（10 097 km^2）；研究范围——西安都市圈、关中平原城市群及更大区域。

规划成果概要如表 3-6 所示。根据规划内容，西安市自然资源和规划局组织开展了快速路体系规划、轨道交通线网规划、公共交通发展规划、绿道体系规划、公共停车场规划、人行过街体系规划等专项规划，落实综合交通体系规划战略要求，西安市政府相继出台了《西安市常规公共交通基础设施规划建设标准修编》《西安市建设项目停车配建标准修订》《西安市轨道交通用地综合开发规划和土地供应暂行规定》等文件。

表 3-6　西安城市综合交通体系规划概要

层次	内容	具体内容
现状评估	国家枢纽交通	对标国家枢纽定位，查找问题和差距； 聚焦区域枢纽功能，发现枢纽建设短板
	交通与城市空间发展协调性	关注空间形态新变化； 交通与空间发展的不平衡不协调
	城市交通	基础设施与服务质量； 交通治理有待加强
发展战略	需求预判	城市空间发展趋势； 人口与机动车发展规模； 对外交通需求总量； 都市区内部交通需求增长
	战略原则	坚持国际级别、枢纽城市的发展定位； 坚持区域协调、交通先导的发展理念； 坚守生态保护、历史保护的底线约束； 坚持以人为本、提升品质的交通模式； 坚持多元融合、创新升级的精细管理
	主要指标类型	提升枢纽能级、功能和国际化水平； 提升轨道等集约化交通方式的分担比； 构建“1-2-3”交通圈（都市区 1 小时通勤、关中城市群 2 小时通达、全国主要城市 3 小时覆盖）
实施策略	双港驱动	“空港＋陆港”，增强枢纽辐射，提升全球运输网络中的节点连接度
	空间协调	大型枢纽建设，强化交通对城市发展的引导和支撑作用； 合理控制城市规模，优化大西安空间布局，构建“多轴、多心”的空间结构
	快轨先导	高速铁路连通全国主要经济区； 城际铁路覆盖关中城市群所有区县； 区域快轨引导大西安“多轴、多心”的区域空间结构优化
	公交提升	地面公交设施功能转型； 优化常规公交线网； 保障公交设施供应水平
	车路协同	大西安范围内重点建设干线道路网络，支撑城市空间布局； 中心城区范围内，重点完善集散道路体系，优化核心内部交通组织； 老城区范围内，重点保护传统道路肌理，提升街道活力，彰显古城风貌
	交通创新	全方位加强交通与绿色生态、古都风貌和历史名胜的融合； 健全大西安的交通管理体系、机制和法制； 充分利用新技术创新交通管理模式，提高交通管理水平

这一综合交通体系规划突破了传统上“就交通论及交通”的局限，做出了非常有益的尝试。从这一案例中可以看到，围绕土地开发、空间结构与综合交通体系框架进行协同性研究的重要性。同时也需要注意到，综合交通体系规划所涉及的不少内容虽然不在国土空间规划关注问题的范围内，但对交通体系自身的系统传导具有非常重要的作用。

新的国土空间规划在发展逻辑、内容结构和实施机制上均有很大的扩展，特别是在城市/城市群空间组织和城市空间活动系统构建方面，以及变空间与交通两个体系的单向传导为双向互动方面。然而，新体系法定文本中涉及综合交通的表述、刚性控制和柔性控制的内容与指标以及传导机制和制度安排等，尚有很多需要进一步探讨之处。

2）佛山市顺德、高明区公交线网优化及实施方案[8]

本项目是在佛山市开展城市总体规划修编，城市空间结构改变，公交发展实施全市改革，原有公交线网需要进行适应性调整的背景下，由佛山市交通运输局委托开展的。项目的任务重点是制定顺德、高明两区的公交线网优化方案，进行相关公交线网的运营组织设计，并提出佛山全市公交线网层级标准和线网调整技术指引。尽管本项目限定了对象区域范围（佛山市顺德、高明两区），但由于空间和网络的整体关联性，只有在针对全市范围内的公交出行需求、线网组织结构、线网调整策略等讨论的基础上，才能够制定目标区域的具体规划方案。公交线网规划虽然是针对近期需求展开，但由于线路调整涉及社会公众和运营企业的诸多利益关系，并会对城市空间组织产生重要的影响，仍然需要远近结合的综合统筹。

在对现状调查分析的基础上，编制单位提出需要解决的问题包括：

（1）单纯根据企业运营需求形成的公交线网，线路叠加重复系数高，各层级线路同质化，降低了公交吸引力。

（2）传统线网优化忽略成本因素，公交财政补贴持续攀升，2019 年公交补贴相比 2016 年增加 21%；由于网约车和共享单车的冲击，公交客流量持续下滑，2019 年日均客流量相比 2016 年下滑 20%。

（3）佛山市各区公交线网设置相对独立，缺少整体统筹。

据此有针对性地提出了相关规划策略：

（1）根据后疫情时代的需求特点，重塑线网布局模式；

（2）从成本效益角度精细化运营组织设计；

（3）制衡与优化并举，统筹全市线路设置准则。

遵循这种问题导向的规划编制逻辑，形成了项目的整体工作架构（表 3-7）。

表 3-7　　佛山市顺德、高明区公交线网优化及实施方案分析概要

现状分析	问题 1	公交线网层次混乱，各层级功能不清
	问题 2	线路重复系数较高，营运效率低
	问题 3	线网与人口岗位匹配存在优化空间

（续表）

困境解读	困境 1	以需求决定供给模式优化线网，线路同质化严重
	困境 2	公交补贴增加并未带来客流的增长
	困境 3	“诸侯经济”制衡，各区线网杂乱无章，跨区如跨市
对策方案	线网布局	线网分层：对全市公交线网进行层级划分，精细化资源投入。 指标聚类：考虑成本因素，进行客流聚类分析，指明线路优化，降低实施难度。 节点分类：节点换乘分析，识别主要换乘节点，确定骨干组合换乘枢纽。 走廊集聚：识别断面客流大于 1 500 人次/日为公交出行主走廊。 网络顺达：遵循“逐条布线、优化成网”原则，保障主要客流方向及相邻镇街直达，次要需求方向一次换乘可达。 设施融合：充分考虑近期建设重要通道、站场设施等外部条件，增强线网可实施性
	运营组织设计	对线路进行“成本—效益”聚类分析，调整线路运力和发车间隔
	统筹全市线网准则	在量化分析基础上，划分公交服务区，制定“快线—骨干—接驳—多元”的公交层级；借鉴经验，分析佛山市公交出行特征，制定公交线网层级标准

公交专项规划可以在国土空间规划的基础上展开编制工作，以城市空间结构及土地开发布局为前提。由于其规划涉及站场等设施问题，制约线网方案落地，因此需要在城市空间规划的总体规划中确定指导原则，在单元/分区规划中统筹安排，在详细规划中加以落实。另外，由于公交客运走廊和公交专用道涉及空间要素的集聚布局，最好在城市国土空间总体规划中加以概要确定。

公交专项规划除了在物理空间中的线网和站场等要素以外，涉及运营体系、管理机制和扶植政策等问题，一般不在国土空间规划中讨论，而是在综合交通规划体系中根据战略及策略进行传承，并在此专项规划中加以深入研究并提出对策方案。

3）深圳市福田区加油、加气、充电站系统布局规划及选址[9]

我国提出“双碳”目标之后，新能源汽车成为落实行动的重要抓手，但充电桩系统建设缺口很大。在此背景下，加油、加气、充电站系统布局规划及选址成为交通规划的阶段性任务。

以深圳市福田区加油、加气、充电站系统规划为例（表 3-8），可以看到作为规划成果的设施选址产生相应的用地需求及周边影响，但作为区级设施规划编制依据的趋势判断必须全市范围整体研究。

表 3-8　　深圳市福田区加油、加气、充电站系统规划工作内容

规划工作项目		规划工作内容
现状分析	现状调查	规划：规模不够，布局不合理
		建设：用地保障不足，建设机制不明确
		管理：行业全面监管缺少有效抓手

（续表）

规划工作项目		规划工作内容
趋势判断与预测	趋势研判	城市及交通需求：交通需求及碳减排
		汽车能源趋势：未来只考虑电动车和燃油车
		充电模式：大功率快充的前景与局限性，换电站推广的可能性，无线充电的技术前景，移动式充电的技术成熟情况等
	汽车能源结构预测	基于碳达峰目标进行燃油车总量预控； 多方法进行电动小汽车规模预测
布局选址	充电站	优化车桩比算法，明确设施规模； 明确充电设施供应体系，实施差异化布局策略； 开展系统评估，检验方案合理性
	加油站	油耗测算； 基于小汽车可达性进行供需分析； 结合“双碳”目标及新能源车发展情况，有序推动合同到期加油站适时向充电站转型

此类规划专业性强，不可能由国土空间规划来替代，但其内容与土地资源配置及使用密切相关，其中的需求分析等需要在比较高的空间层面统筹考虑，并在详细规划中加以落实。

4）深圳市南山区综合交通“十四五”规划及近期重点项目实施方案[10]

单元/片区级别的五年交通规划的主要任务是继承区规划纲要、市交通规划的要求，并将其转化为自身战略性任务和系统性举措。作为五年规划，需要衔接年度计划和工程推进计划，因而强调其落地可实施性。

以深圳市南山区综合交通“十四五”规划为例，作为大湾区中的重要区域，深圳市南山区本身的行业性五年行动规划，需要将国家和城市的总体空间战略转化自身阶段性任务，并对五年中各项行动进行系统性整合（表 3-9）。

表 3-9　深圳市南山区综合交通“十四五”规划自身战略性任务和系统性举措

战略任务	具体举措
以港铁“双枢”为核心的辐射融合	加速推进西丽枢纽对外通道建设，围绕邮轮母港打造综合交通枢纽，打造港—铁双强湾区核心引擎，加强区域辐射带动；依托“双枢”完善城市交通支撑服务体系，实现“枢城融合”，支持西丽高铁新城、蛇口国际海洋城快速发展
以重点片区为抓手的系统优化整合	根据各个重点片区不同定位与不同发展阶段需求，分别推动交通规划、建设、智慧升级、综合治理等，以此为抓手，促进交通系统结构性优化及网络化整合
以支持密集开发为目标的集约	适应超高密度城市发展模式，以空间资源集约、交通方式集约、交通管理精细为主要思路，构建集约化、复合化、立体化、精细化的交通系统
以南北均衡为重点的协调发展	以西丽湖国际科教城整体开发为依据，完善北部片区内部综合交通系统，以南北向轨道、道路、公交系统建设为纽带，强化南北联系，构建均衡的交通服务体系

（续表）

战略任务	具体举措
以科技强区为内核的智慧交通	立足科技强区，针对高科技产业人员集聚对交通效率和品质的双重要求，推动智慧交通应用落地，建设智慧交通片区与干道，打造可推广、可复制的标杆工程
以人民满意为宗旨的综合服务提升	贯彻以人为本的发展理念，关注民众热点诉求，重点从交通综合治理、慢行设施完善、片区服务提升、安全文明宣传等方面提升综合交通服务水平

为实现落地可实施性的目标，其规划成果形成对外交通、道路交通、轨道公交等八大板块 40 项行动，分为建成、开工、谋划三类总计 423 个项目。为实现投资和建设平稳有序，突出建设重点，制定 5 个年度计划，并厘清项目优先关系，具体如图 3-14 所示。

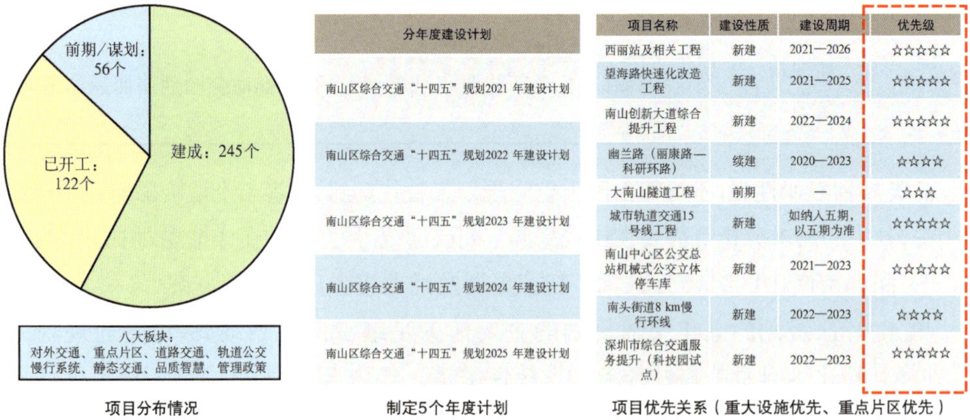

图 3-14 深圳市南山区综合交通“十四五”行动方案

从本案例中获得的启示：对于系统性强、影响范围广的交通领域，在规划传导过程中，重视单元/片区层级交通规划的制度安排，对于战略性目标的落地具有重要意义。

3. *启示与思考*

将综合交通规划融入国土空间规划体系是落实国土空间治理的切实行动。由于系统内涵和管理模式的差异，两者之间为协同关系而非取代关系（图 3-15）。

融入国土空间规划编制和传导的内容，主要围绕综合交通体系化决策中的国土/城市空间与交通网络的关系展开，其协调内容主要包括：

（1）国土空间总体规划编制中对上一层级交通战略的继承与落实。

（2）顶层设计中的融合，综合交通规划成为国土空间总体规划中的专项规划，重点解决围绕空间网络与国土空间深度融合、协同发展而展开的空间组织、空间结构问题。

（3）总体规划层面中的综合交通专项规划成果，除了直接编入总体规划文本的内容以外，其具体深化内容也应具有法定规划的地位，需要满足协调与下一层次空间结构的关系，以及在总体规划传导过程中落实的控制要求。

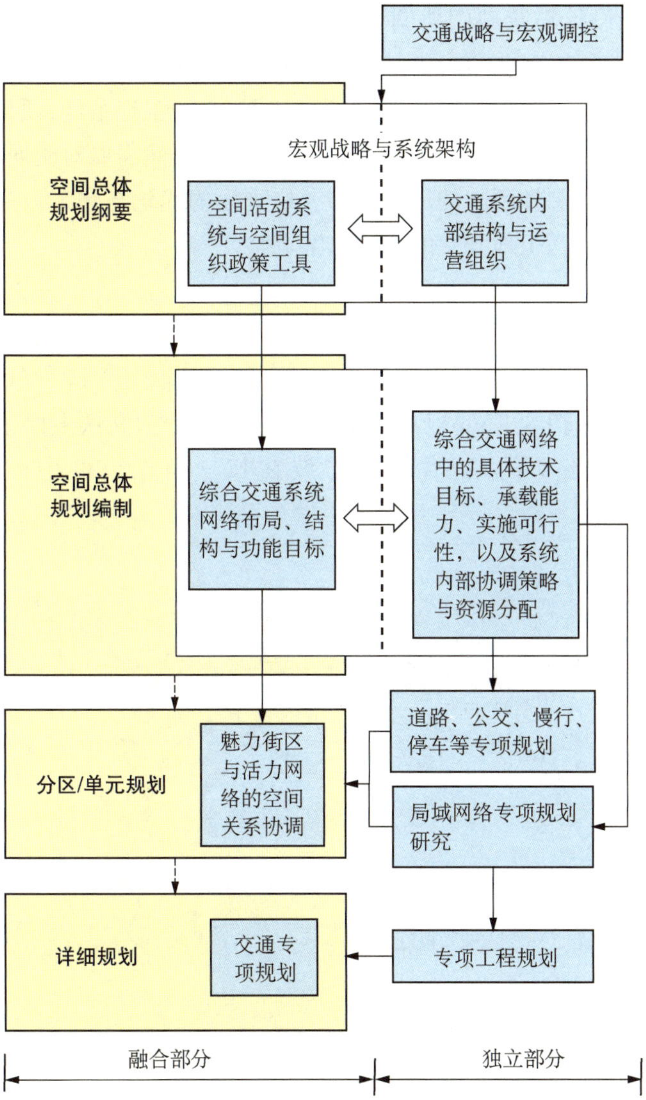

图 3-15　综合交通规划与国土空间规划融合关系的思考

(4) 单元规划层面的衔接协调，必要情况下展开编制单元之间衔接所涉及的局域专项规划(非法定的工程性、管理性规划项目，例如枢纽地区交通组织专项规划、交通网络构建矛盾突出地区/通道专项规划等)，其成果应作为单元规划编制的参考依据。

(5) 详细规划层面的可行性研究，以及与编制单元相匹配的具体网络设计。在这一层面要特别注意枢纽、轨道交通和干线道路详细规划与站点和沿线土地利用规划调整同步协调。

除此之外，也需要对综合交通规划讨论问题的范围进行拓展，从传统上以发展为导向的城乡规划强互动转向与发展、保护、产业多目标统一的新的国土空间规划的强互动。

3.2.3 交通系统设计与跨部门协调

规划编制完成并非规划工作的结束。尽管相关规划已经对网络布局、系统功能等制定了明确的方案，但是伴随着具体工程项目的展开，对工程条件、项目关联、详细需求等的深入研究以及资金约束、技术风险等因素的影响，仍然需要对交通系统进行优化完善，甚至涉及对部分控制性要求的局部调整。这方面的优化与完善包括：交通系统内部的方案调整，交通系统与土地开发的协同方案调整。

1. 案例讨论

1）宁波西枢纽规划

宁波西站原为宁波市“一主一辅”铁路枢纽中的辅助枢纽[图 3-16(a)]，伴随外部拟议中的铁路通道增加[图 3-16(b)]，构想将宁波西站转变为高铁主枢纽，通过增强主枢纽在长三角铁路网络中的地位，改变宁波在长三角城市群中的交通枢纽地位[图 3-16(c)(d)]。

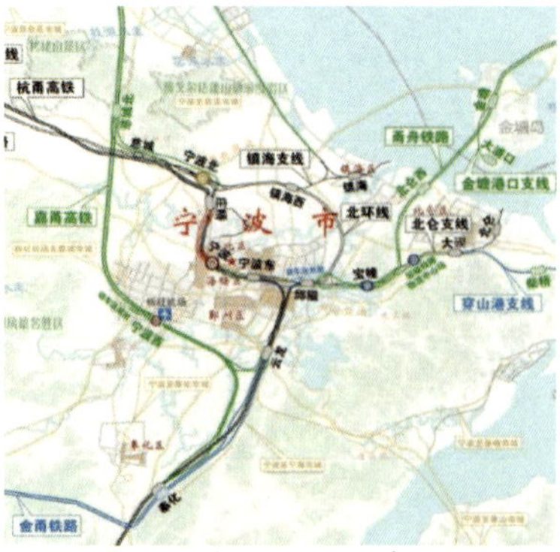

(a) 2018年规划铁路“一主一辅”枢纽格局

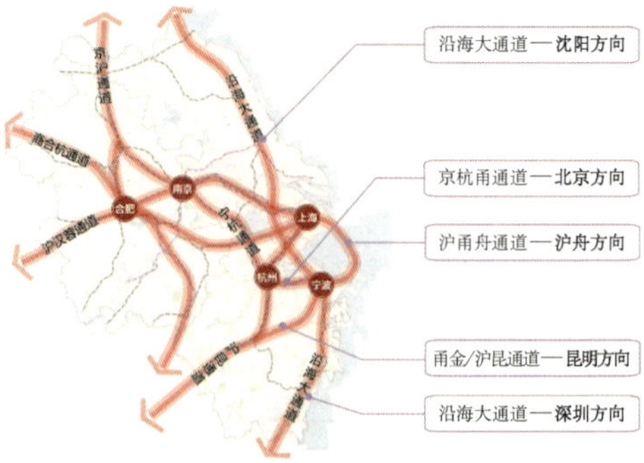

(b) 外部铁路通道可能发生的变化

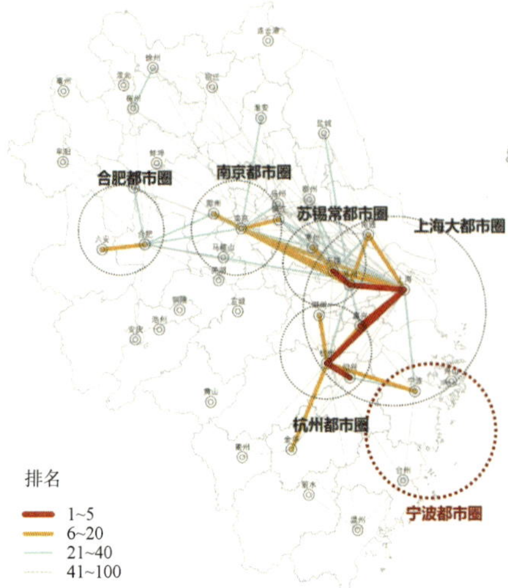

(c) 长三角主要商务出行关系

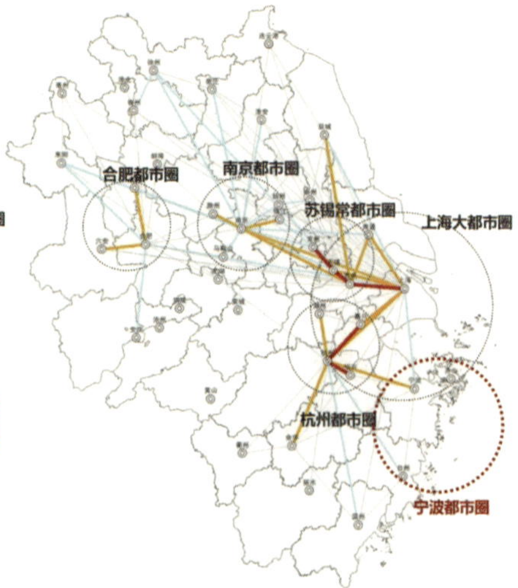

(d) 长三角主要跨城通勤分布

图 3-16　宁波西枢纽相关信息

在这一构想中，城市对外交流主枢纽将从宁波站移至宁波西枢纽，无论是单纯的城市门户位置变化，还是可能引发的城市总体空间功能布局调整，都将在很大程度上改变宁波市内部的空间关系，进而促使城市相关地区和交通网络的一系列变化(图 3-17)。这种变化对于整个城市系统所产生的影响，已经超出了局部项目所能够把握及讨论的范围，属于总体规划层面中需要研判的问题。

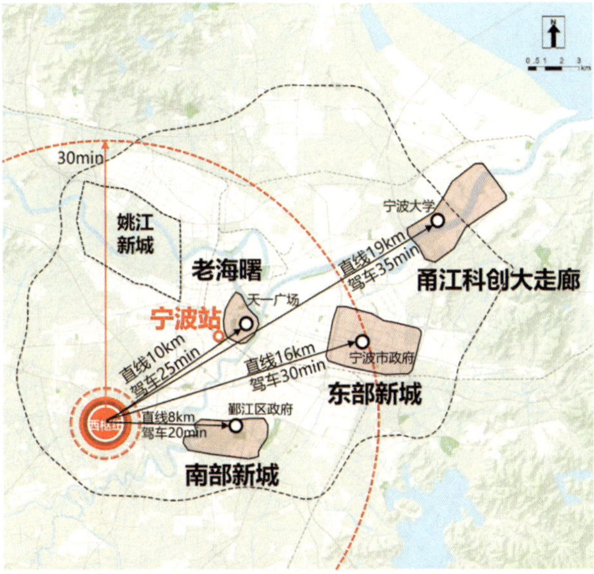

图 3-17　宁波西枢纽与城市组团之间的关系

与此同时，该构想还将面临具体工程方案的可行性问题。面对已经建成的机场一跑道和 T1、T2 航站楼，已规划确定的机场二、三跑道，以及铁路线路和车站位置，很难做到在不牺牲机场内部运行组织效率的前提下实现完美功能的技术目标。宏观战略愿景与工程可行性之间的协调，往往受到规划问题讨论时序和建设时序的影响。

2) 青岛北站核心地区综合交通专题研究

由于青岛北站[图 3-18(a)]周边土地正被逐步开发，其相关地区的交通规划面临三个层级的问题：

(1) 广域层面——北站与城市之间的交通联系如何尽快进入快速道路、实现轨道交通连通；市域范围的南北交通联系如何避免受到这一地区的阻隔。

(2) 区域层面——由于北站周边地区有较大的开发量(东侧建筑面积约 300 万 m^2，西侧建筑面积约 140 万 m^2)，如何保障相关地块的活力，避免相关地块产生的交通量，特别是通勤交通量与铁路枢纽集散客流量之间产生冲突。

(3) 局域层面——如果按照站城融合理念进行开发，铁路枢纽汇集的人流如何通过慢行系统与周边集聚关联要素的地块进行联系。

在交通系统整体布局上，如果受到各方面条件限制，南北向地下通道与东西向的地下通道之间发生冲突[图 3-18(c)(d)]，应把哪个方向的通道保障置于优先位置？对这个问题的回答，取决于对市域蜂腰地带[图 3-18(b)]未来交通负荷的判断以及对铁路枢纽及周边地区未来交通规模的判断。这里存在的相当大程度上的不确定性是由整个城市的未来发展所决定的。

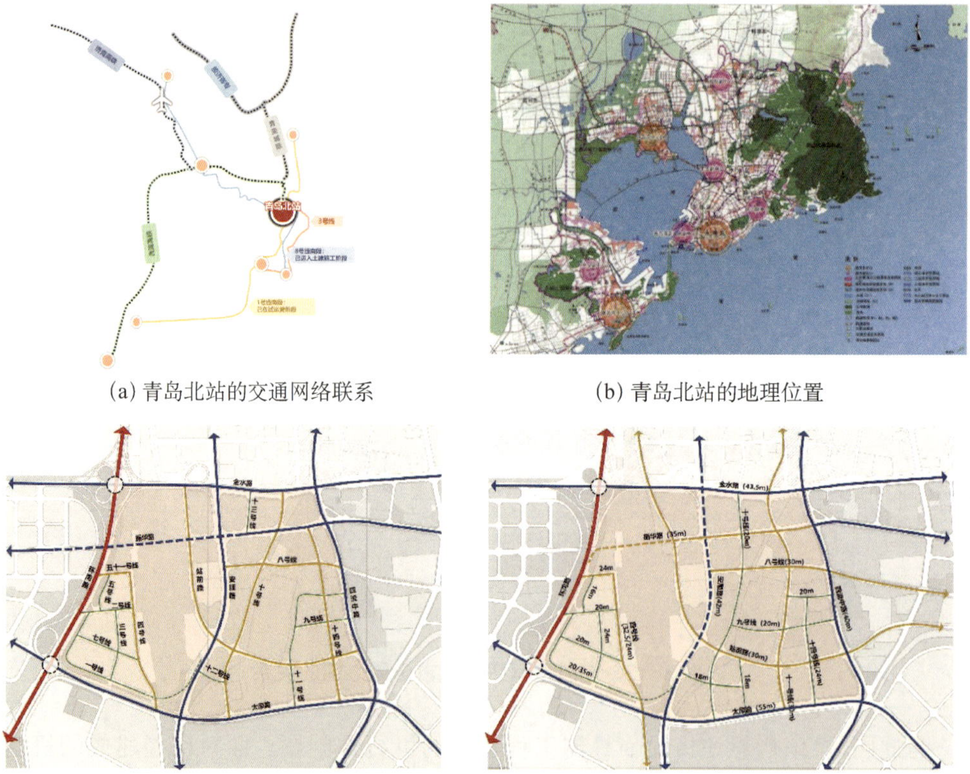

(a) 青岛北站的交通网络联系　(b) 青岛北站的地理位置

(c) 路网方案 Ⅰ　(d) 路网方案 Ⅱ

注：图中道路网络中的虚线为地下通道部分。

图 3-18　青岛北站地区相关信息

2. *启示与思考*

上述两个案例最突出的问题是宏观构想与具体工程方案可行性之间的矛盾。宁波西站如果建设成为高铁与航空的联合枢纽，机场布局受限有可能造成运营上的困难；青岛北站地区只有到工程方案阶段才会暴露出通道空间上的冲突。对两个项目的研究发现，很难将各方照顾周全，必须在满足需求方面有所取舍。决策中的取舍取决于更高层面的判断，比如高铁—航空联合枢纽是否能够有效提升枢纽能级？局部路网未来规模超出上层规划预想的可能性究竟有多大？

在宏观远期判断具有很大不确定性、工程实施对近期局部利益的舍弃又非常现实的情况下，技术策略抉择需要依据从具有明显差异的专家群体意见中提炼（而不是拼合）出来的知识。这种群体知识提炼方法是非结构化或者半结构化决策支持中亟待解决的问题。

3.3 交通规划关联的信息空间建构

交通关联的信息空间是由社会行动者所构造、设计和管理的,具有非中心性、不确定性和虚拟性等特点。有意识的信息空间创建活动将帮助交通相关的政治、经济和技术活动突破地理空间中的行政边界限制,实现更大范围内的功能组织。

交通规划的信息空间建构是指在信息空间中搭建一种构造,以支持交通规划过程中数据的采集及使用,以及知识的提炼与传播。

3.3.1 提升决策能力:数据—信息—模型

与城市交通规划相关的信息空间建构是通过数据采集、信息融合、模型构建的方式实现的过程。早期交通规划通过交通调查手段获取相关信息,存在抽样规模有限、数据处理周期长等问题。近年来,伴随数据条件的改善及技术手段的增强,抽样调查与大数据资源相互结合的信息获取方式逐步成为主流(表 3-10)。

表 3-10　　上海市第六次综合交通调查所采集的数据资源[11]

调查大项	调查名称	调查性质	抽样样本数	大数据
1. 人员出行调查	居民出行调查	抽样调查	5.1 万户	—
	学生家庭出行调查	抽样调查	120 所学校,3.8 万名在校学生	—
	上海大都市圈出行调查	大数据+抽样调查	4 944 份对外枢纽问卷和 9 091 份网络问卷	2019 年 5 月三省一市的联通手机信令数据,长三角高速收费 OD 数据
	基于手机数据的人员出行调查	大数据	—	2019 年 9 月三大运营商手机信令
	小客车使用特征调查	抽样调查+大数据	1 万份左右问卷	市新能源汽车数据采集平台
2. 货物运输特征调查	货运车辆出行特征调查	抽样调查+大数据	190 家企业,1.3 万辆车	10.7 万辆重型载货汽车 GPS 数据,1.1 万辆危险品运输车 GPS 数据,网络货运平台 0.5 万条运单数据
	港口货物流通调查	抽样调查+大数据	1 140 辆集装箱卡车人工问询	全年 RF 卡数据
	快递业配送体系调查	抽样调查+大数据	2 000 辆快递车辆+监管平台 3 000 辆快递车辆	市邮(快)件运输安全平台数据

（续表）

调查大项	调查名称	调查性质	抽样样本数	大数据
2. 货物运输特征调查	商业配送物流体系调查	抽样调查	2 000 辆普通快递车，757 辆大通车，724 辆揽投两轮电动车	3 000 辆新能源物流车
3. 交通系统运行特征调查	轨道交通系统调查	抽样调查＋大数据	104 个车站，2.1 万名乘客	16 万余个闸机站间 OD
	地面公交系统调查	抽样调查＋大数据	20 条毗邻线路，1 620 份问卷	1.6 万公交 GPS＋日均 435 万次刷卡
	道路系统调查	抽样调查＋大数据	10 条校核线、98 个断面，11 个高速桥梁断面无人机调查，35 个观测点的载客人次调查	5 320 个快速路线圈数据，114 个高速收费数据，2 900 个交叉口 SCATS 数据，部分地面卡口数据
	停车系统调查	大数据＋抽样调查	2 900 个典型停车场，492 个共享停车场	市公共停车管理平台数据
	对外交通系统调查	大数据	1.4 万份问卷	铁路售票、长途售票＋包车标记牌
	巡游出租车调查	大数据＋抽样调查	1 200 份问卷	2.1 万辆出租车 GPS 数据
	班车使用特征调查	抽样调查	12 家企业，160 辆班车	—
4. 交通热点问题专项调查	交通环境调查	大数据	7 个交通监测站	环境监测中心预警平台
	交通安全调查	大数据	—	市道路交通事故分析预警系统
	网约车调查	大数据＋抽样调查	2 000 个用户问询	市网约车监管平台数据
	共享单车调查	大数据＋抽样调查	3 000 个单车用户问询	市互联网租赁自行车信息服务平台
	分时租赁车调查	抽样调查	500 辆车，2 121 个用户问询	—
	旅游交通调查	抽样调查	20 处主要景区，3 000 份问卷	—
5. 基础数据整合调查	常规统计数据整理	大数据	—	30 余万块遥感用地及房屋建筑量数据
	日常动态数据梳理	大数据	—	各类行业统计数据，月报、统计年鉴等

如此获得的多源异构数据需要通过一定的技术方式实现数据层和特征层的信息融合。数据层的信息融合在传统方法中一般被视为数据校核(图 3-19),即采用多源数据相互校验,并加以适当修正。特征层的信息融合是指分别提取通过不同信息源获取的数据特征,或者分别提取通过同一信息源获取的多个样本数据的特征,而后通过技术手段加以融合,以获取具有更高信度或者鲁棒性的特征信息。例如采用定点检测器数据与浮动车检测数据,共同确定道路交通拥堵指数;通过浮动车数据与牌照识别数据共同检测行程车速等,就是通过非同源数据分别提取特征后加以融合的事例[2]。

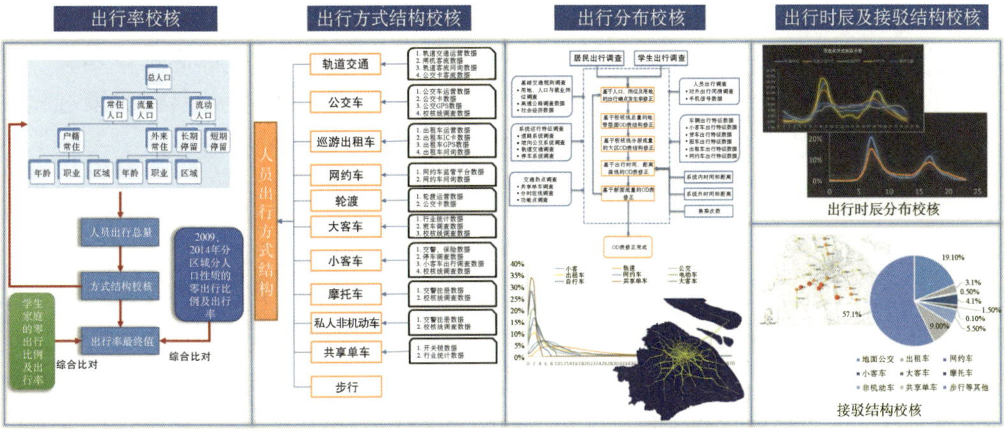

图 3-19　上海市交通调查人员出行特征数据融合处理示意[10]

如此获得的只是调查时段内的系统状态信息,若想从中探寻规律、识别趋势、预测未来,就需要在调查数据的基础上构建交通仿真模型。目前主流交通仿真模型建立在基于 OD 的交通流理论基础之上。经过数十年的努力,特大城市已经建立了在数据基础、计算模型、成果表现等方面比较成熟的决策支持系统。图 3-20 是上海市综合交通模型体系构成。

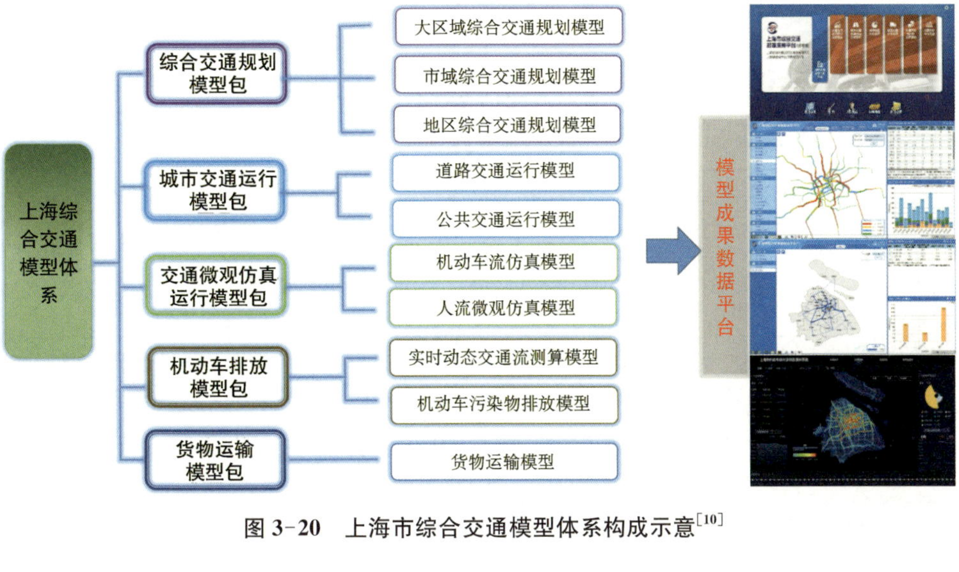

图 3-20　上海市综合交通模型体系构成示意[10]

生态文明的发展观、以人为本的城市建设理念正在替代传统以经济发展效率为核心的规划逻辑，这要求交通模型的说明能力大幅度拓展，适时响应政策调控与多部门协同的对策过程，交通模型的响应速度必须跟上决策节奏；规划—建设—管理的过程一体化正在突破原有的业务界限，这要求交通模型有效适用于更加广泛的用户。

在此背景下，交通仿真系统呈现出新的发展趋势：其一是加强系统的数字底座建设[12-13]；其二是引入出行链、交通可达性等新的模型类型[14]；其三是通过深度学习等技术增强模型构建能力[15]。然而，由于主导模式还没有脱离确定性外部条件（土地开发、居住人口、就业岗位等）基础上的数学仿真体系，交通仿真系统并不能满足三元空间中的分析要求。在部分社会因素内生化、服务对象个性化、供给主体多元化、决策过程协同化的背景下，对决策支持应用模型内核与架构的创新是非常急迫的任务。

3.3.2 构建技术环境：规划—行动—解决方案

信息空间建立在信息网络基础之上，在这一领域政府承担了主要的建设责任。此类建设项目分散在不同的行业领域，近年来已开始尝试构建一体化的体系。其具体举措尚处于探索之中，主要是通过整体规划、技术标准等科层式治理手段来实现整合。深圳市宝安区智慧交通整体规划提供了这方面的参考案例（表 3-11）。

表 3-11　　深圳市宝安区智慧交通整体规划

项目任务	顶层规划	根据深圳市宝安区交通信息化发展实际问题和规划需求，制定智慧交通建设发展目标、总体框架、规划内容，谋划未来 5～15 年发展策略导向及关键路径
	落地指引	针对交通运行、安全管控七大类智慧交通应用场景，面向功能应用制定前端设施规划布局和建设指引，明确系统功能要求，指导各类前端设施科学合理布局
挑战识别		未来区域出行需求倍增，交通输出能级不足将制约深圳链接全球能力； 重大设施管养模式被动，主动安全风险保障能力亟待提升； 公交系统存在效率与服务双重压力，线网革新和提质增效迫在眉睫； 运输安全问题日益严重，全时全要素防控能力不足； 交通拥堵由点及面延伸，迫切需要向科技要效率、要资源
顶层设计	策略 1	以硬基建和软基建为载体，提升湾区辐射创新能级：①全体系布局新基建；②建设一体化交通信息服务平台
	策略 2	构建公交资源精准配置体系，打造公交出行城市新名片：①智慧公交外场设施建设；②动态精准调控线网资源
	策略 3	强化数据驱动闭环治理，提升静动态交通精准化治理水平：①建设全区交通拥堵治理系统；②建设智慧停车云平台；③布设“固定＋移动”道路交通监测设备
	策略 4	构建全程闭环运输监管模式，打造主动安全防控体系：①加强重点车辆运输安全管理；②加强非现场执法能力；③加强非机动车运行监管

（续表）

顶层设计	策略 5	强化基础设施智慧赋能，推动设施全生命周期管理：①补点布设前端感知设备，实现重大设施健康监测评估；②强化数据智能驱动，打造面向未来出行的智慧道路；③融合 BIM/CIM、数字孪生等新技术应用，构建数字空间底座
	策略 6	搭建智慧道路赋能中心，以数为据支撑科学决策：①建设宝安全域交通一体化监测平台，实现交通运输一图感知；②建设交通决策支持系统，强化交通建设、管控、出行评估决策；③强化数据中心底座，支持交通大数据资源高效存储、分析共享
建设指引	交通运行监测前端设备布局指引； 安全执法前端设备布局指引； 设施安全养护前端设施布局指引； 出行服务前端设施布局指引； 多杆多箱设施布局指引； 取电、网络、管道设施布局指引； 数据接入及共享规范	
集成示范	中心区	面向出行服务体验提升，打造品质化服务综合集成示范
	未来科技城	面向精准管控效率提升，打造科技化管控综合集成示范
	大空港片区	面向物流创新服务，打造自主化产业综合集成示范

城市交通所关联的信息空间的基本问题不仅有信息流动性、可分享性的要求，还需要在此基础上增加数据可理解性和数据可信性的要求。未来与交通相关的信息资源规划必将受到重视。

进入交通领域的大型信息企业很快注意到信息空间的特点，纷纷推出自身的系统解决方案（图 3-21、图 3-22），以求增强在信息空间构建过程中的话语权。企业的活跃参与与公共管理部门的有限能力决定了信息空间的多元异构特征，从而导致综合交通

图 3-21　腾讯智慧交通整体架构

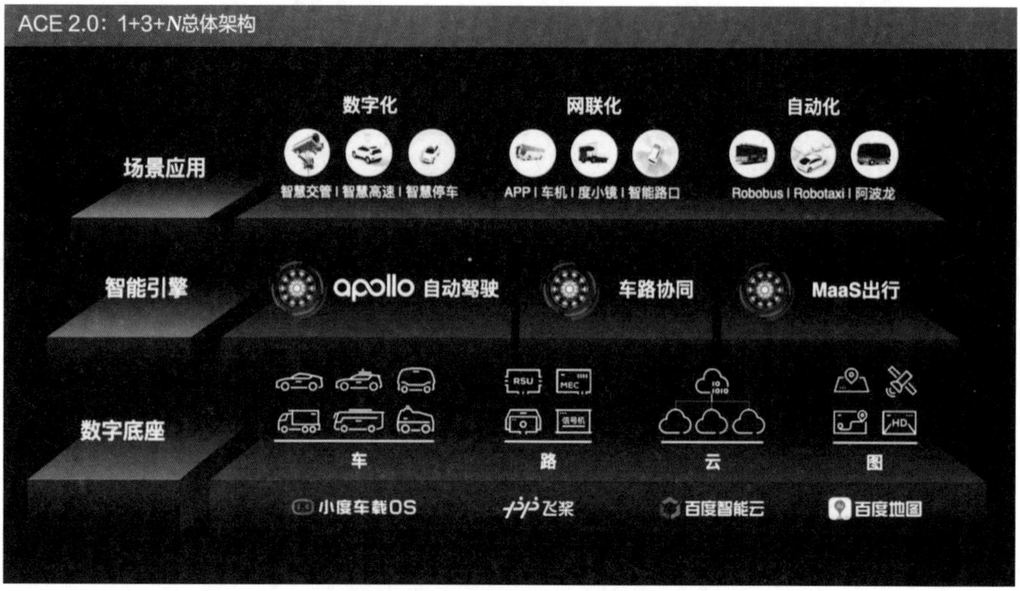

图 3-22　百度 ACE2.0 的“1+3+N”总体架构示意

规划所依托信息环境的非规范性，这要求交通规划师要充分发挥主观能动性，将数据资源真正有效地转化成为决策能力。

3.3.3　转变知识生产模式：多元—实践—跨学科

国土空间治理与国土空间规划是一个正在发展的技术和学术领域。国土空间规划背景下的综合交通规划存在诸多有待讨论的问题，智慧交通更是一个处于快速生长阶段的新兴领域，新理念、新技术、新系统层出不穷。处于转型发展阶段的城市交通面临社会公共治理和技术治理方面的崭新课题，因而其在相关的信息空间中的知识生成与传播成为值得认真研究的科学问题。

信息空间中的知识生产是一种社会过程。传统知识生产与评价方式要求从制度上确保为社会提供正确的知识内容，同行评议机制背后蕴含着大众对专家权威性的集体认可。知识的批判是少数学者的特权，游离于公众视野之外。然而，在具有知识快速更新这一特点的交通信息空间中，知识获得并不仅仅是学习者被动地接受或者复制、传播信息，而是学习者也参与其中的探索，是一个不断共同创造、共同建构知识的过程。正如 Kling 等指出的那样，“网络的开放性带来了补充甚至改革传统同行评议制的要求”[16]。

城市交通领域的传统知识生产模式是基于牛顿模式的科学研究，以单学科研究为主，而现代城市交通具有更多的交叉性和复杂性。新技术应用超前于学科理论的发展，并受到社会各界和多个技术领域的关注，因而传统知识生产模式必须进行转变[17]。在应用环境中，利用交叉学科研究方法，形成更加强调研究结果的绩效和社会作用的知识生产模式（表 3-12）。

表 3-12　迈克尔·吉本斯(M. Gibbons)提出的新老两种知识生产模式

模式Ⅰ（老）	模式Ⅱ（新）
以单一学科为基础的知识生产	多专业领域的跨学科生产
学科体系框架下的知识生产	以应用背景为基础的知识生产
将创新视为新的知识生产	创新也被视为现存知识对新情景的改造
知识生产与应用相脱离	知识生产与应用相整合
标准化、以规则为基础、“科学的”生产	交互作用的、不断协商的知识生产
由精确科学所界定的稳定的研究实践	由问题解决所刻画的动态的研究实践
半永久性的、以建制为基础的团队	松散的、问题取向的、非建制的团队
研究实践遵循学科的科学规范	研究实践承担社会责任、具有反身性

事实上，城市交通信息空间中这种知识生产的新模式已经初露端倪。中国城市规划设计研究院联合合作伙伴发布的《中国主要城市道路网密度与运行状态监测报告》《中国主要城市通勤监测报告》《中国主要城市共享单车/电单车骑行报告》《中国主要城市充电基础设施监测报告》《中国主要城市人居环境气象监测报告》等，就是技术应用单位在城市交通信息空间中生产和传播知识的一种社会行动。

新的知识生产过程突破了精确科学界定的束缚，问题导向、在交互过程中逐步完善的特点，可以从交通拥堵指数的建立过程窥见一斑。

交通拥堵指数的建立，有赖于对大量连续观测数据的分析研究。大学由于缺乏数据条件，很难有针对性地先期提出拥堵指数的可靠监测方法，因而出现实践探索先行、理论研究逐步跟上的状态。

高德从 2014 年开始发布的《中国主要城市交通分析报告》，包括年度报告、季度报告和节假日报告[18-19]，其主要内容如表 3-13 所示。

表 3-13　高德交通分析报告的主要内容

分析对象	道路交通：50 个城市；公共交通：25 个城市	
分析区域	根据高德开放平台的人（高德 LBS 定位数据）和车（高德地图驾车数据）的定位数据，结合 POI（Point of Interest，兴趣点）和 AOI（Area of Interest，兴趣面）数据，识别城市人、车出行活跃核心区，将该区域范围作为城市道路路网评价范围	
分析时段	全天	6:00—22:00
	早高峰	7:00—9:00
	晚高峰	17:00—19:00

（续表）

分析指标	地面道路	1 个综合指标：交通健康指数。 6 个交通运行指标：路网高延时运行时间占比、路网高峰行程延时指数、路网高峰拥堵路段里程比、常发拥堵路段里程比、高峰平均速度、道路运行速度偏差率
	公共交通	1 个综合指标：地面公交出行幸福指数。 3 个公交运行指标：公交全天运营速度、社会车辆与公交车速比、全市全天线路运营速度波动率

报告中公共交通分析指标的定义如下：①地面公交出行幸福指数。由 3 项公共交通运行指标组成，采用信息熵法确定各项指标的权重，表示城市地面公交运行水平与最优目标的接近百分比。②公交全天运营速度。为城市人车出行活跃核心区内，考虑停靠站等影响后的公交车辆速度。③社会车辆与公交车速比。为城市人车出行活跃核心区内，工作日早晚高峰时期，同期同线路社会车辆速度与公交车运营速度的比值。④全市全天线路运营速度波动率。为每条线路全天班次运营速度波动率的加权平均值，反映公交运营速度的波动程度。

报告中地面道路分析指标的定义如下：①交通健康指数。由 6 项交通运行指标组成，采用信息熵法确定各项指标的权重。表示城市交通健康水平与最优目标的接近百分比。②路网行程延时指数（拥堵延时指数）。实际旅行时间与自由流（畅通）状态下旅行时间的比值，值越大出行延时越高。③路网高延时运行时间占比。道路网交通拥堵延时指数高于 1.5 的累计时长占全天时长的比例，从时间分布的角度反映路网拥堵程度和变化趋势。④路网拥堵路段里程比。道路处于拥堵、严重拥堵的路段里程占总发布里程的比例，从空间分布的角度反映道路网交通拥堵的影响范围。⑤常发拥堵路段里程比。道路网中以一定频率出现严重拥堵的路段里程比例，从空间分布的角度反映交通拥堵发生的聚集性。⑥平均旅行速度。城市范围内车辆行驶的平均速度。⑦道路运行速度偏差率。城市范围内道路每日速度标准差与平均速度的比值，值越大速度变化越大，从相对角度反映速度变化的差异和离散程度。

各个城市交通信息部门在探索自身的道路交通拥堵指数时，不同的问题理解和数据条件会导致“五花八门”的情况。尽管如此，由于反映了城市道路运行状态，拥堵指数成为城市政府工作中非常关注的指标。

住房和城乡建设部城市交通工程技术中心、中国城市规划设计研究院等单位从 2018 年开始发布《中国主要城市道路网密度与运行状态监测报告》。《中国主要城市道路网密度与运行状态监测报告（2021 年度）》[20]的主要内容如表 3-14 所示。

表 3-14　中国主要城市道路网密度与运行状态监测报告的主要内容

分析对象	36 个城市	
分析区域	中心城建成区，建成区	
分析时段	早高峰	工作日 1 小时
	晚高峰	工作日 1 小时，周末 1 小时
分析指标	城市道路网密度	中心城区建成区平均道路网密度
	城市道路运行状态	建成区高峰时间平均机动车速度

报告在严格的区域范围、道路统计范围、高峰小时认定等统计标准基础上，提出相关指标计算定义如下：

(1) 中心城区建成区。中心城区范围为全国 36 个主要城市现行城市总体规划中明确提出的中心城区范围。建设用地为根据地表覆盖的遥感影像(地理国情普查数据)解译识别范围。中心城区建成区为中心城区范围和建设用地重叠的区域。

(2) 城市道路统计标准，包括建成区范围内的城市快速路、主干路、次干路、支路及主要街坊路。

(3) 道路网密度，即一定范围内的道路总里程与该范围面积的比值。在这里选取中心城区建成区作为分析区域，也就是以中心城区建成区内道路总里程与面积的比值作为城市道路网密度。

(4) 高峰小时。工作日高峰计算时段为早高峰和晚高峰各取 1 小时，取两个高峰的平均值；节假日计算时段仅为晚高峰 1 小时。各城市的早晚高峰时段，根据交通指数的小时变化曲线确定。交通指数是根据《城市交通运行状况评价规范》(GB/T 33171—2016)由道路运行速度转化而成的。

(5) 道路平均行程速度。统计周期内通过车辆数乘以道路长度，与观测车辆在该路段上行驶时间和的比值。

《中国主要城市道路网密度与运行状态监测报告》不再局限于道路交通状态表象，而是根据国土空间规划的价值导向，组合发布相关信息。

参考文献

[1] 诺伯特·维纳. 控制论——或动物与机器的控制和通信的科学[M]. 王文浩，译. 北京：商务印书馆，2020.
[2] 杨东援. 连续数据环境下的交通规划与管理[M]. 上海：同济大学出版社，2014：371.
[3] 周金健. 深圳轨道交通发展指标体系及工作指引研究[R]. 深圳：深圳市城市交通规划设计研究中心，2021.
[4] 王卓群. 福田区交通远景发展战略研究[R]. 深圳：深圳市城市交通规划设计研究中心，2021.
[5] 林群. 高速发展时期城市交通发展战略实施研究[D]. 上海：同济大学，2006.
[6] 中华人民共和国住房和城乡建设部. 城市综合交通体系规划标准：GB/T 51328—2018[S]. 北京：

中国建筑工业出版社，2019.
[7] 西安市城市规划设计研究院，上海市城乡建设和发展研究院. 西安城市综合交通体系规划[R]. 西安：西安市城市规划设计研究院，2020.
[8] 刘先锋. 顺德、高明区公交线网优化及实施方案[R]. 深圳：深圳市城市交通规划设计研究中心，2021.
[9] 刘鹏娟. 福田区加油、加气、充电站系统布局规划及选址[R]. 深圳：深圳市城市交通规划设计研究中心，2021.
[10] 李方为. 南山区综合交通"十四五"规划及近期重点项目实施方案[R]. 深圳：深圳市城市交通规划设计研究中心，2021.
[11] 陈必壮. 上海新一轮交通综合调查与模型改进思路[R]. 深圳：模型信息专题会议暨行业研究报告发布会，2021.
[12] 苏奎峰. 构建交通数字底座，助力发展智慧交通[R]. 深圳：模型信息专题会议暨行业研究报告发布会，2021.
[13] 腾讯研究院，腾讯智慧交通. 腾讯未来交通白皮书 2.0[R]. 长沙：中国智能交通协会，2021.
[14] 大卫·伊博斯，胡·威廉姆斯. 城市出行预测学——历史现状与未来[M]. 宇恒可持续交通研究中心，译. 北京：人民交通出版社，2021.
[15] 缐凯. 北京交通仿真平台建设与思考[R]. 深圳：模型信息专题会议暨行业研究报告发布会，2021.
[16] Kling R，McKim G. Scholarly communication and the continuum of electronic publishing[J]. Journal of the American Society for Information Science，1999(50)：890-906.
[17] 迈克尔·吉本斯，卡米耶·利摩日，黑尔佳·诺沃提尼，等. 知识生产的新模式——当代社会科学与研究的动力学[M]. 陈洪捷，沈文钦，等，译. 北京：北京大学出版社，2011.
[18] 高德地图智慧交通业务中心. 2020 年度中国主要城市交通分析报告[R/OL]. [2021-01-18]. https://report.amap.com/.
[19] 高德地图智慧交通业务中心. 2021 年度中国主要城市交通分析报告[R/OL]. [2022-01-19]. https://report.amap.com/.
[20] 住房和城乡建设部城市交通基础设施监测与治理实验室，中国城市规划设计研究院，北京四维图新科技股份有限公司，等. 中国主要城市道路网密度与运行状态监测报告[R/OL]. [2021-05-26]. http://www.caupd.com/think/zixun/detail/786.html.

4 定性与定量相结合的集成研讨

决策问题的半结构化、信息环境的非规范性、参与人员知识结构的非一致性，决定了在交通规划决策过程中，定性与定量相结合的集成研讨占据重要地位。

4.1 交通研究的理论基础变革

传统的交通规划是基于OD需求分析模型理论的思维方式，聚焦于交通流量，力求尽可能准确地预测未来，在此基础上优化交通系统以适应区域与城市发展需求。时代发展引发的变革，要求将传统的以工程决策为核心的规划决策支持，拓展为政策性与工程性双层级的规划决策支持，局限于系统内部的具象思考问题的方式已经越来越难以适应新的发展要求。

4.1.1 研究对象：从“交通流”到“空间联系”

国土空间规划的核心是有关空间治理的公共政策安排，由此促使交通网络相关决策分析理论从“交通流”向“空间联系”拓展的要求。

交通是空间中经济活动和社会活动的派生需求，人在空间上的各种活动均受到公共服务要素、经济要素、社会要素的空间分布以及空间联系结构的影响。在深层次上研究交通对策，意味着不再束缚于传统理念所专注的交通流与车辆移动，而是将注意力拓展到空间中关系演化的可持续性、空间关系对空间行为的影响上。在国土空间治理中，交通成为一种创建可持续的空间关系，以及促成合理的空间组织结构的政策工具。

物理意义上的城市空间是指城市各功能要素的地理位置分布及其相互关联的组合关系，是城市功能组织在空间地域维度上的投影。城市空间结构的生长是城市遵循内在规律自身发展与政府管理者有意识管控的共同结果。

社会意义上的城市空间是不同社会群体中的人所认识及所使用的空间。当城市规划的政策逻辑从以经济为中心转向以人为本，交通不再异化为单纯的“物理流”，是在城市中凝结复杂社会关系的内在场所之间的联系与活动时，交通领域的政府行动也不再局限于保障交通流的畅通，而是充分考虑生态文明和空间正义的空间关系构建。

物理意义空间与社会意义空间处于一种辩证统一的作用与反作用的过程之中，必须重视社会形态和经济社会结构对城市空间的组织作用。规划作为政府对城市系统性矛盾实施干预或法规化的一种手段，表现为一个利益、意识形态与专业交织的博弈与协同过程，而非是一个封闭的技术过程。

正因如此，为在宏观层面上形成跨部门、跨行业、跨领域的共识，需要一种纵观全局，将海量观测数据凝练成为少量而集约的证据信息的决策支持模型。

传统交通模型是为了确定工程层面的决策而建立的。在基于交通OD的理论体系中，由于土地开发而产生的交通流，在一系列服从经济理性的选择行为基础上，形成了交通网络中的流量分布，成为工程层面制订方案决策的依据。在这一理论方法体系中，交通的产生由外生变量所决定，讨论重点在于交通系统内部行为。

围绕空间组织问题需要建立的新模型，侧重于交通系统在构建空间关系中的作用分析。模型需要满足跨部门、跨行业、跨领域达成共识的决策支持要求。相比于传统的土地—交通关系研究，新的模型分析逻辑以“空间中的关系—空间中的行为—空间中的网络”为主线，决策支持方法是大数据环境下基于证据的群决策模型。

4.1.2 行为分析：从经济学、心理学到社会学

由于交通规划所具有的公共政策导向下的技术策略属性，相关决策支持分析不能脱离对系统演化趋势的研读。城市交通的系统演化是由行为主体（包括交通使用者、交通服务提供者和管理者）对系统状态等外部环境的适应性行为，以及由此产生的相互作用所引发的。与更加关注现实响应的商业大数据分析不同，交通大数据分析无法完全脱离因果分析，有必要纳入宏微观嵌套、大数据与小数据分析融合的框架之中。

在宏微观嵌套分析框架中，大数据分析用以把握全局，并指导案例剖析免于掉入选择性偏差陷阱。基于小样本调查数据的行为分析，着力研究对策所可能引发的行为响应，为构建简单一致性基础上的宏观演化分析提供依据。

交通行为分析方法受到相关基础学科的极大影响。伴随着发展的研究视野的拓展，更多学科的研究思路被引入交通工程领域。

经济学曾对偏重“行为预测”的传统出行行为分析理论发挥了重要作用。20 世纪 70 年代以来，经济学消费者行为理论中针对交通需求的大量研究，对交通工程学产生了重要影响。在消费者行为理论框架下，经济学者所采用的研究策略是将个人行为的因果关系背景彻底简化[1]，将行为主体的行动背景中所包含的多种因果关系精简为便于处理问题的技术概念——“效用”(utility)。效用理论假设“人们是采用使效用最大的方式行动”，这是将“效用”视为心理潜在量的表现形式，通过表面量的优化来判断个体行动选择。尽管这种处理方式并不意味着分析逻辑的假设是正确的，但只要在某个范围内把握效用，即使个人行为准则偏离效用最大化原则，所产生的结果误差也处于可以容忍的范围之内[2-4]。

尽管建立在理性经济人假设基础上的出行行为模型取得了一定的成效，但该模型由于忽略了心理和社会属性的影响受到广泛的批评。导入模型加以改进的是心理因素的影响。

心理要素包含多方面的内容，包括表达他人影响的个人行为规范(personal norm)、表达伦理心理的道德意识(moral obligation)、表达行为实现的主观难易性的知觉行为控制(perceived behavioral control)、表达行为惯性的习惯(habit)等。这些要素对于行为的影响均能够通过各种实验和调查进行分析，其中最先成为研究对象且被认为是核心心理要素的是态度(attitude)[5]。不过随着研究工作展开，人们逐渐发现态度对于行为并没有那么高的说明力[6]。这导致其后的研究产生了两个分支：其一是在态度与行

动之间假设中间心理要素；其二是考虑态度以外的行动影响要素(图 4-1)。其中具有代表性的有合理行为理论(Theory of Reasoned Action，TRA)[7]以及对此扩展的计划行为理论(Theory of Planed Behavior，TPB)[8]。在这些理论中，将“行动意图”(behavioral intention)作为态度转换的重要心理因素加以处理。

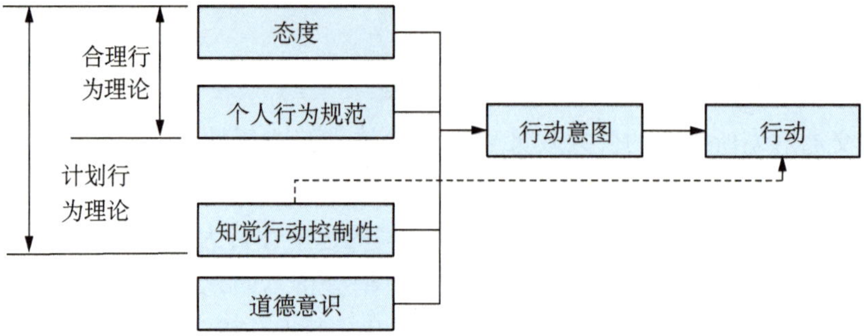

图 4-1　态度理论中的行为规范心理要素

尽管意图相比态度对于行动具有更高的说明能力，但是仅根据意图仍不能进行有效的行动预测[9]。在伴随意图的计划行为(planned behavior)之外，还存在“习惯行为”(habitual behavior)等现象[10]。事实上，在行动前首先形成“意图”仅限于偶发行为和初次遭遇环境等情况，而日常产生的惯常性行为，例如每天的通勤路径等，更多的是遵循一种习惯。习惯行为具有如下特征：①习惯行为是自动进行的；②在实行习惯行为时，包含态度、意图等各种心理量对于行为所产生的影响强度很低；③形成习惯后将不再注重收集信息。针对习惯行为，交通领域产生的重要课题是习惯的形成与解冻。

与经济学、心理学基础上的出行行为研究不同，社会学角度的研究更加注重对出行行为结果所产生的社会问题以及行为产生原因的讨论，例如社会排斥、生活质量等。

在经济发展和城市变迁的过程中，部分群体可能会处于交通弱势地位，并因此减弱了参与社会活动的能力，继而影响整体的生活质量[11-12]。英国社会排斥研究中心的报告(2003)指出，交通系统的不完善、个人机动性的限制可能造成部分群体的社会排斥[13]。现代交通系统开始注重弥补特定群体的交通弱势，消除社会排斥现象[14-15]，达到社会整合的目的。

保障弱势群体的基本可达性是交通公平内涵的一个重要部分。加拿大的研究结果表明，城市交通弱势群体具有不容忽视的规模，如果缺乏关注且没有采取相应的措施，将导致更加严重的社会排斥现象[16]。陈方等[17]分析城市交通中不同类别弱势群体社会排斥的深层原因认为，生理性弱势群体参与城市交通的社会排斥主要包括基本出行、教育和就业、消费娱乐、社会心理几个方面。越来越多的研究者开始认识到，需要从可达性、机动性和时间制约角度综合考虑，来获取对社会排斥更加完整的认识[18-19]。

交通与生活质量之间的关联是社会学角度研究所涉及的另一个重要问题。生活质量是多维度的,需要将客观生活指标测量和生活满意度主观感受的定性测量相结合[20-21]。世界卫生组织将“生活质量”定义为:“个人对其生活的文化和价值系统中所处位置的认知,并且与他们的目标、期望、准则和关切相关联。这是很宽泛的概念,受到个人身体健康、心理状态、自由程度、社会关系、个人信念和与周围环境联系等复杂因素的影响。”[22]

近年来的大量研究建立了交通运输与身体健康、心理健康、社交健康和经济健康的联系。

身体健康与交通有着紧密联系。研究表明,主动交通方式(步行、自行车等)有助于降低肥胖、身体机能下降等风险[23-24]。然而,交通事故是人身安全的威胁,对步行者、非机动方式出行的伤害很大,另外,交通工具的污染排放也会对身体健康造成负面影响。

心理健康指的是个人的精神健康、情绪和自我感知。日常通勤带来的精神和时间负担是生活压力产生的一个主要来源。研究表明,在控制个人和工作的相关特征情况下,通勤时间增加了生活压力、削减了生活满意度[25-27]。出行的满意度直接影响了生活的整体满意度[28]。另外,老年人机动性的缺乏和交通噪声等因素都会对心理健康产生负面影响[29-30]。

社交健康指的是个人的社会支持网络、家庭/个人关系、社区参与等的质量。机动性和可达性是交通系统影响社交健康的主要途径。Stanley 等[31]研究发现,出行和活动次数较少的人面临着更高的社会排斥风险。类似地,移动性降低关系到社会融合和社区活动的减少[32]。由于老年人身体机能的降低,他们的移动能力对精神健康的影响最大,且是对生活质量的重要影响因素[33-34]。

经济健康反映了个人财政资源和对就业机会的可达性。机动性的增加可以提高就业机会的可达性[35],以及辅助的就业、经济相关服务可以提高生活质量获得感[36]。

社会学理论的介入使得居民空间活动的表观特征与城市居民的生活质量、社会排斥问题形成了关联,从而使得城市管理者能够建立起社会可持续发展的相关评价指标。Jan Ritsema van Eck 等[37]在强调交通的可持续发展需要实现社会目标和环境目标互补的基础上,指出空间结构布局的评估需要同时基于环境标准(例如出行距离)和社会标准(例如活动—出行模式和出行时间的合理性)。

4.1.3 因变属性:从“出行行为”到“空间活动模式”

人的出行是由于需要在分离的空间区域中进行某种活动才发生的,因此交通是“派生需求”,是由于需要在分离的空间位置进行某种活动而派生出来的“移动”。

一般意义上的交通行为建模是指将观测得到的交通行为或其集计值,与对其产生因果关系的因素,采用简略的形式表达相互间关系,从而理解要素间联系的作用,并可以根据不同的输入参数计算因变量的预测值。

在建模过程中需要处理的一个重要问题是判断、分析研究对象的边界，也就是需要确定模型内部变量与外生变量的范围。

传统交通需求分析框架通常是围绕日均交通流而构建的。理论上最为理想的模型是将一天中的出行链和所有活动均纳入分析框架。不过即便如此，也不得不将汽车保有、居住和工作岗位所在地、生活方式等长期影响因素作为外生变量加以处理。

交通工程经典理论采用了较保守的处理方法，将活动作为外生变量加以给定，将出行链分解为出行单位进行分析，称其为“基于出行的研究”(trip-based approach)。广泛使用的“四阶段模型”就是这种方法的典型代表——将从出行链中分离出来的个人出行，按照出行目的以及代表性交通方式，以交通小区为单位进行集计，制作表达交通小区之间交通量的 OD 表，以此为基础建立分析模型。

之后发展起来的非集计分析不是将出行按照交通小区进行集计，而是针对个体出行属性直接进行建模。例如将出行属性之一的代表性交通方式(指在一次出行中占据主导地位的交通方式)通过离散选择模型加以表达，构建“方式选择分析”模型。美国在 20 世纪 60 年代末反思以重力模型为代表的集计模型应用上的局限性，展开了基于个体交通选择行动的直接建模，对非集计行动模型(disaggregate behavioral model)进行了大量研究，并在交通方式选择方面取得很大成功。此外，非集计模型在目的地选择、路径选择、出发时刻选择等方面均有许多应用[38]。

伴随发达国家交通对策的主要着眼点从交通网络建设，逐步转向现有交通系统高效利用、交通需求管理等方面，在交通政策评价中仅使用基于出行的分析方法暴露出明显缺陷。例如共享交通会对出行链的整体产生影响，导入错峰通勤可能会通过活动时间带的变化改变一天内的交通行为组合结构。研究者开始意识到，基于出行的交通行为分析将一天内的出行链进行了分解，切断了出行之间的相互联系，没有考虑原始需求的活动变化，从而造成与真正“出行行为分析”之间存在巨大的差距。

欧洲的研究者很早就针对这类问题开展了研究。1970 年 Hägerstrand 将人的活动和移动采用时空坐标建立时空路径[39]。以牛津大学交通研究组为中心，从时空活动角度对于交通行为的研究工作(基于活动的研究：activity-based approach)逐步展开，在 1981 年和 1988 年讨论会上，所报告研究进展[40-41]受到广泛关注。这类研究强调了具有时间约束的活动与具有速度约束的移动所产生的时空约束的重要性。在 20 世纪 60 年代末到 70 年代初，采用马尔克夫链研究出行链分析的方法受到广泛的关注[42-43]，且受到基于活动的研究的影响，众多学者探索了两者的融合道路。

上述研究工作对于深入理解交通行为机理作出了重要的贡献。在交通与土地使用协同关系的研究中，我们往往需要放弃一些细节，降低模型的复杂性，以便于抓住问题的关键加以有效地展开。在此背景下，相关学科中有关空间、活动和可达性，特别是活动空间的研究引起交通领域研究者越来越多的关注。

在人文地理学中，城市空间被定义为一系列城市居民与其社会经济活动之间的地理关系的整体。行为地理学将居民日常活动空间和城市日常活动系统作为人类空间活动的重要研究内容，并联系社会排斥、交通公平、隔离等社会可持续性议题，对居民日常活动空间及其所反映出的移动性制约和可达性制约展开了一系列研究工作。

从定性角度来说，对于活动空间概念的认识是比较统一的，但是对于其量化测度则由于所讨论问题差异而有所不同。I. Casas 为了研究日常活动移动性制约及其影响因素，关注了活动空间范围边界的界定，将活动空间范围内所包含的不同类型活动机会的数量作为累计可达性的测度指标[44]。D. Wong 等则在计算个体活动空间范围基础上，统计个体活动空间中每个活动点上的族群与另一个族群相互作用的可能性，将传统的、静态的基于居住地人口分布的隔离指数计算拓展到基于活动空间的、动态的隔离指数计算[45]。Y. Fan 等以最小凸多边形为基础所建立的居民日常活动空间测度是为了探讨居民日常活动中对城市空间利用的影响因素，为利用回归模型检验居住区建成环境密度、零售可达性、街道连接度等城市物质空间特征的影响程度分析创造条件[46]。时间地理学中采用时空棱柱描述的个体潜在活动空间，是为了揭示时间制约影响，说明个体在一定时间预算下的可达范围[47]。T. H. Newsome 等基于通勤出行链行为构建的活动椭圆，将活动椭圆长短轴之比、面积及活动持续时间等作为活动空间特征，作为研究个人与家庭属性、居住区位等对活动空间所产生影响的基础[48]。

对个体活动空间产生重大影响的因素是城市建成环境。建成环境是指为包括大型城市环境在内的人类活动而提供的人造环境。从研究城市空间结构与空间活动的角度出发，主要关心的是建成环境中土地利用、交通系统两部分。土地利用主要涉及不同土地用途和公共服务要素的空间分布，包括位置和密度等；而交通系统不仅包括提供人、场所、活动联结的交通基础设施结构，也包括公交服务网络，并受到交通服务水平的影响。

可达性是城市建成环境中空间联系能力的表征，其内涵具有三个方面的意义：首先，可达性是一种空间概念，反映空间实体克服障碍进行交流的难易程度；其次，可达性具有时间意义，作为交通旅行最基本阻抗要素的时间往往用来表达克服空间距离的能力；再次，可达性具有社会和经济价值，较高水平的可达性与高质量的生活、满意度和吸引力相关联。M. P. Kwan 进一步将可达性分为个人可达性和区域可达性，由于不同个体所能够使用的交通方式等方面的不同，造成个体可达性存在差异，因此个人可达性可以较好地反映个人生活质量的差异，而区域可达性是指某一区位“被接近”的能力，这一方面可以反映空间公平性，另一方面可以解释居住不同地区个体空间活动差异的原因[49]。现实系统并非是一个静态系统，其具有一定周期性变化，并伴随随机波动的交通状态，造成空间实体间交通联系时间处于持续变化之中，从而导致基于交通时间的可达性定义具有某种不确定性。同时，可达性所产生的作用是一种累积效应。行为个体通过持续性的体验形成了与之对应的活动空间及行为模式，两者之间并非简单的线性关系。

可达性表达的是一种潜在的机会和条件，而活动空间表达的是居民与外部环境的现实接触状况。在强调以人民为中心的城市建设理念时，居民活动空间的检测与评估，对于真实地把握民情，切实理解发展不平衡、不充分所带来的问题，具有现实意义。

相对于可达性表征的空间活动能力，将居民活动空间视为“场所”具有更加深刻的社会学含义。传统理论过于简化了作为社会、文化、自然的综合整体的场所对于居民空间行为的影响以及由此造成的空间行为差异，不利于研究具有很强复杂适应系统特征的城市交通演化。事实上，对于居民空间行为产生影响的并非抽象的城市整体建成环境，而是居民日常活动空间所实际接触到的各种城市和社会环境，以及在可达性范围具有潜在接触可能的城市和社会环境。对城市居民活动空间的检测，以及根据活动空间了解对行为主体的各种主观选择产生影响的因素和程度，将有助于我们更加准确地把握内在的规律。

4.2 城市交通决策支持分析的变化

面对制度环境、发展理念与分析要求的变化，城市交通技术领域的分析模式、思维方式和行动方式等都在发生变化。

4.2.1 分析模式：从“模型/仿真”到“证—析”

城市交通研究对象从技术系统转变为“社会—技术”系统，城市交通对策研究的重心也相应地从强调技术手段转向强调应用技术手段解决决策问题。在这一背景下，交通工程的研究方法逐步从“模型/仿真”拓展到基于大数据的“证—析”。

模型和仿真技术建立在已有经验和认识基础之上，依托可以获得的数据说明机理并推断未来，从分析逻辑上看，还是遵循一种线性外延思维模式。当今世界正处于一个快速变化的时期，城市交通也不例外。例如就在政府主导的公共自行车推进效果有限的时候，共享单车给城市交通带来一种激烈且令人目眩的变化(表 4-1)，使得传统经验的更新、新分析模型的构建等难以跟上其变化的步伐。

表 4-1　　共享单车发展大事记(2014—2017 年)

时间	事　　件
2014 年	北大毕业生戴威与 4 名合伙人共同创立 OFO，致力于解决校园出行问题
2016 年 6 月	摩拜单车已完成超过 1 亿美元的 C 轮融资
2016 年 11 月	已经有包括摩拜单车、优拜单车、OFO、小鸣单车、小蓝单车、骑呗单车等在内的多家企业诞生，并获得大量的风险投资
2017 年 3 月	共享单车平台 OFO 迈出了免押金的第一步

（续表）

时间	事　件
2017 年 3 月	摩拜单车宣布将入驻微信钱包
2017 年 4 月	武汉建成全国第一条共享单车专用道，全国首个共享单车示范县级市落户湖北省枝江市。Trustdata 数据显示，国内共享单车活跃用户量为 432.2 万，摩拜单车所占据的市场份额达到令人震惊的 72.5%
2017 年 5 月	中国自行车协会在沪召开共享单车专业委员会成立大会
2017 年 6 月	悟空单车成为首家倒闭的共享单车企业
2017 年 7 月	深圳市交警联合在深共享单车企业发布的“停用令”正式生效，在深非机动车存在违法行为的，根据违法次数而停用不同时长，最长可停用半年
	中国共享单车正式登陆英国曼彻斯特；由于占道违停等原因，江西南昌城管已经暂扣 26 000 辆共享单车；由中信银行与 OFO 联合发行的国内共享单车领域首张联名银行卡——“小黄卡”正式面世
2017 年 9 月	北京市交通委员会宣布暂停在北京市新增共享单车投放。至此，包括 4 个一线城市在内的国内 12 个城市一个多月来相继宣布暂停共享单车新增投放
2017 年 10 月	永安行与哈罗单车合并
2017 年 11 月	继悟空单车退出市场之后，在半年的时间里 3Vbick、町町单车、小鸣单车、酷骑单车、小蓝单车等共 6 家共享单车企业宣布倒闭

共享单车问题只是冰山一角。由于新老矛盾交织与新旧利益碰撞，城市交通已经呈现出与以往差异显著的阶段特征。协调多阶层、多样化的交通需求关系，解决城市交通领域的不平衡、不协调和不充分问题，诸如此类的要求促使我们增强识别和发现问题的能力、快速提炼和传播经验的能力和更加全面把握问题的能力。显然，这不是单纯依靠模型和仿真就能够满足的要求，需要寻找新的技术方法和研究范式。

伴随交通领域内各种信息系统建设和应用，我们有了超越内省式的小范围观察和个案研究的机会，对城市交通系统有了新的认识工具。在这种技术进步背景下，为适应快速变化的发展需求，有必要建立一种以事实证据为依据、自下而上、平等主义、开放地探讨各种可能性的机制和研究模式，避免在不充分经验基础上的“理论”套用与灌输，因此催生了从“模型与仿真”走向基于大数据的“证—析”[50]方法的变革。

所谓“证—析”是指：一方面强调判断和决策中的证据，尤其是数字化的具象证据，以求增加判断与决策的权威性和说服力；另一方面强调在正确的认识论基础上通过证据产生洞察，而不是让精巧的数学模型剥夺思考能力。基于大数据环境的“证—析”强调的是充分使用各种来源的数据（当然也包含模型和仿真所产生的数据），形成更加全面的证据体系来影响决策，其形式是通过证据支持或反驳人们决策时所依据的直觉、常识或现有理论。

在城市交通领域中，成熟的模型分析和仿真技术所发挥的重要作用不可否认，但是也必须看到，模型分析师、理论家与决策者处于不对称的位置。正如在共享单车发展历程中所看到的那样，“模型分析师”永远只能根据已经了解的规律讨论问题。这种“依据已经发生的”推演未来难以发现缺乏认识的问题。“理论家”永远是在事后总结出“应该”怎么做的清晰明了的理论，从结果向前追溯展现很大成功的理论，在社会快速变化阶段前瞻时往往出现失误；“决策者”永远要面对的是当下的问题，必须在诸多可能的选项中进行抉择，并面对诸多可能的结果。对于决策者来说，及时发现情况变化已经偏离预判轨迹，或者出现新趋势和新问题是非常重要的，只有这样才能够在关键的决断时间作出正确的判断。

基于大数据的“证—析”并非局限于技术方法范畴的变革，如果人们从思维或方法上忽略证据的作用，那么所有搜集和分析数据以期获取证据的努力全部是徒劳的。因此，我们需要在认识论领域作出相应的变革，推动基于大数据的“证—析”方法与复杂性理论逐步融合。

4.2.2 思维方式：从“趋势外延”到“直面不确定性”

自1930年美国设立交通工程学会以来，交通工程作为一个独立的学科领域，至今已经取得了巨大进展。相比早期理论体系，今天的交通工程在理论精细化、技术多样化、方法论体系化等方面均获得了显著进步；但是，我们仍然不能够说现有理论和技术已经能够充分且真实地捕捉到需要关注的交通现象和规律，无法认为现有技术方法已经能够胜任交通决策支持的任务。

显而易见地，城市交通是具有不确定性的社会现象。行为主体（人）行动意志的介入以及行为主体自适应演变，造成了交通现象具有离散性、波动性和复杂性。这就是城市交通系统的本来面目。将交通流及交通行为视为均质现象，记录了其确定值和平均值的交通模型，并非真实地表现了现实的交通现象，而是一种适当简化的结果。在以工程决策为主要应用背景的情况下，尽管在相对单纯和理想的条件基础之上构建的理论模型，并没有充分说明真实系统现象的变动性、离散性和复杂性特征，但是在讨论设施需求规模和空间布局等问题时，这种简化被认为是允许且合理的，并不会造成决策中不能接受的偏差。随着交通规划和交通设计的深化，系统可靠性问题日益受到重视，研究者不再满足于对随机现象期望值的分析，交通模型中增加了探究其波动特征的功能。遗憾的是，交通系统的不确定性并非通过局部的离散性和波动性进行描述，而是与系统整体的复杂性特征密切相关。

城市交通是包含“人”与“物理”两种类型元素的“社会—技术”系统，与之相适应的是复杂适应系统理论。

在复杂适应系统[51]中，适应性是产生复杂性的重要机制。城市交通系统中的成员是具有适应性的主体，具有自身的目的性和主动性。正如新型交通服务模式导入产生的影响过程一样，行为主体能够与环境以及其他行为主体发生交互作用，在持续不断的交互过程中，不断“学习”和“积累经验”，并依靠学习获得的“经验”改变自身结构和行为方式。行为主体的主动性和交互作用在不断地改变自身的同时，也改变着整个系统环境，成为系统发展和进化的基本动力机制。在此基础上形成的整个宏观体系演化，出现了新层次生成、分化和多样性，呈现出系统的“涌现”特征。

基于这种思维方式，“流动性”和“过程性”分析对于城市规划和交通规划研究来说具有非常重要的意义。对“流动”的关注实际上是对个体间相互作用的关注，是对个体相互间作用模式进化的关注。

对于个体“流动机制”的研究，需要将注意力聚焦于不同类型个体在与环境以及其他主体发生交互作用过程中，通过学习和积累经验改变自己行为方式，以及宏观类别结构的变化。行为机制只说明了个体的行为响应，由于各种个体行为之间形成的复杂关联网络，城市整体状态与个体行为响应之间并非简单的线性因果叠加关系，而是呈现了一种多样化和不确定性。

城市演化的复杂性表现在规划领域就是其面对的综合性。各种因素、各种关联所形成的非线性关系，很难采用基于“线性”因果关系建立的模型来预测。尽管如此，我们绝不可放弃驾驭复杂性的努力。事实上，不确定性不意味着完全的不可预测性。在对行为主体受到建成环境和政策调控影响而产生的响应机制分析的基础上，能够对行为主体可能产生的行为响应进行“有限预测”，难以确定的是不同类型个体相互间关联导致的复杂变化。在对城市整体运行特征进行监测的基础上，能够知道城市当前发展趋势，可以依据当前系统所遵循的发展轨迹作出“有限预测”，难以确定的是各种扰动经过个体相互间复杂关联作用放大后系统可能出现的宏观变化。

为此，有必要将基于“预测”基础上的对策设计思路转变为有限预测基础上的行动策略设计，加上持续监测基础上的行动调整。承认我们不可能依据对系统内在机理的充分认识作出对未来的准确预测，采用一种在不断“搭脉诊断”基础上，追求“理想目标”的“适时响应”逼近模式，将城市的战略调控提上重要议程。

4.2.3 行动方式：从“规划—计划”到“适时响应”

传统的城市交通对策包括两方面基本工作：其一是通过规划与建设构建交通基础设施和服务网络，依靠不断滚动进行的对未来的需求预测，定期或不定期实施的规划修编和调整，并通过相关计划加以实施；其二是基于不断滚动调整的交通战略，针对已经暴露出来的问题，采用管理对策、政策调控对策、交通组织对策等，力图影响城市交通的演变过程。

对策推进的传统模式，呈现一种“规划—计划—行动”的工作程序。这种城市交通推进模式，实际上是建立在对研究对象的间断式观测以及政府管理组织方式特点的基础之上。其决策模式是在尽力消除不确定性的基础上，制定决策方案，并在一定时期内围绕已确定的决策方案展开相关工作。

在现代化信息技术驱动下，城市交通供需变化周期大幅缩短，导致决策响应链条和周期大幅缩短。仅依靠“10 年战略+5 年综合规划+年度行动方案(建设计划)”难以及时应对快速变化的决策需求,决策滞后的代价沉重。

边界及外部条件的不确定变化、系统内部错综复杂的关联关系、城市交通所具有的复杂适应系统特性让我们意识到,在节奏相对固定地观察某种对象的基础上,采用科层式组织管理协调模式来应对具有较强不确定性、演化节奏不断变化的城市交通问题,已经很难适应时代的发展。

历史经验告诫我们,对策均有一个最佳作用时机。例如上海自 1994 年开始实施的车辆牌照控制(虽然这在当时是一种迫于设施落后压力的行为),显然比北京汽车数量达到 400 万后采取的牌照控制所产生的效果更为理想。在城市地下通道资源接近枯竭时,才意识到地铁设施应该是通道而不是单纯的线路,需要用不同运行组织方式应对多样化需求,就已错过了最佳对策响应时间。可惜的是许多对策往往由于管理者缺乏预见性、政府的短期行为、决策群体难以被说服,以及被基于传统经验的预测所误导等原因,错失了最佳作用时机。事实上,城市政府已经关注到这一问题,并且正在进行相应的工作转型,以深圳市为例,综合交通常态化治理项目在业务结构中的比例呈现逐年上升的态势(图 4-2)。

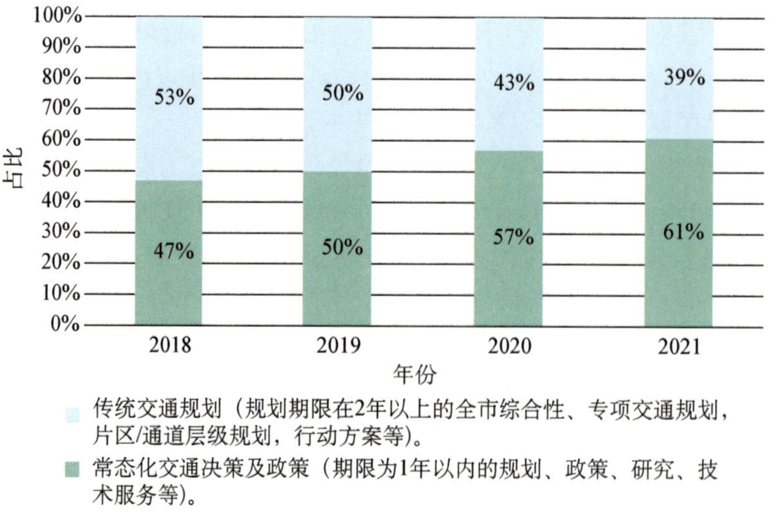

图 4-2 深圳市交通运输局近年来的业务结构变化[52]

基于大数据的“证—析”分析技术,可赋予研究者和决策者一种连续观测对象的能力。这种技术能力的进步,必将逐步改变针对城市交通的管理决策模式,而这种变化的特征就是在管理决策过程中“适时响应”能力的逐步增强。所谓“适时响应”意味着在合适的时间和地点,针对恰当的对象,采用合理对策的过程控制。与传统对策模式相悖,“适时响应”对策模式更加重视发展的不确定性,其决策支持分析工作的内容中,更加突出发现问题,特别是发现“预料之外”问题的重要性。

适时响应的城市交通对策模式具有很强的过程调控特征:针对明确的远期目标,不断对城市交通进行监测把脉,适时通过“组合拳”进行战略调控。其中的“适时”是根据当前状态以及已经具有明显征兆的趋势,及时启动相关对策;“响应”是采用组合对策,包括交通基础设施建设对策、对系统演化的调控对策、争取行动时间的压力缓解对策、保证社会支持的利益补偿对策等;“调控”体现了“限制”“引导”和“(广义)补偿机制”的结合原则,以争取社会的理解和支持。

当前发展阶段所面临的城市群发展、居民生活模式演变、电子商务发展、产城融合发展等新的需求变化,原有的分析方法都难以作出准确的预测;服务模式创新、技术模式创新所带来的系统响应,例如“互联网+”对传统出租车市场甚至交通服务方式的冲击,更是超越管理者的经验和交通分析师的理论知识;对于具有发展前景的地下物流系统、公交车联网系统、“智能驾驶+共享交通”等,需要积极进行技术研究和运营探索。在此背景下,基于大数据的“证—析”技术支持,对于尽快建立适时响应对策模式具有极为重要的现实意义。

4.3 用于城市交通分析的大数据方法

交通大数据分析并非单纯大数据资源的使用,而是通过一系列技术手段实现“感知—认知—洞察”,将大数据资源转变为决策能力,进而提升行动效果的过程。

4.3.1 城市交通与大数据分析

移动通信信令数据、车辆牌照数据、公交 IC 卡数据、FCD 数据、定点检测器数据、网络 POI 数据等,为城市交通决策构建了一个重要的大数据技术环境(图 4-3)。利用移动通信信令数据、车辆牌照数据和公交 IC 卡数据等提供的追踪观测能力,可以提炼行为主体时空活动模式,进而获得观察行为主体自适应演化的能力;定点检测器数据、公交 GPS 数据、FCD 数据等提供了对于交通状态的持续观测信息,有助于更加深入地了解交通系统的时变规律、波动特征和渐变态势;网络 POI 数据提供了一种便捷地掌握城市空间环境特征的手段,为研究行为主体、交通系统与外部环境之间的相互作用创造了条件;网络舆情则帮助管理者及时掌握城市社会脉搏,有助于了解不同群体的诉求与感受[53]。

相比较传统数据获取手段,大数据具有多角度、连续追踪和大样本的特点。所谓“多角度”一方面是指多种数据源构成了不同信息类型的观察条件,另一方面是指利用单一数据源采用不同视图表达多种观察角度。利用移动通信、IC 卡、车辆牌照等数据提供的连续追踪能力,有助于提炼空间行为模式。城市居民空间行为模式的渐变过程研究需要进行长周期变化的观测,传统观测手段获得的信息难以形成有效支持,利用大样本观测的优势,将时间变化问题转变为环境条件差异背景下的横向比较,从而发挥其他

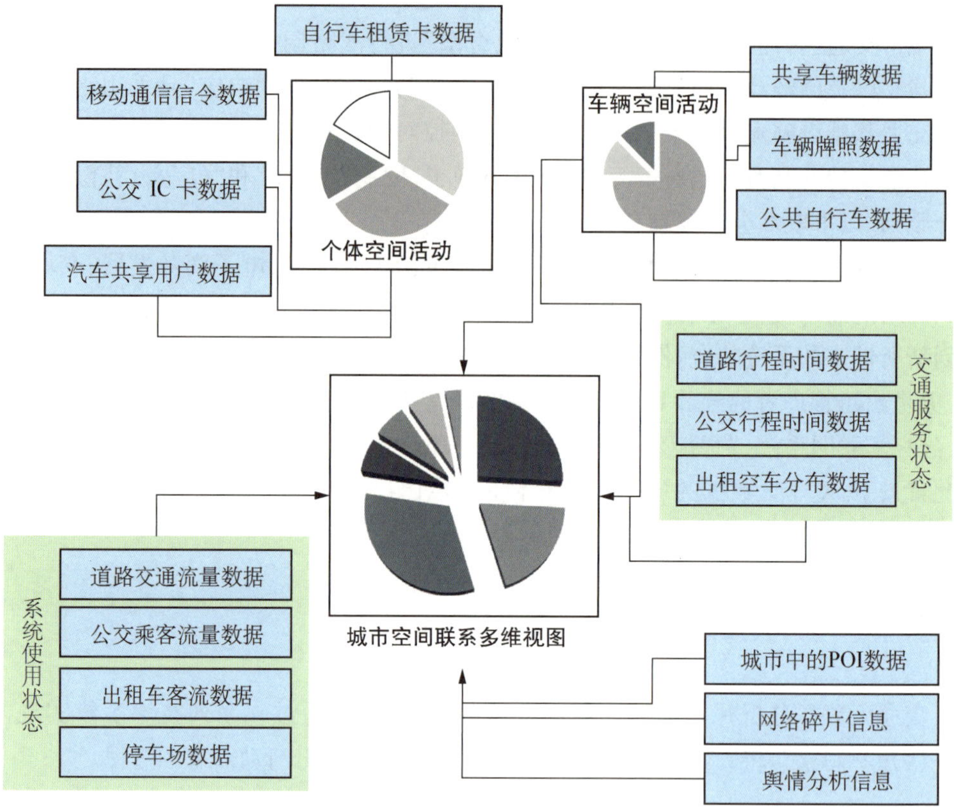

图 4-3　城市交通的多维观测数据环境

观测手段难以替代的支持作用。

从各种不同类型信息系统中提取数据构建的多源数据环境，并非有关城市交通的完备信息资源。从源头上来说，这些数据并非为城市交通规划管理专门定制，由于分属不同管理体系，数据原始处理过程也不受到大数据采集者的直接控制。因此，存在相当程度的数据缺失、规格异构和信息盖然性等问题。对于这种城市交通大数据资源，很难采用传统意义上的精确/精准来评估其价值。对于规划、战略和政策等宏观层面的决策制造者来说，把握问题的全面性远比精准化计算重要，正是在这个意义上，广泛观测角度的大样本数据资源产生了独特的魅力，引发了研究者、管理者和技术人员日益高涨的研究和应用热情。

动机、目的和认识的差异，对大数据的理解产生了极大的混乱。这种混乱在相当程度上阻碍了城市交通大数据分析技术研究与应用的健康高效推进，有必要加以适当澄清。大数据绝非"量大的数据"，量大的数据只能被称为"大数据资源"或者"大样本"；大数据分析技术是一种依据大量但不够精确的数据的研究方法，在证据链基础上形成"模糊但全面，因而正确"的判断，避免由于观察片面性而产生的"精确的错误"；大数据分析并不否定交通调查、生活时间调查、意愿调查的必要性和价值，将各种大数据资源与小样本调查获得的“小数据”有机融合，能够形成“广角”与“长焦”配合、宏微观结合的层次化观测体系；大数据分析技术并非对于传统模型和仿真技术的否定，其价值在于“及时发现问题”和采用“还原论”方式看问题，与模型/仿真的有机结合展现了一种多层次、多角度、多方式研究问题的新模式；大数据分析与大数据处理具有显著分工差异，后者以计算机和信息技术为核心，注重的是“工具”本身的能力提升，前者则以专业知识为基础，强调的是“使用工具”解决问题的分析逻辑。

大数据为城市交通分析所创造的重要条件是对研究对象的观察能力提升，这对于具有复杂适应系统特征的城市交通系统来说，具有促进某种变革的意义。尽管复杂性理论进入城市交通研究者的视野，但是只有通过从多种角度、多个层次提供了研究对象的全息连续图像时，复杂性理论思想才有了与现实技术条件结合的绝好机遇。

由于城市交通决策所具有的战略前瞻性、全局影响性和社会资源配置要求，决策判断面临的考验远比一般商业智能(Business Intelligence, BI)复杂，造成大数据环境下交通分析技术的特殊性：①关注重点不是基于机器智能的“自动化”数据挖掘，而是人机协同的循证分析；②许多决策建立在演变趋势和行为响应判断基础之上，因此需要将大数据技术与基于因果的分析技术有机融合；③决策往往具有组织决策和公众参与的特征，信息融合的目标更加聚焦于全面观察、系统掌控的要求。

4.3.2 多视图数据与多维聚类分析

传统的人类空间行为分析技术往往受限于观察手段和数据采集方式，只能从有限的、独立的几个侧面对个体活动空间进行研究。大数据为人类空间行为分析提供了“全息式”的观察条件，能够突破原有技术条件的局限，实现对个体活动空间特征的多视图观察。

1. 居民活动空间的多维观测体系

多维观测体系的核心是多视图数据，多视图数据指的是样本对象具有多个属性集，每个属性集对应一个视图。不同视图所提供的信息是相辅相成的，可利用多视图数据的相容互补性，实现对研究对象的集成感知。站在技术应用的立场，视图是一种观察问题的角度。多角度观察能够避免我们陷入“以偏概全”的困境，更好地解释城市居民空间活动现象与城市空间结构及建成环境的关系。

多视图的结构取决于对居民活动空间的观察目的。在针对居民活动空间的多视图数据结构设计中，需要注意如下问题。

(1) 强调从“空间行为”研究到研究“空间中的行为”[54-55]，把居民空间活动放到环境、社会、文化背景中来考察。居民空间活动模式的形成过程，既是依据人的主观偏好选择的结果，也是受到外界环境制约和社会关联影响的结果。这类制约作用可以从个体行为的背景空间环境中寻找线索，居民活动空间是行为主体对城市建成环境所感知到的、影响行为决策的那一部分环境，需要注意研究不同日常活动空间的影响差异。

（2）注意从汇总人群转变为不同类型的群体，尽可能反映不同社会群体的行为差异。在居民活动空间形成过程中，人的主体性和主观认知起到决定性作用，因此绝不可忽视居民的社会属性差异。由于大数据环境对个人隐私保护的要求，研究者基本无法获取个体的经济和社会属性数据，但仍然可以从工作日和休息日个体活动的区域特征中，发现与社会属性紧密关联的间接信息。

（3）根据观察时间区段和空间位置特征区分空间活动类型。区分不同性质的行为已成为近年来行为地理学研究的一个共识[56-57]。充分利用行为主体各种活动在时间上的分布差异，利用不同性质活动所造成的空间访问频率差异，在允许一定模糊性的前提下识别日常活动空间、通勤活动空间和休闲活动空间，从而为研究不同类型的活动所产生的空间移动需求以及个体所接触的城市公共服务设施情况提供重要参考。

2. 多维聚类分析

聚类分析的目标是依据数据本身的属性分布特征，把整个数据（空间）划分成不同的类，充分利用研究对象某种属性上的相似性，降低问题研究的复杂度。多维聚类是针对研究对象的不同侧面，得到数据聚类的方法，即根据研究对象属性的自然分组，针对这些不同侧面进行聚类，并让使用者可以根据自己对问题的研究需要进行最终的类别划分抉择。

城市交通所涉及的问题往往具有多个侧面（多视图）。多侧面数据本身就存在着多种有意义的划分，有可能得到不同的聚类结果，而这些聚类结果都是有意义并可以解释的。以图 4-4 的类型划分为例，既可以按照交通工具本身的特点划分为机动车与非机动车，也可以按照保有类型和运营方式划分为私家保有交通工具和公共服务交通工具。

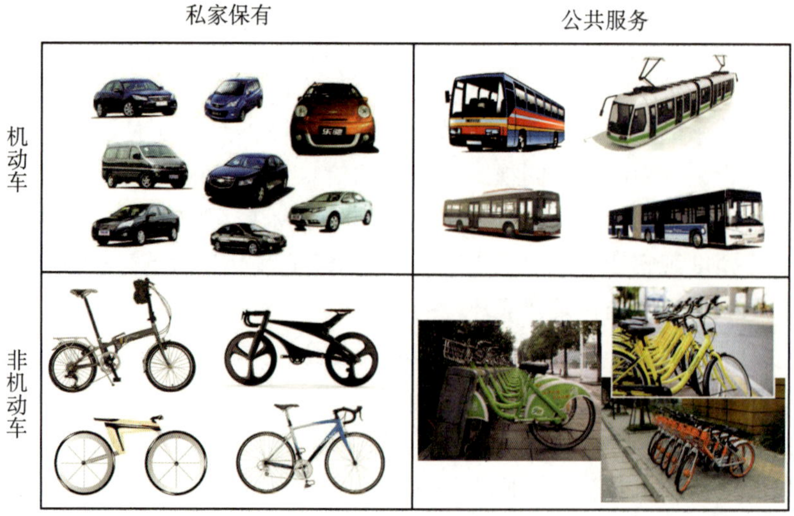

图 4-4　城市交通的多种类型划分方式

大数据所具有的非结构化特点使传统聚类分析中具有单一聚类划分方法的假设受到挑战，多视图数据很难按照单一规则划分类型来囊括对问题的全部理解，因而不能强制性地将数据按照单一的方法聚类。正因如此，多维聚类日益引起研究者的关注。

在城市交通分析领域中，多维聚类相较于单维聚类有非常明显的优势(表 4-2)。多维聚类能够更加充分地利用大数据宽视野、多角度的观察能力，更好地梳理交通系统的非线性复杂关联，更清晰地反映研究对象间的行为特征差异。

表 4-2　单维聚类与多维聚类的对比

对比角度	单维聚类	多维聚类
细分视角	单一维度的特征	多维度、更为全面
考量的变量间关系	仅考虑该维度下具体特征之间的关系	同时考虑维度内和维度间的变量关系
细分群体表现度	在该维度下有良好的区分度，在其他维度上往往不尽然	在各个维度上都具有良好的区分度
群体间差异特征	在引入其他维度剖析群体特征时，群体间差异特征不显著	群体间差异特征明显
对策指导性	用于指导单方面的精细化对策	用于指导综合性的精细化对策
可执行性	经常因缺乏识别和接触目标群体的切实方法而缺乏可行性	因为方法中已经识别并锁定目标群体的接触途径而具有可行性

将视图定义为观察维度，在描述居民个体活动空间的不同视图(观察维度)下分别对研究对象进行聚类，并在不同视图下开展个体空间行为的描述性研究，得到不同人群中特征变量的简化表征，为下一步分析创造条件。

采用这种分析方法的作用在于：一方面通过单个视图下的聚类简化个体空间行为的背景差异，了解外部环境的多样性对个体空间行为的影响；另一方面通过多个角度更加全面地解读居民活动空间，使居民个体空间行为在各个维度上都具有明显的特征差异。通过聚类实现的类别划分也简化了不同维度间的复杂关联特征，为进一步研究维度间的关联关系，实现居民个体空间行为的模式预测与因果推断创造了条件。

4.3.3 关联分析与循证推断

在城市交通大数据分析中，循证分析可被视为从发现“关联”到判断“因果”的探索过程。关联分析因其所具有的快捷、高效地发现问题的优势而受到广泛的关注，在商业分析、医疗诊断等领域的成功使其大有替代“因果”研究的趋势。与此同时，对具有复杂适应系统特征的城市交通来说，错综复杂的联系以及行为主体的适应性演化，使得构建精巧模型，完整、准确地反映系统演化规律几近奢望。促使交通领域的研究者将取得突破的期望寄予关联分析[53]，但对于承担严肃社会责任的城市管理者来说，面对意见尖锐的分歧的争论以及充满不确定性的社会行为响应，也无法完全放弃“因果”判断的决策方式。正因如此，统计数据的关联关系和认识逻辑上的因果关系之间，如何通过推断技术建立联系，成为城市交通大数据分析必须解决的一个关键技术问题。

大数据技术中的关联分析是一种简单、实用的技术，通过发现存在于大量数据集中的关联性或相关性，来描述一个事物中某些属性同时出现的规律和模式。数学意义上的关联关系是指变量之间的相关性，在一个变量发生变化的同时，另一个变量也在发生变化，但不能确定一个变量所发生的变化是不是另一个变量变化的原因。当两个变量 X 和 Y 之间有关联关系时，可将对这种关联关系的了解程度划分为由低到高的不同层次：①只能够判别 X 和 Y 之间有关联关系；②可以识别关联关系的时序；③能够度量关联关系的强度；④能够确定两个变量的联合概率或联合频数分布。

因果关系是第一个事件（因）和第二个事件（果）之间的作用关系，在数学形式上则表现为变量之间的依赖性，表达为原因变量变化引起结果变量变化的映射关系。对两个变量 X 和 Y 之间因果关系的了解程度同样具有由低到高的多个层次：①只能确定 X 和 Y 之间有因果关系；②可以判定 X 和 Y 两个变量中，何者为“因”，谁为“果”；③知道因果作用的正负方向及影响程度；④知道因果关系的部分条件；⑤知道因果关系的全部条件。一般而言，对因果关系的了解常常止步于第③层次，很难达到第④、⑤层次。

对于富有传统经验的交通分析师来说，因果意味着模型，因为他们需要通过模型来预测未来，推断在各种对策下可能出现的结果。然而，当决策分析任务转变为直面“不确定性”探寻“未知”与“态势转变”时，因果是在关联分析等启示下对内在机理的推断。事实上，基于大数据“证—析”推断的因果关系与传统模型理论中的因果关系在概念上有着显著的区别（表 4-3）。产生这种差异的原因，其一是受制于大数据本身的“模糊性”和“盖然性”，其二则与分析目的差异有关。

表 4-3　“因果关系”在传统模型理论中与基于大数据的“证—析”推断的对比

对比项	传统模型理论中的因果关系	基于大数据的“证—析”推断的因果关系
目的	调查不同发展结果的原因，以及产生问题的决定因素； 以量化形式预测未来； 研究系统的一般规律	识别出现的新态势，发现新的演化特征，识别需要深入研究的新规律； 以一种基于既得证据的科学方式完成归因分析； 对具体的问题或者事件的判断
对判别关系成立的证据的要求	符合理论逻辑的内在机理； 符合数学逻辑的模型结构； 能够通过建模统计检验	具有基本的测度； 形成证据链； 专家判断依据的理性基础
基本原理	归纳推理； 科学假设； 普遍性； 因果关系的数学映射表达	演绎推理； 基于大数据的“证—析”； 案例剖析； 容许的因果关系并非一定要表达为数学形式

大多数城市交通应用领域的问题研究是基于自然观察或数据资料统计进行的，而非受控实验。统计分析结果所表现出来的关联性并不一定意味着有因果关系，甚至会出现虚假关联情况，正确识别以下问题是进一步完成因果推断的基础。

（1）虚假关联。虚假关联是指变量与变量之间本无关联，但由于研究过程中存在偏倚或使用了错误的方法，两变量间表现出了统计学上的关联关系。一般而言，虚假关联是选择偏倚、信息偏倚和偶然性造成的。在自然观察或数据资料统计的过程中，了解可能产生偏倚的原因，并从研究方案设计、数据资料处理等角度尽可能控制偏倚的产生，可避免出现虚假关联。

（2）间接关联。间接关联是指变量与变量之间本无关联，但由于两者的发生都与另外某个变量有关，从而使两变量间表现出了统计学上的关联关系。一般而言，间接关联是真实的关联关系，但不具有因果关系，主要是来源于混杂。如图 4-5(a)所示，当研究两个变量 X，Y 之间的联系时，事实上测量了第三个变量 Z 的作用，变量 Z 被称为混杂变量，混杂变量 Z 虽然与变量 X，Y 相关，却不在变量 X，Y 的因果关系作用链中。在研究过程中，根据专业知识事先确定可能存在的混杂，在研究方案设计时保证研究组间的同质性(例如通过聚类进行概念分层)，可以在研究中控制混杂，避免间接关联的产生。例如，当是否使用轨道交通可能是一个混杂因素时，可以在研究中根据是否使用轨道交通进行分组，分别对轨道交通使用者和非轨道交通使用者进行计算，检验结果是否相同而独立于轨道交通使用特征。

统计学关联关系排除了虚假关联和间接关联之后，两变量间的联系才有可能是因果关系，才能进一步进行因果关系的判断。就一般而言，关联关系与因果关系的联系如图 4-5(b)所示。

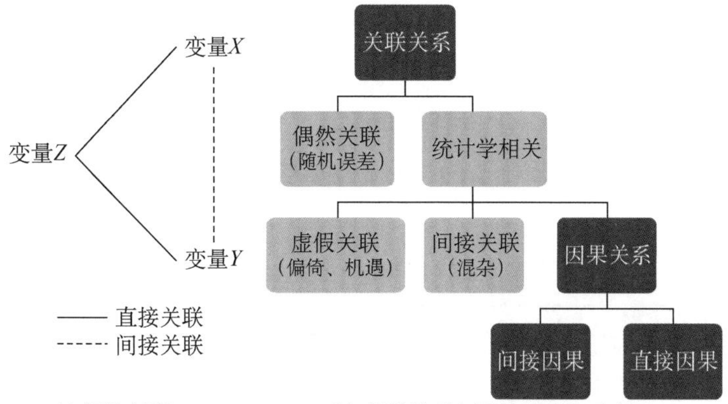

(a) 间接关联　　(b) 关联关系与因果关系的示意图

图 4-5　关联关系与因果关系的联系

1. 关联强度的度量

用关联强度(strength of association)来表征因果关系的强弱，通常采用率比(Rate

Ratio，RR）和比值比（Odds Ratio，OR）两个度量值（分别用量符号 R_R 和 O_R 表示）。

两变量间的关联强度度量最常用的指标是比值比、率比和率差。以下借助案例，将用已有的研究数据（表 4-4）作为背景材料，对关联强度的测度方法进行具体说明。对变量及其关联问题，作以下设定。

X：工作日活动区域主要位于市中心公交走廊沿线。

Y：轨道交通高频度使用。

研究目的：判定城市居民“工作日活动区域主要位于市中心公交走廊沿线”和“轨道交通高频度使用”是否存在关联关系以及关联强度如何。

表 4-4　关联分析算例：轨道交通使用与活动区域

工作日活动区域主要位于市中心公交走廊沿线 \ 轨道交通高频度使用	是	否	合计
是	$a = 782$	$b = 3\ 993$	$a + b = 4\ 775$
否	$c = 1\ 140$	$d = 12\ 600$	$c + d = 13\ 740$
合计	$a + c = 1\ 922$	$b + d = 16\ 593$	$N = 18\ 515$

注：表中数值表示同时满足行、列条件的个体数。

1）率比 R_R

率比是 Y 伴随 X 出现的比率与 Y 未伴随 X 出现（Y 出现但 X 未出现）的比率之比，说明 X 的出现使 Y 的出现概率增加的倍数，即

$$R_R = \frac{\dfrac{a}{a+b}}{\dfrac{c}{c+d}} \tag{4-1}$$

一般而言，$R_R > 1$ 说明 X，Y 间存在正关联，率比越大，表明 X 的效应越大，X 与 Y 的关联强度越大；$R_R < 1$ 则说明 X，Y 间存在负关联。率比与关联强度的对应关系如表 4-5 所示。

表 4-5　R_R 与关联强度的对应关系

率比 R_R		关联强度
0.9～1.0	1.0～1.1	无
0.7～0.8	1.2～1.4	弱（前者为负关联，后者为正关联）
0.4～0.6	1.5～2.9	中等（同上）
0.1～0.3	3.0～9.9	强（同上）
<0.1	>10	很强（同上）

在表 4-4 所示的案例中，率比 $R_R=2.0$，说明“工作日活动区域主要位于市中心公交走廊沿线”与“轨道交通高频度使用”之间存在中等强度的正关联。

2）比值比 O_R

比值(odds)在此用以定义事件发生的概率与不发生的概率之比，O_R 则被定义为 Y 伴随 X 发生的比值(a/b)与 Y 未伴随 X 发生的比值(c/d)之比。由此，比值比的计算方式为

$$O_R=\frac{\frac{a}{b}}{\frac{c}{d}}=\frac{ad}{bc} \tag{4-2}$$

一般而言，$O_R>1$ 说明 X，Y 间存在正关联，$O_R<1$ 则说明变量之间为负关联。比值比与关联强度的对应关系如表 4-6 所示。

表 4-6　O_R 与关联强度的对应关系

比值比 O_R		关联强度
0.9～1.0	1.0～1.1	无
0.7～0.8	1.2～1.4	弱(前者为负关联，后者为正关联)
0.4～0.6	1.5～2.9	中等(同上)
0.1～0.3	3.0～9.9	强(同上)
<0.1	>10	很强(同上)

在表 4-4 所示的案例中，比值比 $O_R=2.2$，说明“工作日活动区域主要位于市中心公交走廊沿线”和“轨道交通高频度使用”这两个变量之间存在中等强度的正关联。

2. 关联效应的度量

在循证检验中，通过效应指标对证据重要性进行评价。在传染病学中，一般采用归因显著度(又称率差，Rate Difference，RD)、影响归因分数(Attributable Fraction among the Influence，AFI)和人群归因分数(Population Attributable Fraction，PAF)表征 X 对 Y 的影响效应的度量。将其引入城市交通大数据分析之中，结合表 4-4 的案例数据，对效应的测度方法进行说明。

1）归因显著度

率差是指 Y 伴随 X 出现的比率与 Y 未伴随 X 出现的比率之差[式(4-3)]。在此将其称为归因显著度，指受影响观察组事件发生率与不受影响对照组事件发生率相差的绝对值。

$$R_D=\frac{a}{a+b}-\frac{c}{c+d} \tag{4-3}$$

率差反映 Y 的发生特异地归因于 X 的程度，即由于 X 的存在使得 Y 的发生概率增

加或减少的部分。

由表 4-4 中的数据可知，$R_D = 8.08\%$，表明如果工作日在市中心公交走廊沿线活动的人减少 1 万个，高频度使用轨道交通的个体会减少 808 人。

2）影响归因分数和人群归因分数

归因分值又被称为过剩分数。影响归因分数的计算方式为：(受影响观察组的事件发生率-不受影响对照组的事件发生率)/受影响情况观察组的事件发生率，即

$$AFi = \frac{\frac{a}{a+b} - \frac{c}{c+d}}{\frac{a}{a+b}} \times 100\% = \frac{R_R - 1}{R_R} \times 100\% \tag{4-4}$$

人群归因分数的计算方式为：

$$PAF = \frac{\frac{a+c}{N} - \frac{c}{c+d}}{\frac{a+c}{N}} \times 100\% = \frac{(R_R - 1)P_e}{1 + (R_R - 1)P_e} \times 100\% \tag{4-5}$$

其中，P_e 为人群受影响率，即

$$P_e = \frac{a+c}{N} \tag{4-6}$$

影响归因分数和人群归因分数分别表示在受 X 影响人群中以及总人群中，Y 伴随 X 出现的可能性占总发生率的百分比。这两个指标在两个层面分别反映了 Y 的发生特异地归因于 X 的程度，即由于 X 的存在使得 Y 的发生概率增大或减小的部分。

由表 4-4 中的数据可知，影响归因分数 $AFi = 49.3\%$，表明在工作日活动区域主要位于市中心公交走廊沿线的群体中，49.3%的轨道交通高频度使用行为需要归因于“工作日活动区域主要位于市中心公交走廊沿线”这一因素。同样地，人群归因分数 $PAF = 20.1\%$，表明在所有的研究对象中，由于“工作日活动区域主要位于市中心公交走廊沿线”这一因素，导致个体高频度使用轨道交通出行的可能性增加了 20.1%。

相较而言，比值比、率比更具有统计学意义，而归因显著度、影响归因分数、人群归因分数则在精细化的政策制定层面更具有意义。比如，掌握了人群中有多少人因居住区位而依赖于轨道交通出行，可对轨道交通的承载能力和服务水平等作出估计，更有用的是可估计改善措施执行后可缓解的轨道交通运能压力等社会效应指标。

3. 循证分析框架

在发现新问题、新趋势，识别重要征兆的过程中，“证据”成为科学判断的基础。基于证据进行推断的分析模式已经成为部分学科或方法体系的技术核心，所对应的技术概念是“循证”。以循证医学（Evidence-based Medicine, EBM）[58] 为例，其学科就是围

绕“遵循证据的医学”(表 4-7)而展开。循证医学创始人之一的 D. Sackett 教授,在 2000 年《怎样实践和讲授循证医学》(*How to Practice and Teach ERM*)[59]中,将修正后的循证医学定义表述为:“慎重、准确和明智地应用当前所能获得的最好的研究依据,同时结合医生的个人专业技能和多年临床经验,考虑病人的价值和愿望,将三者完美地结合,制定出病人的治疗措施。”

表 4-7　　循证医学实践的主要步骤

环　节	要　点
1. 确定需要判断的问题	人群/病人、干预措施、比较、结局指标
2. 全面查找证据	检索策略、电子检索、人工检索
3. 严格评价证据	真实性、重要性、适应性
4. 得出结论	肯定的最佳证据:推荐临床使用。 无效或有害:建议停止或者废弃临床应用。 尚无证据:建议进一步研究
5. 后效评估、与时俱进	不断更新、终身教育

社会科学界发展了与“循证医学”类似的方法。它将作为研究对象的人群随机地分配到受试组(接受社会服务)和对照组(不接受服务),经过一个演化期之后,通过比较两个对照组的结果来评估社会服务的效果,此方法被称为“循证评估”(evidence-based evaluation)[60]。在很长的一个时期内,虽然相关研究成果已为学术界所接受[61-62],但由于多方面的复杂原因,特别是面对缺乏“评估”管理文化和经验的执行公共服务项目的政府或民间机构,循证评估并没有立时、有效地影响政策。

对循证评估缺乏重视的局面在美国总统奥巴马任期间发生了变化[63]。国会所通过的一系列新社会服务项目中,有总计经费达到近 55 亿美元的六个大项目(其下包含了近千个子项目)融入了循证评估的方法。对这些项目所实施的循证评估主要发挥两方面的作用:其一是选择资助子项目,要求子项目申请要包括通过循证评估说明其方法有效性的证明;其二是在项目实施过程中追踪审核,根据循证评估结果来决定项目工作是否延续。

虽然从关联关系到因果关系的推断十分困难,但在流行病学的领域,已经形成了一套相对完善的因果推断方法(正如在新冠肺炎疫情中所看到的)。流行病学是研究人群中疾病与健康状态的分布及其影响因素,并研究预防疾病及促进健康的策略和措施的科学。由于大多数流行病学研究是基于自然观察的,在分析方法上有很多值得城市居民活动空间分析借鉴之处。在流行病学中,通过参数可控的实验或观察的方法,研究疾病和暴露因素在人群中的分布,从而了解疾病和暴露因素之间的关联,由此得到的关联关系即形成了流行病学证据(图 4-6)。在流行病学中,“暴露”泛指能影响结局的各种因素,即研究对象所具有的与结局有关的特征或状态(如年龄、性别、职业、遗传、行为、生活方式等)或曾接触与结局有关的某因素(如 X 射线、重金属、环境因素等),这些特征、状态、因素等即为“暴露因素”，也称“研究因素”或“研究变量”。在流行病学证据的基础上，基于 Hill 准则等帮助因果推断的参考体系，完成从关联关系到因果关系的推断。

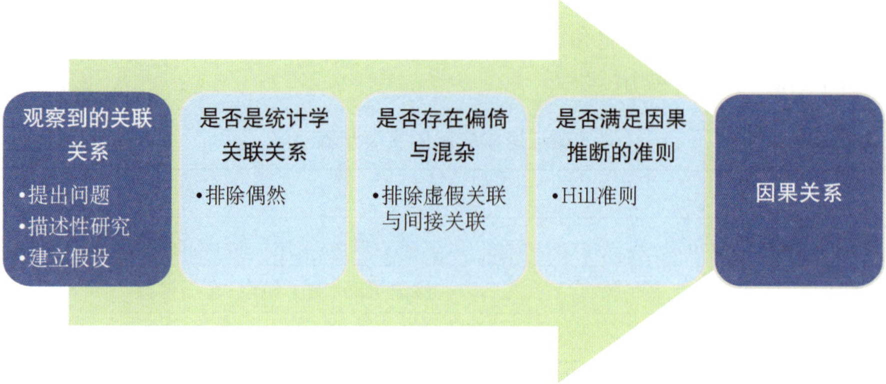

图 4-6　基于关联关系的因果判断推断流程

城市交通大数据分析中的因果关系判断，是确定所观察到的关联关系是否可能是因果关系的过程。在统计学关联关系中排除虚假关联和间接关联后，有联系的关联关系才有可能是因果关系。

在辨识因果关系的过程中，研究方案设计和确定判定证据是两个重要的技术环节。具体研究设计对于证实因果关系的能力将产生重要的影响，在大数据环境下良好设计的大规模对照研究，所构建的多维视图有助于形成证据链来更加可靠地推断因果关系的成立。面对充满未知和不确定性的城市交通系统，并不存在完全可信的标准来确定联系是否具有因果性，问题原因推导通常需要充分考虑赋予合理权重的各类型证据。在判定因果时，正确的时间顺序是必备条件，对于联系合理性、联系一致性和计量响应关系，也应该给予大的关注。

为了探寻隐藏在“关联”背后的“因果”规律，根据城市空间结构和建成环境对居民空间活动约束问题的特点，在系统的下向因果分析中将如下条件作为判别的依据：

(1) 层次结构条件，即“因”为宏观层次要素(慢变量)，“果”则表现为微观行为选择表现(快变量)；

(2) 联系的合理性，当这种联系与本专业或者相关专业已经得到认可的其他知识相符合时，则为因果联系的可能性就大些；

(3) 联系的一致性，所谓“一致性”是指并非个别案例，而是充分利用大样本观察的优势，在较为普遍的情况下都能够观察到同样或者类似的结果，若干研究者应用不同的观察设计方案得到相同结果，则更加支持其为因果联系的可能；

(4) 联系的强度，以必要的关联强度分析作为支撑，弱的联系可能受混杂及偏倚的影响；

(5) 计量响应关系，联系强度随着作用检查要素增高(或降低)或时间延长(或缩短)而升高(或降低)，称之为存在响应关系，在无偏倚的研究中发现明显的计量响应关系，则强有力地支持因果联系；

（6）可逆转性，在不存在作用检查因素的条件下，如果状态发生即减少，则两者更可能是因果联系。

参照2005年美国联邦上诉法院对免疫学因果关系推断标准做出的修正，结合宏微观嵌套分析框架，可将交通领域的因果推断方法分为两个层次：

（1）宏观分析层面——最有证明力的方法（most probative methodologies），包括关联的计量关系、关联的强度、关联的效应，以及基于交通分析理论获取的关联合理性，基于大数据分析技术而展开。

（2）微观案例剖析层面——最少证明力的方法（least probative methodologies），包括研究报告、案例报告、调查报告以及通过不可靠方法所得的组合证据（combining evidence from unreliable methodologies）。每一个证据单独看来都是通过不可靠的科学方法所得，但结合在一起看又都指向同一个证明方向，在宏观条件区分后的专项问卷调查基础上进行行为分析。

第一层次为因果推断的主要证据，第二层次则只是在第一层次的基础上增加或减少证明力的辅助证据，离开第一层次的证据不能单独推断因果关系存在与否。对Hill法则的改进，可以为城市交通应用领域的因果关系推断提供更具操作性的指南，也大大增加了后续决策的说服力。

4.3.4 宏微观嵌套分析

对于具有复杂适应系统特征的城市交通来说，其层级的存在进一步造成因果的复杂性。系统不同层级具有不同的现象与实体、结构域过程，以及不同的运行规律，需要采用不同的技术概念加以描述；跨层级的或者同层级的实体之间、过程之间产生了上向因果关系、下向因果关系和同层因果关系。在系统中存在微观动力机制、宏观动力机制、环境动力机制等的互动作用关系。空间中的关系与空间中的网络之间一般为同层因果，即两者结构之间的宏观动力机制，而分析空间中的行为，一般涉及下向因果关系。

所谓“下向因果”[64]是指，处于混沌边缘的大环境中，宏观结构及其机制对于微观元素行为的约束、选择和控制。城市交通系统中存在明显的下向因果作用：城市居民的活动空间是在城市空间结构、建成环境以及社会环境的制约下，在个体主观选择基础上形成的。传统出行行为模型所描述的是属于微观机理的个体主观选择行为。通过小样本调查数据而建立的出行行为模型，并没有充分揭示多样化外部环境制约机制所造成的结构差异。克服这一缺陷的关键是充分辨识宏观关联结构加以区分，合理确定小样本抽样调查方案，在限定约束环境下完成深入的行为分析。

宏微观融合的嵌套分析能够提供一个非常具有参考价值的下向因果探寻方法框架。美国政治科学家E. S. Lieberman提出的嵌套分析策略（nested analysis）[65]，基于定性定量分析的互补优势，以大样本统计分析为主，辅助以单个或多个案例的深入调查研究。

嵌套分析强调定性分析和定量分析相互融合的推理逻辑。将这两种推论分析模式和策略相互补充，有助于克服可能的偏差来源，辨别出小样本分析(Small-N Analysis，SNA)和大样本分析(Large-N Analysis，LNA)单独运作所可能产生的虚假结果。

城市交通大数据虽然能够提供一种全局性的大样本观察手段，但是大数据分析所获得的关联关系识别结果仍然不足以形成对重大政策和策略问题的决策判断。对此，一方面需要通过多种数据源基础上构建的多视图数据寻求下向因果约束结构，对空间结构和建成环境所产生的约束加以分类分解；另一方面需要在上述约束结构解析的基础上，通过小样本调查和建模剖析形成微观机理的解释。

嵌套分析步骤始于初步的大样本分析，探明宏观上的类别属性空间关联结构，并针对结果的稳健性开展初步评估。当宏观结构逻辑基本明晰且结果也足够稳健时，研究者可以进入基于小样本调查分类构建行为模型环节；如果结果为否，则转入修正宏观上的多视图，重新展开多维聚类，以及相应的关联分析(图 4-7)。

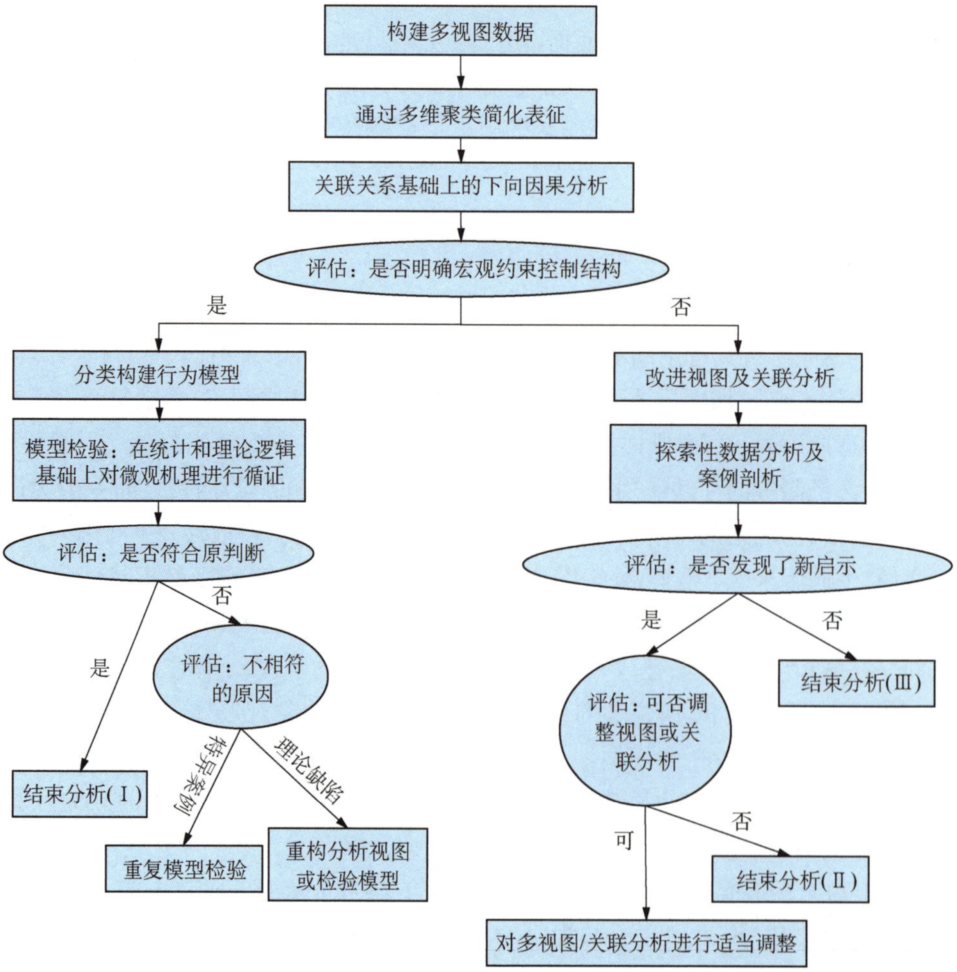

图 4-7　城市居民空间活动的宏微观嵌套技术分析模板

在这一框架内,宏观观察与微观剖析、大数据与小数据、数据分析与模型分析等多种技术有机融合,提供了一种引导性工作指南。

事实上,无论是理论构建环节的案例选择,还是因果推论中的变量或参数设定均存在低估“关联效应”或形成伪因果关系的风险,内置于研究方法的“选择性偏差”[66]最终有可能干扰研究结果的信度和效度。设定宏微观嵌套技术分析框架的另一个重要意义在于,充分利用大数据所形成的观察能力拓展,开展基于更大范围的对比研究,正确地处理好代表性案例确定标准与选取策略,支持性案例(positive cases)与否决性案例(negative cases)检验,理论定位与案例选择关系,定量研究抽样设计与抽样过程等问题,从而形成选择性偏差规避策略。

4.4 从定性到定量的决策支持过程

城市交通规划具有很强的公共政策性的属性。对于社会经济发展方面“非技术性问题”的讨论将直接关系到规划的科学性和导向性,而其技术方案的可行性主要用于衡量政策及规划的具体产出能否达到预期目的。

4.4.1 定性定量相结合的规划决策

从方法论角度来说,定性与定量分析两种方法的基本思维模式和处理问题方法有很大的差异(表 4-8)。

表 4-8　综合交通规划中的定性与定量分析对比

对比项目	定性研究	定量研究
认识论	研究对象是不可分的有机整体,因而审视的是系统整体和整个演变过程	研究对象可以像解剖麻雀一样被分成几个部分,通过对这些组成部分的观察可以获得整体的认识
目标	判断趋势、识别挑战、明确目标; 拟定政策性框架,构建对策体系; 剖析案例,发现问题和总结; 判断事物属性,识别问题结构; 提出假设,拟定探索及研究方向等	从大数据中提炼判断依据; 将数据组织成为信息; 在假设前提下的量化验证; 系统承载力分析; 技术可行性论证
数据收集	非结构化或半结构化	结构化
分析方法	逻辑推理; 历史比较; 文献分析; 个案调查; 专家研讨等	循证分析; 统计分析; 网络交通流仿真模型分析; 行为分析模型; 基于证据理论的共识归纳等
结果	提供最初的理解	建议最终的行动方案

定量分析研究强调对象的客观性和独立于研究者之外的特点。而作为定性研究，其研究对象与研究者之间的关系十分密切，研究对象被研究者赋予主观色彩，成为研究过程的有机组成部分。

近年来，城市交通规划呈现出改变以往围绕“车”的技术型、工程型规划思维的趋势。将人的本源性需求作为规划的出发点，探索向以跨部门、跨行业协同为基础，围绕综合性目标，公共政策导向下的技术策略规划转变的趋势。因此，定性分析在规划决策支持过程中所发挥的作用日益增大。

国土空间规划和综合交通规划中的定性分析并非简单的“拍脑袋”，而必须遵循一种科学的原则。

(1) 重视研究者与研究对象之间的关系，认为两者之间是一种“主体间性”[①]关系，研究过程是双方彼此互动、共同理解的过程。研究者对研究问题的理解存在于与研究对象的互动之中。

(2) 强调尽可能多的角度和方法的观察，以获得对研究对象全面深入认识。

(3) 定性研究是一个不断演化发展过程，研究的抽样、资料收集的方向、信息分析的重点、结论的构建方式等，需要伴随发展不断进行调整。

(4) 强调从研究对象的视角去理解其行为的意义和其对事物的看法，并在此基础上建立理论。

尽管如此，定性分析仍然存在一些难以消除的局限性：①研究结果受研究人员个人因素的影响很大，很难重复；②容易出现以偏概全的错误，研究结果的代表性、效度常常受到怀疑；③数据难以用统计方法处理，因此无法提供定量的信息。

为了克服这些短板，除了需要遵循一些必要的定性分析工作原则以外，将定性分析与定量分析有机融合是提高决策支持能力的重要努力方向。

大数据条件下的证一析、循证分析、证据理论、宏微观嵌套框架等，均为定性定量结合的分析方法提供了理论和技术支持(表 4-9)。

表 4-9　　交通规划中定性定量结合分析的几种证一析应用场景

应用场景	说　明
信息融合	数据层、特征层以量化分析为主，决策层融合以定性分析为主
案例分析	通过宏观层面依托大数据的聚类及关联分析，确定研究对象结构，拟定案例调查方案，通过具体案例剖析获得因果判断
意见归纳	基于大数据平台提供相对对称的信息环境，通过专题组座谈、深入访谈等，获取专家意见，借助证据理论实现意见归纳
循证分析	在循证分析框架下，拟定议案，收集证据，科学评估，提炼结论

① 主体间性即研究者对研究对象内在规律或者意图的推测与判定。

4.4.2 大数据环境下基于证据的群决策

Dempster-Shafer 证据理论(D-S 证据理论)为大数据环境下基于证据的群决策提供了技术框架,是决策层信息融合的重要技术工具[67]。

1. D-S 证据理论基本概念

D-S 证据理论源于 20 世纪 60 年代的哈佛大学数学家 A. P. Dempster 利用上、下限概率解决多值映射问题。其后 Dempster 的学生 G. Shafer 对证据理论作了进一步发展,引入"信任函数"概念,形成了一套用"证据"和"组合"来处理不确定性推理的数学方法。D-S 证据理论不需要知道先验概率,能够很好地表示"不确定",被广泛用来处理不确定数据。

设 Θ 为识别框架,或称假设空间,是关于命题的相互独立的所有可能假设或答案的一个有限集合。若集函数 $m: 2^{\Theta} \to [0, 1]$ 满足 $m(\varnothing)=0$ 且 $\sum_{A\subset\Theta} m(A)=1$,则称函数 m 为识别框架 Θ 上的基本概率赋值函数(Basic Probability Assignment, BPA)或 mass 函数,表示对各种证据的信任度。

使得 $m(A)>0$ 的 A 称为焦元(focal element),表示可用证据在 A 中的聚焦或称被集中。$m(A)$ 表示在当前证据下仅对 Θ 的子集 A 的信度,而不是 A 的总的信度,即对 $B\subset A$, $m(B)$ 与 $m(A)$ 无关,若要获得 A 的总的信度,须将 A 的所有子集 B 的基本可信度分配值相加,用信度函数(Belief Function)表示,记为 Bel。

$$Bel(A)=\sum_{B\subseteq A} m(B) \tag{4-7}$$

信度函数表示对假设的信任程度估计的下限(悲观估计)。而在识别框架 Θ 上基于 BPA 的似然函数(plausibility function)定义对假设的信任程度估计的上限(乐观估计),表示不否认 A 的信任度,是所有与 A 相交的子集的基本概率分配之和,即

$$Pl(A)=\sum_{B\cap A\neq\varnothing} m(B) \tag{4-8}$$

信任函数与似然函数构成的信度区间:$[Bel(A), Pl(a)]$,表示对于某个假设的确认程度。

证据理论一个显著的特点是对无知假设的处理。任意未被分配给具体子集的"信任"被视为"未表达意见",既不是信任,也不是不信任,并将其分配给识别框架 Θ。

2. D-S 合成规则

在交通规划中根据不同信息对问题的判断是一个人为推理的过程,把不同专家意见进行融合的过程就是 D-S 证据理论的合成,反映的是所有证据联合作用。

当同一识别框架上存在多批证据时,对于 $\forall A\subseteq\Theta$,识别框架上的有限个 mass 函数 $m_1, m_2, \cdots, m_n$ 的 Dempster 合成规则为

$$(m_1\oplus m_2\oplus\cdots\oplus m_n)(A)=\frac{1}{K}\sum_{A_1\cap A_2\cap\cdots\cap A_n=A} m_1(A_1)\cdot m_2(A_2)\cdot\cdots\cdot m_n(A_n) \tag{4-9}$$

其中，

$$K=\sum_{A_1\cap A_2\cap\cdots\cap A_n\neq\varnothing} m_1(A_1)\cdot m_2(A_2)\cdot\cdots\cdot m_n(A_n)$$
$$=1-\sum_{A_1\cap A_2\cap\cdots\cap A_n=\varnothing} m_1(A_1)\cdot m_2(A_2)\cdot\cdots\cdot m_n(A_n)$$

K 被称为归一因子，$1-K=\sum_{A_1\cap A_2\cap\cdots\cap A_n=\varnothing} m_1(A_1)\cdot m_2(A_2)\cdot\cdots\cdot m_n(A_n)$ 反映了证据冲突程度。

多批证据的 D-S 合成与次序无关，可通过两个证据合成的计算递推得到(图 4-8)。证据合成计算过程对态势估计或决策系统中的实时性和动态性要求具有很大的帮助。每获得一个新的特征或指标作为证据或每增加一位专家的判断时，都可在原有合成结果的基础上再使用 Dempster 合成规则得到新的判断或决策结果。

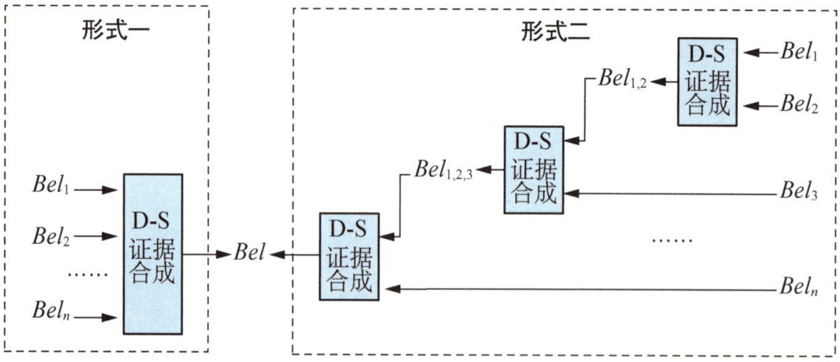

图 4-8　多个证据合成的等效形式

此外，需要注意 D-S 证据合成理论也存在一些比较严重的缺点，包括：①无法解决证据严重冲突和完全冲突。②难以辨识模糊程度——由于证据理论中的证据模糊主要来自各子集的模糊度。根据信息论的观点，子集中元素的个数越多，子集的模糊度越大。③基本概率分配函数的微小变化会使组合结果产生急剧变化。

参考文献

[1] Roth A E. Individual rationality as a useful approximation: comments on Tversky's "rational theory and constructive choice"[J]. The Rational Foundations of Economic Behavior, 1996:198-202.

[2] Simon H A. Invariants of human behavior[J]. Annual Review of Psychology, 1990, 41(1):1.

[3] Payne J W, Bettman J R, Johnson E J. The adaptive decision maker[M]. Cambridge: Cambridge University Press, 1993, 105-428.

[4] Gärling T, Ettema D, Gillholm R, et al. Toward a theory of the intention-behavior relationship with implications for the prediction of travel behavior[J]. Travel Behavior, 1997,1: 231-240.

[5] Eagly A H, Chaiken S. The psychology of attitudes[J]. Journal of Marketing Research, 1993,

34(2): 24-30.

[6] Ajzen I, Fishbein M. Attitude-behavior relations: a theoretical analysis and review of empirical research[J]. Psychological Bulletin, 1977, 84(5):888-918.

[7] Ajzen I, Fishbein M. Understanding attitudes and predicting social behavior[J]. Englewood Cliffs, 1980: 278.

[8] Ajzen I. The theory of planned behavior[J]. Organizational Behavior and Human Decision Processes, 1991, 50: 179-211.

[9] Sheppard B, Hartwick J, Warshaw P. The theory of reasoned action: a meta-analysis of past research with recommendations for modifications and future research[J]. Journal of Consumer Research, 1988, 15: 325-343.

[10] Gärling T, Ettema D, Gillholm R, et al. Toward a theory of the intention-behavior relationship with implications for the prediction of travel behavior[J]. Travel Behavior, 1997, 1: 231-240.

[11] Páez A, Scott D M. Social influence on travel behavior: a simulation example of the decision to telecommute[J]. Environment and Planning A, 2007, 39(3): 647-665.

[12] Mohammadian A, Bekhor S. Travel behavior of special population groups[J]. Transportation, 2008, 35(5): 579-583.

[13] Social Exclusion Unit. Making the connections: Final report on transport and social exclusion [R]. London: Social Exclusion Unit, The Stationery Office, 2003.

[14] Farber S, Páez A, Mercado R G, et al. A time-use investigation of shopping participation in three Canadian cities: is there evidence of social exclusion? [J]. Transportation, 2011, 38(1): 17-44.

[15] Church A, Frost M, Sullivan K. Transport and social exclusion in London[J]. Transport Policy, 2000, 7(3): 195-205.

[16] Litman T. Social inclusion as a transport planning issuein Canada[R/OL]. [2003-04-04]. Transport and Social Exclusion G7 Comparison Seminar, https://www.vtpi.org/soc_ex.pdf.

[17] 陈方,吉选,戢晓峰,等.城市交通中弱势群体的社会排斥及其对策[J].昆明理工大学学报(社会科学版),2014,1:24-29.

[18] Lucas M T, Nicholson C F. Subsidized vehicle acquisition and earned income in the transition from welfare to work[J]. Transportation, 2003, 30(4): 483-501.

[19] Cass N, Shove E, Urry J. Social exclusion, mobility and access[J]. The Sociological Review, 2005, 53(3): 539-555.

[20] Ferkany M. The objectivity of wellbeing[J]. Pacific Philosophical Quarterly, 2012, 93(4): 472-492.

[21] Sarch A F. Multi-component theories of well-being and their structure[J]. Pacific Philosophical Quarterly, 2012, 93(4): 439-471.

[22] World Health Organization. WHOQOL: measuring quality of life[R/OL]. http://www.who.int/mental_health/media/68.pdf.

[23] Furie G L, Desai M M. Active transportation and cardiovascular disease risk factors in US adults [J]. American Journal of Preventive Medicine, 2012, 43(6): 621-628.

[24] Hamer M, Chida Y. Active commuting and cardiovascular risk: a meta-analytic review[J].

Preventive Medicine. 2008, 46(1): 9-13.

[25] Evans G W, Wener R E. Rail Commuting duration and passenger stress[J]. Health Psychology, 2006, 25(3): 408.

[26] Gottholmseder G, Nowotny K, J Pruckner G, et al. Stress perception and commuting[J]. Health Economics, 2009, 18(5): 559-576.

[27] Stutzer A, Frey B S. Stress that doesn't pay: the commuting paradox[J]. the Scandinavian Journal of Economics, 2008, 110(2): 339-366.

[28] Cao J. The association between light rail transit and satisfactions with travel and life: Evidence from Twin Cities[J]. Transportation, 2013, 40(5): 921-933.

[29] Botteldooren D, Dekoninck L, Gillis D. The influence of traffic noise on appreciation of the living quality of a neighborhood[J]. International Journal of Environmental Research and Public Health, 2011, 8(3): 777-798.

[30] Ragland D R, Satariano W A, Macleod K E. Driving cessation and increased depressive symptoms[J]. The Journals of Gerontology Series A: Biological Sciences and Medical Sciences, 2005, 60(3): 399-403.

[31] Stanley J K, Hensher D A, Stanley J R, et al. Mobility, social exclusion and well-being: exploring the links[J]. Transportation Research Part A: Policy and Practice, 2011, 45(8): 789-801.

[32] Harrison A, Ragland D. Consequences of driving reduction or cessation for older adults[J]. Transportation Research Record: Journal of the Transportation Research Board, 2003(1843): 96-104.

[33] Bowling A, Gabriel Z, Dykes J, et al. Let's ask them: a national survey of definitions of quality of life and its enhancement among people aged 65 and over[J]. The International Journal of Aging and Human Development, 2003, 56(4): 269-306.

[34] Martinez-Martin P, Prieto-Flores M E, Forjaz M J, et al. Components and determinants of quality of life in community-dwelling older adults[J]. European Journal of Ageing, 2012, 9(3): 255-263.

[35] Fan Y, Guthrie A, Levinson D M. Impact of light rail implementation on labor market accessibility: a transportation equity perspective[J]. Journal of Transport & Land Use, 2012, 5(79): 28-39.

[36] Kolodinsky J M, Desisto T P, Propen D, et al. It is not how far you go, it is whether you can get there: modeling the effects of mobility on quality of life in rural New England[J]. Journal of Transport Geography, 2013, 31: 113-122.

[37] Jan Ritsema van Eck, Guillaume Burghouwt, Martin Dijst. Lifestyles, spatial configurations and quality of life in daily travel: an explorative simulation study[J]. Journal of Transport Geography, 2005, 13(2): 123-134.

[38] 大卫·博伊斯,胡·威廉姆斯. 城市出行预测学——历史现状与未来[M]. 宇恒可持续发展交通研究中心,译. 北京:人民交通出版社,2021.

[39] Hägerstrand T. What about people in regional science? [J]. Papers in Regional Science, 1970, 24(1): 7-24.

[40] Carpenter S, Jones P. Recent advances in travel demand analysis[R]. Gower, England, 1983.
[41] Gort E H, Elias S G, Visser O, et al. Developments in dynamic and activity-based approaches to travel analysis[J]. Transportation Research Part A: Policy and Practice, 1993.
[42] Horton F E, Wagner W E. A markovian analysis of urban travel behavior: Pattern response by socioeconomic-occupational groups[J]. Highway Research Record, 1969,283: 19-29.
[43] Sasaki T. Estimation of person trip patterns through Markov chains[J]. Theory of Traffic Flow and Transportation, American Elsevier, 1972: 119-130.
[44] Casas I. Social exclusion and the disabled: an accessibility approach[J]. Professional Geographer, 2007, 59(4): 463-477.
[45] Wong D, Shaw S L. Measuring segregation: an activity space approach [J]. Journal of Eographical Systems, 2011, 13(2): 127-145.
[46] Fan Y, Khattak A J. Urban form, individual spatial footprints, and travel: examination of space-use behavior[J]. Transportation Research Record: Journal of the Transportation Research Board, 2008, 2082(1): 98-106.
[47] Casas I, Horner M W, Weber J. A comparison of three methods for identifying transport-based exclusion: a case study of children's access to urban opportunities in Erie and Niagara counties, New York[J]. International Journal of Sustainable Transportation, 2009, 3(4): 227-245.
[48] Newsome T H, Walcott W A, Smith P D. Urban activity spaces: illustrations and application of a conceptual model for integrating the time and space dimensions[J]. Transportation, 1998, 25(4): 357-377.
[49] Kwan M P, Murray A T. Recent advances in accessibility research: Representation, methodology and applications[J]. Geographical Systems, 2003(5): 129-138.
[50] 郑毅. 证析[M]. 北京:华夏出版社,2004.
[51] 约翰・H. 霍兰. 隐秩序-适应性造就复杂性[M]. 周晓牧,韩晖,译. 上海:上海科教出版社,2011.
[52] 张晓春. 交通规划业务的数字化转型——深圳思考与实践[R]. 成都:中国智能交通协会,2021.
[53] 杨东援,段征宇. 透过大数据把脉城市交通[M]. 上海:同济大学出版社,2017.
[54] Aitken S C. Person-environment theories in contemporary perceptual and behavioural geography I: personality, attitudinal and spatial choice theories[J]. Progr. in Hum. geogr, 1991, 15 (2): 179-193.
[55] 岡本耕平. 行動地理学の歴史と未来[J]. 人文地理(日),1998,50(1):23-42.
[56] Kaptelinin V, Nardi B A, Macaulay C. Methods and tools: the activity checklist: a tool for representing the "space" of context[J]. Interactions, 1999, 6(4): 27-39.
[57] 柴彦威. 空间行为与行为空间[M]. 南京:东南大学出版社,2014.
[58] Cates C. Evidence-based medicine[J]. British journal of general Practice the Journal of the Royal College of General Practitioners, 1997, 47(424): 750.
[59] Sackett D, Straus S, Richardson W, et al. How to practice and teach EBM[M]. London: Churchill Livingstone, 2000.
[60] Edwards P, Farrington J H, Mellish C, et al. E-social science and evidence-based policy

assessment[J]. Social Science Computer Review, 2009, 27(4): 553-568.
[61] Sanderson I. Evaluation, policy learning and evidence-based policy making [J]. Public Administration, 2002, 80(1): 1-22.
[62] Misuraca G, Codagnone C, Rossel P. From practice to theory and back to practice: reflexivity in measurement and evaluation for evidence-based policy making in the information society[J]. Government Information Quarterly, 2013, 30(supp_S1): S68-S82.
[63] Haskins R, Margolis G. Show me the evidence: Obama's fight for rigor and results in social policy[M]. Brookings Institution Press, 2014.
[64] 范冬萍,颜泽贤.复杂系统的下向因果关系[J].哲学研究,2011,11:100-104.
[65] Lieberman E S. Nested analysis as a mixed-method strategy for comparative research[J]. American Political Science Review, 2005, 99(3): 435-452.
[66] 臧雷振,陈鹏.选择性偏差问题及其识别[J].世界经济与政治,2015,4:137-153.
[67] 程小云.基于移动通信数据的城市居民活动特征及其分类研究[D].上海:同济大学,2014.

5 交通白皮书编制与大数据应用

交通白皮书作为交通体系发展的顶层设计，以城市空间体系与交通设施体系协同、交通运行服务与发展模式协同，以及对资源、环境和社会的负外部性影响调控为着力点制定政策框架，与国土空间治理的要求和内涵高度契合。本章通过《上海市城市交通白皮书》编制实践，就国土空间规划背景下，交通白皮书编制及交通大数据技术应用进行讨论。

5.1 交通白皮书功能定位

交通白皮书是指导综合交通体系发展的顶层政策设计，是在一定事权范围内，对接落实上位战略、方针、规划，协同交通相关领域和受众治理共识的重要传导机制。交通白皮书以市政府名义发布的愿景和集成政策工具包为形式表达，对交通系统发展过程中涉及的重大问题解决思路、应对策略以及具体政策制定，发挥原则性的指导作用（图 5-1）。

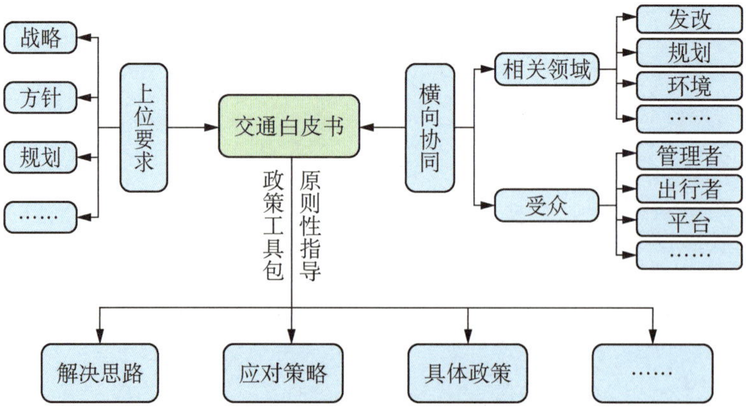

图 5-1 交通白皮书的功能定位

2002 年，上海发布了中国大陆第一本城市交通发展白皮书《上海市城市交通白皮书》（以下简称 2002 版上海交通白皮书），将上海第二轮城市总体规划和综合交通规划确定的相关项目，市政府拟重点出台的公共交通优先发展、个体机动交通发展调控，以及区域差别化政策等，通过市政府文件的方式明确下来。此后，上海基本形成了 10 年编制一轮交通白皮书的制度，并于 2013 年发布了第二轮交通白皮书（以下简称 2013 版上海交通白皮书），目前正在开展第三轮白皮书的编制。交通白皮书虽然在严格意义上并不从属于既有的交通规划编制体系，但作为一种官方文件，代表政府对一定时期综合交通体系发展的立场、思路，并向市民作出政策承诺，是现代社会治理的一种重要形式。白皮书的核心内容和政策重点与规划意图的贯彻、落实密切关联，并对规划落地起到政策保障作用。

从 2002 版上海交通白皮书编制发布以来，上海始终坚持一体化核心理念和原则，即通过对交通相关管理职能的一体化发展共识的培育来实现交通功能体系在设施、运行、服务和体验等层面的一体化以及交通功能与其外部影响的统筹。这在当时交通管理职能相对分散、各系统相对独立、区域和城市交通二元发展的背景下，具有重要的创新意义。随着工业化、城镇化持续快速增长，交通体系与内外部要素的关系日趋复杂。与城市空间拓展相匹配的交通基础设施体系建设，合理机动化发展模式的培育，以及对资源、环境和社会的负外部性影响控制始终是政策的主要着力点，体现了白皮书作为顶层设计的综合性、复杂性和共治的基本特征，这与国土空间治理的要求和内涵高度契合。

与交通白皮书的功能定位和政策关注重点相对应，交通白皮书政策重点关注三类问题：第一类是交通设施体系与空间关系的协同，第二类是交通运行服务与发展模式的协同，第三类是交通系统负外部性影响管控与可持续发展(图 5-2)。

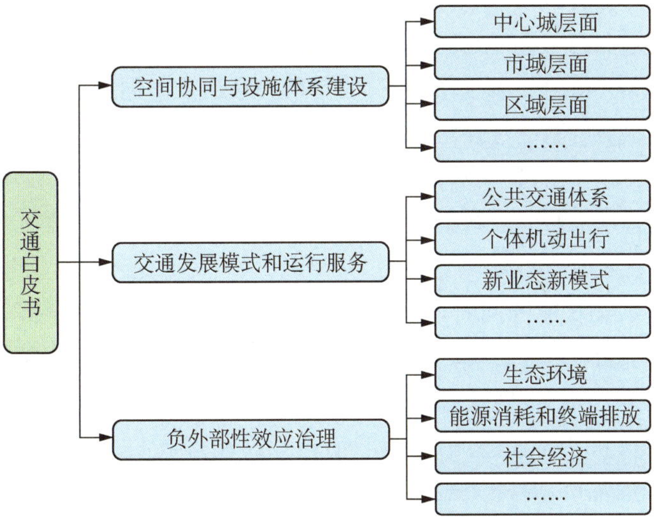

图 5-2　交通白皮书的政策关注重点

随着社会经济发展阶段的变化，交通白皮书重点关注的三类问题的内涵、关注程度和重点均呈现动态变化：

(1) 交通设施体系与空间关系的协同。综合交通体系是促进国土空间格局优化、引导城市发展与空间使用、提升不同层次空间的连通性和可达性的重要支撑要素，在城镇化的不同发展阶段，空间协同的关注点各有侧重。在城镇化发展的初期，上海主要的社会经济活动基本锁定在中心城区(外环内)以内，交通基础设施匮乏，交通政策引导目标以增加设施供给为主，增强交通网络对城市肌理的塑造作用。随着城镇化快速推进，城市空间格局逐渐打开，开始在市域范围内组织城镇体系和布局各功能发展区，交通设施体系以城市总体规划制定的空间战略为导向开展建设，成为支撑市域空间拓展的重要因素。步入城镇化的中后期，区域融合成为城市发展新的增长方式。上海积极响应长三角一体化发展战略要求并主动落实主体功能区战略，以多模式、网络化的综合立体交通网络促进人流、物流的高效联通，实现更高水平一体化发展。与此同时，中心城区进入存量发展阶段，城市更新成为建成区开发和建设的主题，交通系统作为空间结构优化的技术手段，提升城市人居环境、促进空间正义和提高资源配置效率的政策工具。

(2) 交通运行服务与发展模式协同。合理的交通发展模式是特大城市交通体系必须前瞻思考和系统布局的重要问题。合理的交通发展模式既与出行选择、就业机会获取、生活质量提升等民生问题息息相关，也涉及交通系统承载力等整体性公共利益问题。上海从机动化起步之初就确定了公交优先的发展战略，出台了小客车额度管理政策，同时推进轨道交通网络建设。这些行动都被写入 2002 版上海交通白皮书并得到了长期的坚持，也取得了显著的成效。然而，随着城市功能定位的提升和区域一体化格局的构建，强劲的发展动力使得交通供需形势依然非常严峻，而信息化、数字化技术对交通的渗透，衍生出网约车、顺风车、分时租赁、共享单车等多种新型交通模式，更是给传统的客运服务体系带来了新的挑战。新老业态间呈现此消彼长的竞争或分流态势，城市交通正在经历从“供给—需求”的简单关系向“供给—需求—服务”的复杂关系演变。国土空间规划背景下的交通体系发展与管理政策的制定应强化需求侧和运行侧的协同治理，坚持公交优先战略，发挥有为政府和有效市场作用，打破对传统城市交通管理的路径依赖，从设施建设管理、系统运行管理和行业管理范畴向公共服务供给和社会治理转型。

(3) 交通系统负外部性影响管控与可持续发展。交通是经济社会发展的派生产物，在支撑经济社会活动功能的同时，也大量消耗资源，并对环境、社会等领域产生一定的外部负效益影响，导致交通拥堵、空气污染、能源过度消耗等城市病问题突出。国土空间规划以保护为基本要义，将绿色复苏的治理思路融入各层级规划之中。交通作为社会经济发展的先行官，同时也是影响能源消耗和终端排放的重要因素。上海作为成长中的现代化国际大都市，对外交通和城市交通需求仍处于增长期，在交通设施体系建设尚未完成、交通装备和能源体系低碳转型刚刚起步的背景下，交通减碳形势严峻。未来以交通方式结构优化、交通能源结构转型等为核心的发展策略将对综合交通体系的发展提出更高质量的要求。

5.2 大数据驱动的交通调查和模型分析技术演进

大数据融合与赋能使得对于复杂事物的理解范式正在从以往依赖于传统模型的推演结果向以动态特征为核心的修正模式转变，在保证精度的基础上确保了实时性，为跟踪监测、深层挖掘城市运行演变中的普遍性、趋势性规律提供了有效帮助，并提供了一个有别于传统宏观、总量规模口径的多样化、精细化的观察视角。

5.2.1 综合交通调查和模型技术概述

综合交通调查和综合交通模型技术，在上海交通体系发展相关的综合决策和管理中始终发挥着基础性作用，两者互为反馈和支撑。通过周期性的抽样综合调查，动态掌握交通系统行为主体的出行特征以及交通量的变化情况，基于回归分析相关规律对发展趋势进行预判，并通过交通模型技术手段构建数字孪生的交通系统，实现交通流特征的网络化、系统化计算，实现对不同时空尺度交通问题进行分析和决策辅助的支撑能力。

1. 综合交通调查技术概述

上海在 1986 年、1995 年、2004 年、2009 年、2014 年、2019 年分别开展了六次全市性的综合交通调查，从 2004 年开始形成每 5 年开展一次综合交通调查的制度性安排。与此同时，每年还进行补充性的小样本调查和信息化常规数据的收集。周期性的抽样调查有助于动态掌握交通系统、行为主体出行特征以及交通量的阶段变化情况，通过分析相关规律，进而实现对发展趋势的预判。

抽样调查主要涉及人员出行和车辆出行信息，以便在源头把握出行特征，并通过补充调查获取道路、公交等交通系统的断面流量调查，实现对模型模拟数据的校核。作为抽样调查，抽样方法的选取对于调查结果是否具有代表性至关重要。人员出行特征主要涉及市域街镇全覆盖的居民出行家访调查和典型人群的抽样问询，如中小学生家庭、轨道乘客、地面公交乘客、对外枢纽旅客、网约车乘客等。车辆出行特征主要涉及小客车和各类营运车辆。综合考虑抽样科学性和可操作性，按区域分布、对象类型等因素进行分层抽样。考虑到抽样调查数据可能存在错误，需要通过一定的逻辑原理对数据进行清洗，再结合样本框的属性结构对抽样调查数据进行扩样。

2. 综合交通模型技术概述[1]

综合交通模型是实现交通现状模拟仿真、趋势预测、方案效果评估的技术分析工具。上海综合交通模型的构建与城市同步发展，先后经历了几个阶段。第一阶段是构建市区交通模型，重点是解决公交客流预测和方案评价，研究范围是市区 200 km^2。第二阶段是构建城区交通模型，目的是配合第一次综合交通规划以及内环线等重大工程，研究范围拓展到外环线内 600 km^2，主要功能是出行需求预测和公交、道路规划方案评价。第三阶段是构建市域交通模型，研究范围拓展到全市域，更好地支撑城乡统筹发展的需要，并对工程项目预可行性研究的交通预测功能进行重点改进。第四阶段是综合交通模型体系进一步向支撑重点区域开发、运行管理等需求下沉，结合各类大数据资源不断改进模型的精度和深化模型预测功能。此后，综合交通模型体系功能持续优化。2014 年开始开发构建区域交通模型，研究范围拓展至整个长三角三省一市区域（35.8 万 km^2），同时模型研究也进一步向货运、环境污染、碳排放等领域拓展。

上海综合交通模型的构建主要包括输入校核、模型设计、模型参数估计、参数标定、参数验证等过程。输入校核是指根据各类人工调查和多源数据，对模型的主要输入数据进行校核，保证输入数据的完整可靠；模型设计是根据实际任务和资源条件，基于经过验证的理论与技术，确定模型的形式与结构；模型参数估计是指根据综合交通调查数据和其他相关大数据，主要采用数理统计方法，初步确定模型基本参数；参数标定是指编制模型运算软件程序，按照流程分步骤运算模型，进一步调整模型参数，将模型数据与观测数据的误差控制在标准范围内；参数验证是指对模型应用的合理性和敏感性进行测试分析，比如参数取值范围合理性、输入数据与输出结果的变化幅度等，进一步修正模型参数。

5.2.2 多源数据融合与赋能发展

大数据的出现为综合交通调查、综合交通模型提供了更为丰富的数据源，有助于更好地理解交通系统的复杂性，总结交通系统内外部要素的相关性和互动规律，提升交通模型的预测预判能力。同时也有助于更好地适应综合交通体系发展阶段的转型，即从面向设施体系规划、建设的中宏观时空尺度向面向全周期、精细化治理的中微观时空尺度转型，以及建构所需要的辅助决策技术支撑能力。

1. 提升交通系统特征变化的动态把握能力[2]

1）多源数据使用的基本情况

在移动互联背景下，调查充分运行大数据分析技术并辅以人工调查获得全市交通出行、运行的特征数据。上海市第六次综合交通调查所使用的大数据来源于以下几个渠道：

（1）手机信令等移动互联数据。相较于传统的居民出行家访调查，手机数据具有覆盖广、样本量大、出行空间信息完整的优势，但也存在诸如无法区分交通方式和出行目的等局限。其应用重点是通过出行的时间、空间信息挖掘，与小样本居民出行家访抽样调查形成互补。为了实现移动互联数据从局部、抽样到全面的应用，通过梳理数据之间的层次关系、时态关系等，确定数据的多维关联规则。在上海市第六次综合交通调查的居民出行调查中，首次融合了移动、联通和电信三家运营企业的手机信令数据，提升了相关数据在人员出行特征分析中的支持度与可信度，实现了手机数据从局部、抽样到全面的应用。

（2）交通系统运行监测数据。这类数据以轨迹类或起讫点类、断面检测类数据为主，主要用以反映位置信息和交通量信息。轨迹类数据如各类车辆的卫星定位数据，包括出租车、地面公交和 12 t 以上货运车辆等；起讫点类数据如轨道站点闸机数据，铁路售票、长途班车售票数据等；断面检测类数据如牌照识别、高速公路断面门架、线圈和 SCATS 数据等。

（3）平台新业态数据。平台业态均有很好的数据基础，通过网约车监管平台、互联网租赁自行车信息服务平台、新能源汽车数据采集系统、公共停车管理平台、道路交通事故分析预警系统和邮(快)件运输安全监管平台等，可以更精准地获取各类车辆的空间信息特征。

（4）交通相关的其他专业数据，如地址数据、航拍遥感数据、房屋建筑量数据等，以及人口普查等统计数据。

2）基于多源数据的特征校核技术

传统采用简单加权扩样的方法，导致人工抽样调查数据可能存在偶然性偏差和对于沉默出行难以修正等问题。通过将人员出行、小客车出行、货车出行等人工抽样调查数据与信息化数据相结合，将不同类型的常住人口、不同牌照的车辆和不同吨位的货车进行组合扩样、校核。

（1）人员出行特征综合校核技术。通过人员出行家访调查可以获得人口属性特征与出行特征相关联的人员出行细部特征指标，但人工调查的实施难度逐年增加。受到各种因素的影响，有部分被访者可能没有完整填报调查当日的出行记录。这就需要结合大数据的优势，在抽样调查数据扩样的基础上，对扩样数据从出行总量、空间、时间、方式等多维度进行进一步的校核（图 5-3）。例如在出行总量方面利用手机数据空间轨迹分析的优势对沉默出行进行修正，利用各类交通系统的运行监测或运营数据对各类交通方式出行特征进行校验等。

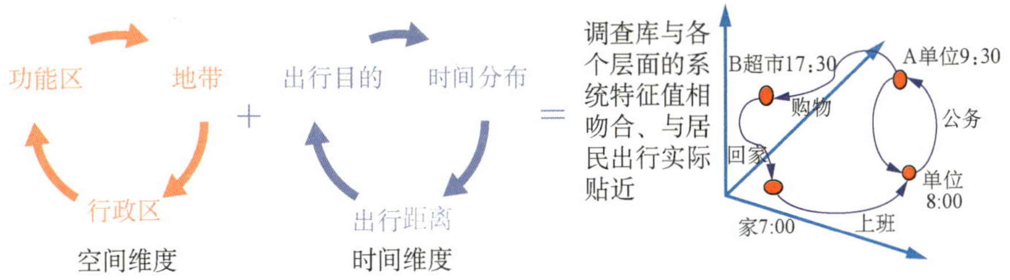

图 5-3　与出行关联的时空信息融合示意

（2）车辆出行特征综合校核技术。在小客车出行校核过程中，根据车辆牌照类型的不同分别进行出车率和出行率的校核，充分分析人工调查数据和信息化数据的时间分布、空间分布的可靠性和合理性。在货运领域运用人工调查数据与卫星定位数据融合技术，对货车出行数据进行多维比对分析，相互补足以得到准确、可靠的货运特征。采用梯度下降法以解决卫星定位数据动态缺失的问题，并采用轨迹点定位、拓扑分析和行驶路径识别技术以解决卫星定位数据分岔、跳跃等连通性问题。

2. 提升规律相关性识别力和模型预测能力[2]

大数据改善了模型的输入校核、设计、参数估计、参数标定、参数验证等每一个环节，在提高模型预测精度的同时，也为交通模型功能拓展创造了可能性。

1）提升模型输入参数的可靠性

交通网络、人口岗位以及机动车拥有量是交通模型的重要基础，其准确性直接决定模型的精度和预测可靠性。大数据的协助降低了交通网络构建和更新的人工程度，提升了自动化水平。基于多源地图数据、航拍数据、交警管理信息、出租车卫星定位数据等对路网的拓扑结构、道路属性、交通管理信息、速度分区进行更新；通过手机信令、微信数据对于人口与就业岗位统计数据进行补充，校核常住人口和就业岗位的区域分布。

2）支撑函数参数的标定优化

分配模型与相关函数和参数的选取关系密切，并对预测结果产生直接的影响。随着交通系统日益复杂，出行行为与拟合函数的相关性研究的重要性更加突出。诸如通过手机信令数据检测轨道乘客路径轨迹等技术，增强了模型标定的学习内容，提高了模型在中微观领域的精度(图 5-4)。

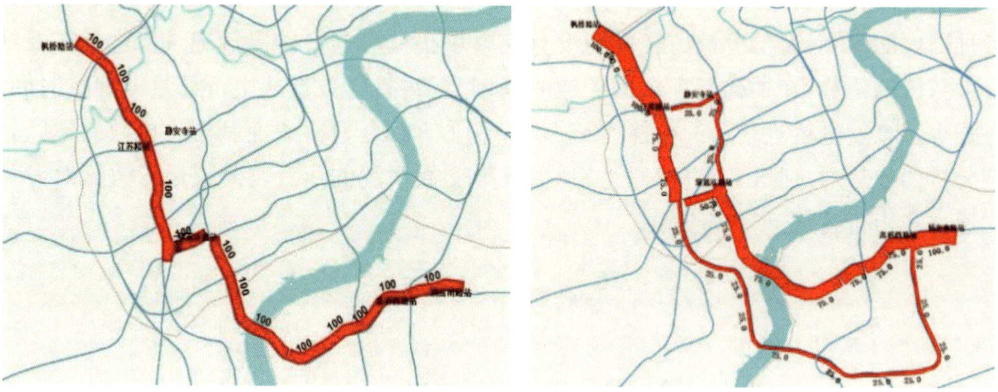

图 5-4　改进前后的路径客流分配图

3）提升模型的验证校核能力

模型的验证是模型可靠性的主要保障。大数据增强了针对模型的校核观测内容，大幅度增加了校核数量，是提升模型可靠性的重要手段。

在道路交通模型校核中引入高架线圈数据、高速公路的收费数据、重型货车的卫星定位数据后，不仅校核断面从人工的 68 个断面拓展到 1 700 余个断面，校核线总量的误差也缩小到了 5%以内。

在地面公交模型可靠性校核方面，在既有的模型中，模型的验证只能通过线路客运量以及断面校核线来进行。通常情况下，断面校核线的客流量是通过公交车的全满和半满等状态推算的，存在估算不准确的问题。结合 IC 卡与公交定位数据，挖掘了公交线路的断面客流量、站点上客量、站点下客量以及廊道的几乎全样数据，为模型的校核提供了基础数据。校核工作日均客运量目标值的误差在 5%以内，分地带线路客运量校核、站点上客量校核误差在 15%以内，全市 1 600 余条线路客运量拟合度 R^2 为 0.8。

4）拓展交通模型功能

随着大数据的深入应用，交通模型在空间维度和功能维度上均得到进一步拓展。从空间维度看，长三角区域手机信令数据的使用使得大区域模型可以模拟上海与长三角 40 个地级市之间的出行需求、空间分布，以及大区域范围内与上海之间的通勤出行特征，这些为对外交通设施的规划建设提供了有力的支撑。从功能维度看，牌照识别数据、重货卫星定位数据的使用，使得道路交通模型增加了分车牌、分车种类型的 OD，这些为牌照限行评估分析、重型货车排放分析、高速公路收费政策评估等提供了重要支撑。

5.3 交通设施体系与空间关系协同

2013 版上海交通白皮书针对当时市域城市空间发展已经突破了既有总体规划的中心城—新城—新市镇的体系架构，上海与区域及周边城镇的空间关系日益呈现出“城市—区域”都市区化等特征，突出了对城乡空间布局的引导和支撑作用，提出了通过交通网络支持市域空间格局优化，处理好中心城周边地区的功能定位和交通发展模式，加强区域空间一体化协同发展等政策导向。伴随《上海市城市总体规划(2017—2035 年)》的颁布，长三角区域高质量一体化发展上升为国家战略，2013 版上海交通白皮书所提出的政策得以融入城市空间总体规划，在上位政策的支撑下得到了较好的实施和落实。结合手机信令、遥感、人口与经济普查以及综合交通调查等大数据就综合交通体系与城市空间功能的耦合关系进行量化分析，为客观评估市域空间单元、区域和都市圈空间单元的实际发展情况提供了重要依据。

5.3.1 市域城镇空间体系拓展与交通相关性分析

重点就“中心城周边地区”和“新城”两类空间单元展开研究。利用人口普查数据、经济普查数据以及历年的遥感测绘数据，分析建设用地的蔓延发展特征，识别常住人口和就业岗位的集聚情况。利用手机信令和交通模型分析不同功能区域的交通活动空间关系、职住关系，以客观评估上述单元空间关系发展的实际情况。

1. 用地、人口、岗位等关键要素的发展特征和变化

从用地情况看，依据遥感用地的追踪，上海市集中建成区自 1991 年以来范围稳步扩大。2013 年全市集中建成区面积 1 736 km^2，占上海市域面积的 26%。“十三五”期间，全市城市建设用地增速明显放缓，数据显示，全市建设用地增速已经下降至 20 km^2/年，中心城除浦东新区内外环之间以外，建筑量基本没有增长，建设用地增长主要在重点发展地区和新城。

从人口增长变化情况看(图 5-5)，对比第六次和第七次人口普查数据，中心城的人口小幅减少，近郊街道和新城的人口增长较快，增速达到 20%～25%。但从绝对增量的空间区域分布看，近郊街道依然高于新城，反映了交通设施、房价、公共服务配套等要素对人口空间分布的影响。从岗位增长变化情况看，中心城依然是全市岗位规模增量最大的区域，近郊区(主城片区、近郊城镇圈)无论在增速和增量上均要高于新城，特别是主城片区的岗位集聚度明显高于新城。从岗位的性质来看，中心城的服务性岗位占绝对主体，近郊主城片区工业和服务岗位比较均衡，新城则明显以工业性岗位为主。

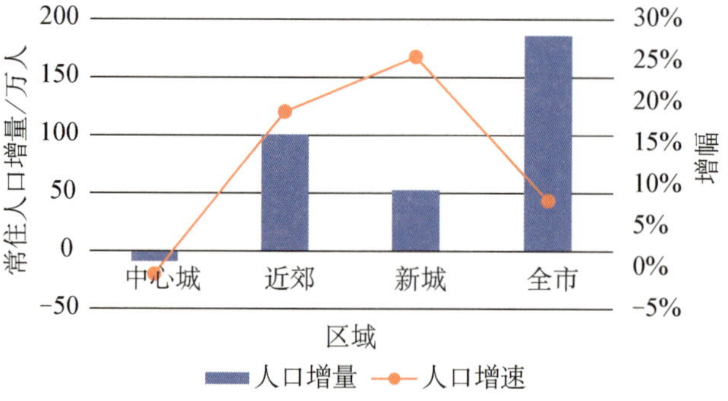

图 5-5　2020 年和 2010 年不同功能空间人口增长变化情况

从人口和岗位的能级上看(图 5-6),中心城仍是全市人口密度、岗位密度最高的区域,城市功能仍在持续增强;近郊区直接承接了中心城疏解或扩散功能,主城片区、提升型城镇圈在人口和岗位密度上并无明显差异,仅次于中心城,特别是吴淞地区、虹桥地区、闵行新城、川沙镇及外高桥地区的人口和就业岗位密度已经达到了中心城的水平;新城、核心镇虽然人口、岗位有所增长,但能级较弱,这与规划提出的多中心、组团发展设想仍有较大差距。

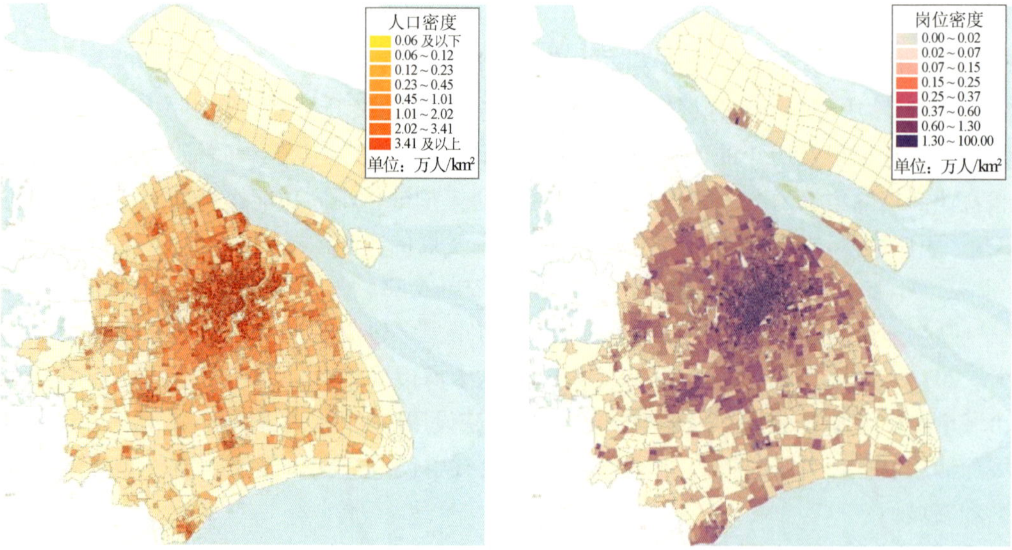

(a) 人口密度　　(b) 岗位密度

图 5-6　上海市域人口、岗位密度分布

2. 空间行为特征和空间关系的识别

1）中心城周边地区的出行空间特征

中心城周边地区是伴随交通设施、产业的外迁逐渐形成的。轨道交通建设拉大了中心城的空间尺度,因站点加密加剧城市建设向中心城近郊区集聚,加剧近郊区空间蔓延。结合居民出行调查数据、手机信令数据以及各类系统运行数据，分析中心城周边地区的居民的出行特征后发现，中心城周边地区的出行量由于人口岗位的快速增长而增至 1 500 万人次/日，增长超过 1 倍。出行主要以上下班/学等通勤为主，占到 75%。从分布上看，往返中心城比例最大，约占 67%，往返郊区方向仅占 33%。中心城周边地区的出行空间特征充分反映了其在城市功能体系中的重要地位。

2）新城交通出行空间分布特征

基于多源数据分析，五大新城现状出行总量合计约为 700 万人次，其中居民出行占 70%左右，吸引/流动人口产生的吸引占 30%左右。从空间分布看（图 5-7），以内部出行、区内其他城镇出行为主，对外联系的方向主要是中心城。从新城出行分布看，各新城内部出行比例在 51%～60%，松江新城内部出行比例最高，达到 59%，嘉定新城最低，为 51%；新城与区内其他城镇出行的比例为 25%左右，奉贤新城最高，为 30%，松江新城最低，为 23%；除此之外，新城对外联系最强的方向是中心城，比例在 6%～11%，嘉定新城与中心城联系最紧密，比例达到 11%，其余新城与中心城联系比例在 8%左右。新城与长三角其他城市、新城之间的联系较弱，新城与长三角其他城市联系仅为 1%左右，新城之间的联系在 1%～4%。

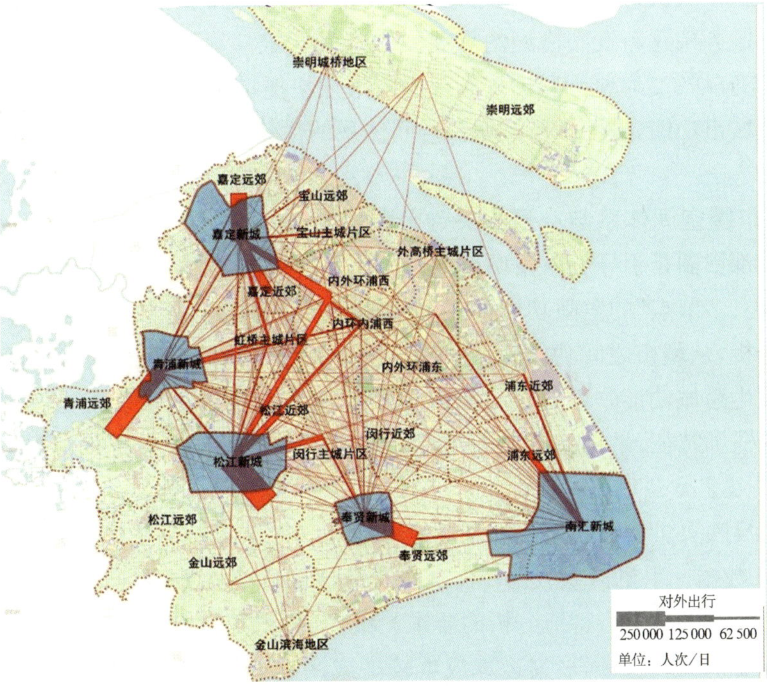

图 5-7 上海市新城出行分布期望线

基于手机数据对新城日间—夜间时段人口规模的监测，从职住关系上反映了新城城市功能的实际发展情况。不同新城间有较大差异，可大致划分为 3 类（图 5-8）：南汇新城白天人口超过夜间人口，大量的就业人口居住地在中心城，反映了其城市配套功能不健全，但产业功能的辐射吸引作用已经开始显现。监测数据显示，南汇新城平均通勤出行距离约为 14 km，平均通勤时间超过了中心城(42 min)。嘉定、奉贤新城的夜间人口明显超过白天人口，反映了其作为中心城"卧城"的特征。松江和青浦的情况相对较为平衡，体现了其城市功能的相对独立性。

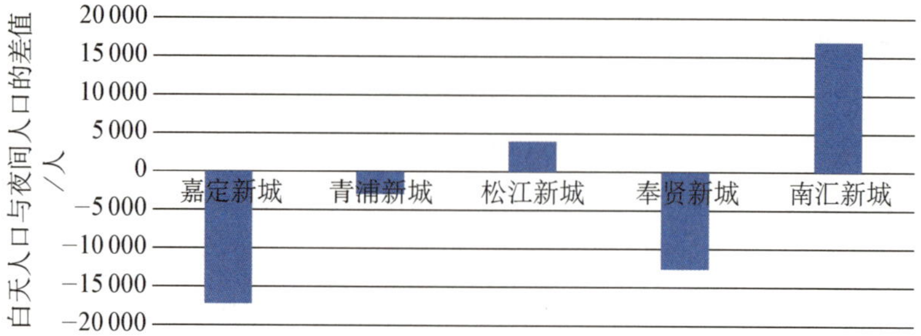

图 5-8　五大新城白天人口与夜间人口差异

综上所述，近郊区集聚效应明显，空间规划目标的实现面临较大挑战，人口疏解要与产业、交通、住房、公共服务等政策进一步统筹。"十四五"期间，上海把"五个新城"建设作为上海服务构建新发展格局的重要发力点和突破口，围绕产城融合、功能完备、职住平衡、生态宜居、交通便利和治理高效的要求加快抓推进、抓落实，有助于进一步提升新城的独立城市功能，进而为市域城镇空间体系的优化完善提供很好的支撑。

5.3.2　都市圈空间体系与交通相关性分析

上海大都市圈是引导长三角城市群一体化发展的重要载体，目前正在积极构建"多层次、多中心、多节点"的空间功能体系和结构。基于移动信息技术对长三角跨城市交通联系的分析，从城市之间功能联系入手认识上海都市圈的空间结构特征，解释巨型城市区域内发生跨城功能联系对空间结构的影响，并通过交通的联系强度，尤其是与上海联系紧密的通勤特征，量化上海都市圈的范围，为相关政策的制定提供依据。

1. 主要技术方法概述

目前在反映人员出行轨迹方面常用的移动互联数据包括手机信令数据，以及微信、高德等 App 数据。手机信令数据在样本的全面性和持续性方面具有优势，基站数据也可以满足跨区域人员出行特征分析的要求。微信、高德等 App 数据的位置点信息较手机信令数据更精准，但数据采集运算成本较高或用户群体有限。结合区域交通分析需求，形成以手机数据分析，专业客运及道路统计数据为主、载客人次和对外旅客问询为辅的调查方法，即通过手机基站定位信息获得人的出行轨迹，逻辑判断出居住地、工作地和日常活动驻留地，通过空间关系匹配，捕捉城际出行客流的空间分布特征，再结合客运和道路统计等数据对出行方式进行综合校核后获取相关信息(图 5-9)。

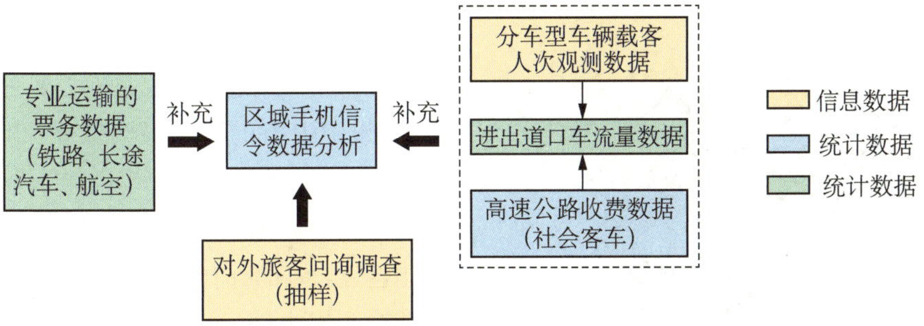

图 5-9　区域交通调查方法示意

2. 长三角区域空间联系圈层和范围的识别

伴随长三角城市间产业分工协作的推进，以及高速铁路、高速公路快速发展带来的区域出行便利化，大量商务、休闲、通勤客流往返于城际之间，城际间的出行需求日趋旺盛。总体来看，长三角区域的整体城市化水平仍在提升，传统城镇带均在推进以沿线中心城市为核心的都市圈建设，镇域城镇化也将进一步培育新的城镇发展轴。随着多层次轨道交通网络的建设，各城镇发展走廊的发展能级将进一步提升，资源在区域的配置将更加网络化。手机数据分析结果显示（图 5-10），长三角地区城际客流已经形成了上海大都市圈、省会城市圈，以及以苏、锡、常、甬等中心城市为核心的极化发展趋势。从客流走廊看，沪宁、沪杭通道的最强客流走廊格局依然稳固，沪通、宁波—舟山等次级走廊的联系也在逐步加强。

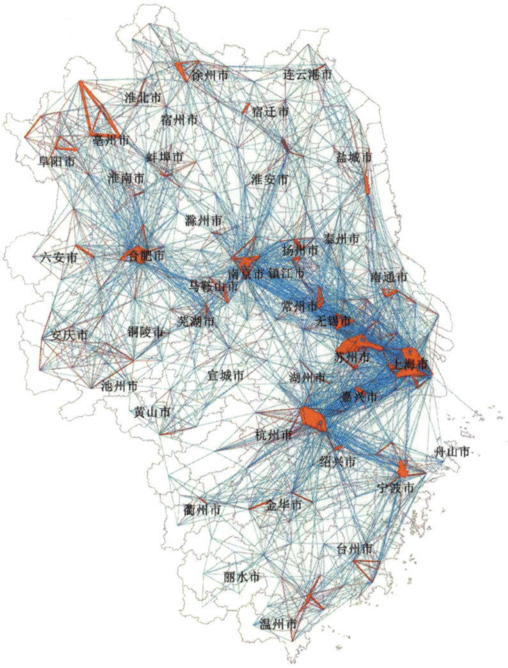

图 5-10　长三角客流区域出行分布

根据《上海市综合交通年度报告》，2019 年上海对外旅客到发量 4.19 亿人次，其中，铁路 23 147 万人次，航空 12 179 万人次，公路 6 334 万人次，港航 228 万人次。全市主要对外道口机动车日均交通量 60.6 万车次，其中高速公路道口机动车日均交通量 39.6 万车次。结合市境道口不同类型车辆的载客人次，估算社会客车对外旅客年发送量为 16 023 万人次。轨道交通 11 号线花桥段（兆丰路站、光明路站、花桥站）工作日进出站客流突破 6 万乘次。由此匡算出上海对外交通量约为 207 万人次/日，依据手机数据测算的空间关系特征，匡算出上海到长三角区域的出行规模约为 152 万人次/日，客流密度呈现圈层扩散和点状集聚的特征（图 5-11）。

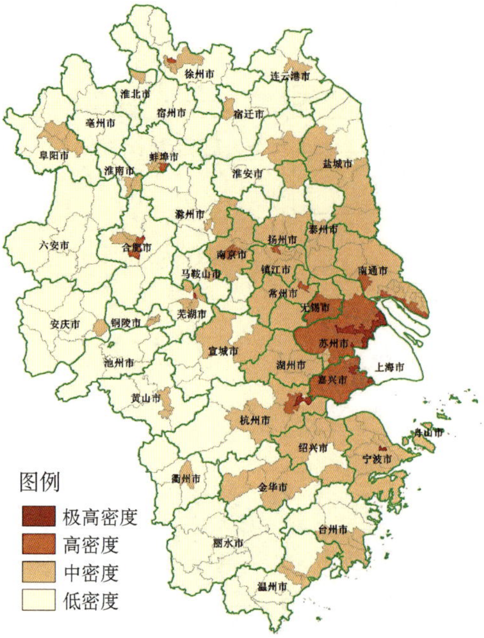

图 5-11　上海对外客流密度分布

3. 上海都市圈城际通勤需求特征分析

从上海与周边城市联系的强弱分布情况看，苏州与上海的联系最为紧密，上海与昆山、太仓的毗邻地区及苏州工业园、苏州市姑苏区已经呈同城化发展趋势。此外，北至南通市区、启东和海门的近沪地区，西南方向至杭州和嘉兴市区、海宁、桐乡、嘉善、平湖，已经形成了连片的上海对外客流紧密联系圈。相对而言，上海与浙江省毗邻地区交通联系反而较弱，主要集中于嘉善—枫泾地区。

根据对客流出行目的和时间的交叉分析，就通勤和非通勤（商务、休闲）等出行目的的空间特征进行细化分析。从规模上看，其中约 10%的上海对外客流是城际通勤需求，绝大部分城际出行仍为非通勤出行，反映了时空效应、经济成本等对通勤出行的约束。从空间分布和范围看，基于对不同出行目的的客流期望线分析，通勤客流主要分布在上海市境边界。进出上海两个方向均存在通勤出行行为，家住外省市到上海上班的流入客流量是家住上海到外省市上班的流出客流量的 1.4 倍，特别是上海西北部至苏州、太仓已经形成了比较明显的城际通勤廊带。非通勤客流的分布范围明显大于通勤客流，与上海临近的区域联系强度更为紧密，在目的地选择上，除郊区外，与中心城、海空枢纽的联系更为紧密，反映了上海核心城市功能对长三角区域的服务和辐射的重要作用。

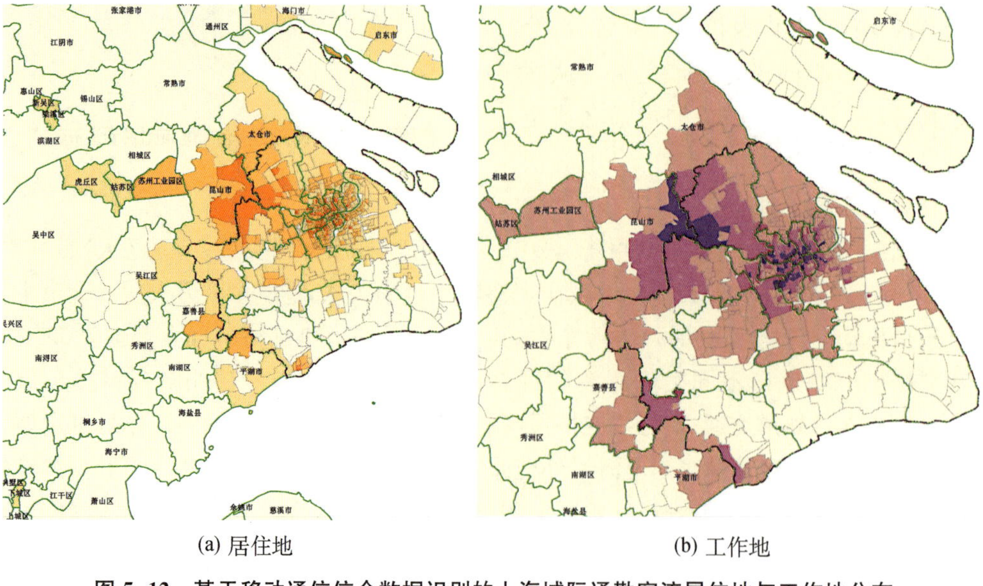

(a) 居住地　　(b) 工作地

图 5-12　基于移动通信信令数据识别的上海城际通勤客流居住地与工作地分布

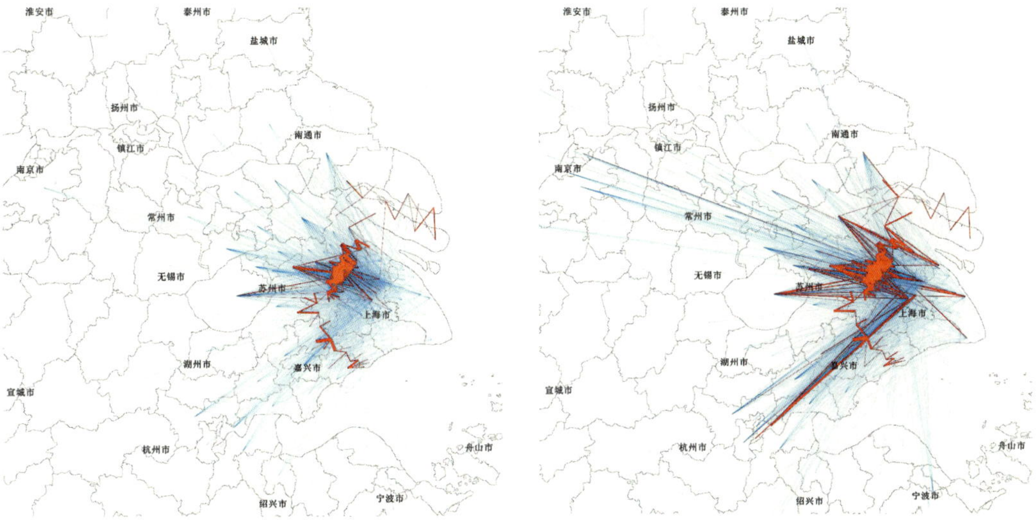

(a) 通勤交通　　(b) 非通勤交通

图 5-13　进出上海出行期望线

在现有交通设施支撑下，基于大数据识别出的上海大都市圈紧密通勤圈层的空间半径仅为 40～50 km，上海大都市圈出行量规模约为 105 万人次/日，这与相关城镇轴的工业化发展水平、社会文化、出行成本等因素密切相关。在未来上海大都市圈的交通基础设施的布局上，要充分考虑不同城镇走廊的发展能级和发展模式，以更好地促进区域一体化的发展进程。

5.4 交通运行服务与发展模式协同

自 2013 版上海交通白皮书颁布以来，随着综合交通体系的发展、市民生活水平的提升以及信息技术变革等因素的影响，公交主导的交通发展模式面临着诸多挑战，表现为轨道交通吸引力持续增加，个体机动交通方式的竞争力持续提升，地面公交的竞争力持续下降。此外，平台型出行服务范式也对传统出行服务模式和业态带来挑战。本节以小汽车、地面公交、平台出行三个业态为重点，依托大数据分析技术，就相关政策评估和问题分析中涉及的关键证据要素进行识别分析。

5.4.1 小汽车发展政策和道路交通拥堵治理

个体机动交通管理政策是交通白皮书最重要的政策之一。随着中心城路网的基本成型，以及轨道交通网络的基本建成，2013 版上海交通白皮书将小汽车方式的政策重点放在更加精准化的车路协同发展上，并出台了目标车速管理、拥堵状态识别以及车辆需求联动的动态调节机制。其中根据路网容量和车辆活动需求而进行的相关性量化分析成为政策和措施出台的重要证据。

1. 道路拥堵状态识别和容量目标设定

利用快速路线圈检测 5 min 间隔流量、车速数据拟合“流密速”关系，分析各快速路自由流车速、通行能力(图 5-14)，通过所获得的快速道路典型断面流量、速度的关联关系可以判断，上海快速路最大通行量对应的临界车速为 40 km/h(表 5-1)。以 40 km/h 作为快速路系统运行服务水平的监测阈值，相应的需求管理措施以此标准而触发启动。

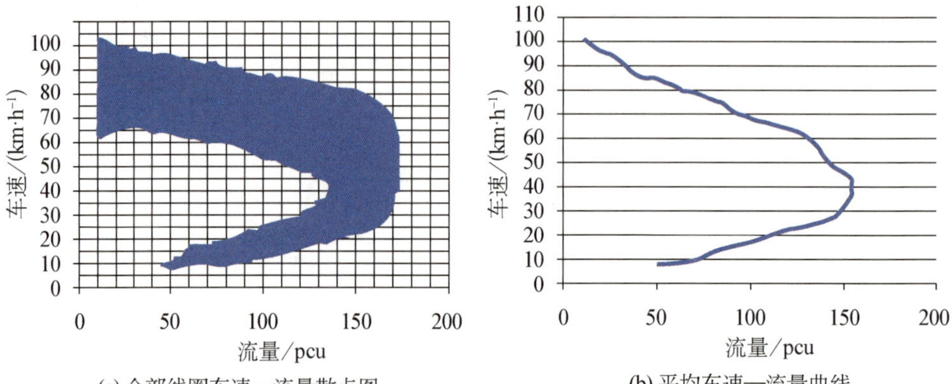

图 5-14 延安高架主线(三车道)流(量)—密(度)—速(度)分布

表 5-1 快速路交通流特征

高架道路断面	5 min 最大通行能力 /(pcu·h⁻¹·车道⁻¹)	单车道通行能力 /(pcu·h⁻¹·车道⁻¹)	自由流车速 /(km·h⁻¹)	临界车速 /(km·h⁻¹)
内环高架(2 车道)	149	1 800	80	39
南北高架(4 车道)	137	1 650	80	35
共和新路(3 车道)	151	1 800	80	40
延安高架(3 车道)	154	1 800	80	39
中环线(4 车道)	141	1 700	80	40
沪闵高架(3 车道)	142	1 700	80	41
逸仙高架(2 车道)	153	1 800	80	38

此外，车流密度也是影响路网通行效率的重要因素。一般而言，路网拥堵的空间分布非常不均衡，往往少数路段的拥堵成为制约全网通行能力的瓶颈点(图 5-15)。根据道路拥堵指数的数据积累发现，一般工作日早晚高峰的中心城快速路拥堵里程①占比仅为 6%～8%，其中早高峰为 8%，晚高峰略低。2019 年全年，仅有 6 天快速路高峰拥堵

① 指 7:00—9:00、17:00—19:00、车速低于 20 km/h 的拥堵路段里程占道路总里程的比例。

比例超过 15%，其中 4 天出现在工作日周一早高峰，1 天出现在 9 月第一个周五，还有 1 天是由重大活动交通管控引起，可以判断主要与交通量集聚有关。

2013 版上海交通白皮书中明确提出了“降低小客车使用强度以满足中心城日均 250 万辆小客车的使用需求”的目标，并将“快速路系统拥堵比例不超过 15%，以及高峰车速不低于 40 km/h”设定为快速路网拥堵水平的底线指标，以确保快速路系统发挥城市道路交通动脉功能。

通过路车平衡状态平衡监测以及多源数据的校核分析（图 5-15），实现了对道路承载能力的动态跟踪，从而实现对车辆通行管理政策的预判响应，并为未来的车牌额度政策、通行组织管理政策的制定提供直接的依据。

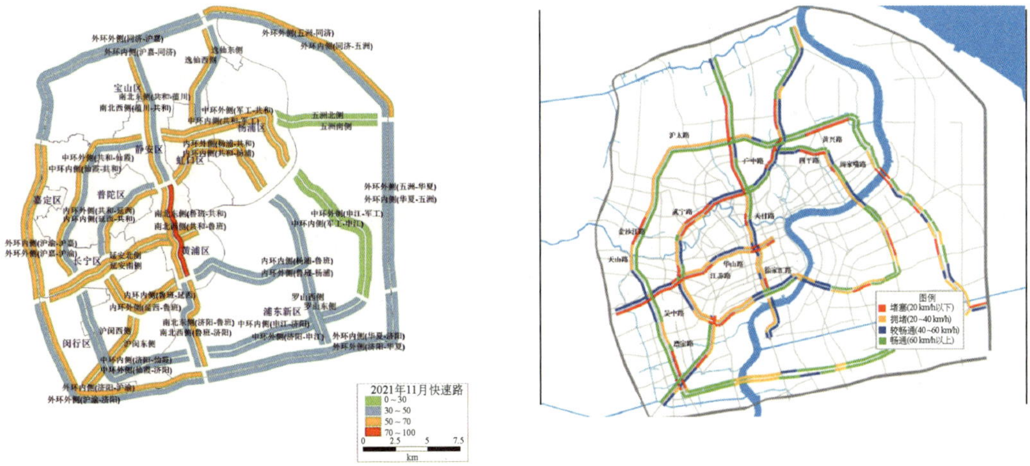

(a) 2021年11月快速路拥堵实测数据　　(b) 拥堵区段比例达15%时路网服务特征测算

图 5-15　路网拥堵分布分析

2. 面向交通需求管理的精准调节

交通需求管理涉及社会民生，不仅是需求和效率的理论调节，更面临对社会舆情影响的充分考虑，需要更加精准地识别。与拥堵收费等政策相比，除去停车政策外，基于道路资源公平性使用原则，对于外地号牌车辆的有序使用引导是在既有政策体系框架内开展需求调节的重要抓手。如何识别外地车辆的真实特征，区分常驻上海使用和临时访沪，把握规模以及使用人群特征及其影响，成为制定优化车辆管理政策的重要关注点。

通过在沪参保数据、进出对外道口的识别数据以及高架系统卡口数据等数据源，就外牌号牌车辆的在沪实际滞留时间和使用特征进行精准分析（表 5-2）。其中将一年中有超过 26 周（半年）出行记录的车辆视为常驻本市使用的外牌小客车，进而可将本市快速路通行的外牌车分为在沪参保且常驻使用、未在沪参保却常驻使用、非长期留沪三类。从具体的使用强度分布看，未在沪参保却常驻使用的外牌小客车使用强度特征与另两类不同，驶入高架道路的频次高，这一类车辆成为外牌小客车出行需求精准调控的对象。

表 5-2　　不同类型外地牌照车辆出行特征

特征	中位数（覆盖 50%出行特征）	覆盖 75%的记录	覆盖 90%的记录
在沪参保，常驻使用	每月有 4～5 天的出车记录，即每周 1 次	每月有 12 天的出车记录，即每周 2～3 次	每月有 18 天的出车记录，即每周 3～4 次
未在沪参保，常驻使用	每月有 9～10 天的出车记录，即每周 2 次	每月有 12 天的出车记录，即每周 2～3 次	每月有 18 天的出车记录，即每周 3～4 次
非长期留沪	每月有 1～2 天的出车记录	每月有 2 天的出车记录	每月有 4～5 天的出车记录

在一网统管、一网通办的城市大数据治理框架下，上海建设了城市运行系统道路交通管理子系统(IDPS)。该平台基于可计算路网技术，汇集了本市道路信号系统、卡口号牌识别系统、小区进出口号牌识别系统、道路高清视频数据，可以对本市的道路流量、车辆行驶强度、集中通行路径等道路运行信息进行采集。根据城市运行平台数据对研究区域一定时期内所识别出的外牌和沪牌车辆的出现天数进行统计分析，形成日均车辆出行频率结构(图 5-16)，反映出外牌小客车使用的临时性、非刚性特征更为明显，沪牌小客车出行更有规律性。在多源数据的支持下，该平台可以实现对外地号牌出行特征的精准把握，再通过交通模型实现对相关政策方案和情景的效果评估。

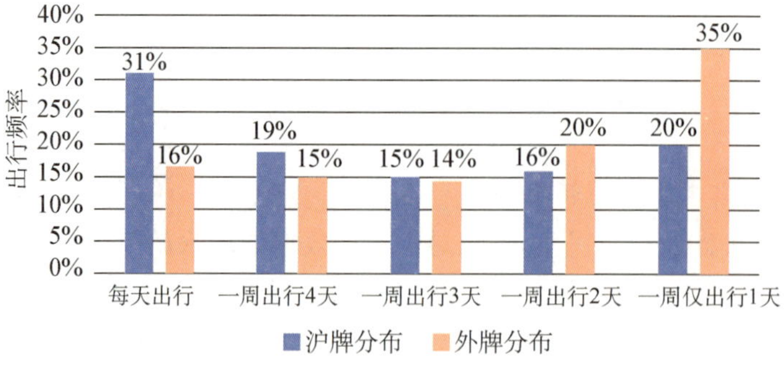

图 5-16　高峰时段使用的外地牌照及沪牌小客车出行频率

5.4.2　轨道交通成网背景下的常规公交功能转型

2013 版上海交通白皮书将两网融合(轨道交通网与常规公交网)和服务品质提升作为常规公交优化的主要政策导向，并在常规公交车辆更新、线网优化、配套设施建设、运营补贴等方面给予了较大政策支持。随着城市空间拓展和轨道交通网络建设，各种出行服务新业态的快速发展以及出行需求的变化，常规公交吸引力持续下降，功能定位也发生了结构性变化，并带来运营成本持续增长、财政补贴压力增大等挑战，既有发展模式已经难以支撑公交行业可持续发展的要求。以交通卡数据与公交车卫星定位数据的关联分析为抓手，能够更好地认识地面公交客流特征的变化，为地面公交功能转型背景下，线网优化、运营模式等政策导向提供依据。

1. 客流特征变化识别与功能转型

通过交通卡刷卡信息数据与公交车辆卫星定位数据的关联分析，以及交通卡在轨道交通进出站闸机和公交车辆 POS 机数据的关联性分析，详细识别常规公交在转型发展阶段所体现的功能特征。

1）常规公交服务空间分布特征

从公交刷卡信息的空间分布来看，中心城及新城区域呈现不同的功能特征（图 5-17）。目前，常规公交总体客流大幅度下降，并在外环线以内区域和外环线以外区域呈现不同的发展趋势。外环线以内区域轨道交通已经成网，轨道站点覆盖率高，常规公交客流大量转移至轨道交通，中心城范围常规公交承担的公共客运量比重低于 35%，常规公交已经完全由主体功能转向基础功能。在外环线以外区域，轨道交通主要承担新城、新市镇与中心城之间的快速联系的作用，在新城内部出行中，轨道交通尚未形成网络，在形态和功能上无法承担主体的作用。目前五大新城常规公交上客量占公共交通上客量的 60%～80%，常规公交将长期被定位为主体功能。

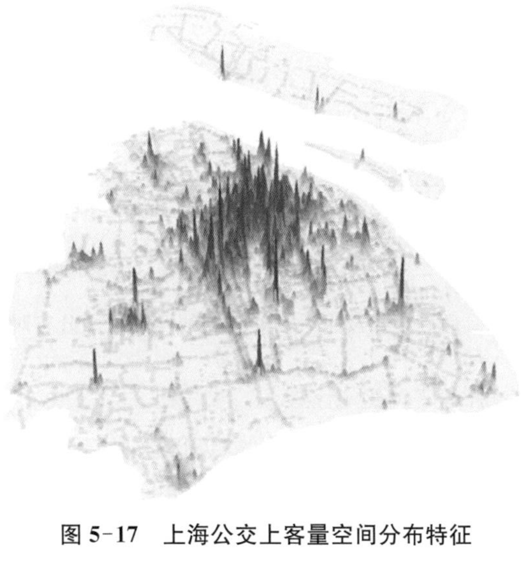

图 5-17　上海公交上客量空间分布特征

2）常规公交出行服务目的变化

从常规公交上客量所反映的时空信息对其出行服务目的进行推演，反映了常规公交作为一种基础型出行方式依然具备其他方式无法取代的作用，具体体现在以下几点：

（1）与轨道交通网络的接驳作用。与轨道交通的衔接换乘客运量约占常规公交日均客运量的 1/4，两者共同承担一次出行服务。特别是在轨道交通线路的放射线上，市郊衔接的轨道交通车站,通过常规公交线网的配合扩大了轨道交通的服务范围。

(2) 承担中短距离的机动化出行,弥补轨道交通的空白。常规公交在其 4/5 的日均客运量中仍是作为主方式承担一次出行服务。在长距离的出行服务方面,常规公交的吸引力显著低于轨道交通,但在中短出行距离上,常规公交相较轨道交通,具备更高的站点覆盖率、线网覆盖率以及更便利的可达性。从数据看,2019 年上海轨道交通平均乘距达到了 16 km,相比 2014 年延长了 69%。2019 年上海公交平均乘距为 7.2 km,公交 63%的客流乘车距离在 6 km 以内。

(3) 出行目的的多样性。依据对公交卡刷卡信息时间数据的跟踪,根据不同类型常规公交线路客流的时间分布特征判断公交线路的服务功能。在客流走廊上的长距离常规公交线路以通勤特征为主,以放射性通道上的 770 路为例,早晚高峰特征明显,早高峰时段在 8:00—9:00,晚高峰时段在 17:00—18:00,早高峰系数约 12%,晚高峰系数约 11%。而在中心区内的线路服务生活出行功能明显,例如公交 20 路,早高峰系数要低于放射性线路,并且无晚高峰特征(图 5-18)。

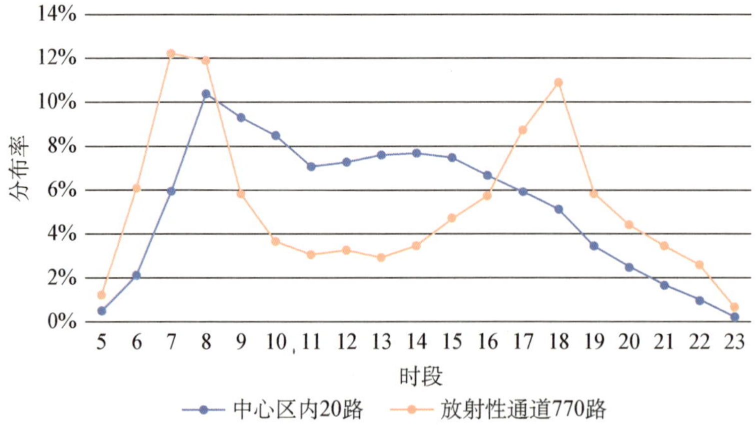

图 5-18　通勤功能及生活功能公交线路的时间分布对比图

2. 服务效率特征识别与线网运营模式

利用对交通卡刷卡数据与车辆卫星定位数据的关联性分析,可获得走廊上公交客流的上下客车站 OD,进而获得更加详细的连续断面的公交客流量,通道能力利用效率、车辆运能的利用效率等数据。这为更好地评价地面公交线网布局和运营组织模式提供了便利,在公交客流走廊能级持续下降的背景下,迫切需要对传统运营组织模式进行优化和创新。

1) 公交客流走廊能级及分布特征

依据对客流走廊公交站间 OD 的特征分析,轨道交通线网的布局已经对公交客流走廊能级及分布特征产生了深刻的影响。有轨道交通覆盖的通道上,大部分平行的传统公交线路客运量呈现明显下降态势,例如中山南路走廊、肇嘉浜路走廊、西藏路走廊等;部分客流需求较大的走廊,轨道交通运能虽满负荷运行仍不能满足需求,但公交的客运量依然强劲,例如沪闵路通道;在尚无轨道交通服务的放射性通道上,是新兴的客流走廊,例如龙吴路走廊、上南路走廊、沪南路走廊等,主要的客流断面分布在内外环线之间的区段上。

2) 公交客流走廊运行效率分析[4-5]

依据通道断面客流量数据对客流通道的运送效率进行分析。例如,上海在东西向走廊延安路上开通的 71 路公交线路,全长约 17.5 km,设站 25 组,平均站距 730 m,采用路中式公交专用道,布设岛式站台。运营模式采取"全程(延安东路外滩—申昆路枢纽站)+区间线(黄陂北路—申昆路枢纽站)"模式。为配合 71 路线路开通,对沿线公交线路进行了大范围的优化调整。数据分析显示,71 路开通后公交车速大幅度提升,早高峰运送车速西向东达 16.6 km/h,相比开通前的公交专用道车速提高了 17%;东向西可达 18.4 km/h,相比开通前的公交专用道提高了 14%。但是,通道上高峰时段两个方向的客流量具有较大的不均衡性,早高峰西向东入城方向最大断面客流约 3 700 人次/h,反方向高峰最高断面客流仅 1 400 人次/h。并且,相比公交专用道的设计标准而言,最高 3 700 人次/h 的断面客运量通道能力未能得到充分利用(图 5-19)。

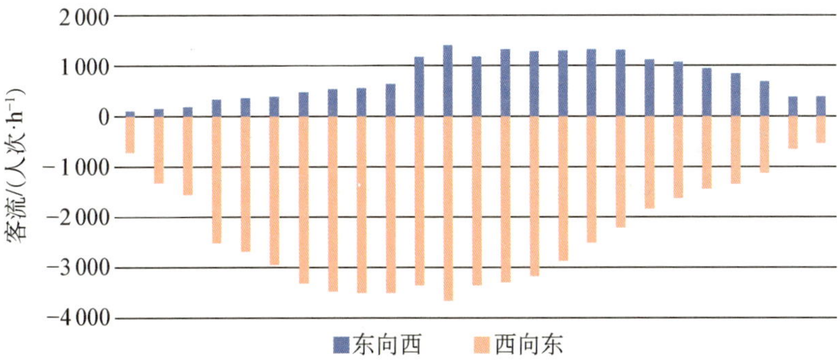

图 5-19 上海市 71 路公交线路早高峰断面客运量分布

3) 线路总体客运效率评估分析

依据载客周转量及车辆行车公里数据对比分析,获得公交线路总体客运效率。2019 年地面公交每车日均载客人数 314 人,相比 2014 年下降了 30%。2020 年之后这一指标继续呈现下降趋势。从运能的利用效率来看,2019 年地面公交车辆平均运能的利用效率仅为 25%,其中约有 320 条地面公交线路车辆运能利用率仅为 10%。公交运营组织模式陷入了保障服务水平与保障运行效率之间的矛盾。

上述公交运行服务数据,为未来公交线网布局和运营模式的优化提供了依据。首先,应依据区域客流特征的差异,实行差异化的策略。在中心城范围进一步强调公交便捷性和灵活性的特征,维持多样性的地面公交出行服务。在新城及新市镇范围,在内部仍然需要布设多层次的公交线网，继续增大新城区域公交线网密度、提高站点覆盖率，并做好与轨道交通车站的衔接。第二，充分考虑公交走廊的客流能级变化，慎重发展单线模式的有轨电车及 BRT，以提升通道能力的总体利用效率为原则，探索实行通道式运营组织模式。在公交需求持续下降的低客流密度地区，迫切探索创新公交运营组织模式，充分利用移动互联网等技术，提高公交供给与需求的适配性。

3. 公交运行成本识别与补贴机制

在无信息化数据的支撑下，政府对企业的成本规制和服务质量考核较为笼统，因此补贴方法只能以谈判式总量补贴为主，企业面临的考核压力较小，对于提升服务质量和运营效率缺少动力。例如，在郊区新发展地区及大型居住区等轨道交通不发达地区布设的公交服务，仅实现了基本线路的通达性要求，发车班次较少，发车间隔时间长，尚不能满足出行便捷性要求。在已有轨道交通服务的通道上，长距离公交线路依然存在，造成运能的重复投入。随着新能源公交车辆更新、信息化智能化电子站牌建设以及行业大数据监管平台的建设，公交行业运营管理和监管技术手段逐渐数字化转型升级。利用大数据可详细掌握公交的运营成本和票务收入，为公交成本监管、运营服务考核、补贴方法改革，以及票价票制改革提供了支撑。未来，可按照乘车距离、乘车区域、乘车时段等制定多样化票价制度；为避免追求高服务质量而忽视了运行成本，或追求低成本而无法保障服务水平的矛盾，从服务质量和运营效率两个方面对企业进行综合考核和补贴机制创新。

5.4.3 平台经济发展与服务范式转型

2013 版上海交通白皮书颁布时，平台出行服务刚刚起步，相关政策还停留在利用平台实现出行服务信息化水平提升的范畴。随着资本的大规模介入，共享单车、网约车等平台型交通服务纷纷兴起，在增加了出行服务选择的多样性、提升出行服务体验的同时，也带来对传统业态转型，以及整体交通服务范式转型等方面的思考，需要在未来的政策设计中进行回应。平台出行服务自身拥有全样本的出行特征数据，这为更好地理解其服务属性的本质和影响提供了便利。

1. 平台出行服务特征和多样性的识别

上海的共享单车发展最早始于 2016 年 4 月，经历了初期的扩张型发展，以及政府管理部门对单车无序投放的治理，整体行业发展回归理性规范，共享单车信息管理平台的建立，也为客观评估共享单车的骑行特征奠定了基础。依据平台数据(图 5-20)，共享单车骑行距离平均为 2.2 km 左右，工作日骑行距离略高于双休日，骑行目的以接驳和短途为主，主要使用空间为中心城，活跃车辆的单车周转率为 4～5 次/日，高于有桩自行车 3.3 次/日的使用频率。上述特征充分体现了共享单车短途出行以及其他方式辅助衔接的功能定位，符合政策导向。共享单车的问题在于停放端的无序以及其潮汐使用特征带来的对调度组织的刚性需求，进而为后续相关管理政策的出台明确了依据。

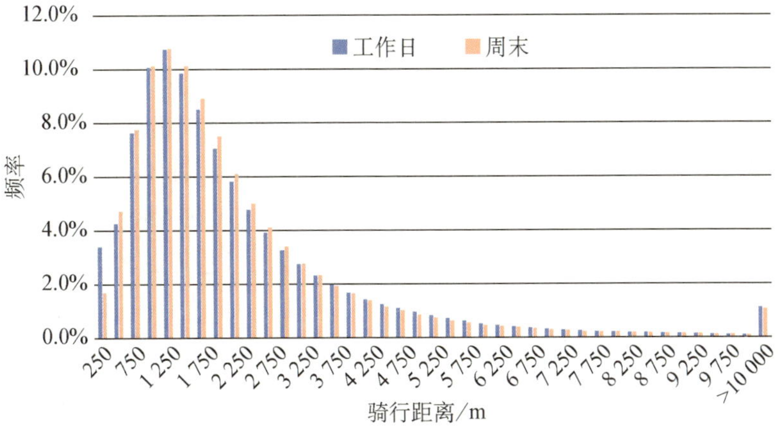

图 5-20　共享单车骑行距离分布

2017 年，上海建立了网约车公共信息平台并接入企业数据，平台正常开始运行后即通过一周工作日的订单数据开展网约车的市场定位分析。网约车服务包含专车、快车、拼车等多种业态，并在价格定位上采用不同策略。对订单数据的分析表明，50 元以下的网约车订单中，价格主要集中于 10～20 元。据此判断，当时网约车并非全是提供优于巡游出租车的服务，而是提供更多灵活、多样的出租车服务选择。按照折算里程（每 3 min 按 1 km 计算）计算一周网约车订单单价，并对所有订单的单价进行均值聚类分析，得到网约车的订单结构和市场业态分布（图 5-21）。初步可以认为，类别Ⅰ是较高端的行政商务类专车订单；类别Ⅱ是入门级的快车订单；类别Ⅲ介于前两类之间，是价格较高的网约车订单，可能是舒适型的专车，或者是一部分高峰时段或长距离的快车。

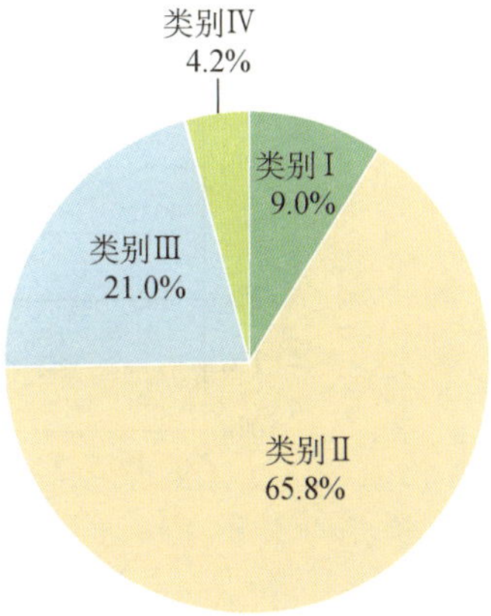

图 5-21　网约车多样性服务业态结构

上海从 2013 年开始以新能源车、固定站点方式开展分时租赁汽车服务，客户规模持续拓展，功能特征逐步显现[6]。根据 EVDATA 提供的相关数据（2017 年 1—6 月），结合综合交通模型与其他交通方式出行特征数据的比较，汽车分时租赁已经显示出与传统汽车租赁、出租车、私家车等出行方式的差异，具体体现在以下几个方面：

（1）随着运营车辆和网点的数量快速增长，分时租赁网络的便利性不断提高，EVCARD 车辆平均周转率上升到 4 次/日，高于社会小客车 2.2 次/日的水平，显示出一定的共享特征。

（2）分时租赁单次出行距离约为 20 km/次，长于上海社会小客车的单次 14.5 km 的出行距离。究其原因，社会小客车出行中存在 20%左右为 5 km 以内的短距离出行，而分时租赁的定价机制和借还车便利性决定了用户基本是有计划的长距离出行。

(3) 差异化的出行目的和时间选择。分时租赁出行有相对平缓的早晚高峰特征。工作日 7:00—8:00 和 17:00—18:00 是全天出行比例的最高峰,但高峰出行集中程度弱于社会车辆,通勤时间过后的 9:00—10:00 成为工作日全天最低点,其他时段维持较高的出行比例,18 时以后出行比例持续下降并一直持续到次日 4:00—5:00。周末的订单需求高于工作日,全天出现 9:00—10:00 和 13:00—14:00 两个用车高峰。总体来看,分时租赁的通勤比重相对较低,为休闲、购物、娱乐、接送等各种弹性出行提供了出行选择。

(4) 以有驾车倾向的年轻群体为主要受众。目前分时租赁的用户群体以年轻人为主,他们乐于尝试新鲜事物。针对 EVCARD 用户进行的相关调查研究显示,30 岁以下占 87%,代表着社会的新生力量;48.21%的人群有私家车,且仅有 12.5%的人群不想购车,其余人群均有购车意愿;87%的人群拥有驾照,12%愿意考驾照,说明绝大多数的参与调查者希望具备自己驾车的能力。

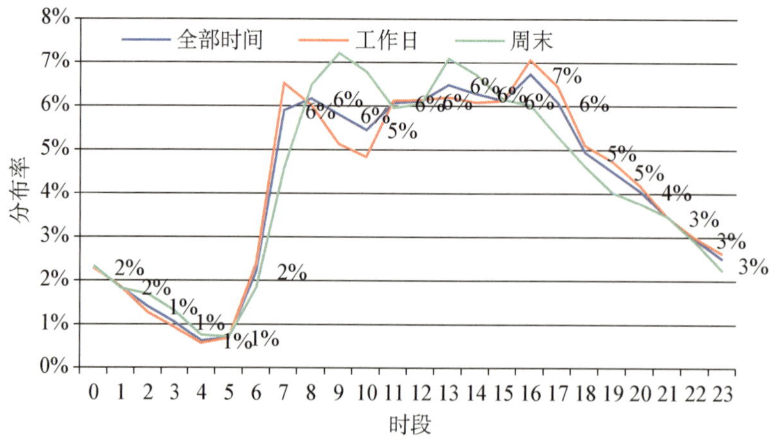

图 5-22　上海市新能源汽车分时租赁出行时间分布

2. 平台出行服务与传统服务范式的关系

平台出行服务与传统出行服务确实在服务体验、服务多样性等方面有较大的差别,但就其运营行为与传统业态的关系研判,是制定和优化政策设计的重要考虑因素。以下以出租车、共享单车管理政策为例,就平台出行服务与传统服务的关系进行分析。

网约车初衷是通过差异化服务、可预约机制、拼车模式创新、聚合服务等巡游出租车业态暂无法提供的运营组织模式差异化发展。大量资本的注入,使得网约车迅速培育起出行服务需求。数据分析表明,网约车与巡游出租车的竞争空间日益重合,网约车的运营也更加专职化(表 5-3)。从单车运营特征来看,巡游出租车日均运营里程、载客里程及载客车次均呈下降趋势。巡游出租车单车日均载客车次从 2015 年的 30 次下降到 2019 年的 21 次,2021 年 6 月已经下降到 15 次。单车日均行驶里程从 2015 年的

220 km 下降到 2021 年的 163 km。网约车单车日均载客车次、载客距离均有所提高，单车日均载客车次从 2017 年的 12 次增加到 2019 年的 13 次，2020 年受疫情影响后出现较快恢复，2021 年上半年已恢复至 2019 年水平。单车日均行驶里程已经从 2017 年的 63 km，增长到 2021 年的 115 km，增长了约 82.5%。据此推算虽然强度略低于巡游出租车，但性质已经属于专职工作，这与网约车初期设定的共享出行定位已经大相径庭。

表 5-3　　巡游与网约出租车单车工作强度

工作量	巡游车			网约车	
	2015 年	2017 年	2019 年	2017 年	2019 年
日均运营里程/[km·(车·日)$^{-1}$]	341	334	329	—	—
日均载客里程/[km·(车·日)$^{-1}$]	220	213	203	63	101
日均载客车次/[车次·(车·日)$^{-1}$]	30	25	21	12	13
运距/km	7.3	8.6	9.6	5.3	8.1

对比共享单车和共享汽车(分时租赁)两种业态的发展历程，有助于理解其与传统业态的差异。共享单车和共享汽车(分时租赁)均为社会资本主导的重资产模式，相对而言，共享单车对资本的需求相对较小，过量投放对道路公共空间资源的外部负效应可以通过共治模式得到平衡，并可以保持较好的便利性，因此在经历了早期的无序后，充分融入了综合交通体系，已经成为交通出行链的重要组成部分。但与传统有桩自行车相比，平台出行服务的运力投向明显地趋向市场竞争，而非空间均衡或社会公共需求保障。

与共享单车相比，共享汽车(分时租赁)虽然对道路公共空间资源的外部负效应较小(机动车通行和停放规则体系更加规范)，但运力投放、网点布局以及运维成本等因素显然对分时租赁这种商业模式带来了较大挑战。调查显示，分时租赁用户接受度较高的网点与所处位置距离在 1 km 内，当网点距离超过 2 km 时，接受度明显下降(图 5-23)。

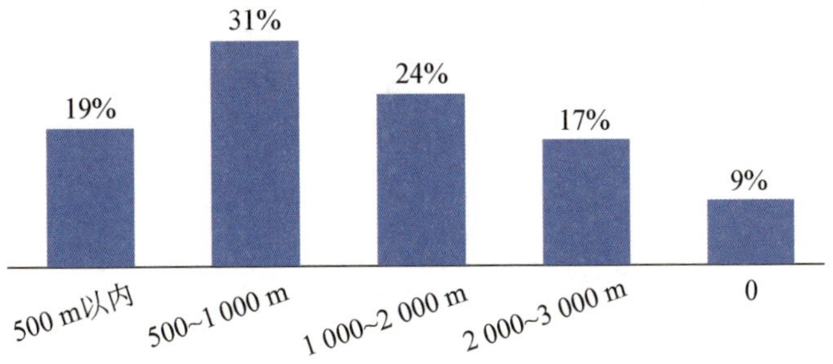

图 5-23　分时租赁用户距网点距离

综上分析可知，平台出行服务确实增加了交通服务的多样性，为出行提供了更好的体验，但并未改变交通出行服务业态的本质属性，即仍属于利用公共设施资源，以运输和位移功能为核心的劳动力资源配置和服务业。客观上均受到交通时空资源、出行成本、公共政策等因素的影响和约束，与服务品质和体验相对应的政策和规制优化才是未来政策优化的关注重点。

5.5 交通负外部性影响控制与可持续发展

为响应“力争于 2030 年前碳排放达到峰值，努力争取 2060 年前实现碳中和”的要求，量化评估交通活动与环境、能源的相关性，成为决策支持的重要任务。

5.5.1 交通污染物排放环境影响治理

基于大数据获取的机动车行驶数据，实现了机动车排放模型从中宏观模拟计算向短期排放特征实时测算和效果评估的能力提升，也为环境影响预评估和具体政策绩效评估创造了条件。

1. 机动车交通排放模型的构建与中宏观环境效益预评估[7]

机动车交通排放对环境污染的情况评估及减排政策研究是交通和环境治理共同关注的内容，它需要一整套量化技术支撑。上海市采用交通研究机构和环境研究机构合作开发的模式，从交通和环保双方的共同需求出发，共同开展机动车交通排放模型构建、验证和应用工作，并应用于上海市机动车排放清单制定和各类交通政策的减排效果评估中。

1）多源数据参与排放模型标定

上海机动车交通排放模型基于中观 IVE 模型构建，采用“自下而上”的模式，其重点工作是模型参数的本地化和基于排放清单需求的交通模型深化研究两个方面。

首先是微观层面的模型参数的本地化，旨在实现交通流参数与排放参数的融合。

（1）车辆结构的本地化。交通模型的输出结果中有车型划分，但根据排放研究的要求，还需要对排放标准、使用年限、燃油类型等进行细化。上海市的外牌车辆众多，车辆细化时同时关注本、外地车辆的情况。在实践中，利用卡口数据对区域通过车辆构成进行检测，运用本地注册车辆数据库对沪牌车辆进行细化，对接交通强制险数据对常驻上海的外牌小客车进行关联。

（2）运行工况的本地化。借助车载卫星定位数据对机动车运行工况的采集能力，分快速路、主干路、次干路和支路四种类型对机动车运行工况进行调查，构建分类道路平均行程车速与机动车运行工况的关系。IVE 模型利用 VSP 和 ES 两个参数，将车辆运行工况划分为 60 个 bin 单元，基于不同行程车速状态的运行工况在 60 个 bin 单元中的不同分布结构，开展每个 bin 单元对排放因子的系数校正，和车辆运行工况对排放因子整体系数的校正。

(3) 排放因子的本地化。因仅靠一个城市难以实现排放因子库的构建，目前主要应用国家排放因子与本地车载尾气检测实验相结合的方式，通过获得实验数据，对重点车型(如公共汽车、出租汽车等)进行实验，基于实验数据开展分析研究，对国家排放因子库的部分因子进行修正。

(4) 其他参数的本地化。主要包括温度和湿度环境、燃油品质等数据，这些数据参数可以通过公开资料查询得到。

其次，是中观层面基于排放清单需求的交通模型深化研究。中观层面排放清单关注机动车在每条道路上的行驶规律，由基于工况的机动车排放因子计算模式模拟机动车排放。在实践中，由交通模型输出早、晚高峰和平峰的交通数据，形成 3 个时段的出行产生、出行吸引、方式划分和交通分配的数据，以及 3 个时段相应的交通流特征，包含车速、车种等；利用大量线圈数据、收费数据对区域点位的道路流量进行校验和细化；利用海量在线的出租车轨迹数据，获取道路动态车速；利用线圈流量时段系数细化形成全天 48 个时段的数据等。中观排放清单可深入研究城市交通系统对机动车排放的影响，可支持交通相关决策，同时也可为分辨率相匹配的城市空气质量模型提供基础数据。目前，基于多源动态数据支撑的上海市机动车交通排放模型已将计算结果细化到全天 48 个时段，全网 9 万条路段，计算 9 种车型、4 种主要污染物的排放情况。

2) 政策减排效果的整体评估

上海市机动车交通排放模型为白皮书相关具体环境政策的减排效果提供了有效的工具。测算显示机动车是本市交通移动源的主要来源之一，在机动车保有量持续增长的背景下，通过全面淘汰黄标车，提前淘汰更新老旧车、高污染车，以及更加严格的环保限行政策，可以实现本市机动车污染物排放量的明显下降。同时，机动车交通模型也支撑了对相关政策效果的预评估，例如在上海市高污染车辆限行政策的减排效果预评估中，其中一项内容是对 10 年以上国Ⅲ柴油车中环以内全面限行政策的减排效果预评估。目前，上海市已经实施国Ⅲ柴油货运车 19 h 限行，还需要研究对 10 年以上的国Ⅲ柴油货运车实施全天限行的减排效果。评估工作需要首先研究货运交通活动量的时空分布变化，再研究运输车辆的技术结构变化，进而进行减排量测算。经模型测算，该政策预计可以减少上海市中环以内机动车细颗粒物($PM_{2.5}$)年排放量 100 t，占区域机动车交通排放总量的 5%，减少中环以内 NO_x 年排放量 800 t，占区域机动车交通排放总量的 6%。

2. 重点车辆环境影响精准识别和政策效果后评估[8]

目前约占汽车保有量 3.7%的中、重型货车，排放了 79.0%的 NO_x 和 59.6%的 PM。由于活动规律和交通管制等原因，12 t 以上重型货车出行特征与其他车型相比，在出行时间、通行空间及出行目的等多方面存在诸多差异，需要利用大数据资源来支持分析模型。

1）框架设计与校核

重型货车的污染物排放采用“自下而上”的测算框架，即 30 s 车辆轨迹数据分析、市域全网 30 min 的动态交通流、1 km 网格 30 min 动态排放清单测算的“三步骤”框架。其中，重货车的动态交通流测算依托于 20 亿数据量级重型货车轨迹的实时数据环境，通过整合 GIS 技术、大数据技术、机器学习等，集成了单车行驶路径动态识别和基于 420 处校核线的交通流在线校正能力。

离线状态的数据检验，基本验证了校核线的流量拟合效果，及非校核区路段流量的高精度识别能力。

2）重型货车的活动特征

（1）规模与结构特征。市域内活动的重型货车由 3.4 万辆沪牌集装箱车、3.6 万辆沪牌普通货车以及 3.6 万辆外牌重型货车构成。日行驶总里程约 1 428 万 km。行驶总里程中本地车辆占 73%，外地车辆占 27%。国四、国五标准车辆为使用主体，外地车辆以国五标准车辆为主；国三标准车辆的行驶里程占 7%（本地车辆 6%、外地车辆 1%），国六标准车辆的使用比例不足 2%。按照生态环境部《关于实施重型柴油车国六排放标准有关事宜的公告》的要求，国六标准车辆的使用比例将逐渐提高。

（2）时空分布维度的特征（图 5-24）。集装箱车辆的通行走廊以 G1503、G15、S20 为主，连接江苏、浙江、外高桥、临港等运输需求密集区；重型普通货车的通行走廊主要以 G15、S20、S32 为主，连接空港物流、外高桥、嘉定、青浦等主要区域。集卡车在浦东外高

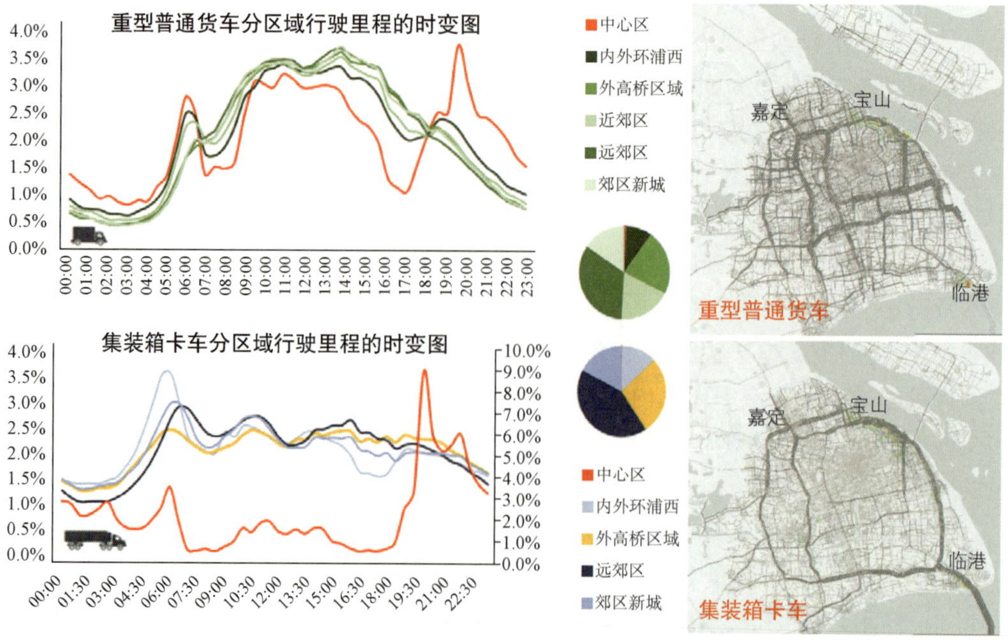

图 5-24　重型货车行驶里程的分时分布和通道分布

桥地区、宝山、临港、嘉定的通行需求高，国四标准车辆使用比例高于国五标准车辆；外高桥地区、临港地区、嘉定 G15 入城地区和青浦郊区是国三标准车辆活动密集地区。区域内行驶车辆的排放技术标准与区域及时段无关，仅与运输需求、限行政策有关。

3）重型货车污染治理政策的精细化

根据管理部门对于政策评估的需求，未来根据实际需要，还需要进一步加强与扩散模型的协同，研究不同的气象方案，将减排效果评价进一步拓展到空气质量影响评价。

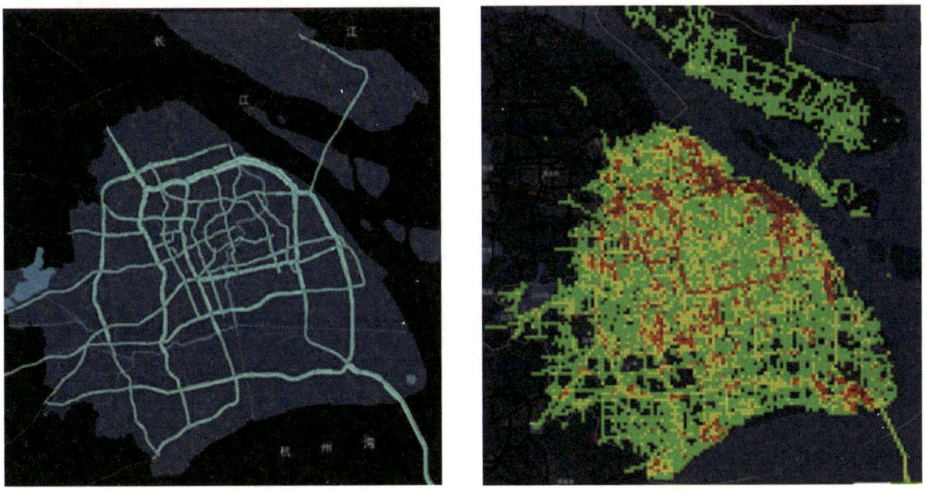

(a) 重型货车交通流分布　　(b) 重型货车污染物排放分布

图 5-25　重型车交通流及污染物排放分布

5.5.2　交通领域碳排放影响治理[9]

交通领域作为能源消耗和碳排放的重要领域，在城镇化、机动化尚未充分完成的背景下推进双碳目标的实现，需要坚持能源结构调整和绿色出行体系建设并重的结构性减碳策略。

1. 碳排放规模的测算

依据《2006 年 IPCC 国家温室气体清单指南》，温室气体主要的排放源来自能源、工业生产过程，农业、土地利用变化和林业及废弃物，通用的碳排放计算方法为：排放量等于活动水平和排放因子的乘积。国内能耗统计是基于以独立法人企业为基础的行业划分，因此国内的交通能耗统计中仅包含交通运营企业的能耗，但分散在工业、建筑、服务、居民消费等领域中非运营车辆交通能耗未被纳入交通能耗统计口径。由于很难获得全口径交通领域能源消耗数据，考虑能源数据的可获取性，按运营交通和非运营交通进行分类测算。运营交通使用行业能耗统计数据直接测算（包含国际海运和航空）；非营运交通碳排放则以基于综合交通模型、调查及大数据资源等渠道获取的活动量和单位能效数据为基础进行测算，以弥补能耗统计渠道不健全的问题。例如，社会客车的碳排放测算就是基于交通活动量以及能源结构对应的碳排放系数进行的测算。

2. 碳减排效益与活动行为的关联性影响

交通能源结构转型，对提升能源利用效率和降低碳排放具有显著的促进作用。随着能耗利用效率的进一步提升，以及电力清洁化带来的碳排放因子的进一步下降，其碳减排效益仍有进一步提升的空间。在机动化水平持续增长的背景下，能源结构电动化尤其是私人交通工具电动化，可以快速降低碳排放主体交通方式的碳排放水平，加速碳排放增速拐点的出现，但具体的时效仍取决于电动化的渗透比例和速度。

基于统计和实测数据分析交通工具角度的减排效率，即使考虑电力发电侧的间接排放影响，交通工具的车均碳排放强度仍下降 40%～60%，减排效益非常明显。从客运组织角度出发，由于公共交通的载客量大，可以大大降低人均能耗，再叠加电动化转型带来的碳排放因子的下降，可以显著降低人均二氧化碳排放量。2019 年，公共汽车和出租汽车的电动化转型渗透率已经有了显著的提高，公共交通相对小客车平均排放强度降低 60%～70%（表 5-4）。但如果客运组织效率不高，也会降低碳减排效益，出租汽车相对小客车排放强度较高的原因主要是存在空驶情况。

表 5-4　2019 年城市客运主要交通方式的 CO_2 排放强度

交通方式	车均 CO_2 排放量/(10^{-4} t·km^{-1}·辆$^{-1}$)		减排效益/%	人均 CO_2 排放量/(10^{-4} t·km^{-1}·人$^{-1}$)	相对小客车减排率/%
	电力	燃油			
小客车	1.05	1.74	40	1.21	
出租汽车	1.00	2.61	62	2.07	−71
公共汽车	4.70	8.65	46	0.48	60
轨道交通	18.08			0.33	73

但能源结构调整在降低碳排放强度的同时，也对车辆使用行为变化产生了影响。第六次上海综合交通调查结果显示，私人小客车出行强度呈现持续下降态势，2019 年私人小客车平均出行强度已下降至 25 km/d。相比之下 EVDATA 采集的 2019 年出行数据抽样结果显示，纯电动小客车的平均出行强度为 33 km/d，高于燃油车平均值。较低的使用成本可能是其使用强度增加的原因，燃油小客车百公里行驶成本是纯电动小客车的 6.5～13 倍，是造成使用行为变化的原因之一。

随着新能源车辆从示范推广阶段逐步向普及阶段过渡，必须加强产业政策与交通领域公共政策的统筹。新能源小客车有效降低了对环境的负面影响，但其交通功能属性、使用特征与燃油小客车没有本质区别，均为个体机动交通范畴。目前新能源小客车仍处于产业化推广阶段，支撑其产业发展的交通配套政策已经部分突破了公交优先、需求管理的城市交通发展总体战略要求，加上新能源车在通行、使用成本、智能网联等方面的优势，对路网和停车均带来了较大的增量影响。在道路、停车资源总体受限的情况下，需要加强新能源车和传统燃油车在发展、使用政策上的统筹衔接，在路车供求矛盾常态化紧张的大背景下，电动化带来的使用成本优势对出行行为的影响将逐步向以路权保障、停放衔接等为核心价值的综合成本回归。

参考文献

[1] 上海市城乡建设和交通发展研究院. 上海综合交通模型体系二期总报告[R]. 上海：上海市城乡建设和交通发展研究院，2011.

[2] 上海市城乡建设和交通发展研究院. 基于多源数据的综合交通特征分析关键技术研究与应用[R]. 上海：上海市城乡建设和交通发展研究院，2020.

[3] 邵丹，吉婉欣. 全球城市区域视角下的上海新城交通发展思路[J]. 交通与港航，2021，8(4)：3-9.

[4] 刘明姝，王磊，薛美根. 上海 71 路中运量效果分析及公交骨干线规划思考[C]//创新驱动与智慧发展——2018 年中国城市交通规划年会论文集. 2018：1923-1933.

[5] 上海市城乡建设和交通发展研究院. 系统运行调查研究[R]. 上海：上海市城乡建设和交通发展研究院，2020.

[6] 邵丹，葛王琦. 上海新能源汽车分时租赁——多样化的出行方式选择[J]. 交通与港航，2017，8(6)：26-31.

[7] 上海市城乡建设和交通发展研究院. 面向动态排放清单需求的实时道路交通流测算技术研究[R]. 上海：上海市城乡建设和交通发展研究院，2019.

[8] 王磊. 重型货车轨迹大数据赋能机动车排放测算的研究[R]. 上海：中国城市交通规划学会，2021.

[9] 邵丹，李涵. 城市客运交通电动化碳减排效益和碳达峰目标——以上海为例[J]. 城市交通，2021(104)：53-58.

6 大数据赋能城市更新规划实践

中国城市正在进入存量发展阶段，城市更新成为转型发展的重要任务。城市更新并非简单的小片区旧城改造，而是包含完善城市空间结构、实施城市生态修复和功能完善工程、强化城市历史文化保护、塑造城市特色风貌、加强居住社区建设、推进新型城市基础设施建设、加强城镇老旧小区改造、增强城市防洪排涝能力等一系列需要统筹协调的重要工作。在此背景下，城市交通分析需要有针对性地强化一些新的关注点。

6.1 广州城市更新背景与政策

广州城市规划建设历史悠远，1932 年公布的《广州市城市设计概要草案》是广州第一部正式的规划设计文件。新中国成立后至 20 世纪 90 年代，部分房屋因年久失修，被定义为危房，广州开始摸索城市旧改工作。

在早期摸索取得经验教训基础上，1999 年广州市政府出台了《广州市危房改造工作实施方案》，确立了全市危房改造的工作宗旨、具体措施和工作步骤。明确危房改造工作的社会福利属性，规定危房改造必须由政府主导、投资、实施。从此，"政府主导"成为广州城市改造的主基调。

2009—2015 年间为"三旧"[①]改造阶段。广州在省相关政策的引导下不断探索有组织、系统性的"三旧"改造工作，2009 年广州市政府出台《关于加快推进"三旧"改造工作的意见》及 3 份附件[《关于广州市推进旧城更新改造的实施意见》《关于广州市推进"城中村"(旧村)整治改造的实施意见》《关于广州市旧厂房改造土地处置实施意见》]，明确遵循"政府主导、市场参与、分类推进"的原则，确立了"三旧"改造"1＋3"的政策体系。该阶段初步搭建制度体系，充分调动市场积极性。市场资金参与改造踊跃，改造项目多以单个项目推进。这期间共推进项目 199 个，年均推进 66 个。2012 年 6 月，广州市政府在《关于加快推进"三旧"改造工作的意见》3 年试点工作推进的基础上，出台《关于加快推进"三旧"改造工作的补充意见》，丰富确立"政府主导、规划先行、成片改造、配套优先、分类处理、节约集约"的工作原则。由于强调规划先行，要求成片连片推进，该阶段共实施 11 个片区；研究策划 22 个，推进速度相对有所放缓。

2015—2019 年为城市更新初期阶段。2015 年出台了《广州市城市更新办法》，正式将"三旧"改造的工作内容统一纳入城市更新。其中创造性地提出"微改造"城市更新模式，明确不再对老城区大拆大建，改为保留、修复、活化、培育。2016 年广州市城市更新办法配套文件《广州市旧村庄更新实施办法》《广州市旧厂房更新实施办法》和《广州市旧城镇更新实施办法》，确立城市更新"1＋3"政策体系，正式改"三旧"改造为"城市更新"。2017 年 6 月，广州市政府公布《关于提升城市更新水平促进节约集约用地的实施意见》，在强调坚持政府主导、规划引领、连片改造的同时，也强调放管结合、市场导向。

① "三旧"特指旧城镇、旧厂房和旧村庄。

该阶段逐步建立常态化城市更新制度，强调持续、系统、常态化推进城市更新，更加注重产业、历史文化和环境等综合效益的实现，进一步强调政府公共利益，降低旧厂权属人的收益分成比例。

2019 年之后，广州市进入战略引领城市更新的发展阶段。广州新一轮国土空间总体规划提出老城市新活力、推动产城融合、促进高质量发展的城市总体目标。2019 年初，广州市在总结 10 年城市更新实践经验的基础上，提出以城市更新为核心抓手，统筹旧城、旧村、旧厂改造等九项重点工作，探索将城市更新与城市生态修复和城市功能修补融合转化为可量化、可操作、可实施的行动目标，系统解决城市发展不平衡不充分的问题。

2020 年 9 月出台《广州市关于深化城市更新工作推进高质量发展的实施意见》(以下简称《实施意见》)和《广州市深化城市更新工作推进高质量发展工作方案》(以下简称《工作方案》)，对新一轮城市更新作出了重要部署，形成了“1+1+N”政策体系，其中“1+1”指《实施意见》和《工作方案》，“N”主要指 15 个配套政策文件(表 6-1)。

表 6-1　　广州市城市更新配套政策文件

序号	政策文件	牵头部门
1	《广州市城市更新实现产城融合职住平衡的操作指引》	广州市规划和自然资源局
2	《广州市城市更新单元设施配建指引》	
3	《广州市城市更新单元详细规划报批指引》	
4	《广州市城市更新单元详细规划编制指引》	
5	《广州市关于深入推进城市更新促进历史文化名城保护利用的工作指引》	
6	《广州市旧村全面改造项目涉及成片连片整合土地及异地平衡工作指引》	
7	《城市更新片区策划方案编制和报批指引》	广州市住房和城乡建设局
8	《项目审批流程优化》	
9	《城中村全面改造大型市政配套设施及公共服务设施专项评估成本估算编制指引》	
10	《广州市城中村改造合作企业引入及退出指引》	
11	《村集体经济组织决策》	
12	《老旧小区小微改造实施指引》	
13	《城市更新工作领导小组议事规则》	
14	城市更新专家库建立及使用指引	
15	城市更新过程中评估机制指引	

其中《广州市城市更新实现产城融合职住平衡的操作指引》，划定三个城市规划建设管理圈层，明确了不同圈层城市更新单元产业建设量(含商业商务服务业、新型产业、产业的公建配套)占总建设量的最低比例要求(图 6-1)。该指引是全国首次针对城市更新提出产业建设量占总建设量的最低比例要求，对标国际城市的先进经验，以城市更新

为契机，吸引高端产业向中心城区聚集，进一步优化城市功能和人口布局，缓解交通压力，进一步增加城市的产业空间供给，优化产业结构并推动实现产城融合职住平衡的目标。

图 6-1　广州市城市更新规划建设管理圈层示意

6.2 城市交通的基本活动特征

与一般城市一样，广州市采用交通小区作为空间基本单元，并进一步建立交通中区和大区以适应不同观察层级的需要。广州市交通模型划分为 6 152 个交通小区，其中每个交通小区约 1.2 km^2；交通中区为 167 个，按照广州市街镇现状划分；交通大区 11 个，按照广州行政区边界划分(图 6-2)。

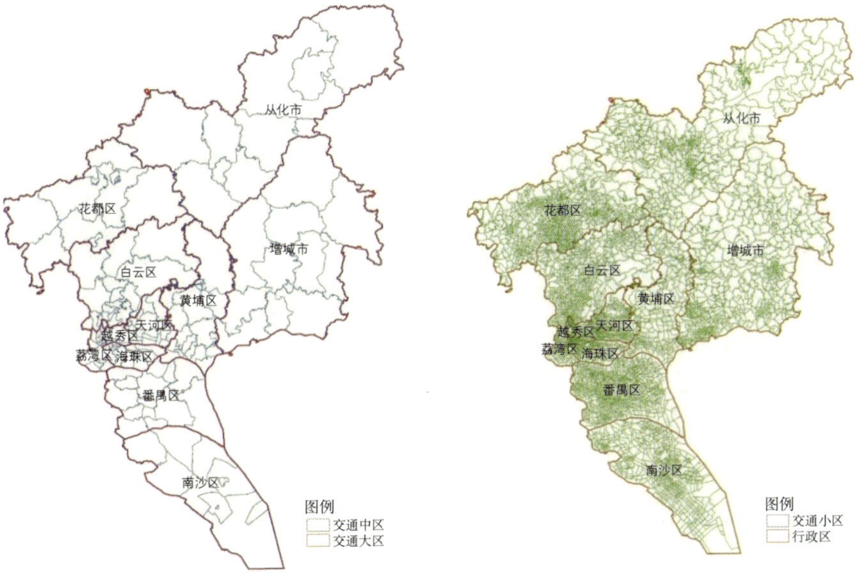

(a) 交通大区与中区分布　　(b) 交通小区分布

图 6-2　广州市交通分区的空间分布示意

城市基础空间属性包括土地开发与交通网络(图 6-3),交通分区中最基本的属性数据为居住人口与工作岗位(图 6-4)。

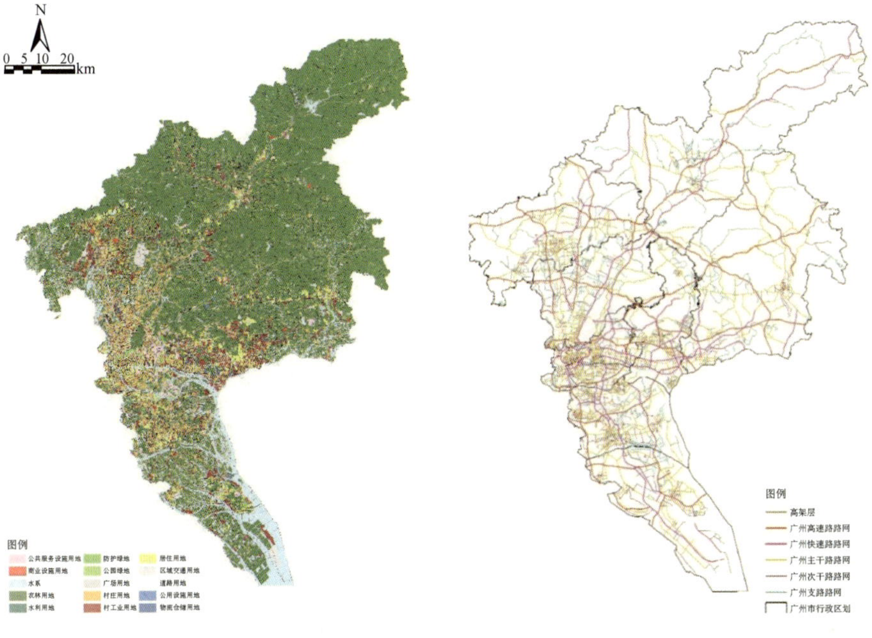

(a) 市域现状用地　　(b) 市域现状道路网

图 6-3　广州市土地使用与交通网络的空间分布与形态

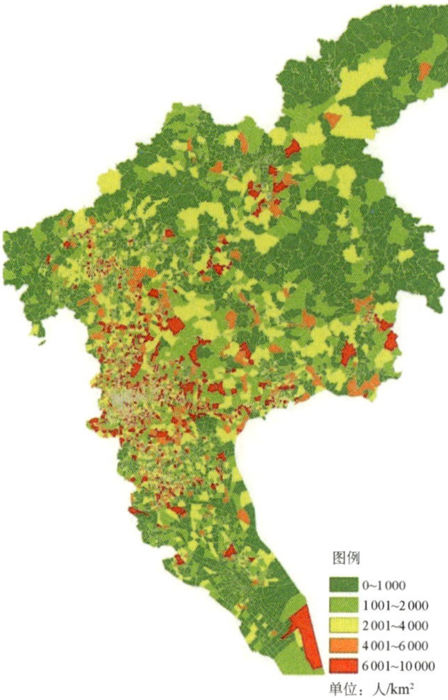

(a) 居住人口分布

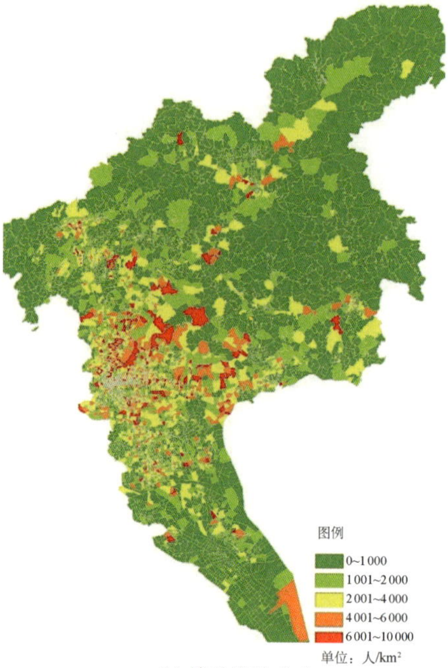

(b) 就业岗位分布

图 6-4　广州市居住人口与就业岗位分布

基于移动通信信令数据和交通调查数据，可以勾画出城市中与人的空间活动相关联的交通出行基本状态——出行产生与出行吸引（图 6-5）及 OD 分布（图 6-6），并可以得到时间轴上的活动特征（图 6-7）。

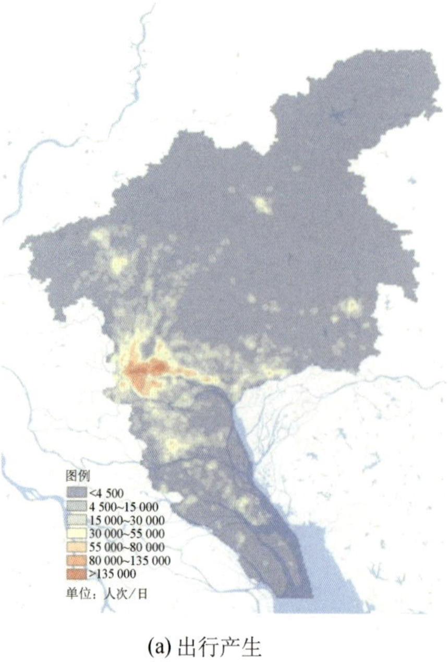

(a) 出行产生

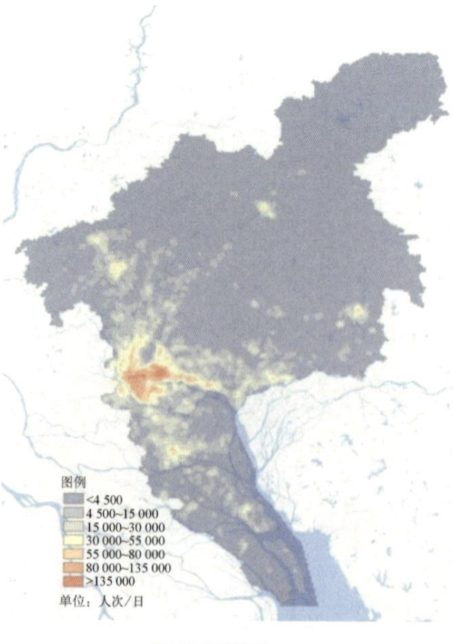

(b) 出行吸引

图 6-5　广州市全市域人口出行产生与吸引空间分布

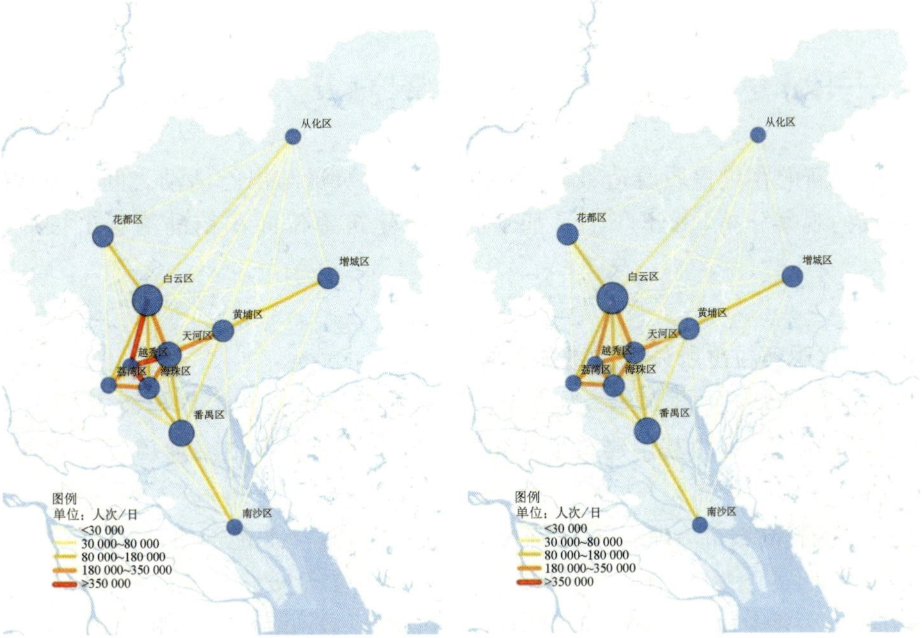

(a) 工作日　　　　(b) 非工作日

图 6-6　广州全市域 OD 出行分布

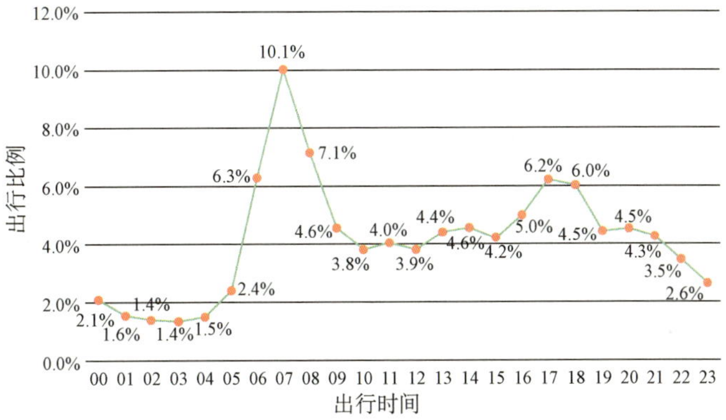

(a) 工作日

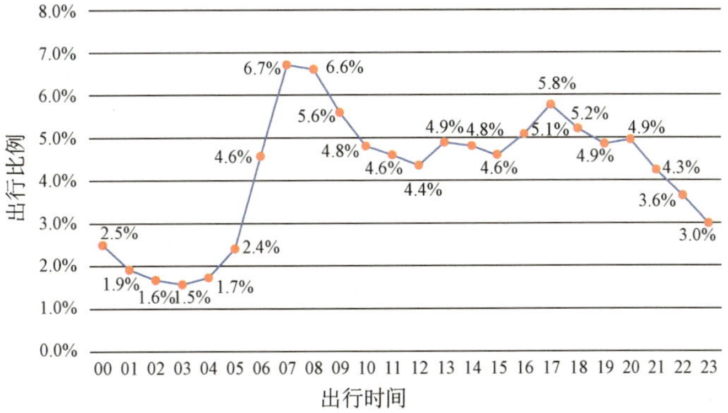

(b) 非工作日

图 6-7　广州市居民出行时间分布

6.3 与城市更新相适应的细化出行掌控

城市更新的存量提质改造策略，需要基于对建筑量与出行活动之间的关联做出更为细致的观察分析，由此产生了基于居住型建筑单位面积精准测算出行产生的需求。

6.3.1 细化观察粒度所依赖的数据保障

深入扎实的基础数据调查，为国土空间规划和城市更新工作摸清了“人—地—房—设施”的底数，也为基于建筑量变化分析城市更新引发的交通出行变化创造了有利条件。

广州市为提高城市治理水平，围绕城市管理要素，34 个职能部门、11 个区政府共同开展了“四标四实”[①]摸查工作。广州市范围建筑物图层（主要含建筑面积数据）、现状土地利用图层（主要含现状用地面积与性质）、手机信令 500 m×500 m 网格图层（主要含高峰小时出行人次）成为研究建筑与出行之间关联的数据基础（表 6-2、图 6-8）。

表 6-2　广州市典型建筑出行产生量研究所涉及的基础信息

图层	内容
现状建筑物图层	广州市域现状已建的各类建筑物，主要有效字段包括建筑层数、建筑面积、占地面积
现状土地利用图层	广州市域各类现状土地性质与面积。将土地利用数据的分类与国家标准《建设项目交通影响评价技术标准》(CJJ/T 141—2010)中的分类对应，最终将土地利用数据中的土地利用类型划分为 11 大类、36 中类
手机信令网格图层	所采集的数据来自中国移动公司，数据采集时间为 2018 年 9 月 19 日（周三）早高峰小时（7:00—8:00），利用 ArcGIS 将广州市划分为 500 m×500 m 的网格，根据信令数据所属基站地理坐标，将原始的手机信令记录数据脱敏处理，集聚到网格层面，每个网格含该地理位置范围内的高峰小时出行人次
广州交通小区	将广州市划分为 6 091 个交通小区，作为最终的数据集聚单元，主要字段包括交通小区 ID、所属行政区、面积

① “四标四实”分别是标准作业图、标准建筑物编码、标准地址库、标准基础网格和实有人口、实有房屋、实有单位、实有设施。

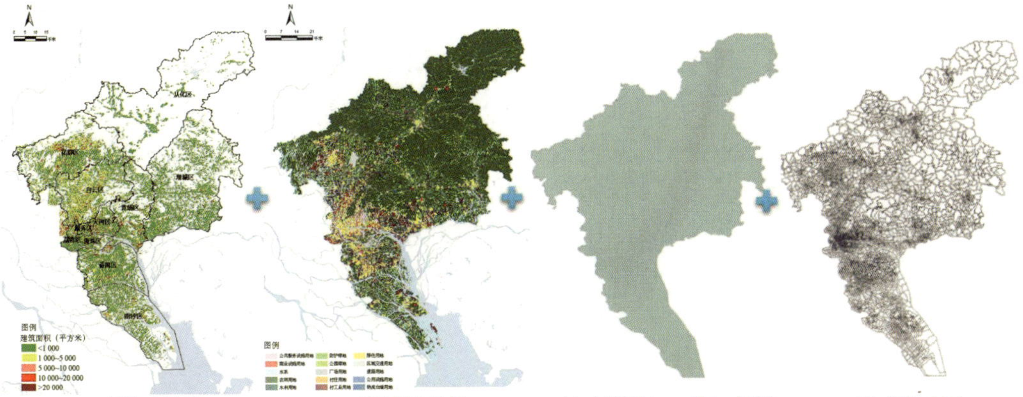

(a) 现状建筑物　(b) 三调现状用地　(c) 广州500 m×500 m网格　(d) 交通小区

图 6-8　广州市典型建筑出行率研究的主要数据依据

6.3.2　基于典型样本剖析的参数测定

基于上述数据，筛选典型居住型小区，而后根据移动通信信令获取的出行数据，初步确定居住建筑单位面积出行产生率，经过校核后获取最终参数(图 6-9)。

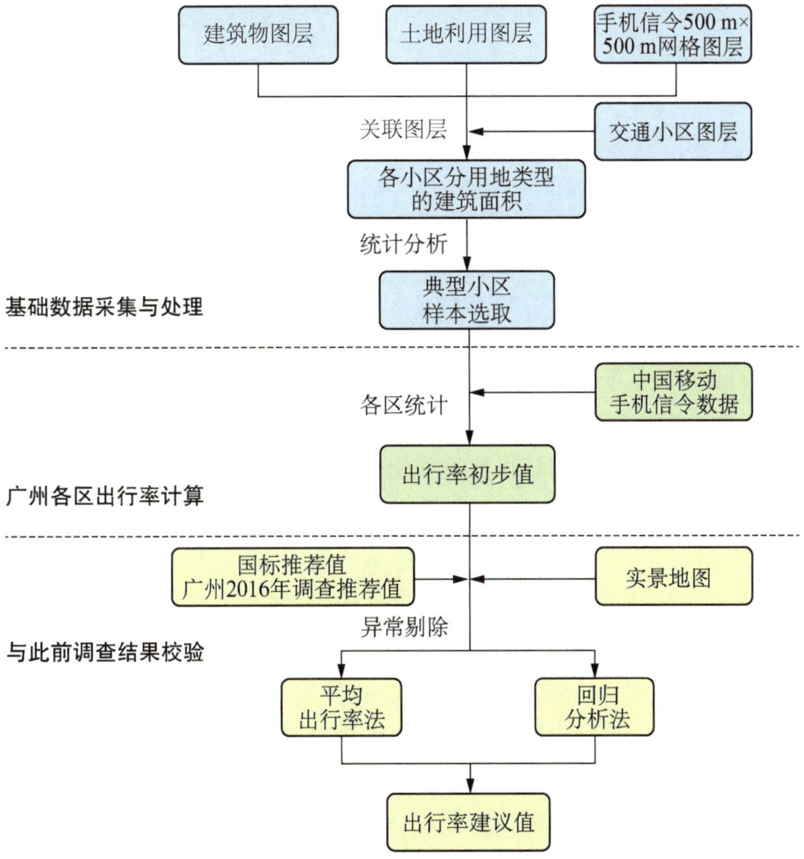

图 6-9　广州市住宅建筑单位面积出行产生率分析流程

为准确计算住宅建筑的出行率，需要选择住宅建筑面积占比高、土地利用性质较为单一的研究单元作为样本。其选择标准依据确定为小区内普通型住宅建筑面积与总建筑面积之比，选择比例大于或等于90%的交通小区作为典型研究样本。共计挑选出748个典型小区样本(图6-10)，其普通住宅建筑面积占比均值达95.07%，最大值达100%。

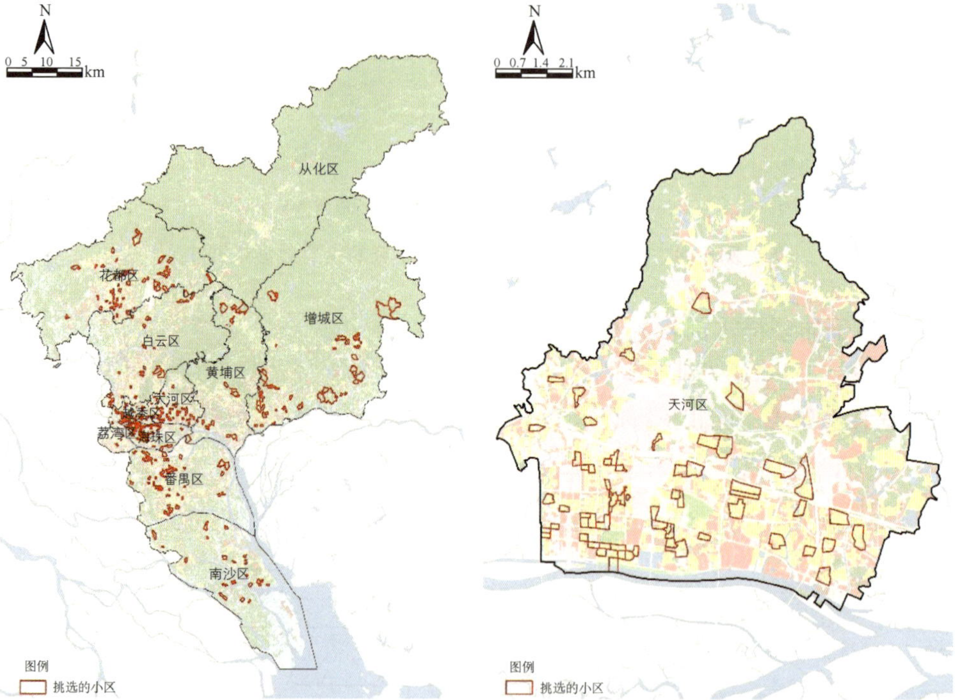

(a) 全市域分布　　(b) 天河区分布

图6-10　广州市住宅建筑单位面积出行产生率的初选样本小区分布

基于有效样本，采用平均出行率法与回归分析法获取居住建筑单位面积出行率。利用所获得的初步测算结果，进一步借鉴其他研究和国家标准进行校核。

根据2016年广州市住宅建筑出行率调查的研究[1]，广州市住宅建筑单位面积出行率取值范围为0.42～2.16人次/100 m^2；根据国家行业标准《建设项目交通影响评价技术标准》(CJJ/T 141—2010)[2](以下简称《技术标准》)，结合广州市统计年鉴中的户均人数和广东省住房和城乡建设厅发布的人均住房面积数据，换算得到《技术标准》对应的普通住宅建筑出行率推荐值范围为0.71～2.22人次/100 m^2。

综合相关研究和《技术标准》，多维比较后确定异常值筛选阈值为[0.42人次/100 m^2，2.22人次/100 m^2]范围，并基于卫星地图对筛选出的异常值进行再次核查，剔除无效样本，最终获取了508个有效样本(图6-11)。

相比2016年针对广州市的调查研究和《技术标准》中的推荐值，本研究采用手机信令数据计算得出的出行率结果为0.96～1.26人次/100 m^2，在前两者建议范围之内。

由于本次采用的样本数量大、基础数据准确，因而有更高可信度和判别精度。

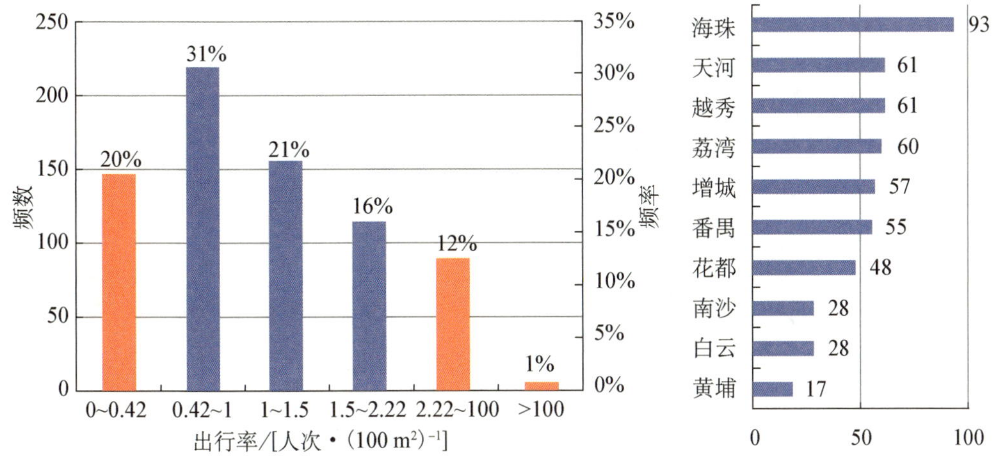

图 6-11　广州市出行率初步试算结果频率分布及有效样本各区分布

6.4　货运交通集聚区识别及分析

广州市曾被普华永道评为中国物流效率全国第一名，但其高效的物流营商环境背后，是整个城市的付出。根据广州市社会科学院发布的《广州蓝皮书——广州商贸业发展报告(2018)》的分析结果，广州城区道路车流结构中物流配送车辆占了 30%，部分时段和地区甚至达到 40%，对中心城区交通造成不小压力。因此在城市更新过程中，梳理货运体系成为重要工作任务。

6.4.1　货运活动分析的数据基础

通过协作可以获得信息脱敏后的重型货车①出行轨迹数据，该数据不涉及车辆个体隐私信息。加工后起始点 OD 数据在空间精度上分为 3 个尺度(广州市：500 m×500 m 的网格；广州市以外珠三角城市：按照城市街镇界限；全国城市：以城市及州为单位)。

为判断数据所反映状态的信度，对珠江三角洲各城市重型货车日均出行量与公路年货运量之间进行了相关性分析，结果表明两者之间具有显著线性相关性($R=0.795$)，可以认为重型货车出行空间分布特征一定程度上能够反映城市公路货运的基本规律。

以广州市各个街镇为统计单元，街镇内部出行量较大的有石井街、太和街、同德街、新华街、新塘街、大沙街等地区；街镇之间主要是公路货运之间及与工业产业园之间联系密切，如太和镇与石井街之间主要为公路货运站之间的联系；太和镇与新华街、大沙街等地区的联系，则主要是公路货运站与工业园区之间的密切联系(图 6-12)。

---

① 重型货车是指半挂牵引车、集装箱卡车和 12 载重吨以上的普通货车。

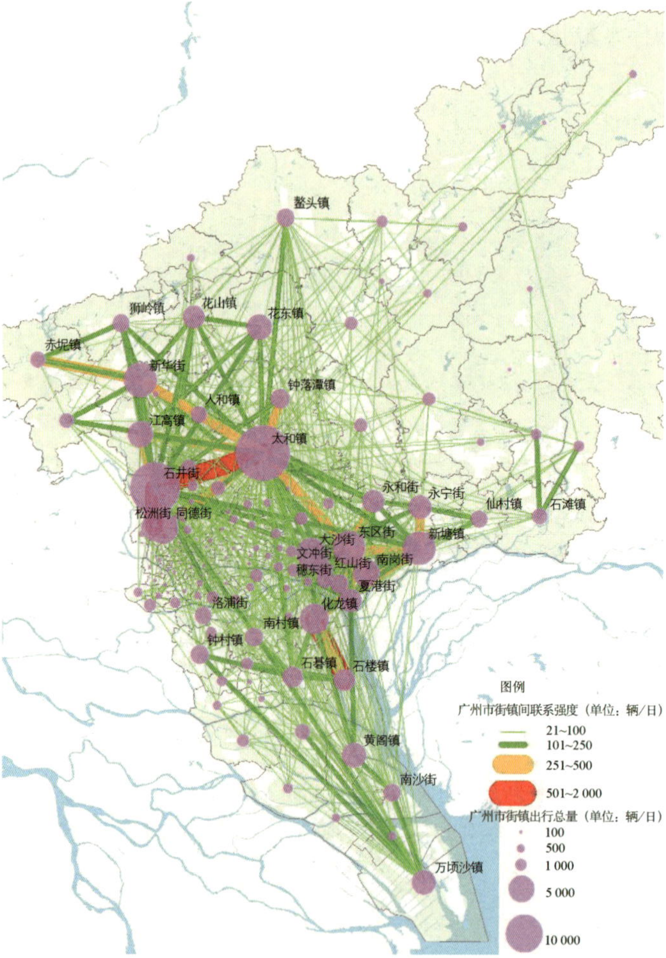

图 6-12　广州市重型货车街镇内部及相互间出行联系

6.4.2　货运交通集聚区及问题识别

对广州市域范围 500 m×500 m 网格单元面积内出行总量分别统计，可以看出广州市重型货车出行主要分布在白云区、黄埔区、花都区、增城区等城市外围区域，广州内环以内重型货车出入较少[图 6-13(a)]。识别的货运集聚区共 500 个[图 6-13(b)]，面积共 124.3 km^2，重型货运交通出行总量占全市的 52%，11 个行政区内均有典型集聚区。

广州市具有浓厚的商贸文化，中小商业数量众多且健康活跃，专业市场十分发达，新兴业态发育活跃。在这种情况下，货运活动与用地性质之间的矛盾会积累爆发。在数据分析中这种矛盾得以全面反映。通过分析货运交通集聚区的现状用地及控规用地属性(图 6-14)，发现货运集聚区在非建设用地运营活动比例较高，分别为 36.2%和 21.7%，货运集聚区在交通用地运营活动比例分别为 24%和 9.1%，由此反映出货运交通活动空间需要有序引导的问题。

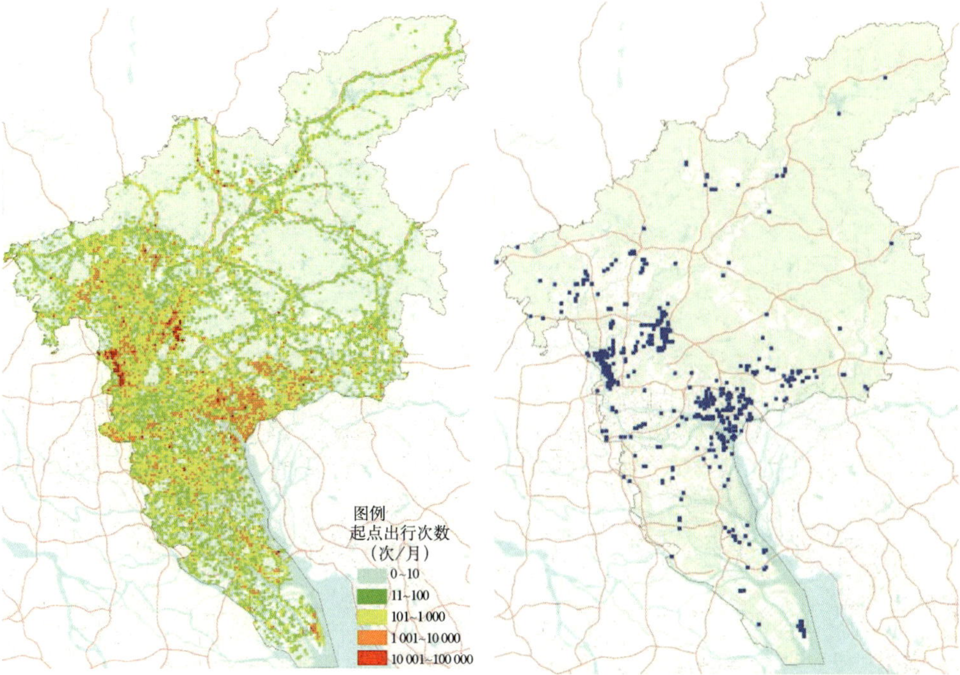

(a) 广州市内重型货车全月出行起点空间分布　　(b) 广州市货运交通集聚区空间分布

图 6-13　广州市重型货车活动空间分布

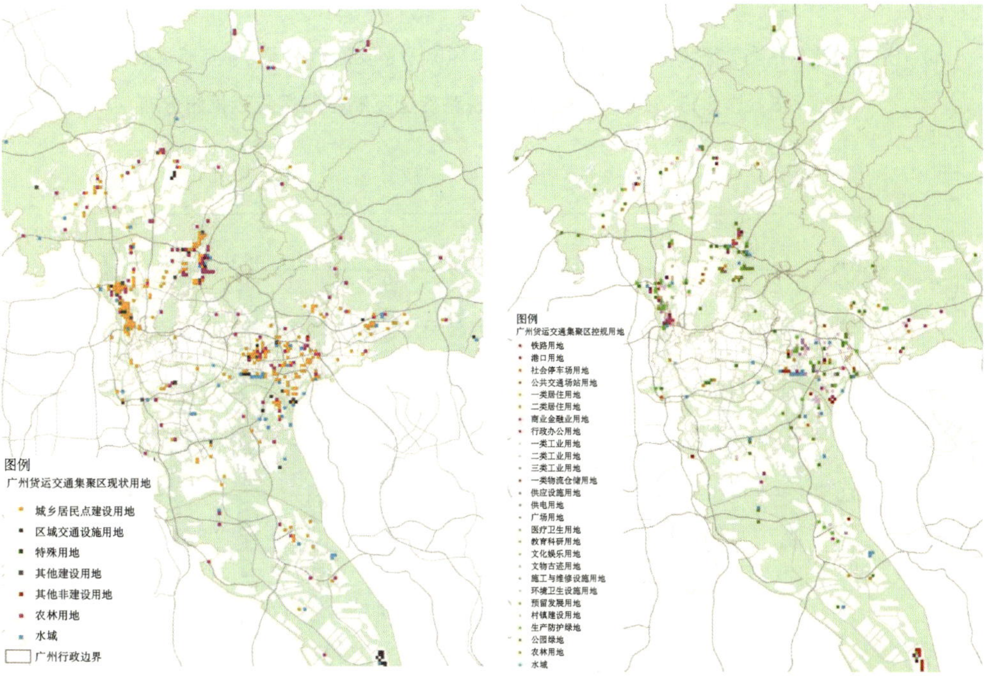

(a) 现状用地类别　　(b) 控规用地类别

图 6-14　广州市货运交通集聚区用地类型

为从全局上把握城市货运活动关系，分析货运交通集聚区与对外货运交通枢纽之间的关系(图 6-14—图 6-16)。

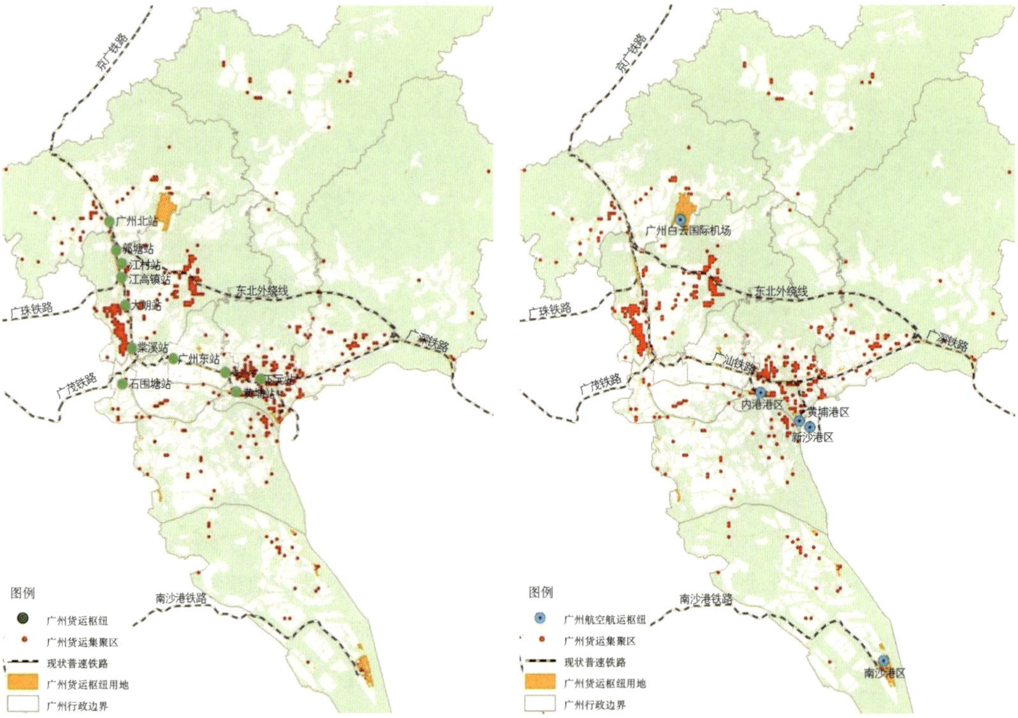

(a) 货运交通集聚区与铁路货运枢纽分布　　(b) 货运交通集聚区与航空航运货运枢纽分布

图 6-15　广州市货运交通集聚区与铁路货运及航空航运货运枢纽分布

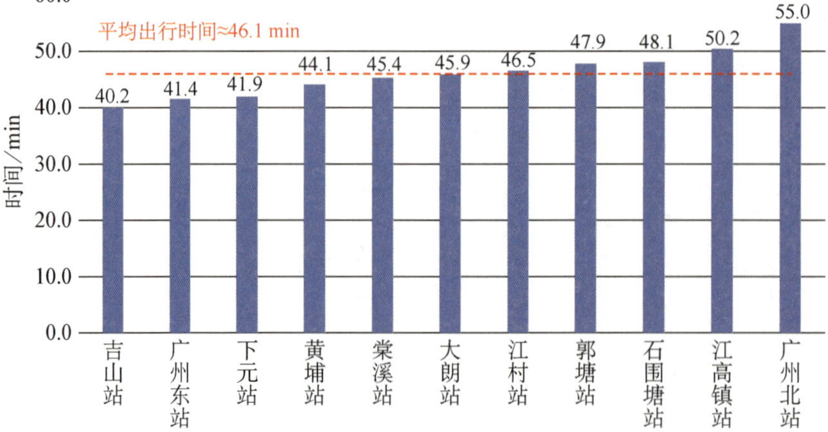

(a) 到达铁路货运枢纽平均出行时间

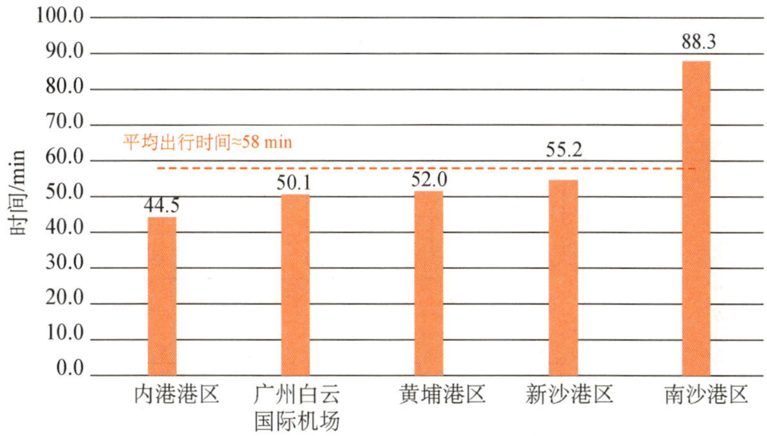

(b) 到达航空航运货运枢纽平均出行时间

图 6-16　广州市货运交通集聚区到达铁路货站、机场、港口平均行驶时间

6.5　对城市更新方案的承载力评估

下面以广州市黄埔区的城市更新为案例，对城市更新方案承载力评估进行讨论。

6.5.1　背景与基础数据

黄埔区广州开发区在全市率先制定《决胜三年完成旧村拆迁攻坚任务工作方案》及《广州市黄埔区广州开发区决胜三年完成旧村拆迁攻坚任务作战蓝图(2020—2022)》，立下“三年完成全区 66 个重点旧村改造项目签约拆迁”军令状，改造全区八成村社，覆盖黄埔临港经济区、科学城、知识城三大重点发展区域。

现有更新项目 110 项，占全区已批/在编项目总数的 77%，全区新增建设用地指标基本全部来源于“三旧”改造的奖励指标，同时已批项目、在编项目规划建筑中，居住、商业、公共服务的比重约为 68∶25∶7。住宅主导模式难以适应高质量发展和工业强区的定位，公共服务设施布局与供给有待整合。

黄埔区城市更新专项规划编制过程，需多角度论证更新建筑规模，评估交通系统承载力状况，反馈至更新规模的合理性，以适应未来城市发展职住及公共服务设施需求(图 6-17)。

黄埔区现状居住人口为 120 万人，一半以上集聚在广园快速以南的黄埔临港老城区。黄埔区内就业人口 73.2 万人，黄埔区内整体职住比为 0.61(图 6-18)。另据广州市 2018 年统计年鉴数据，黄埔区常住人口 114.41 万人，其中，户籍人口 52.76 万人；根据广州市“四标四实”数据，黄埔区居住人口 119.97 万人。从空间分布看，主要集聚在黄埔老城区广园快速以南地区，共 63.84 万人，占全部人口的 53.2%。随着科学城开发区逐步成熟，人口居住分布也呈相对集聚状态。广园快速至广汕公路区域人口共 41.33 万人，占全部人口的 34.5%。其中新知识城人口约占全部人口的 12%。

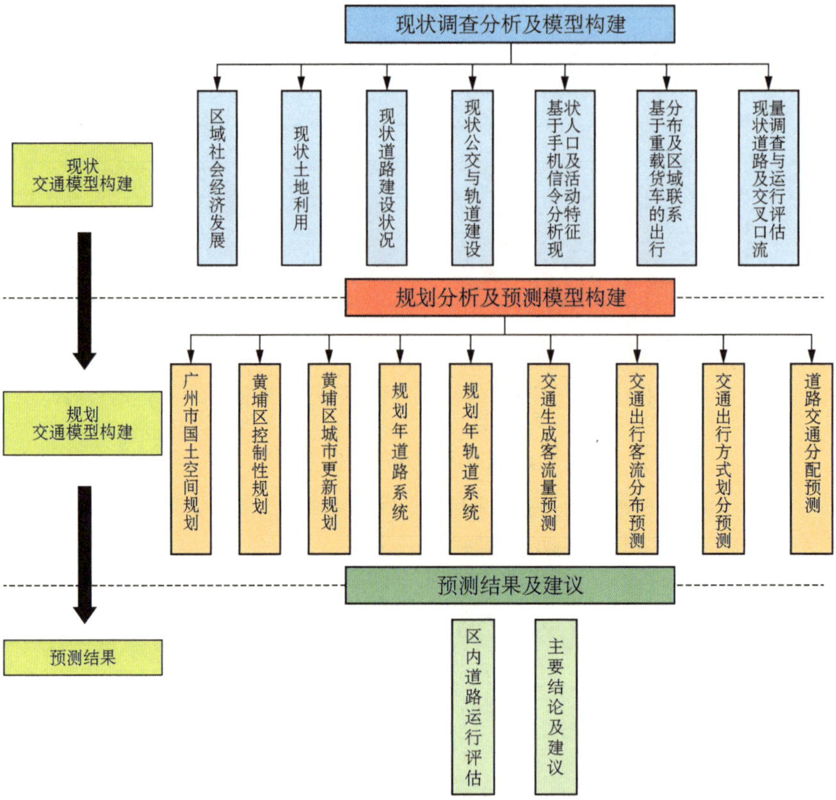

图 6-17　广州市黄埔区城市更新规划交通承载力评估技术路线

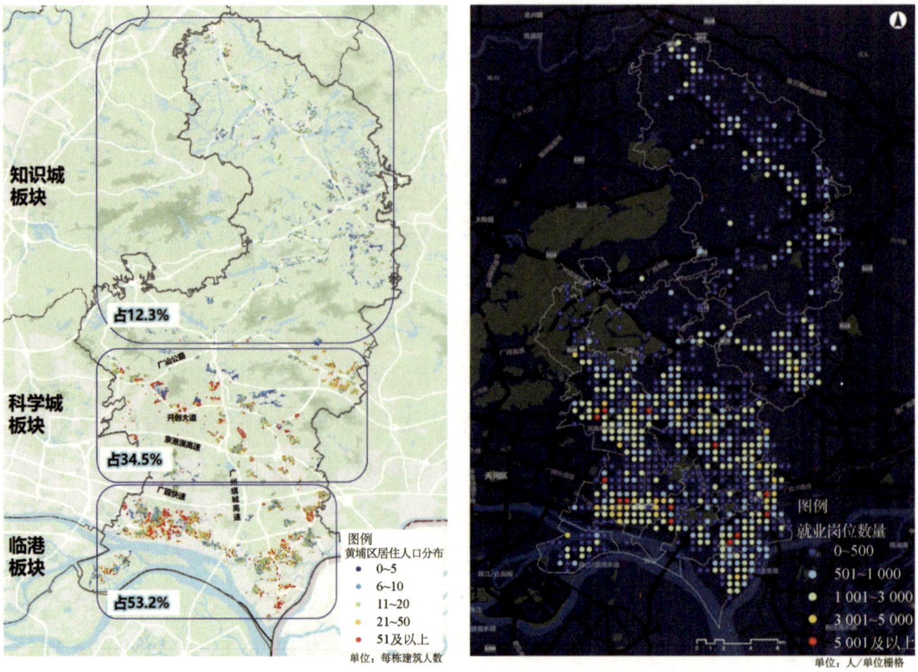

(a) 居住人口　　(b) 就业岗位

图 6-18　广州市黄埔区居住人口与就业岗位

6.5.2 现状研判

从交通承载力角度来看，现状相关路网总体运行良好，服务水平为 C 级及以上的道路长度占比达 89%，东西向局部路段拥堵。高峰时段内广园快速路运行处于 E/F 级服务水平，客货混行严重，出现拥堵状况；主干路如开创大道、开发大道、黄埔东路（龙头路—开发大道）有轻中度拥堵状况。

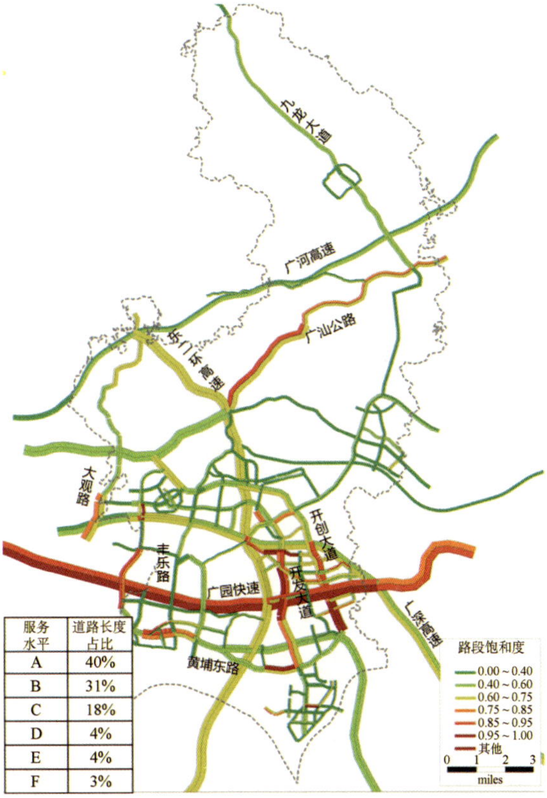

服务水平	道路长度占比
A	40%
B	31%
C	18%
D	4%
E	4%
F	3%

图 6-19　广州市黄埔区现状城市道路交通流量饱和度分布

黄埔区现有地铁 6 条，轨道线网长度 77 km，换乘站点 3 个；轨道交通线路有待成网，站点 800 m 范围服务人口有限（约占 27%）。常规公交线路主要分布于黄埔临港区及开发区，知识城新区公交线路数量较少。东西向公交线路多，而南北向公交线路少。东西向公交线路主要分布在广汕公路、广园快速、黄埔东路、科学大道、开泰大道等道路，南北向公交线路主要分布在开创大道、开发大道、丰乐路、大观路等道路（图 6-20）。

黄埔港及工业片区带来大量货运交通，城市道路客货车辆混行明显。黄埔临港片区由于开发区工业园（中国石化、广汽本田）、黄埔港区等，货运交通出行需求旺盛。

黄埔区内货运通道呈"四横二纵"格局，广园快速、开发大道货运功能较为突出。通过重型货车出行轨迹分析，统计一个月内重型货车途经路段的交通流量，可明显看到现状货运通道呈"四横二纵"格局，"四横"指的是广惠高速、京港澳高速、广园快速、广深沿江高速,“二纵”指的是东二环高速、开发大道(图 6-21)。

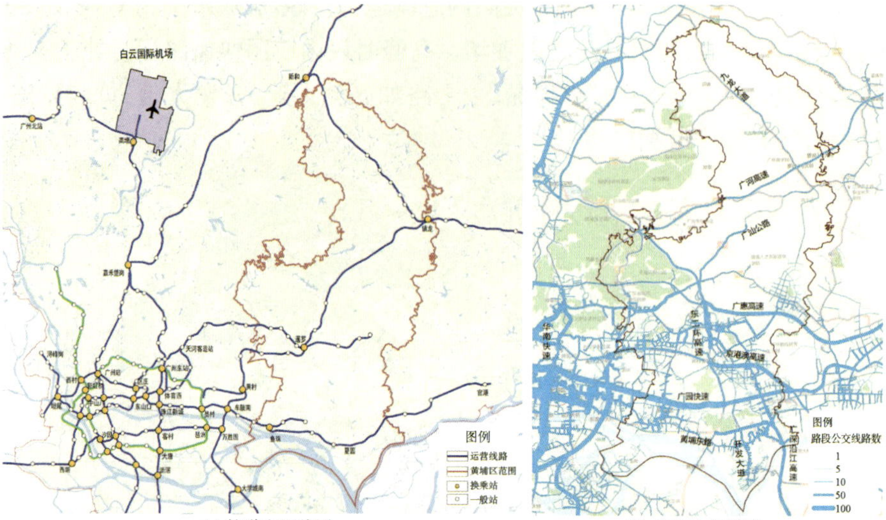

(a) 轨道交通线网　　(b) 常规公交线路

图 6-20　广州市黄埔区现状轨道线网及常规公交线路分布

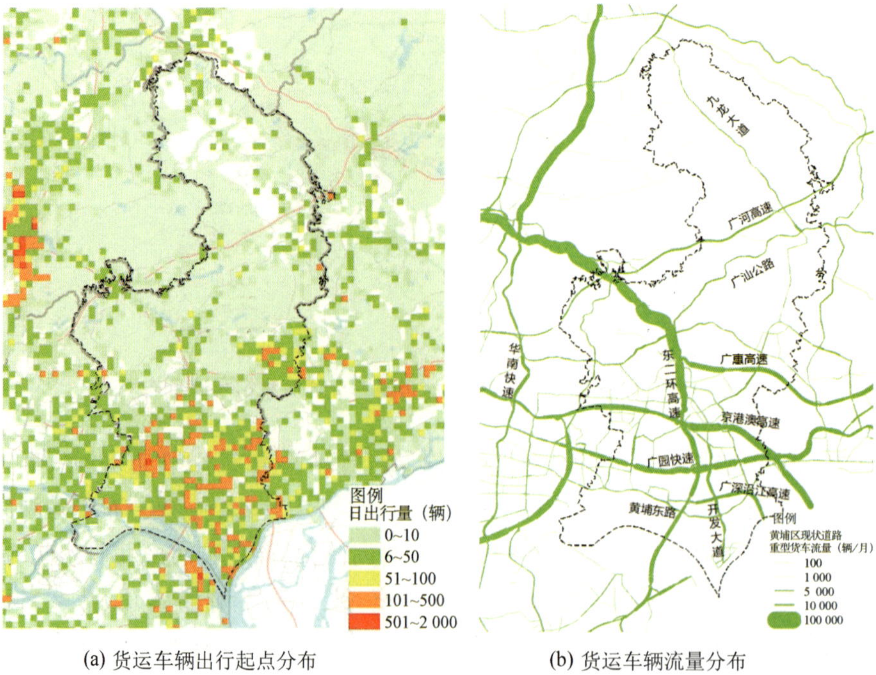

(a) 货运车辆出行起点分布　　(b) 货运车辆流量分布

图 6-21　广州市黄埔区现状重型货运车辆出行起点分布及主要通道分析

6.5.3　挑战应对

1. 人口规模

根据在编《广州市国土空间总体规划(2018—2035 年)》,2035 年,广州市常住人口规模为 2 000 万人，按照 2 500 万左右管理服务人口进行基础设施和公共服务设施配置。按照黄埔区城市更新用地方案，初步推算可以满足居住人口约 400 万人、就业人口约 300 万人的要求。人口规模是现状的 3.3 倍，既有综合交通规划人口的 2 倍。

2. 用地开发量规模

按照城市更新规划用地方案全部建成，总建筑面积为 3.66 亿 m^2，相比现状建筑面积增加 2.31 亿 m^2，相比现有控规增加 1.11 亿 m^2。主要以二类居住用地及村庄居住用地为主，占 33.1%，商业和商务用地占 28.8%，工业用地占 26.6%，公共服务用地占 6.3%。

根据远景可能人口和就业岗位规模，黄埔区全方式日出行规模为 1 370 万人次，高峰小时出行量为 151 万人次；机动化日出行总量为 904 万人次，高峰小时出行量为 99.4 万人次。

3. 交通供给能力

预测年的轨道线网与《广州市轨道交通线网规划(2018—2035 年)》一致，相比《黄埔区综合交通规划(2015—2020)》，黄埔区范围内新增高速地铁 17 号、37 号、28 号线，新增快速地铁 25 号线，新增普速地铁 20 号、40 号线，优化 19 号、23 号线路布局，加强黄埔区各内部组团间、与市中心及周边重要城市的交通联系。预测年城市规划道路根据黄埔区控制性详细规划制定，与《广州市国土空间总体规划》中市域骨架路网相比，在高速公路、快速路及主干道上一致，部分次干路及支路有所调整。与现状道路相比，道路网长度增加 968 km，增幅达 107%。路网密度较高，超过国家规范，能显著加强黄埔区各组团间、与广州各区及粤港澳大湾区内重要城市间的交通联系。

结合本次更新用地规划及开发面积，对研究范围内的交通小区根据《建设项目交通影响评价技术标准》[2]以及《交通出行率手册》[3]、黄埔区现状建筑出行率调查等，选择各类用地的产生、吸引率指标，计算高峰小时产生和吸引量。在所获得的分析结果中，知识城板块高峰出行量为 53 万人次/日，科学城板块为 57 万人次/日，临港板块为 41 万人次/日；相比现状来说，知识城出行量增加最多(图 6-22)。

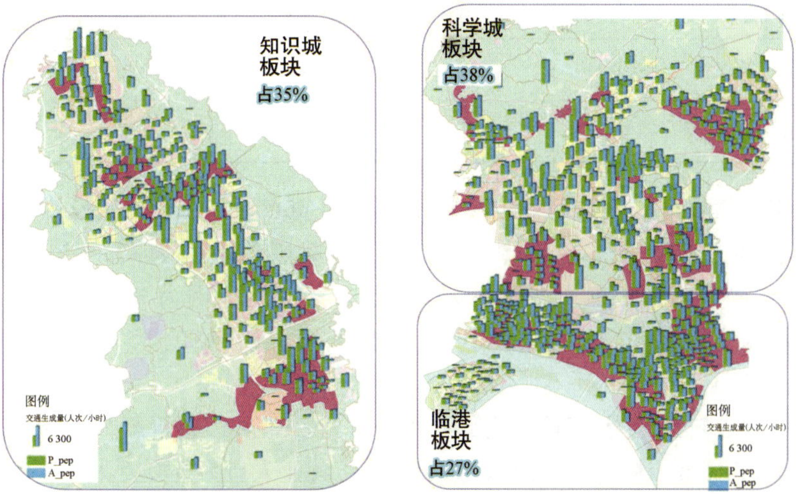

图 6-22　广州市黄埔区远景高峰小时交通出行及城市更新边界

《黄埔区综合交通规划(2015—2030)》规划中，远期规划目标机动化占全方式的比例为 66%，公交出行比重为 68.5%，轨道交通占公共交通的 62.8%(图 6-23)。根据此目标导向，推算高峰小时机动车出行总量为 23.4 pcu。

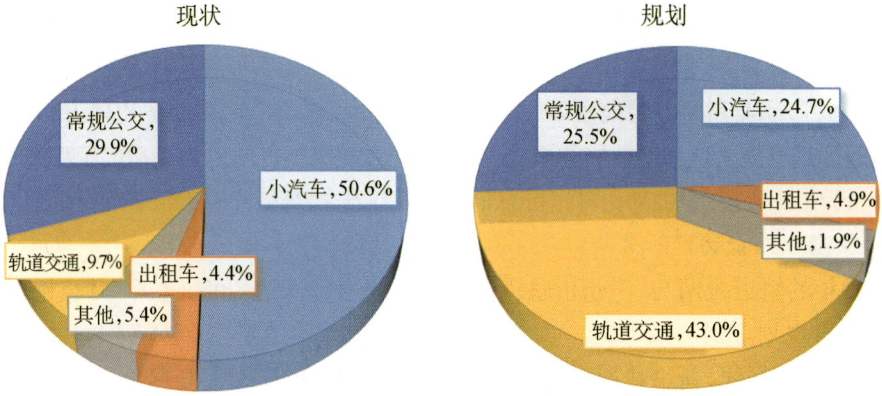

图 6-23 广州市黄埔区远期出行方式结构

据此预测判断，根据城市更新初拟城市更新计划，道路系统难以承载高强度更新建设规模带来的交通出行需求。城市主要骨架路网道路发生拥堵将更为常见，拥堵路段长度超过 31%。其中，高速公路 50%、快速路 30%、主干路 22%(表 6-3)。

表 6-3 路段交通流量饱和度评估结果

饱和度值	<0.75	0.75～0.85	0.85～0.95	>0.95	合计大于 0.75
运行状况	基本畅通	D 级 (轻度拥堵)	E 级 (中度拥堵)	F 级 (严重拥堵)	拥堵比例
高速公路	50%	7%	10%	33%	50%
快速路	70%	6%	5%	20%	30%
主干路	78%	7%	5%	10%	22%

根据交通承载力提出的调整建议为：优先保证重点更新单元内建设用地，严控其他外围地区建设规模。重点更新单元内，规划方案用地范围为 68.4 km^2，建筑量为 1.71 亿 m^2。严控规模的其他外围区域，规划方案用地范围为 352.5 km^2，建筑量为 1.94 亿 m^2，为适度控制开发规模，设想按照原控规建筑规模的 55%计算，即外围建设规模为 1.06 亿 m^2。

调整后的更新情景为：黄埔区全部开发量由 3.66 亿 m^2 减量至 2.77 亿 m^2，相比原控规增加 0.22 亿 m^2，居住人口总量为 320 万人，就业人口为 240 万人。

缩减建筑量的情况下，远期全方式日出行规模为 1 092 万人次，高峰小时出行量为

120.1 万人次。机动化日出行总量为 720.7 万人次，高峰小时出行量为 79.3 万人次。

城市主干路道路基本运行服务水平在 D 级以上，高快主干路拥堵长度占比 12%，基本可以满足出行需求(表 6-4)。同时还需进一步对城市道路网络与轨道线网方案开展深入研究，优化道路与轨道线网结构与线位，缓解局部拥堵路段压力，增大区域公交出行比例，减小道路机动车出行比例。

表 6-4　　缩减建筑量情景下路段交通流量饱和度评估结果

饱和度值	<0.75	0.75～0.85	0.85～0.95	>0.95	>0.75
运行状况	基本畅通	D 级 (轻度拥堵)	E 级 (中度拥堵)	F 级 (严重拥堵)	拥堵比例
高速公路	88%	5%	6%	1%	12%
快速路	86%	12%	1%	1%	14%
主干路	92%	5%	3%	0%	8%

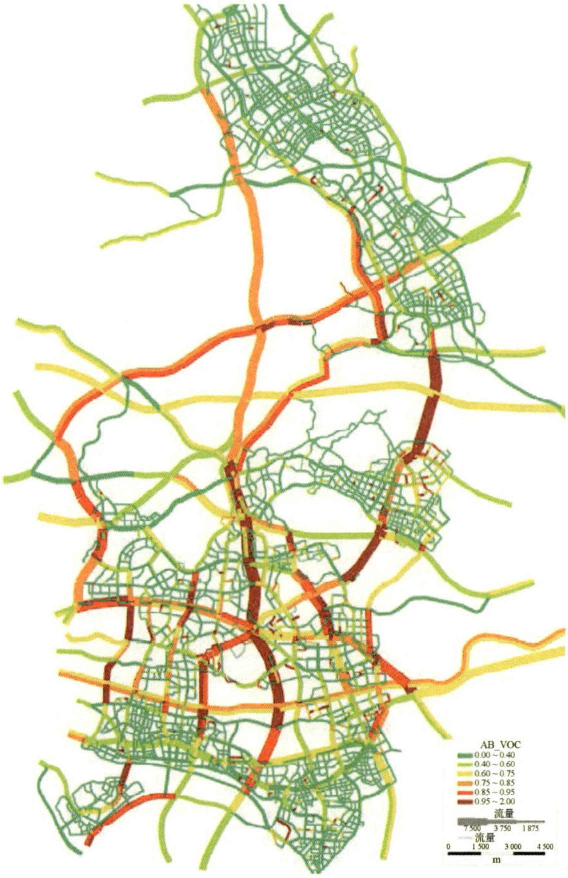

图 6-24　广州市黄埔区远期道路交通流量及饱和度

上述预测是具有前提条件的,对外围建设量严格控制,管控压力较大。因此还需下列相应工作的配合才能实现预期效果。

(1) 因全区旧城更新后规划用地调整较大,需开展制定新一轮综合交通优化方案工作,优化区域路网及轨道交通规划方案。

(2) 预测知识城与科学城板块联系相对密切,但既有规划方案知识城对外联系薄弱,远期南北向通道压力较大需制定相应对策。

(3) 落实公交优先发展策略及 TOD 开发模式,完善黄埔区内轨道交通网络,进一步减少个体机动化出行。

(4) 科学城板块部分用地集聚开发,交通需求较为旺盛,需要统筹考虑,适当优化用地空间布局方案。

(5) 适当降低重点更新单元内开发量,预留部分外围建设规模,较好地实现弹性管控。

6.6 城市更新中大数据应用探讨

城市更新过程是一个持续数年的社会活动,涉及城市人口的变迁过程,交通功能及特征会发生完全不同的巨大变化,现有大数据往往对现状分析较为准确,在规划模型准确构建方面仍面临较大挑战,这也是对城市管理与治理能力的考验。

在城市更新过程中,原始旧村人员迁出、迁入往往持续 4~8 年,规划更新后新业态引入新的城市居民及就业人口,交通供给也会相应得到提升,出行需求特征往往与现在相差较大,而现有大数据往往是对现状出行进行分析,对人口变迁过程及交通特征变化过程的持续跟踪较少,同时用地调整导致生活空间及产业业态变化,使交通规划模型的构建也存在较大的难度。实际的城市规划及政府管理工作中,还可以实现一定时间内对重点地段城市更新的跟踪研究,甚至是实时监测,从而更好地服务于城市管理和社会治理。

交通模型对交通量基础数据的准确性要求较高,既有大数据基本涉及扩样过程,如何科学合理分层扩样值得深入研究。为提高交通模型预测的准确性,从现状居住人口及就业岗位、交通小区内产生与吸引、交通小区 OD 分布、出行方式划分等,均涉及扩样至全样本问题。通过手机信令测算人口数据、第七次全国人口普查数据、城市统计年鉴等数据,结合街镇人口、性别、年龄结构等开展多层次多样式调查并深入研究,形成科学严密的理论体系。

大数据能在一定程度上刻画出城市总体面貌或者发展趋势,但往往因自身缺少重要属性信息而需要与多源数据相互校核。城市认知过程中,大数据提供了一扇天窗,可以尝试去俯视城市的总体面貌,但大数据往往是从其他系统获得的间接数据,对城市与交通的反馈不够直接,或者缺少相关重要属性,因而并不能清晰详细地得到城市交通的全部认知问题，对现状开展调研或者采取多源数据开展数据的校核尤为关键。现有传统的社会调查可根据预估的情况设计问卷，有针对性地获得更深层次的信息，这仍然是大数据研究所无法替代的。

城市更新工作目前缺乏与城市总规及控规的相互反馈机制，成片更新带来局部开发量的成倍增加，更新区外围城市建设指标缺乏对应的调整机制，对未来城市交通正常运行带来挑战。城市更新过程用地功能调整以及建筑量的成倍增加，往往缺乏全市或者全区层面的统筹考虑，既有政府职能部门往往只关注局部城市更新本身问题，忽略对周边道路、公服设施的影响，成片更新带来更加显著的问题，亟须总体层面协调。

参考文献

[1] 张文，陆再珍，朴莲花，等. 广州市普通住宅建筑物交通出行率研究[J]. 建设科技，2016，12(2)：44-45.

[2] 中国城市规划设计研究院. 建设项目交通影响评价技术标准：CJJ/T 141—2010[S]. 北京：中国建筑工业出版社，2010.

[3] 交通出行率指标研究课题组. 交通出行率手册[M]. 北京：中国建筑出版社，2009.

7 公共交通可达性与公共服务可及性

在国土空间开发模式和国家空间治理模式发生变化的背景下，以经济发展效率为核心的城市规划逻辑，正在被生态文明和以人为本的规划逻辑所替代，城市交通评价视角也随之改变。

从以人为本的角度看问题，交通的本质是通过空间移动获取公共服务和发展机会。正因如此，公共交通可达性分析成为城市规划、交通规划量化评价的内容。随着伦敦等国外城市的相关经验被介绍到国内，近年来，北京、上海、深圳、武汉、广州等国内各大城市相继开展了利用大数据评估可达性的探索。

7.1 可达性概念与模型表达[1-4]

可达性(accessibility)并非新概念，在地理学、建筑工程设计、城市和交通规划等学科中有一定范围的应用。根据所研究问题的不同，不同学者对可达性概念的理解亦有所差异。这些研究从总体上可以分为微观和宏观两大类：微观上，可达性用来表示个体使用或接近(交通)设施的难易程度，主要用于公共建筑的详细设计阶段，例如地铁站点的无障碍设计保障了行动不便者使用公共设施的权利；宏观上，可达性用于反映一般出行者利用给定的交通系统从出发地点到达活动地点的便利程度，是交通系统、土地利用和出行者相互作用的关键因素。

7.1.1 影响交通可达性的因素

交通可达性所受影响主要来自土地利用状态、交通系统情况和出行者个体因素三个方面。

1. 土地利用因素

城市土地利用的空间分布形态和土地开发程度决定了不同区域所能提供的机会(就业、居住、医疗和娱乐等)数量的多少。土地利用开发强度大的区域，所能提供给出行者的机会数量越多，出行者所能获得的效用也就越大，对出行者的吸引力越强，表明该区域的可达性越好。此外，土地利用是出行发生的源点，区域土地的开发建设会诱发更多的交通需求，相应的周边配套的交通基础设施也会更加完善，进一步提高了该区域的可达性。

2. 交通系统因素

交通基础网络是居民出行活动的载体，其服务水平的高低直接影响居民出行的效用。在交通网络布局合理的情况下，交通基础设施的建设投资越多，城市的道路网络就会越密集，网络效益就会越好，居民出行的便捷程度就会越高，出行所获得效用就会越大，从而交通可达性越高。此外，交通基础网络的完善会使得沿线土地增值，促进区域土地的开发建设，增加区域机会供给量，也会诱发居民的出行需求，进而提高该区域的可达性。

3. 出行者个体因素

出行者个体的特性如年龄、性别、收入、车辆拥有情况等因素会在一定程度上影响出行需求。不同职业群体在选择出行目的地时会有所差异，不同收入和车辆拥有情况的个体在选择出行方式时也会有所偏好。出行目的和出行方式的差异都会对出行者的效用产生影响，进而影响区域出行的交通可达性。

7.1.2 可达性模型主要类型

1. 空间阻隔模型

空间阻隔模型(Spatial Separation Measure)是最简单的可达性模型，它将可达性定义为克服空间阻隔的难易程度。把两个节点间的空间阻隔作为可达性的数值，阻隔越小，可达性越好。Ingram(1971)还提出了相对可达性(relative accessibility)和综合可达性(integral accessibility)的概念，前者是指网络中两个节点间的空间阻隔，后者则是前者的集成(aggregate)。

由于该模型反映的是网络节点的空间位置和拓扑信息，并且形式简单、含义直观，因此在地理学和交通网络研究中有较多应用。然而空间阻隔模型仅侧重于交通网络本身，不能反映土地利用和交通需求等其他信息，如要进一步推广和使用这个模型，需要从以下方面进行改进。

(1) 把节点吸引力(如人口或工作岗位等)作为权重对空间阻隔进行加权平均，以反映土地利用对可达性的影响。

(2) 通过集成的方法计算网络可达性。

(3) 对空间阻隔进行修改，包括引入出行时间、广义费用等，或者把空间阻隔定义为某种函数形式(如高斯函数等)。

2. 累积机会模型

累积机会模型(Cumulative Opportunities Measure)把可达性定义为个体从出发地利用某种交通方式，在一定出行范围内能够接触到的社会要素(利用就业岗位)数量。在评价时，首先定义一个时间阈值或费用阈值，则某一特定区位的可达性即为从该点出发在阈值容许范围内的所有机会。这一模型多用于城市基础设施规划中，并且通常用等时间线或等费用线来进行直观表示。模型基本形式如下：

$$A_i = \sum_{j \in D} O_j \tag{7-1}$$

式中，D 是所有与小区 i 的广义距离(距离、时间、费用等)小于 T 的小区的集合，T 是预先定义的阈值；O_j 是小区 j 中的机会要素数量。

累积机会模型的关键在于确定合理的阈值 T。

3. 空间相互作用模型

空间相互作用模型(Spatial Interaction Measure)定义可达性为空间相互作用的潜

力，认为可达性不仅与两点间的空间阻隔有关，还与起点或终点活动规模的大小有关。Hansen 提出的潜力模型就是空间相互作用模型的代表，其基本形式如下：

$$A_i = \sum_j \frac{D_j}{d_{ij}^{\alpha}} \tag{7-2}$$

式中，A_i 是小区 i 的可达性，即小区 i 与所有其他小区相互作用过程中可能获得的全部机会要素的可及性；d_{ij} 是小区 i 和小区 j 之间的广义距离；α 是反映距离阻抗影响程度的参数；D_j 是小区 j 中的机会要素数量。

潜力模型在研究各种机会和各种设施的可达性中有广泛应用，例如研究工作岗位的可达性、教育资源的可达性以及其他公共设施的可达性。在实际应用中，模型的形式有了新的变化，主要是：①采用多种形式的阻抗函数，但都满足随距离衰减的特性；②对指标值进行标准化或加权计算；③考虑不同交通方式或不同群体。

潜力模型的优势在于意义明确，可解释性好，同时数据获取便利，因而应用广泛。但是该模型仍具有一些缺陷：①小区 i 自身的潜力无法计算，同时，阻抗函数在距离较小时过于敏感；②模型主要研究的是不同区位的可达性，对出行者或用户的自身特性考虑较少；③模型反映了出行终点对起点的吸引力，而没有考虑起点的需求。

4. 效用模型

效用模型（Utility Measure）的假定是基于随机效用理论的，即所有出行终点都使个体拥有一定的效用，而个人会选择效用最大的终点出行，因此可达性是出行选择的最大期望效用，拥有越大期望效用的个体其可达性就越高。根据这一假定，结合非集计模型的理论，Ben-Akiva 和 Lerman 提出了基于效用的可达性模型：

$$A_n = E\left[\operatorname*{Max}_{i \in C} U_{in}\right] = \ln\left[\sum_{i \in C} \exp(V_{in})\right] \tag{7-3}$$

式中，A_n 是基于效用的可达性指标，采用 logsum 的形式表示个体 n 在终点集 C 中选择效用最大的某一终点；V_{in} 是个体 n 选择 i 的效用。

效用模型有明确的理论依据，并且能够借用非集计模型的很多结论，便于进行深入的理论探讨。然而 A_n 的数值只具有相对意义，多用于边际收益分析的研究中，例如研究道路改善对居民出行效用（可达性）的影响。

5. 时空约束模型

时空约束模型（Time-Space Measure）是从个体角度出发，在特定的时空约束下，以个体能够到达的时空区域来度量可达性水平，通常用时空棱柱（prism）来形象地表示。这个模型的核心概念是对时空约束的理解。时空约束是指个人活动的时间和空间特性所引起的对于活动选择的限制，而时空棱柱则是某一个体在特定的时空约束下可能的活动空间。Kwan 提出的基于可行机会集（Feasible Opportunity Set，FOS）的时空约束模型，是比较有代表性的模型：

$$A=\sum_{i} W_i I(i),\ I(i)=\begin{cases}1, & i \in \text{FOS} \\ 0, & \text{其他 } i\end{cases} \tag{7-4}$$

式中，W_i 是 i 小区的活动机会。

此外，Miller 提出的基于效用的时空棱柱模型在分析个体效用中广泛应用。时空约束模型主要是从个人角度考虑时间因素作出的定义，给出个人在时间约束条件下能够获取的机会的分布状态。它的优点是可以反映个体的多样性，然而所需数据量大且难以获取。

对可达性而言，不同的评价方法具有不同的特点，表 7-1 从可达性的影响因素和可解释性方面对上述模型进行比较。

表 7-1　　可达性评价模型比较

模型	交通因素	土地利用		时间因素	个人因素	可解释性	适用性
		需求	供给				
空间距离模型	★	△	△	▲	△	★	适用于宏观层面的可达性评价
累积机会模型	▲	▲	△	▲	△	★	适合不同时间、空间条件下土地利用变化、交通设施改善等情况比较
空间相互作用模型	★	★	▲	△	▲	★	广泛应用于各种可达性的度量，如土地利用模式研究、交通规划研究等
效用模型	★	★	△	▲	★	▲	多用于边际收益分析的研究
时空约束模型	★	★	▲	★	★	▲	可用于城市交通问题、区域居住条件、服务设施的布置等

注：★表示满足条件；△表示不满足条件；▲介于★和△之间。

7.1.3 可达性在交通与土地利用关系中的作用

在交通与土地利用的关系中，可达性发挥着重要作用。交通供需相互作用产生的起讫点间的交通费用影响了居民出行的可达性，可达性被反馈到居民和岗位活动分布模型中，从而在土地利用模型中，可达性是分配居民和岗位数到特定交通小区中去的关键，这使得城市交通系统的变化可以影响到土地利用，进而又反过来影响到新的出行产生的位置和规模。这一过程可以概括为土地利用及交通的反馈循环，其中主要包括四个方面的要素：①土地利用的分布，如住宅区、工业区或商业区在城市内的分布，决定了人们日常活动如生活、工作、购物、上学和娱乐的地点；②人们日常活动在空间上的分布，并要求有交通系统提供交通服务来克服活动地点之间的距离；③交通系统中的交通基础设施的分布，使空间联系成为可能，并可以用来衡量可达性；④可达性在空间上的分布，这是决定人们选址的要素之一，同时又是促使土地利用系统变化的原因之一（图 7-1）。

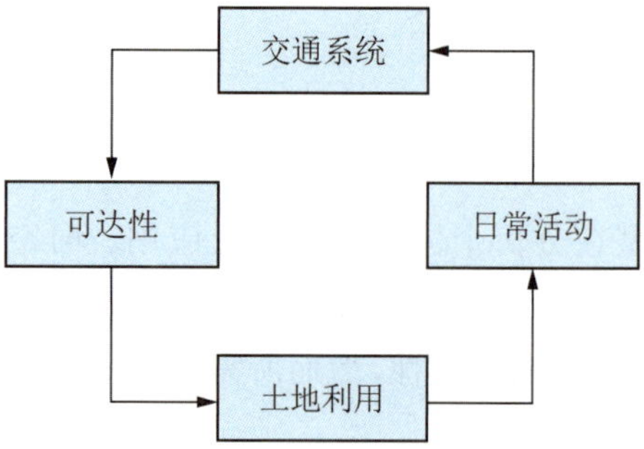

图 7-1　可达性与土地利用关系示意图

Southworth(1995)在总结各类交通和土地利用关系模型时抽象出了交通系统和土地利用相互作用和反馈的总体框架(图 7-2)。在这个关系架构中,出行可达性是联系交通和土地利用的桥梁和纽带,可达性的高低受可供使用的建筑面积以及出行成本的影响,前者反映的是土地利用对居民出行的吸引力,吸引力越大,可达性越高;后者反映的是居民出行的阻抗,出行成本越高,可达性越低。可达性的高低直接影响住宅和就业的选址决策,人们倾向于选择高可达性的区位,实际上是为了选择那些综合吸引力相对较大而出行成本相对较低的居住地点或者工作地点。可见,可达性在交通和土地利用相互作用中的关键作用是通过最大化区位吸引力和出行成本的差值来实现的,因此可以说可达性这个概念本身就具有土地利用、交通和个体出行者这三个方面的属性,要定量评价可达性就必须对交通、土地利用和个体因素进行综合考虑。

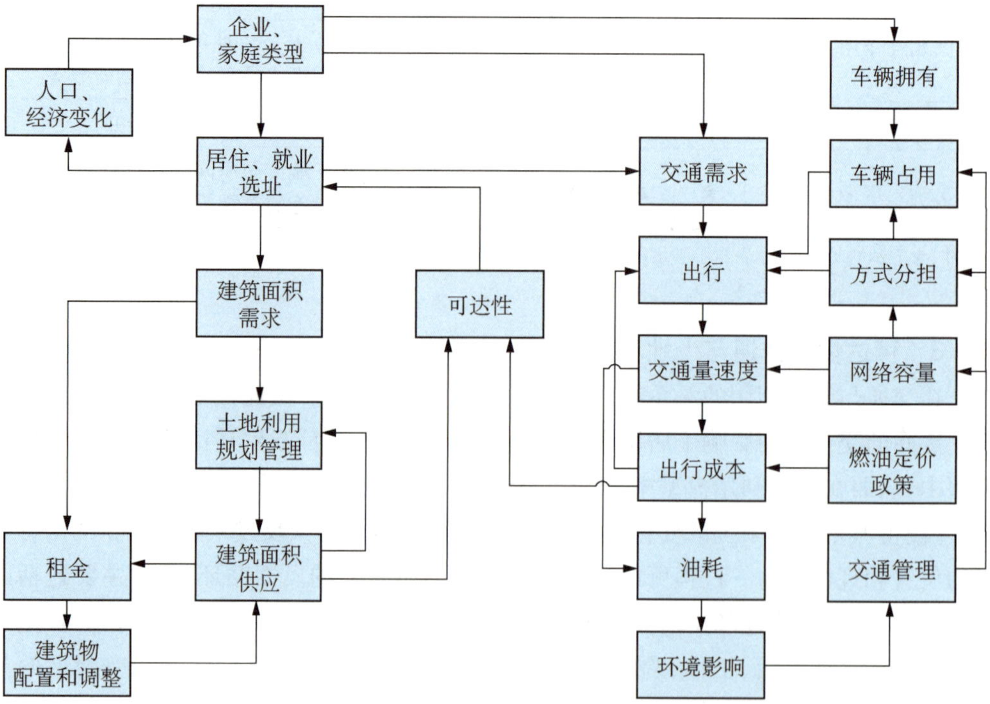

图 7-2　交通系统、土地利用相互作用和反馈的总体框架图

可达性的定量分析过程是与交通和土地利用的反馈相联系的(图 7-3),从中可以看出可达性联系着出行和活动,影响居民出行选择行为,同时影响居住、就业的选址行为。

图 7-3 的上半部分是交通系统的反馈关系，下半部分是土地利用系统的反馈关系，可达性是联系这两个系统的关键环节。

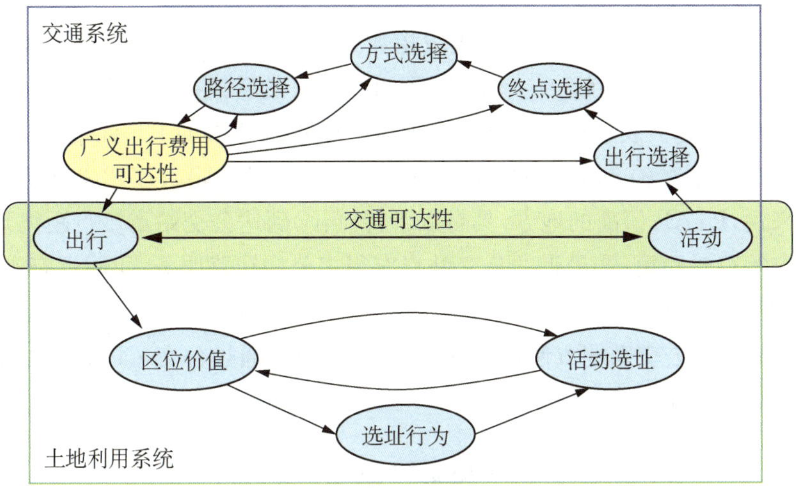

图 7-3　土地利用系统与交通系统的相互作用图

从上述分析可以看出，可达性在交通与土地利用的反馈关系中起着至关重要的作用，并且合适的定义和模型形式有助于全面、合理地分析这种反馈关系。

7.2 他山之石——伦敦案例[5]

伦敦交通局(Transport for London，TfL)长期关注交通基础设施和服务的品质提升，出于此目的的连通性(connectivity)分析(也称为可达性评估)是重要的方法之一。其主要目的为：

(1) 识别因交通改善而得益的区域；

(2) 更好地了解新的公交线路、站点和道路规划的影响；

(3) 识别就医等公共服务的最佳选址以便居民使用；

(4) 了解伦敦哪些地方更适合居住和办公的开发；

(5) 对不同区域的停车配建指标高低提出建议。

7.2.1 可达性分析形式

伦敦可达性分析的主要形式有三种：

(1) 公共交通可达性指标(PTAL)，基于区域内公共交通的进入距离和公交车辆到达频率的公共交通可达性指标；

(2) 等时线分析(Travel Time Mapping，TTM)，表征特定区域到其他区域的时间或一定时间内可以到达的区域；

(3) 服务范围分析(Catchment Analysis, CA),描述了特定区域在一定时间内可以到达的工作地点,或不同形式的服务情况。

1. 公共交通可达性指标

公共交通可达性指标(PTAL)由接驳指数(Access Index, AI)转换而来,PTAL 与 AI 的计算方法详见参考文献[6]。根据 PTAL 与 AI 的转换关系,PTAL 的取值范围为 0~6 级(图 7-4),越大表示可达性越好。因为历史原因,1 级的 PTAL 值分为 1a 和 1b,6 级的 PTAL 值分为 6a 和 6b,形成了 7 级 9 类 PTAL 值:0,1a,1b,2,3,4,5,6a 和 6b。

一般来说,PTAL 值高的地方,具有以下特点:①到达公交站点步行距离短;②最近的公交站点等待时间短;③最近的公交站点有很多公交线路服务;④附近有主要的轨道交通站点;⑤以上因素的组合。

PTAL 是进入公交系统方便程度的度量,没有考虑通过公交可以到达的范围,也不反映公交和轨道交通的拥挤情况。

图 7-4 全伦敦 PTAL 地图

2. 等时线分析

等时线分析(TTM)有三种方法:时间分析(Time Mapping, TIM)、公共交通接驳计算分析(Calculator of Public Transport Access in London, CAPITAL)、机会和服务可及性(Access to Opportunities and Services, ATOS)。

TIM 和 CAPITAL 中创建等时线的原理是一致的,只是数据基础不同(图 7-5)。TIM 基于交通小区创建,考虑了交通小区形心之间的出行时间;CAPITAL 采用栅格形式计算,允许自定义出行起讫点,对公交接驳的时间考虑得更加细致,考虑了从出发点

(或目的地)到公共交通服务站点的时间。

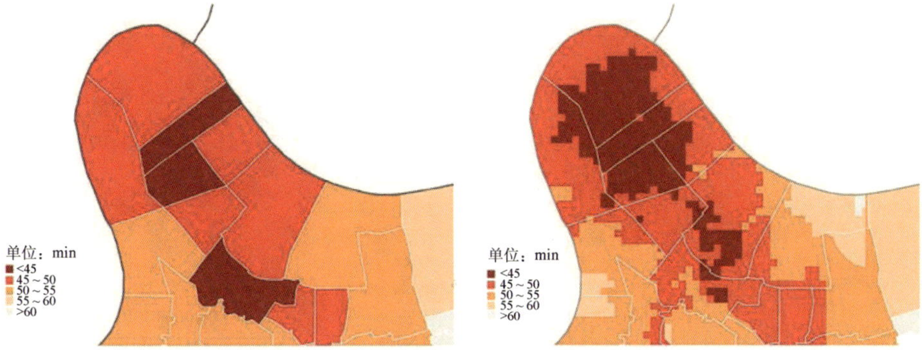

图 7-5　TIM 和 CAPITAL 的输出对比

ATOS 用来计算通过步行或公共交通能够得到潜在服务和机会的容易程度。ATOS 采用与 CAPITAL 一致的栅格与时间来分析。潜在的服务和机会包括就业、教育、健康、食品商店、开放空间等方面(表 7-2)。

表 7-2　　ATOS 方法目的地包含的要素

服务和机会	假定交通方式	选择标准
就业	公交或步行	最近的 10 000 名低质量(蓝领)和高质量(白领)工作岗位
教育	公交或步行	最近的三所小学、中学和继续教育学校
健康	公交或步行	最近的三个社区医院
食品商店	公交或步行	最近的镇中心或大型超市
开放空间	步行	最近的公共开放空间

ATOS 计算步骤包括:定义情景、分析获得每类 10 个服务机会距离最近的设施,计算出行时间,获取最近的目的地,计算平均时间和方差等时间统计指标,以及确定 ATOS 得分。ATOS 得分分为 A～E 五级,其中 A 级代表最好的连通度。A 级表示出行时间与平均时间之差大于方差值;B 级表示出行时间比平均时间少,但两者差值小于方差值;C 级表示出行时间大于平均时间,但不超过方差值;D 级表示超过平均时间 1～2 个方差值;E 级表示超过平均时间 2 个方差值。

等时线图创建过程中,公共交通时间来自伦敦交通模型的 Railplan 模型,小汽车时间来自伦敦交通模型的 HAMs(Highway Assignment Models)模型。

3. 服务范围分析

服务范围表征从指定区域出发易于到达的区域(表 7-3)。如果某个区域提供了类似商店、学校和医院的服务,则大多数顾客、学生和病人来自服务范围;如果某个区域是住宅,则服务范围是大多数居民要去工作的地方。具体的分析形式如表 7-3所示。

表 7-3　　服务范围分析的主要形式

服务范围分析类型	形　　式
仅表征服务范围	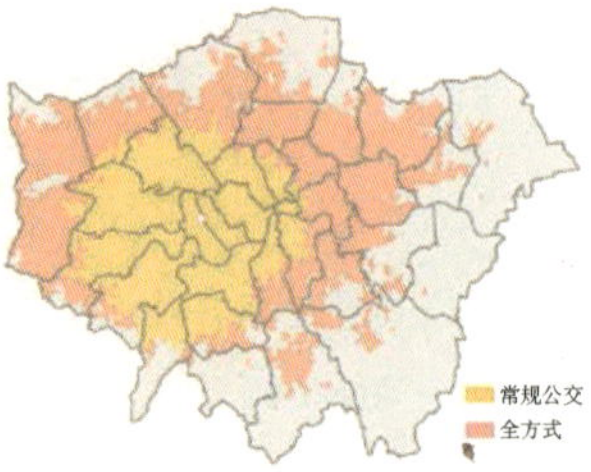 伦敦某中心常规公交和 全方式 60 min 可达范围对比 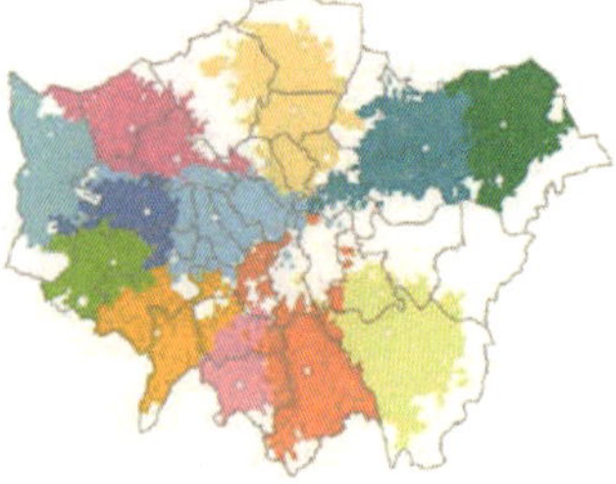 伦敦各城镇中心基于 常规公交的服务范围划分
表征服务范围的 社会经济要素密度	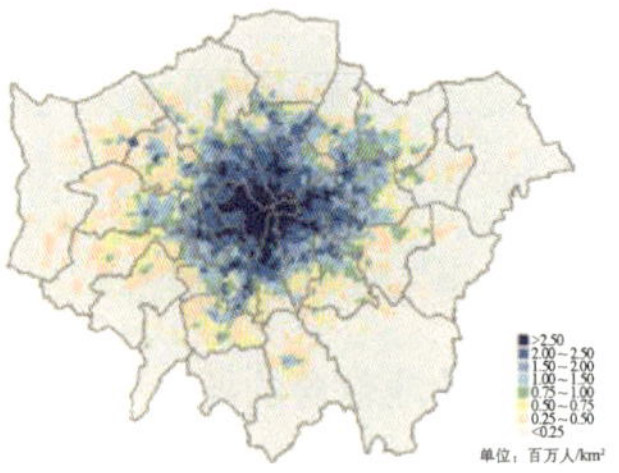 伦敦 2011 年 45 min 可达工作岗位分布 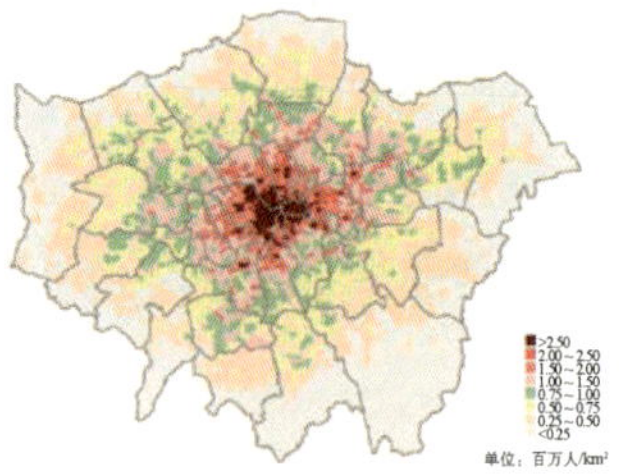 伦敦 2011 年 45 min 人口分布
表征服务范围特定 类型要素服务的数量	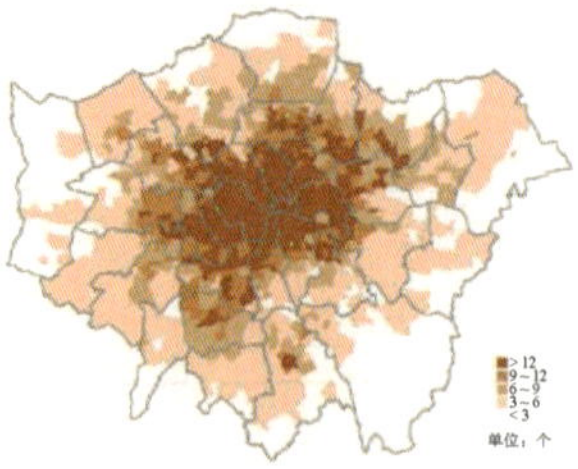 伦敦未来年公交网络大学分布 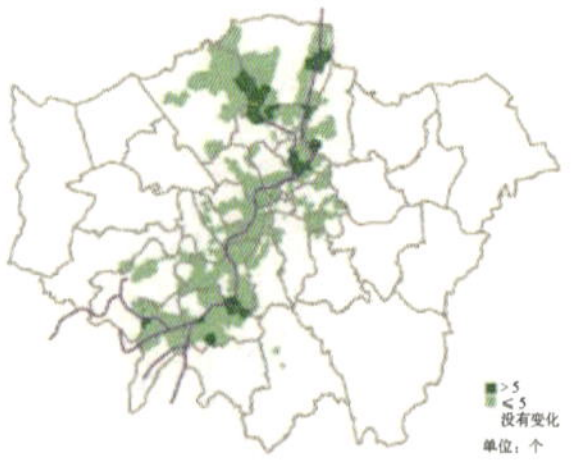 Crossrail 二期大学分布影响
表征服务范围 的出行时间	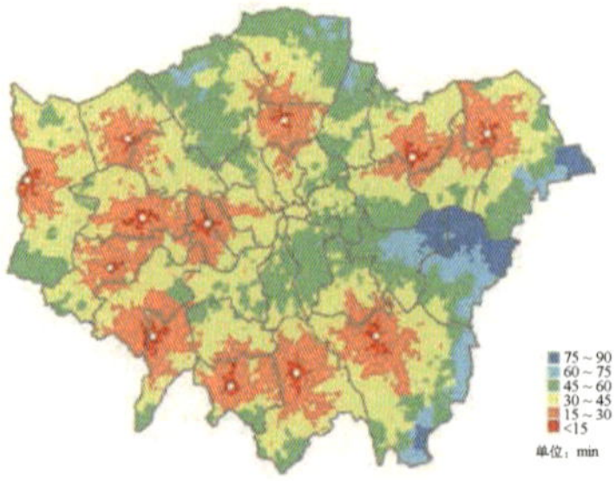 到最近城镇中心的时间分析
表征服务范围不同 情境、不同用户的差异	以上情况的组合和情景设置、对比分析等

7.2.2 应用领域

1. 辅助空间结构体系划分和潜力地区识别

在伦敦城市规划中，根据地位将区域划分为不同等级（图 7-6）：国际中心、大都会中心、主要中心、地区中心、社区中心。并提出相应 PTAL 要求：国际中心应达到 6b，大都会中心应达到 6a，主要中心应达到 5，地区中心应达到 4。

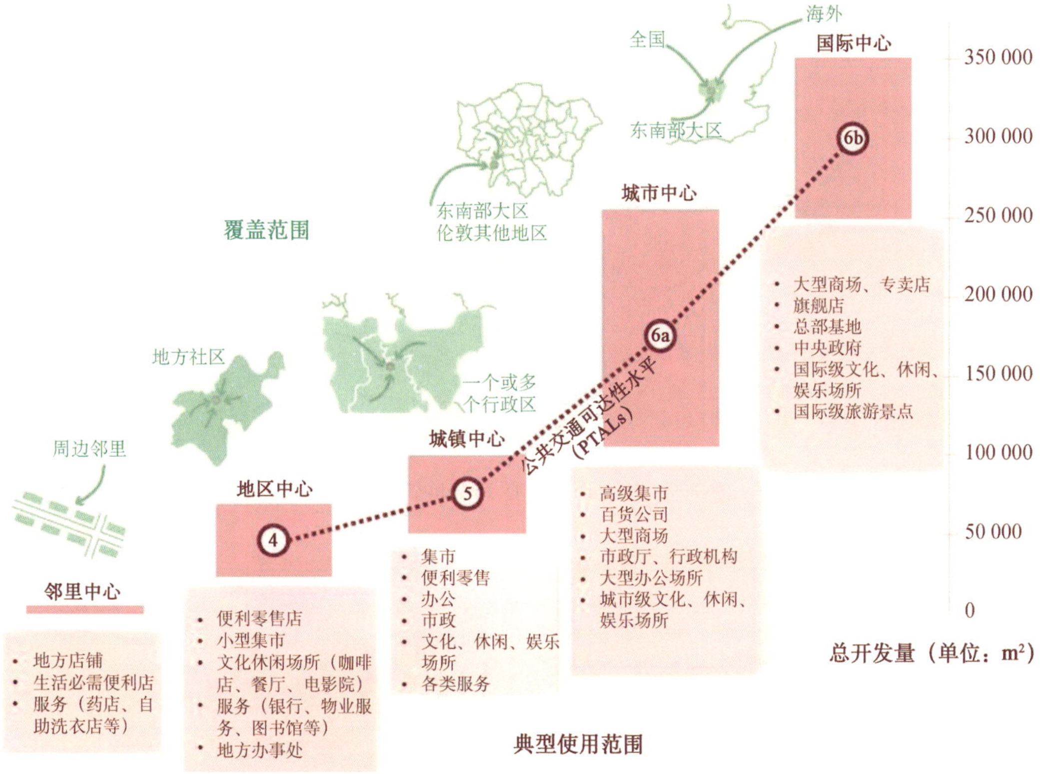

图 7-6 伦敦规划中 PTAL 和城镇中心划分的关系

交通可达性通常用于地区中心的分析研究中，如通过地区中心 45 min 的可达范围（图 7-7）和各地区距离最近的城镇中心的时间距离（图 7-8），量化测算城镇中心的影响范围。

在最新公布的伦敦规划中，待开发地块、工业用地、更新改造地区等共同形成的发展潜力地区均是沿公交走廊布设，集中于高 PTAL 地区（图 7-9）。沿线用地类型、开发强度和混合用地可行性均需通过 PTAL 值以及交通承载力评估。

2. 指导居住和商业商办用地开发

在伦敦战略规划中，将 PTAL 作为优化居住密度的核心指标，以公共交通可达性水平高的区域应该增加居住密度为总体原则，建立了郊区、城区、中心区不同 PTAL 值与居住密度的对应关系（表 7-4），以期达到优化居住环境、鼓励公共交通的目的。

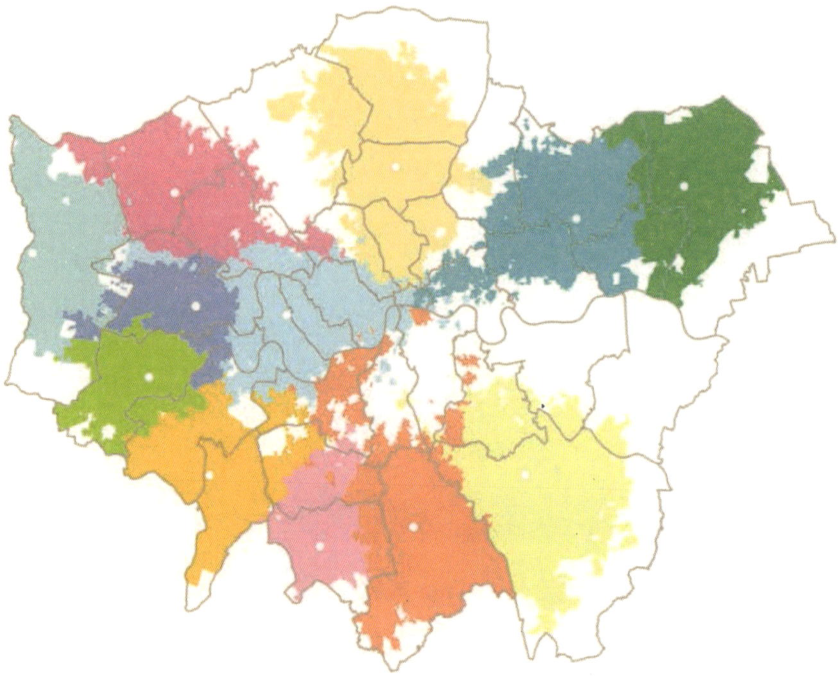

图 7-7　伦敦地区中心 45 min 的服务范围

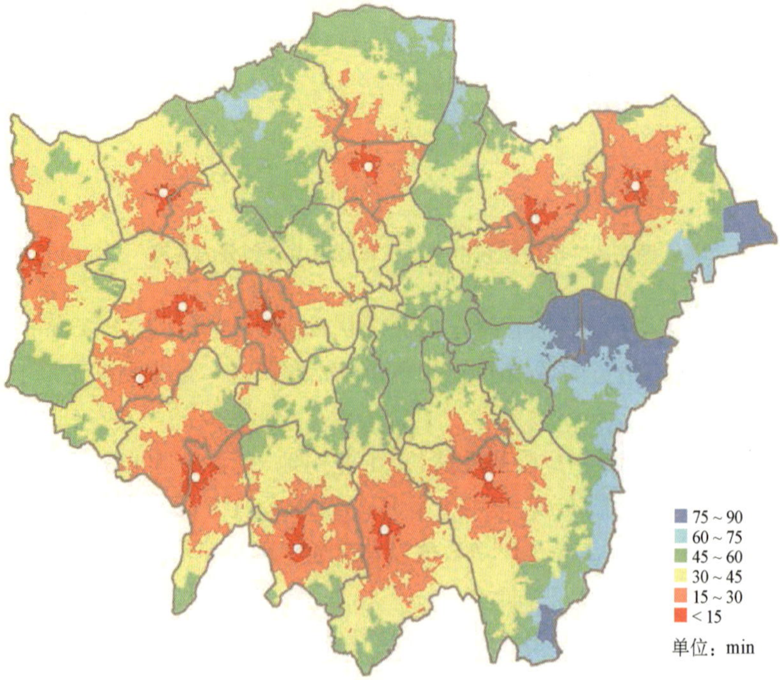

图 7-8　伦敦各区域距离最近的地区中心的时间分布

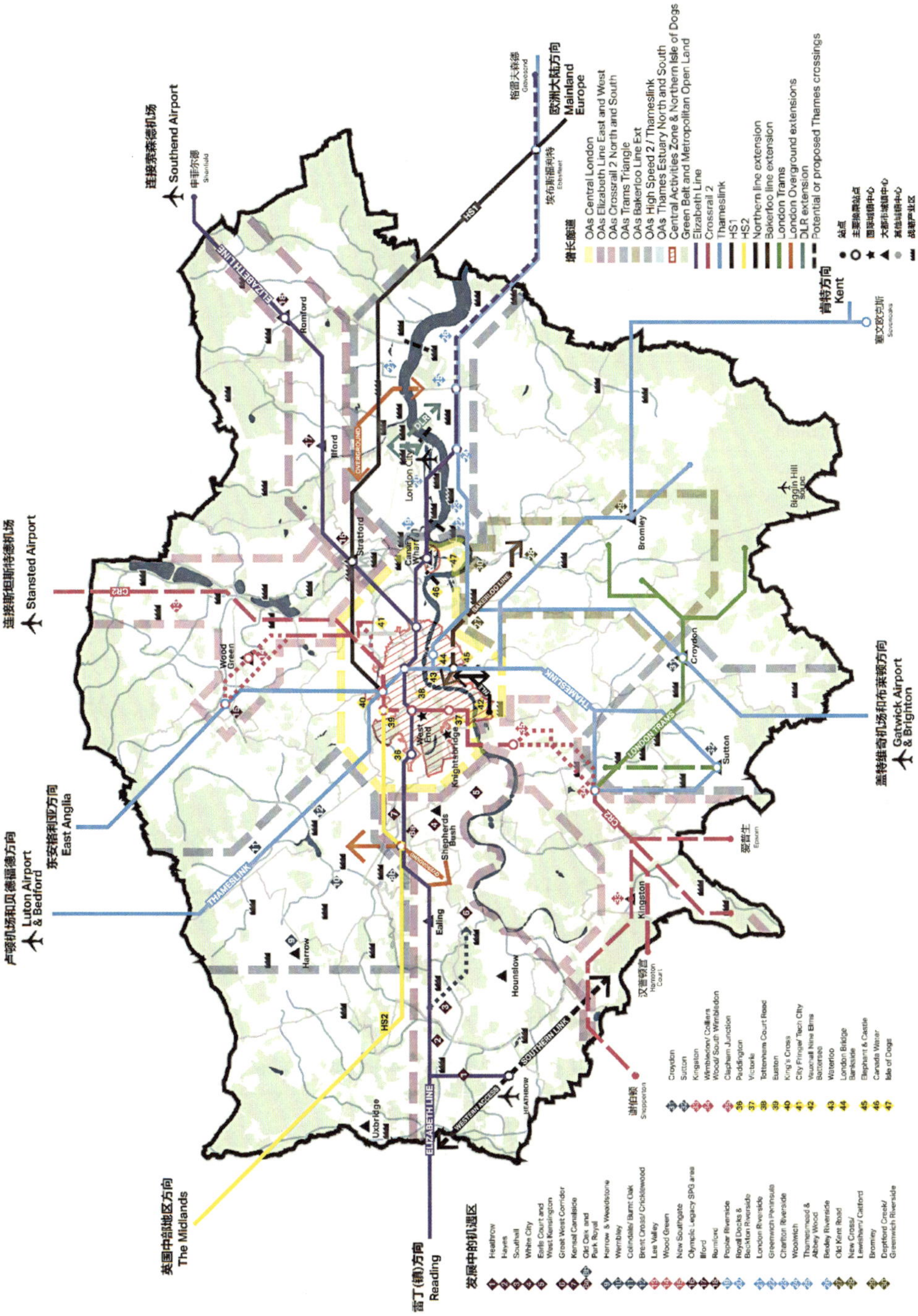

图 7-9 伦敦规划年潜力地区分布图

表 7-4　　　　　伦敦规划中建议的住宅开发强度

住宅所处区位	0～1	2～3	4～6
	住宅开发密度		
郊区(Suburban)	150～200 hr/ha	150～250 hr/ha	200～350 hr/ha
3.8～4.6 hr/u	35～55 u/ha	35～65 u/ha	45～90 u/ha
3.1～3.7 hr/u	40～65 u/ha	40～80 u/ha	55～115 u/ha
2.7～3.0 hr/u	50～75 u/ha	50～95 u/ha	70～130 u/ha
城区(Urban)	150～250 hr/ha	200～450 hr/ha	200～700 hr/ha
3.8～4.6 hr/u	35～65 u/ha	45～120 u/ha	45～185 u/ha
3.1～3.7 hr/u	40～80 u/ha	55～145 u/ha	55～225 u/ha
2.7～3.0 hr/u	50～95 u/ha	70～170 u/ha	70～260 u/ha
中心区(Central)	150～300 hr/ha	300～650 hr/ha	50～1 100 hr/ha
3.8～4.6 hr/u	35～80 u/ha	65～170 u/ha	140～290 u/ha
3.1～3.7 hr/u	40～100 u/ha	80～210 u/ha	175～355 u/ha
2.7～3.0 hr/u	50～110 u/ha	100～240 u/ha	215～405 u/ha

注:hr 代表适合居住的房间;u 代表一个居住单元、公寓或别墅;ha 代表面积(单位:hm^2)。

在伦敦规划中,亦鼓励商业办公类项目位于高可达性地区,并以“是否有 50%以上的商业办公类项目位于 PTAL 值为 5～6 的地区”作为年度监测评估的核心指标,以“PTAL 值为 3～6 或轨道站点 800 m 内商业办公建筑面积和住宅套数”作为近期规划的评估内容。

3. 指导停车配建,为停车政策制定提供参考

在伦敦规划中,以公共交通可达性高的地区应降低停车配建指标为基本原则,建立了郊区、城区和中心区等不同区域、不同居住密度条件下,PTAL 值和停车配建指标的对应关系(表 7-5)。2021 年发布的大伦敦空间发展战略规划中,停车配建政策更加严格,PTAL 直接指导包括居住、零售、酒店餐饮等用地的停车配建,PTAL 高值区域严格限制停车配建规模,促使伦敦向“零车目标”迈进。

表 7-5　　　　伦敦规划中 PTAL 和居住区停车配建的关系

最大住宅停车标准		
区位	卧室数	最大停车供给[①]
中央活动区 内伦敦机遇区 大都会中心 主要城镇中心 PTAL 为 5～6 的地区 内伦敦 PTAL 为 3～4 的地区	不限	无车[②]

（续表）

区位	卧室数	最大停车供给①
内伦敦 PTAL 为 2～3 的地区	不限	每座住宅最多 0.25 个
内伦敦 PTAL 为 1～2 的地区 外伦敦机遇区	不限	每座住宅最多 0.5 个
内伦敦 PTAL 为 0～1 的地区	不限	每座住宅最多 0.75 个
外伦敦 PTAL 为 3～4 的地区	1～2 个	每座住宅最多 0.5～0.75 个③
外伦敦 PTAL 为 3～4 的地区	3 个以上	每座住宅最多 0.5～0.75 个③
外伦敦 PTAL 为 2～3 的地区	1～2 个	每座住宅最多 0.75 个
外伦敦 PTAL 为 2～3 的地区	3 个以上	每座住宅最多 1 个
外伦敦 PTAL 为 0～1 的地区	1～2 个	每座住宅最多 1.5 个
外伦敦 PTAL 为 0～1 的地区	3 个以上	每座住宅最多 1.5 个④

注：① 对于发展计划明确规定当地最大总体停车标准或操作性停车标准偏低的区域，应遵守该供给规定；
② 不包含残障人士的停车，详见 G 部分，政策 T6.1 住宅停车；
③ 当考虑到可达性更强和更高密度地区的发展提议，应将此处的较小值作为供给上限；
④ 当明确可支持额外的家庭居住的情况下，自治市镇应考虑允许更高停车供给级别的标准。

表 7-6　　伦敦规划中 PTAL 和办公区停车配建的关系

最大办公停车标准	
区位	最大停车供给①
中央活动区 内伦敦	无车②
外伦敦机遇区	每 600 m^2（总建筑面积）最多 1 个
外伦敦	每 100 m^2（总建筑面积）最多 1 个
发展计划中以宽松标准规定的外伦敦地区	每 50 m^2（总建筑面积）最多 1 个

注：① 对于发展计划明确规定当地最大总体停车标准或操作性停车标准偏低的区域，应遵守该供给规定；
② 不包含残障人士的停车，详见政策 T6.5 非住宅残障人士停车。

表 7-7　　伦敦规划中 PTAL 和商业零售区停车配建的关系

最大零售停车标准	
区位	最大停车供给①
中央活动区 PTAL 为 5～6 的地区	无车②
内伦敦 外伦敦机遇区 500 m^2 以下位于外伦敦的零售停车区	每 75 m^2（总建筑面积）最多 1 个
外伦敦剩余地区	每 50 m^2（总建筑面积）最多 1 个

注：① 对于发展计划明确规定当地最大总体停车标准或操作性停车标准偏低的区域，应遵守该供给规定；
② 不包含残障人士的停车，详见政策 T6.5 非住宅残障人士停车。

4. 评估交通系统的合理性、公平性和辅助交通设施决策

可达性经常用于交通方案和交通设施的评估与决策，用于识别可达性水平因交通条件的改善而提高的区域。如通过现状年和未来年的 PTAL 值的变化情况来反映某条轨道线路的建设对区域的影响。例如，Upper Lee Valley 机遇区规划框架中，两个地图分别表示了现状年和未来年的 PTAL 值，反映了新开公交线路、增加轨道交通发车频次等公交服务改进对区域的影响（图 7-10）；又如 Battersea 地区北线延伸后现状年和未来年 PTAL 对比（图 7-11）。

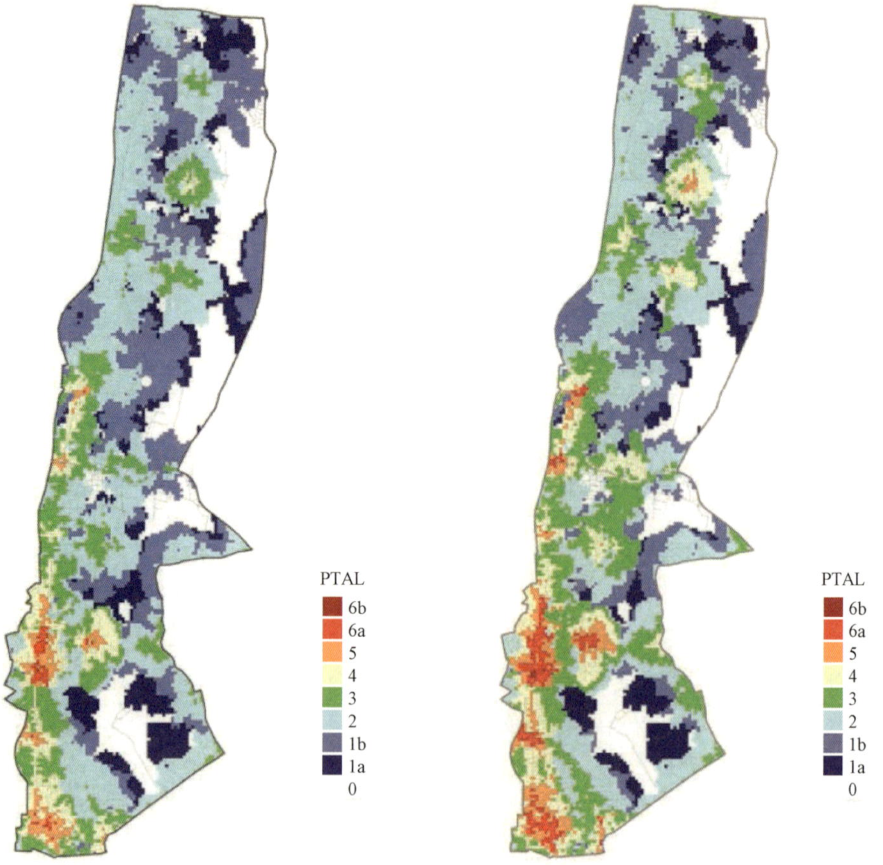

(a) 现状年　　(b) 未来年

图 7-10　Upper Lee Valley 机遇区规划框架中现状年和未来年的 PTAL 地图

可达性还可用于评价交通系统的公平性，评估残疾人群、低收入人群的公交可达性水平（图 7-12）。例如，通过无障碍公交出行时间和一般公交出行时间的对比识别公交网络中无障碍服务水平，通过常规公交出行时间和包含轨道的公交出行时间分布对比，识别哪些区域需加强常规公交服务，以提高公共交通系统的公平性。

5. 评估职住空间分布

在伦敦规划中，基于可达性/可及性对职住空间分布进行评估。例如，以 45 min 作

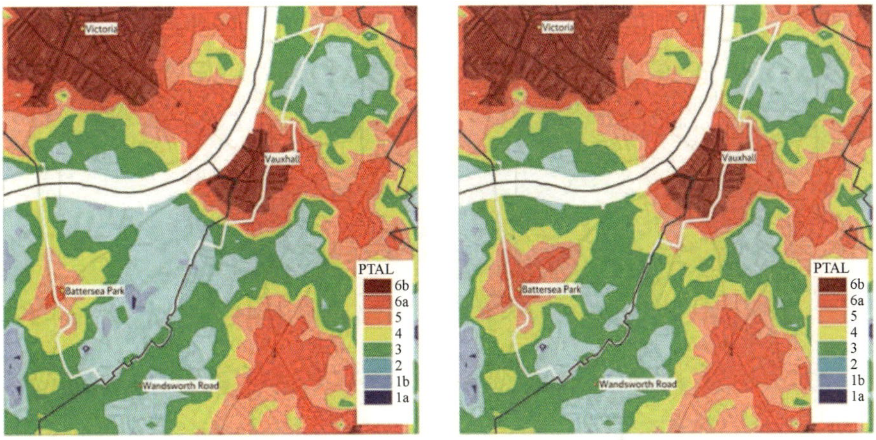

(a) 现状年　　　　(b) 未来年

图 7-11　Battersea 地区北线延伸后现状年和未来年 PTAL 对比

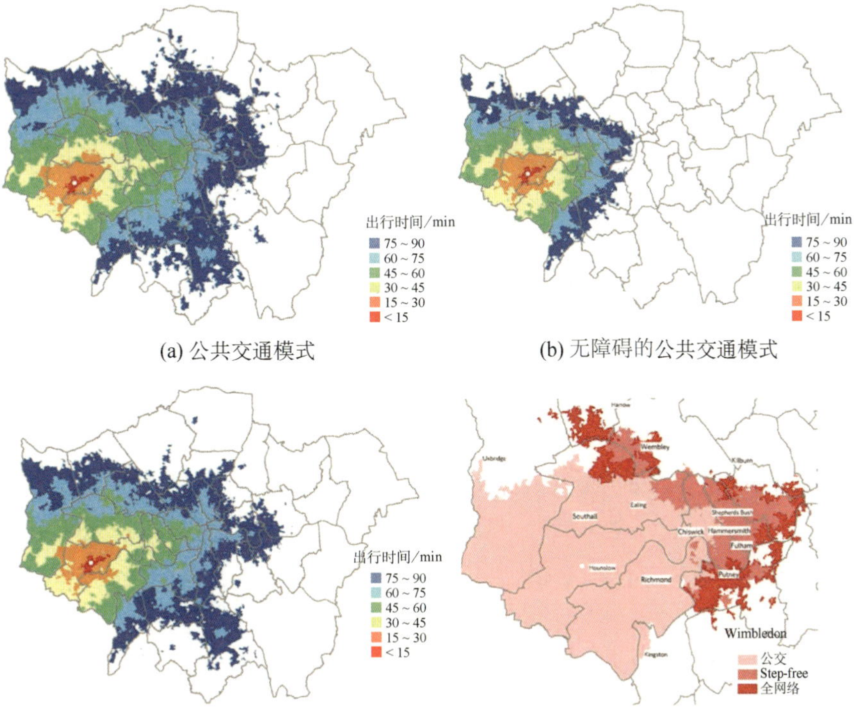

(a) 公共交通模式　　　　(b) 无障碍的公共交通模式

(c) 常规公交模式　　　　(d) 不同模式的对比

图 7-12　不同模式到达豪恩斯洛(Hounslow)的出行时间对比

为通勤控制目标,识别伦敦各个区域 45 min 内可到达的工作岗位数量情况(图 7-13)。岗位的统计都是基于现状年(2011 年)的数据,但是交通系统区分了现状年(2011 年)和未来年(2031 年)。对比两张图可以看出,通过交通系统的优化,伦敦的通勤服务水平将大大改善。

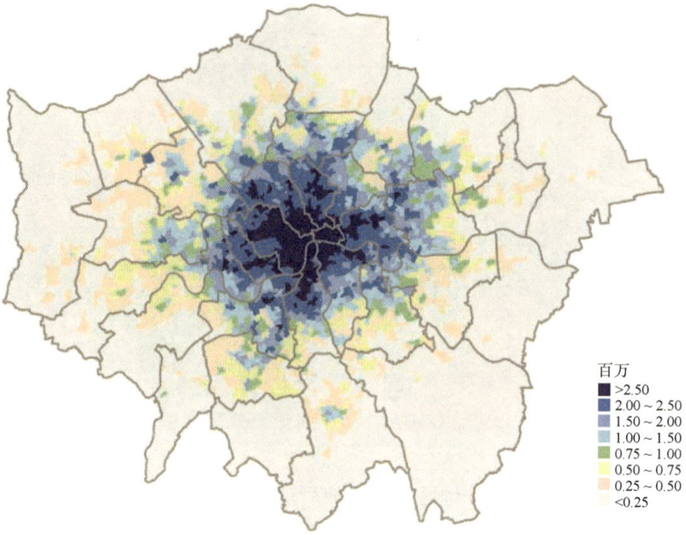

(a) 2011年

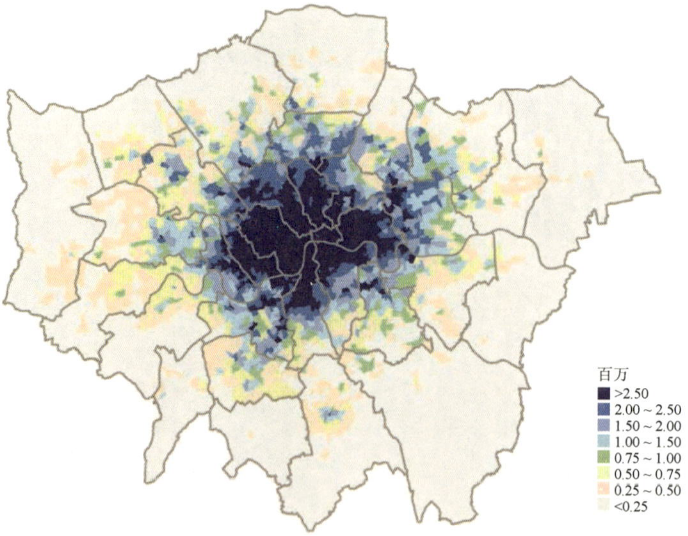

(b) 2031年

图 7-13　伦敦市各个区域在 45 min 可达范围的岗位总量的空间分布

6. 评估公共服务设施的布局合理性及辅助选址

在伦敦规划中要求公共服务设施选址应位于 PTAL 较高的区域，并基于 WebCAT 提供现状和规划各个区域 PTAL 值的查询。针对就业、教育、健康、食品商店、开放空间等公共服务设施布局评估还应用了机会和服务可及性(ATOS)方法，ATOS 方法是基于某种交通方式获得某种服务的便利程度，将评估范围分为 A—E 五级，A 级最好，E 级最差。例如，可以计算基于公交或步行到达最近的 3 所中学的 ATOS 得分情况(图 7-14)。

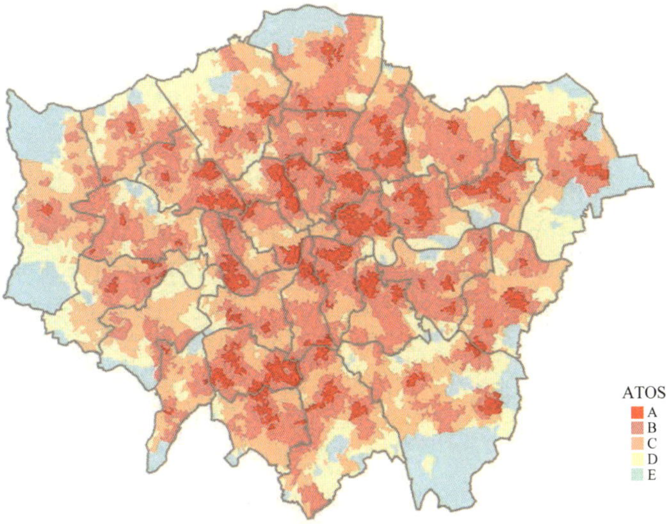

图 7-14 伦敦的中学 ATOS 得分图

7.2.3 制度建设

伦敦可达性被广泛应用并上升为政策工具，有赖于完善的法规体系、稳定的数据维护和开放的应用平台三个方面的制度保障。

1. 完善的法规体系

(1) 规划编制中纳入可达性分析技术。自 1994 年起，英国环境部与交通部联合发布《规划政策指南》，建议各地方机构建立 PTAL 评估机制。2003 年，国家副首相办公室要求地方编制地方交通规划时，引入公共交通可达性分析技术。

(2) 将可达性作为规划实施监测的核心指标。伦敦总体规划年度监测评估中包含“50%以上的商业办公类项目应在 PTAL 值 5～6 的地区进行开发”的指标。《地方实施规划指南》中明确要求评估“PTAL 值 3～6 或轨道站点 800 m 内商业办公建筑面积和住宅套数”等指标。

(3) 将可达性作为交通投资审批的重要依据。2014 年，英国交通部出台《交通分析指南》，要求所有中央政府与地方政府审批的交通投资都必须依照指南进行公共交通可达性评估，大伦敦规划要求不满足 PTAL 要求的开发应分阶段实施，否则可拒绝审批或依绿色出行设施补充程度进行相应调整。

2. 稳定的数据维护

伦敦可达性分析有专门的维护团队和充足的经费支撑，基础数据来源稳定，以保障可达分析成果具有时效性。近年，伦敦可达性的数据架构不断丰富，应用形式也持续优化，如可达性分析中增加自行车接驳和步行环境的因素，让分析结果更加符合人们的出行选择。

3. 开放的应用平台

伦敦交通局设计研发了网页端“可达性评估工具箱”(Web-based Connectivity Assessment Toolkit, WebCAT)，面向公众和专业机构开放，提供公共交通可达性水平 PTAL 查询和基于等时线制图方式的可达性查询。

7.3 国内的实践

目前，国内各大城市都在研究伦敦公交可达性经验，相继发布本土化的应用设想。从目前技术条件来看，PTAL 本土化计算是不成问题的，难点在于分级标准的科学合理，研究既要匹配城市规模和发展水平，又要有各个城市间横向可对比的分级标准是 PTAL 技术在国内长久应用的第一步。而作为一项政策工具，应广泛应用于规划、建设和政策制定的多个领域，目前国内的研究设想还有待进一步的应用检验。

7.3.1 上海市[7]

上海市是较早开展交通可达性研究的城市之一。在充分借鉴伦敦经验的基础上，基于上海的既有实践，在深入分析总体规划实施评估、15 min 社区生活圈规划、公共服务设施专项规划、轨道交通网络规划等重点项目的应用需求基础上，提出 8 大类应用场景，构建了上海公共交通可达性应用体系的整体框架(图 7-15)。整体框架包含以下四个层次。

(1) 基础数据，包含交通模型数据、社会经济数据和网络数据三大部分。

(2) 模型工具，在充分借鉴伦敦可达性的基础上，结合上海的实际情况，研发 PTAL 模型、等时线模型、ATOS 模型和服务范围模型四个模型工具。

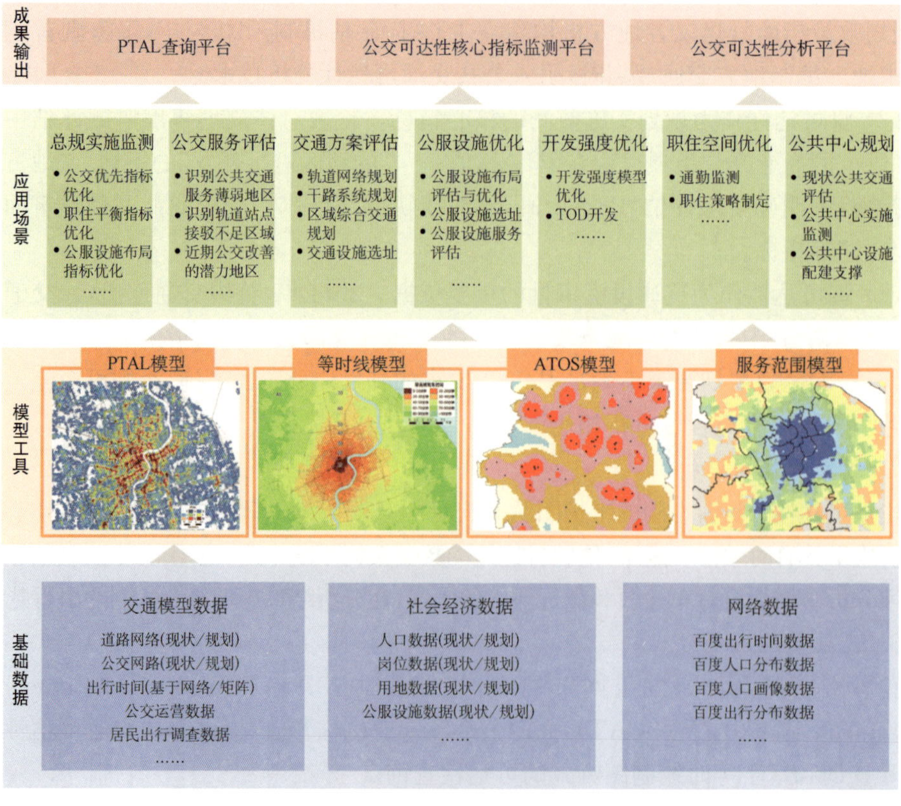

图 7-15 上海市公共交通可达性平台整体设计框架

(3) 应用场景,包含总体规划实施、公交服务评估、交通方案评估、公服设施优化、开发强度模型优化、职住空间优化和公共中心监测与评估。

(4) 成果输出,包括公共交通可达性 PTAL 全市一张图系统、公交可达性分析平台和公交可达性核心指标监测发布系统。

上海的 PTAL 是在交通规划模型的基础上开发完成的,其计算步骤、参数设置、图例设置与伦敦一致(图 7-16)。基于现状 PTAL 分布,叠加人口、岗位和居民出行调查等数据,识别公共交通服务的薄弱区域和服务效率。通过分析发现(图 7-17),上海现状 PTAL 与城市人口岗位的分布是相对契合的,PTAL 3 级(公共交通可达性水平普通)以上区域的面积占比虽然仅为 8.6%,但是服务的人口比例为 47.3%、岗位比例为 55.9%。上海的公共交通出行与 PTAL 直接正相关,个体机动车出行与 PTAL 负相关(图 7-18)。但仍有部分区域公共交通服务水平有待提高,例如宝山区的南大—上大—顾村片区、松江的九亭片区人口较为密集,浦东的金桥地区、松江的车墩地区、嘉定的外围地区等就业岗位密度较大,但 PTAL 等级低于 3,公共交通服务有待提升(图 7-19)。

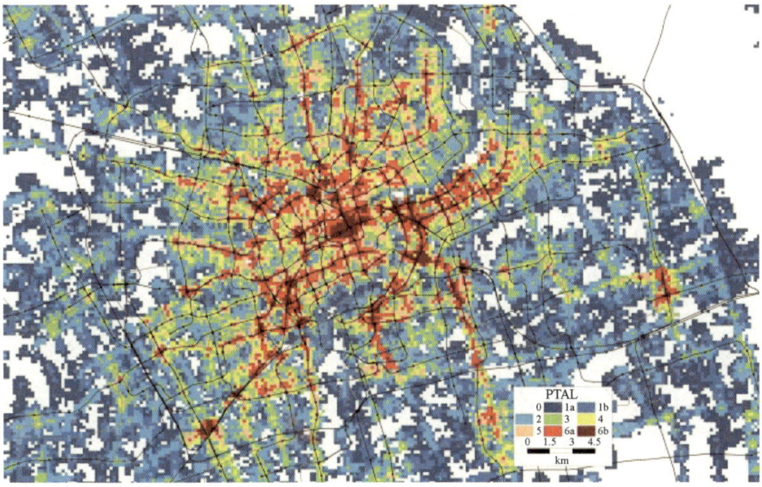

图 7-16 上海的公共交通可达性指标(PTAL)分布图

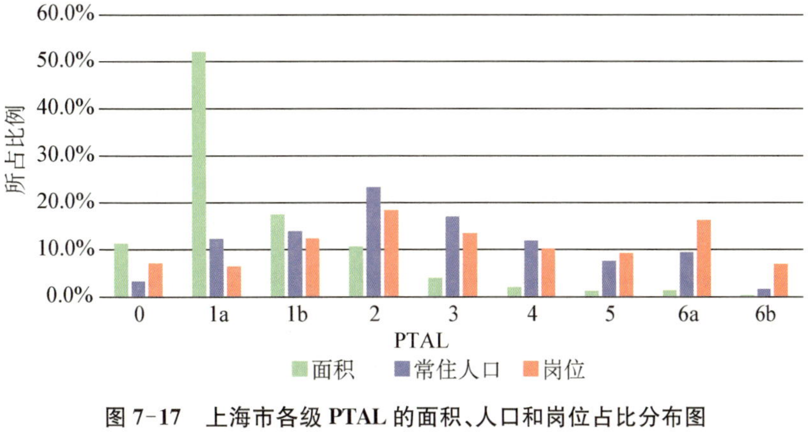

图 7-17 上海市各级 PTAL 的面积、人口和岗位占比分布图

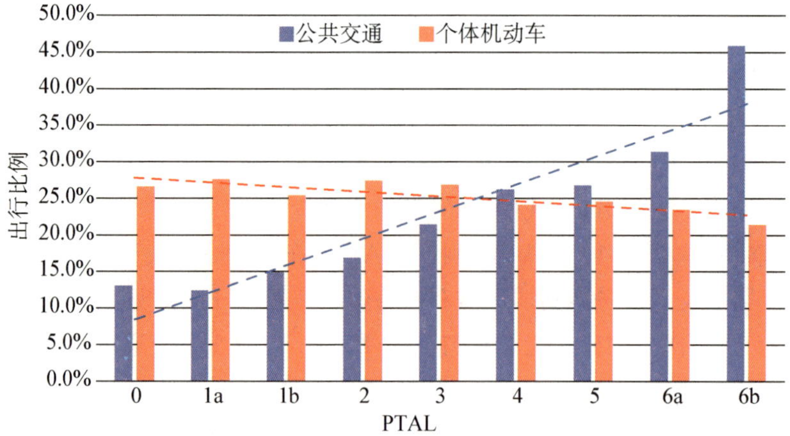

图 7-18　上海市各级 PTAL 区域范围内公共交通和个体机动车的出行比例分布

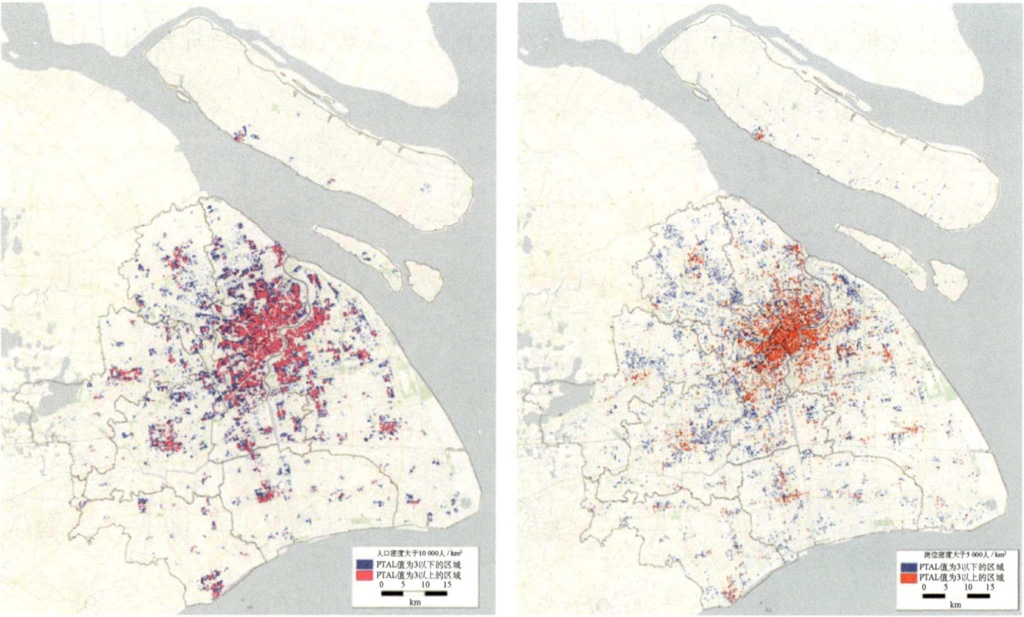

(a) 人口密度大于10 000人/km²　　　　(b) 岗位密度大于5 000人/km²

图 7-19　人口与岗位密集地区的 PTAL 分布

7.3.2　北京市[8]

借鉴伦敦的可达性分析，北京尝试了测算本土化的 PTAL（图 7-20），并提出几方面的应用设想。

（1）在控规编制中引入公共交通可达性分析，理顺既有的交通承载力和公共交通可达性间的对应关系，将用地功能、开发强度和配建指标等与公共交通可达性相互衔接，提高控规编制的科学性，提升公共交通资源的利用效率。

(2) 评价交通公平性。纳入公共交通目的地可达性分析(图 7-21),作为 PTAL 的补充,实现了从出发端到终点端的覆盖,识别可达性短板;结合岗位、医疗、学校、公园以及不同年龄、收入和身体状况人群的空间分布进行交叉分析,评价出行服务与不同人群偏好、能力和差异化诉求的匹配情况;结合不同人群的实际出行需求分布,在强调公平的同时兼顾边际效益最大化;预判未来人口结构的变化,以及不同人群潜在的出行需求,以指导未来的城市与交通规划路径。

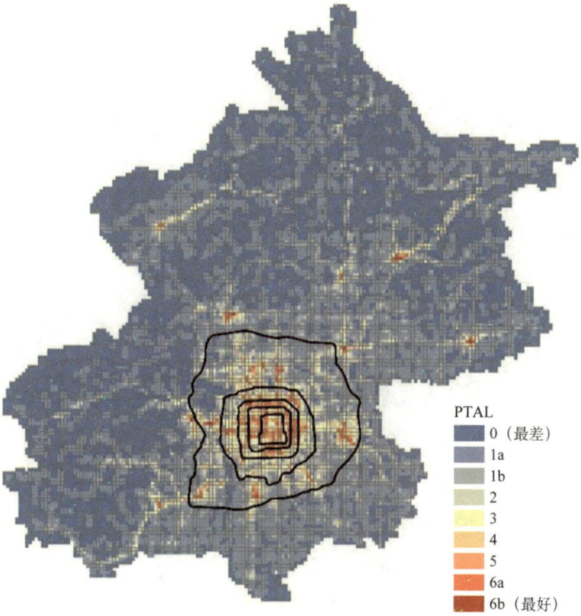

图 7-20　北京市 PTAL 分布

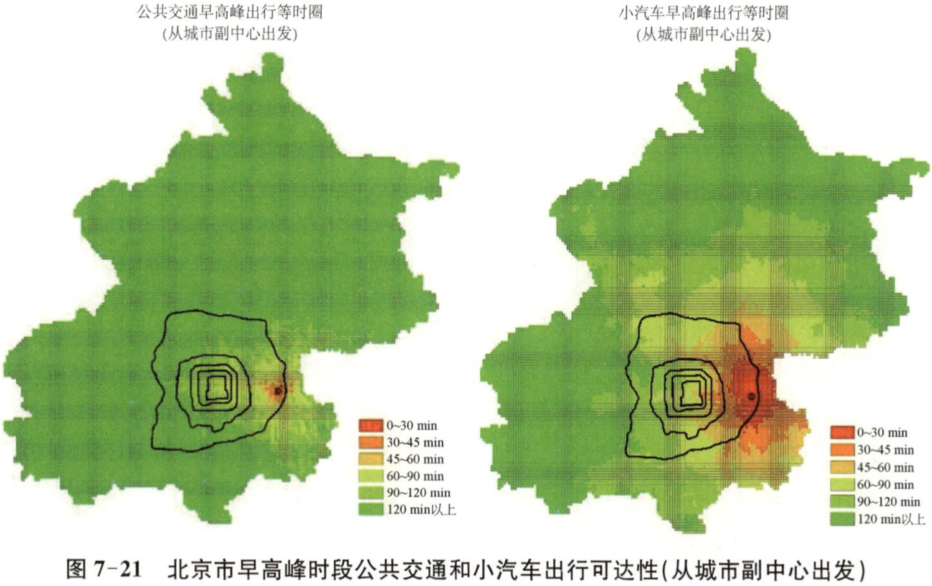

图 7-21　北京市早高峰时段公共交通和小汽车出行可达性(从城市副中心出发)

7.3.3 深圳市[9]

在借鉴伦敦 PTAL 的基础上，深圳依托 TransPaaS 平台[10]开发了 100 m×100 m 栅格精度的 PTAL 评估工具(图 7-22)。深圳 PTAL 测算采用深圳本地化参数，底层数据包含 1.3 万个公共交通站点、2 000 余条轨道及公交线路、超过 1 200 万条(1 个月)公交到站记录、超过 200 万次网络地图路径规划采样。最终成果在栅格和交通小区两个层级进行了可视化。

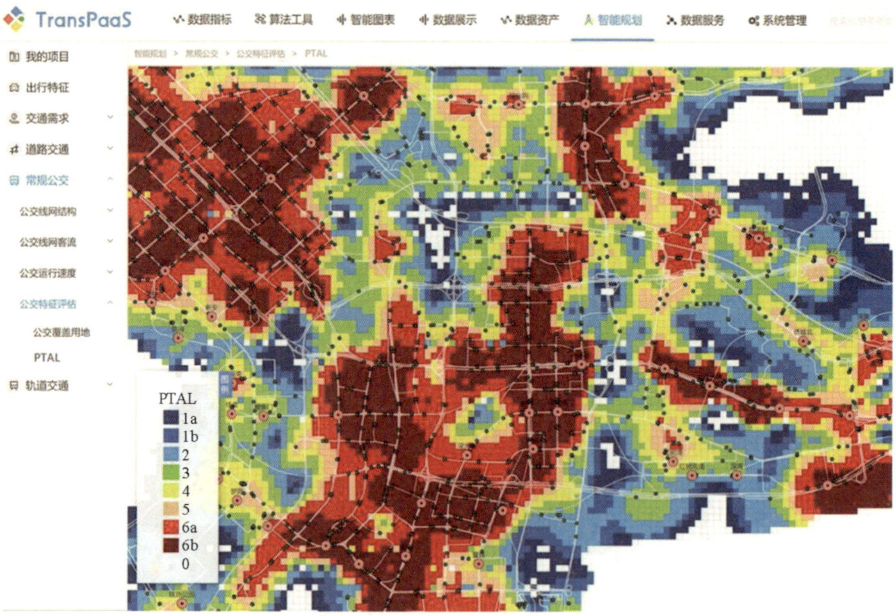

图 7-22　深圳市基于 100 m×100 m 栅格的 PTAL 分布图

深圳就可达性的应用提出几方面的设想。

(1) 叠加人口数据，识别职住用地分布不合理、公共交通服务水平不足的区域。如大量居住在深圳二圈层(龙华、宝安、龙岗等)的人口工作在一圈层，职住分离严重、公共交通服务水平不足(图 7-23)。近期应加快轨道建设、优化与轨道接驳公交线路、开通点到点班车，远期应调整用地空间布局，从根本上解决这些问题。

(2) 识别近期急需改善公交的区域，从边际效用最大化的角度看，优先改善高人口密度地区的公共交通可达性是最具吸引力的针对性提升措施。结合 PTAL 和区域人口统计数据，能够快速识别潜在高价值的改善区域。

(3) 轨道交通建设对公交可达性水平的影响评估(图 7-24)。快速评估轨道建设对沿线公共交通可达性的影响，单条轨道建设对周边地区 PTAL 影响有限，福永—桥头—塘尾沿线交通可达性提升不明显。

(4) 面向特定 POI 的公交可达性水平评估。对公共场所，如学校、医院、公园、政府服务部门所在地的公交可达性水平进行评估，辅助线网规划、调整和设施/服务投放。

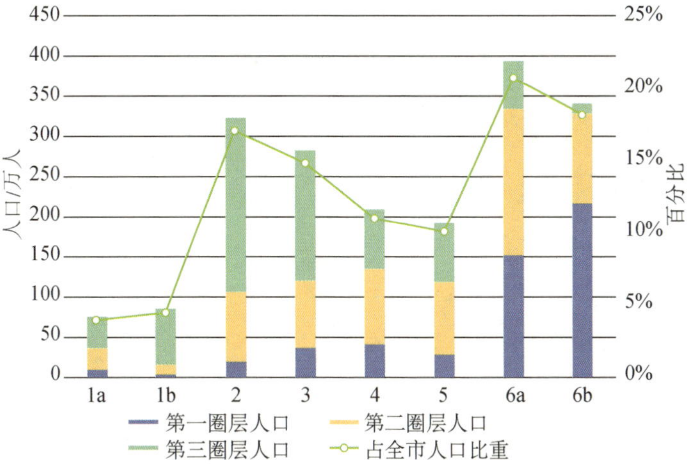

图 7-23　深圳不同圈层 PTAL 与人口的分布图

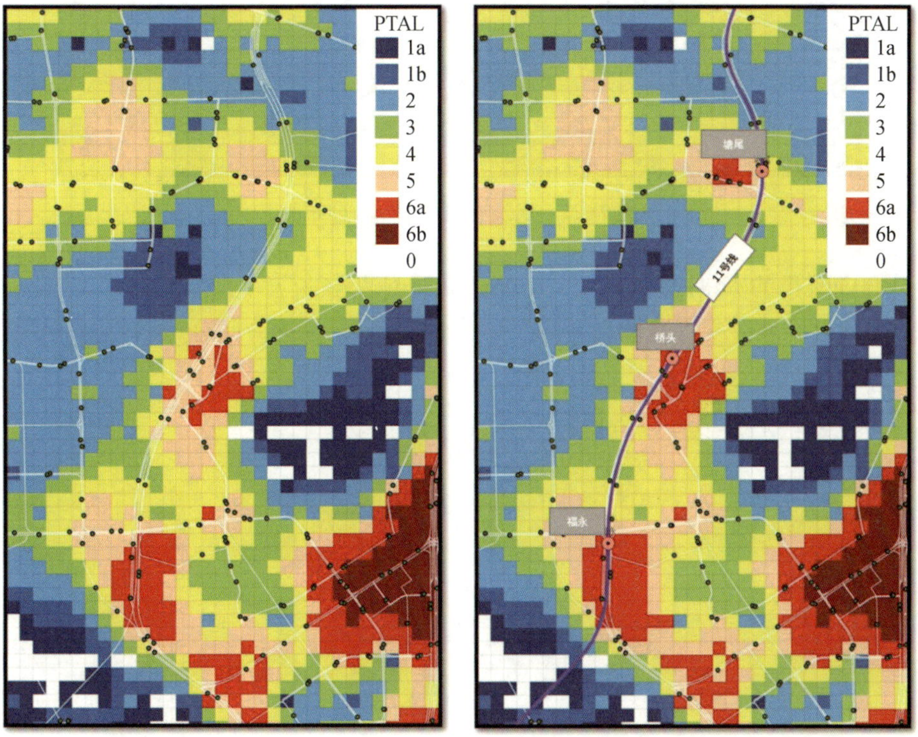

图 7-24　深圳地铁 11 号线(机场线)对周边地区 PTAL 影响分布图

7.3.4　武汉市[9]

武汉采用 200 m×200 m 的网格测算了武汉 PTAL，底层数据包含 9 条轨道、3 条有轨电车和 784 条公交线路、约 1.7 万个站点，并以武汉公交、轨道时刻表数据为基础、公交 GPS 和到发站数据为补充，对不同线路服务水平进行计算。

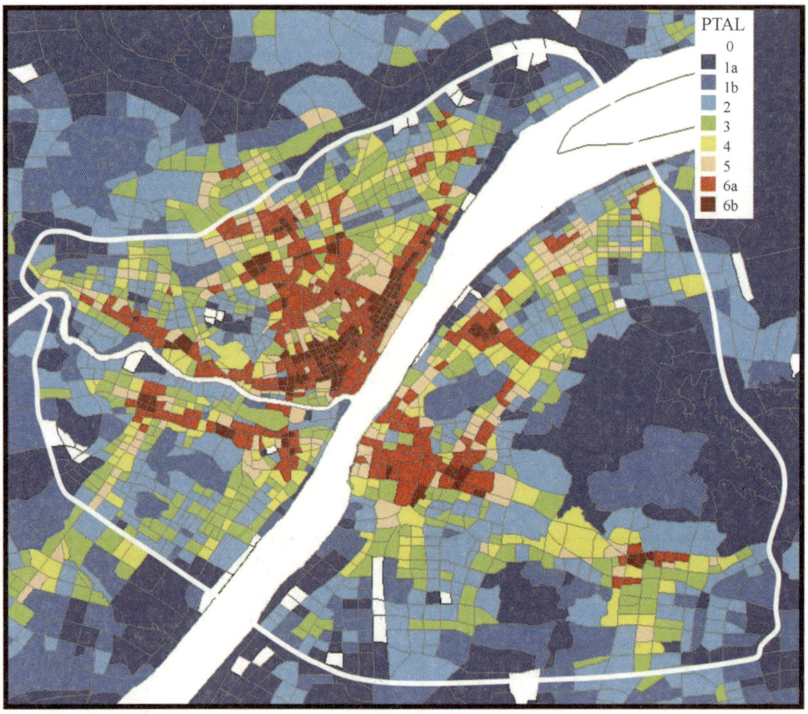

图 7-25 武汉主城区 PTAL 分布图

从目前收集的资料来看，武汉关于公共交通可达性的应用主要包括以下三方面。

(1) 评估区域公交可达性水平(图 7-26)。以传统三镇为区分，汉口地区公共交通可达性水平较武昌、汉阳地区明显更优。主城(三环)范围内江汉区公交可达性水平最高，PTAL 对应的 AI 值平均达到了 23.78。

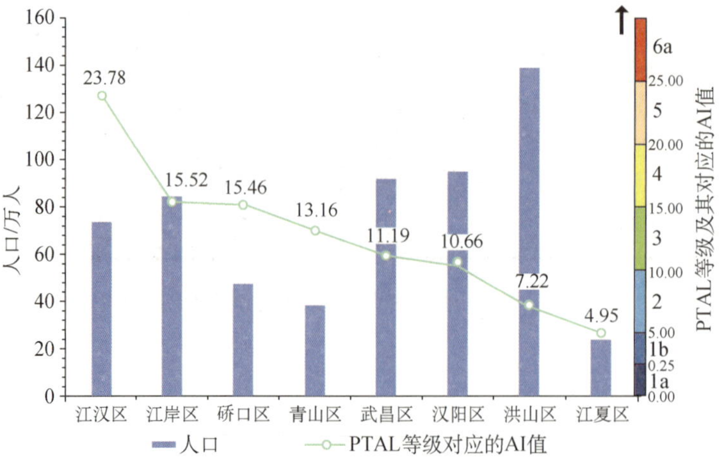

图 7-26 武汉主城区各行政区 PTAL 均值和人口对比图

(2) 识别潜力地区(图 7-27)。结合 PTAL 和区域人口统计数据,快速识别潜在高价值的改善区域,优先改善高人口密度地区的公共交通可达性是最具吸引力的针对性提升措施。

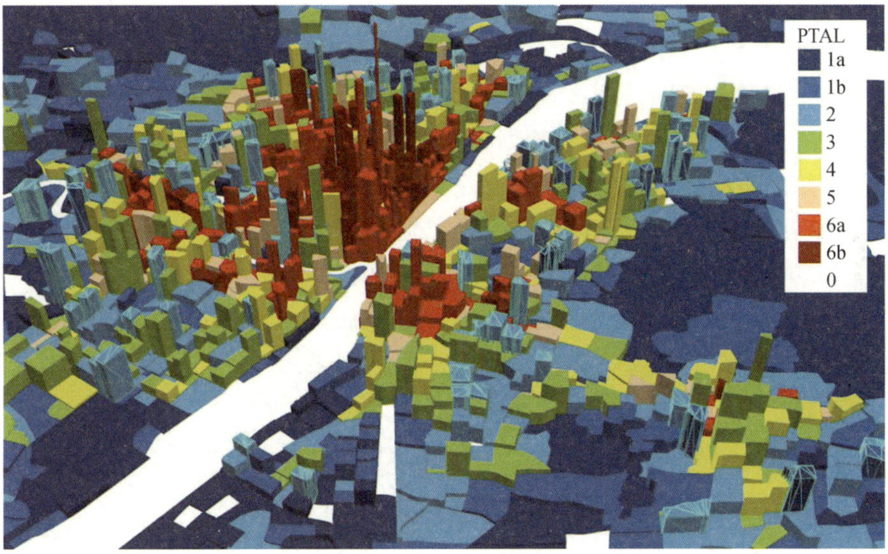

图 7-27　交通小区 PTAL—人口密度 3D 可视化图

(3) 提高慢行可达性(图 7-28)。伦敦提出在 PTAL 评估中纳入骑行接驳条件,来促进城市外围 PTAL 为 0~2 级地区实施更具可持续性的高密度住宅开发。

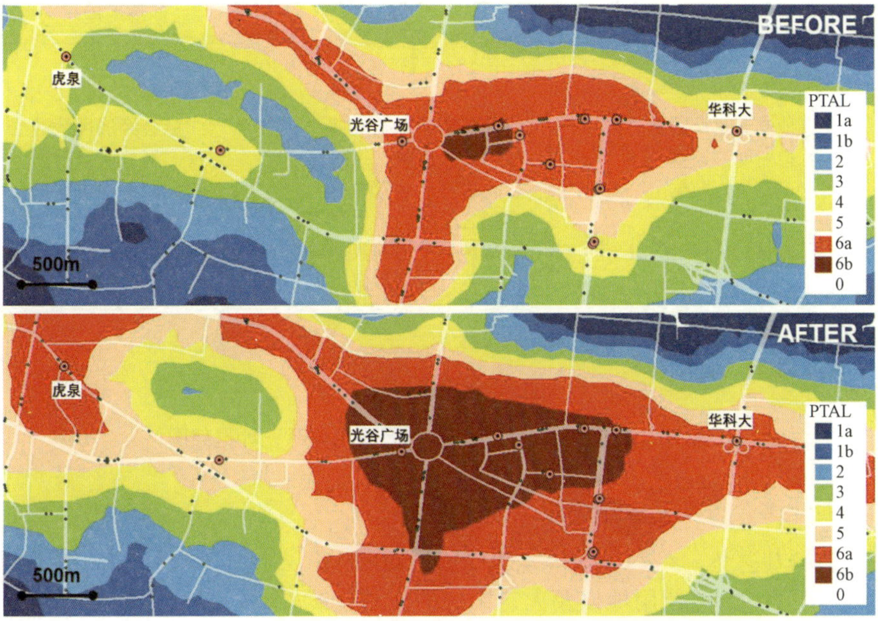

图 7-28　考虑骑行接驳条件前后武汉光谷地区 PTAL 对比图

在完善骑行环境和提升共享单车服务运营水平的条件下，公共交通可达性存在潜在的提升空间，对量化自行车接驳改善价值，推广“最后一公里”绿色出行具有重要的现实意义。

7.3.5 杭州市[11]

杭州开展了“城市用地与公交协调性的量化评估方法研究”课题，探索公交可达性分析技术(PTAL)在杭州国土空间规划中的应用。杭州提出了完整的 PTAL 应用框架体系，该体系以 PTAL 指标为桥梁，连接公共交通、道路交通、社会经济、土地利用等相关领域，实现多维度的交叉分析与应用，实现对规划编制、运行监测、政策制定等多方面的技术支持，并满足市民查询公交可达性水平的要求(图 7-29)。

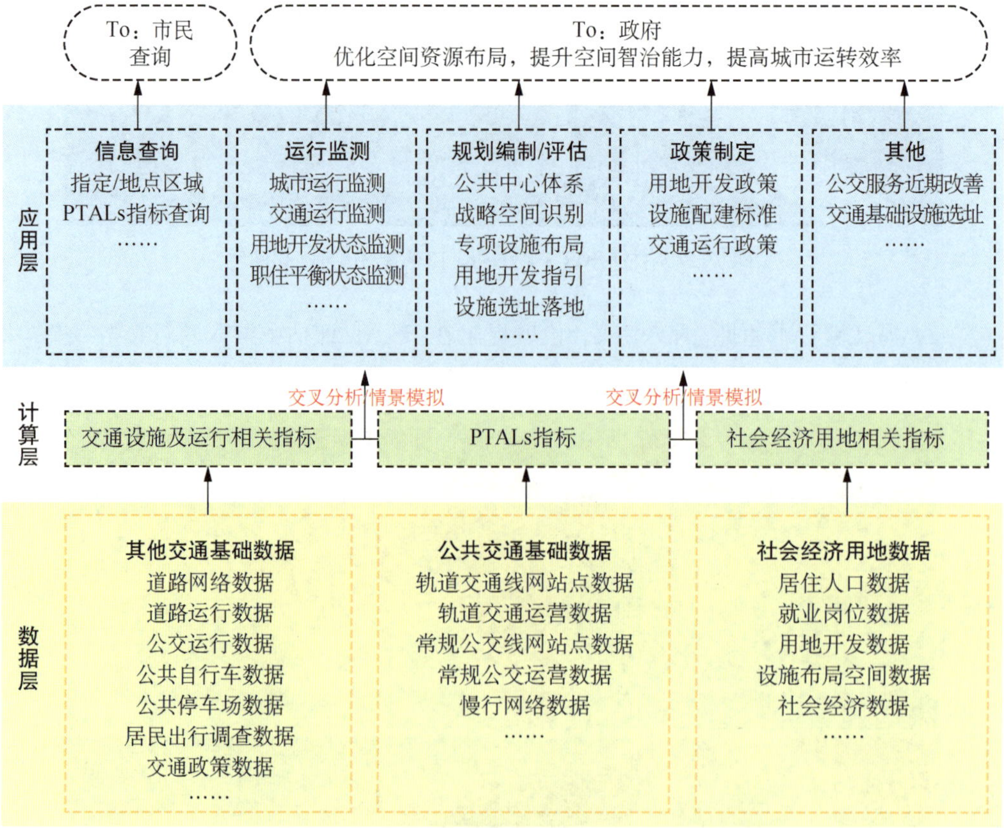

图 7-29 杭州 PTAL 分析技术及应用体系设计框架图

杭州提出多个方面的应用设想。

(1) 用地开发状态及人口岗位分布评估与监测(图 7-30)。监测高水平公交可达性地区内的公建用地、居住用地以及人口岗位的发展情况，为城市用地分类布局与开发优化提供技术支持，实现更加集约高效的城市发展。

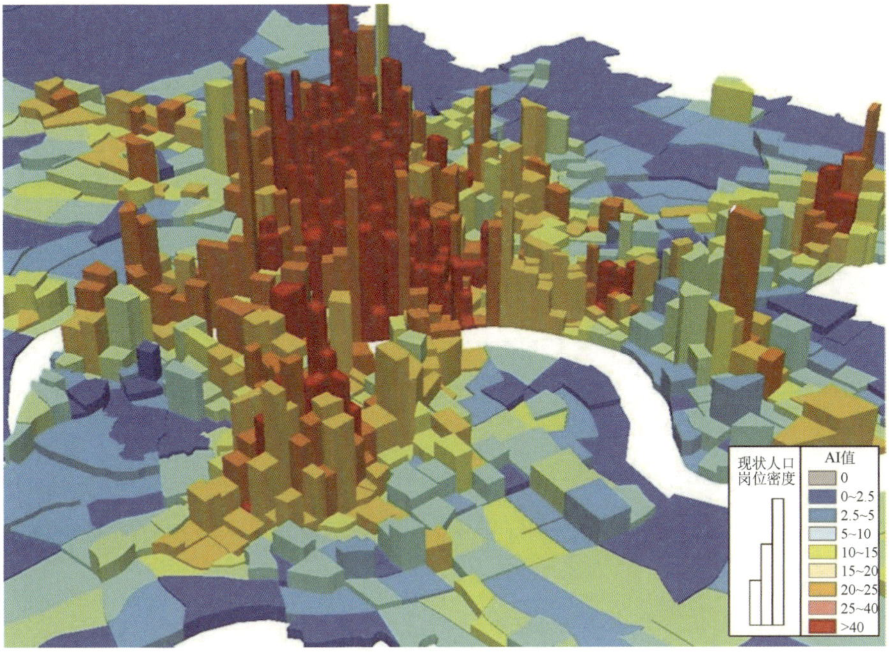

图 7-30　杭州市区现状 PTAL 等级对应的 AI 值与人口岗位分布关系示意图

（2）面向特定人群的公交可达性水平评估与监测（图 7-31）。结合 PTAL 和老年人口空间分布数据，快速识别面向老龄化社会的公交服务待改善区域（老年人口密度高，公交可达性水平低）。

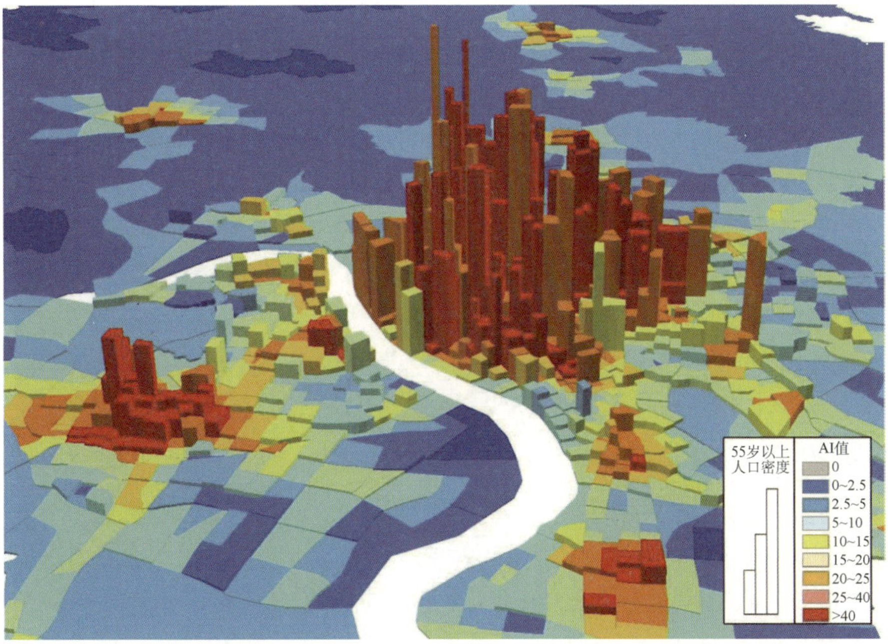

图 7-31　杭州市区现状 PTAL 等级对应的 AI 值与老年人口分布关系示意图

(3) 面向特定设施的公交可达性水平评估与监测(图 7-32)。横向对比不同设施的公交可达性水平,便于快速筛选待优化公交服务设施,还能为新建设施选址提供公交服务角度的评价建议。

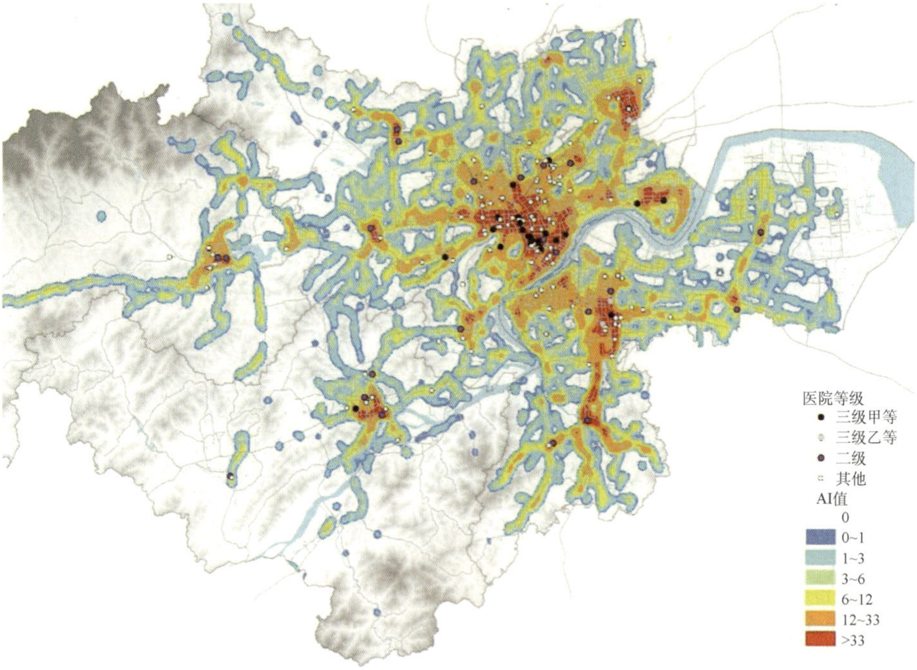

图 7-32　杭州市区现状 PTAL 等级对应的 AI 值与医院分布关系示意图

(4) 综合交通运行情况评估与监测。将居民出行调查数据的分析范围与基于PTAL 值的空间分区统一,针对公交机动化分担率进行分析。

(5) 公共交通运行情况评估与监测(图 7-33)。快速识别出待优化站点或区域("高客流—低 PTAL"与"低客流—高 PTAL"),为运营效益监测和服务优化提供参考。

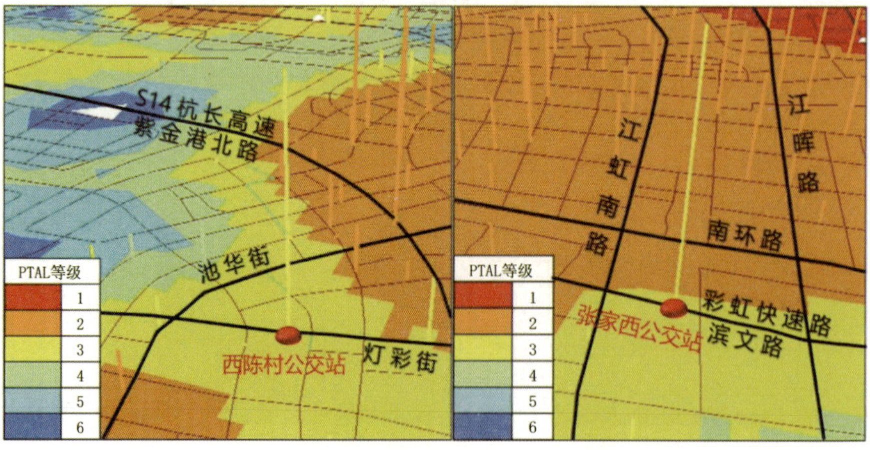

图 7-33　典型地区 PTAL 等级与公交站点日客运量分布示意图

参考文献

[1] 陆化普,王继峰,张永波. 城市交通规划中交通可达性模型及其应用[J]. 清华大学学报(自然科学版),2009,49(6):765-769.

[2] Geurs K T, Wee B van. Accessibility evaluation of land-use and transport strategies: review and research directions[J]. Journal of Transport Geography, 2004, 12(2): 127-140.

[3] 刘贤腾. 空间可达性研究综述[J]. 城市交通,2007,5(6):36-43.

[4] 李平华,陆玉麒. 可达性研究的回顾与展望[J]. 地理科学进展,2005,24(3):69-78.

[5] Transport for London. Assessing transport connectivity in London[R]. London: Transport for London, 2015.

[6] 张天然,朱春节. 伦敦公共交通可达性分析方法及应用[J]. 城市交通,2019,17(1):70-76,13.

[7] 上海市城市规划设计研究院. 基于上海 2035 总体规划目标的上海市公共交通可达性分析及平台研发[R]. 上海:上海市城市规划设计研究院,2021.

[8] 北京市城市规划设计研究院. 北京市地面公交系统发展策略研究[R]. 北京:北京市城市规划设计研究院,2021.

[9] 丁雪晴,刘恒. 公共交通可达性水平 PTAL 应用前瞻[J/OL]. (2021-01-29)[2021-05-08]. https://mp.weixin.qq.com/s/IsMY4XxyuSyqcy_IeBCqSA.

[10] 张晓春,林涛,段仲渊,等. 面向城市交通治理的大数据计算平台 TransPaaS[M]. 上海:同济大学出版社,2021.

[11] 杭州市规划设计研究院. 城市用地与公交协调性的量化评估方法研究[R]. 杭州:杭州市规划设计研究院,2021.

8 城市/城市群空间的关联结构

空间思维由三大要素组成:空间概念、呈现工具和推理过程。交通规划中的空间思维能力涉及对空间意义的理解,正确定义空间与网络关联中的问题,科学严谨地寻找答案,并采用易于沟通的方式呈现解决方案。

8.1 城市网络及城市间的空间关系

我国城镇化进入城市群、都市圈发展的新阶段,“中心城—都市圈—城市群”的网络型空间结构逐步成熟,且正在引起城市内部变化。对于“城市群—都市圈—城市—局域”的空间结构认识,可以从城市网络与空间区域两个层级上展开。城市网络专注于研究城市与网络(企业关联网络、交通运输网络、信息沟通网络)的关系,在宏观战略与政策研究中发挥作用。空间区域层级针对空间中的关系研究,从场所与网络关系角度来观察问题,主要用于支持空间规划及交通规划涉及的系统架构、网络布局、技术策略制定等决策问题。

8.1.1 城市群空间结构与城市群演化

为识别发展阶段、分析发展水平和度量城市群竞争力,作为城市群发展程度、阶段与过程的特征,空间结构(urban agglomerations spatial structure)成为研究对象。将城市群视为以城市为节点的网络,其结构反映了特定区域内城市间的相互关系和相互作用。其关注点主要有以下四点。

(1) 空间分布的不均衡性。经济与社会结构发展存在地域性差异,必然导致作为社会经济高度集约化发展的产物的城市群,其空间分布出现不均衡性。我国学者的大量实证研究指出了中国城市群和城市群体系呈现空间分布不均衡特点[1]。

(2) 空间增长极性。城市群空间增长极性揭示出城市群空间沿城镇发展轴拓展延伸,城市群中的交通走廊,促成城市群内不同规模等级的城市“节点”形成发展轴,例如在长三角城市群中所看到的“Z 字形”空间格局的形成过程。

(3) 空间联系网络化。城市群内部发达的网络化组织,形成一种有机的协同集聚与扩散效应,交通网络、通信网络、交流网络等的发育成熟,一方面使得城市群内部能量快速提升,另一方面也促使城市群在全球城市网络中扮演日益重要的角色,在经济和生产体系中发挥重要的资源配置作用。

(4) 空间拓展广域化。城市群发展表现为开敞性、模糊性和非嵌入式的过程[2],城市密集地区的多核心巨型城市区空间结构,具有向低密度网络城市空间结构延展的趋势。

理论研究成果推动了管理者在更广阔的视野中把握城市的发展,促进合理的区域发展格局,健全区域协调互动机制的行动。

2015 年 4 月,中共中央政治局召开会议,审议通过《京津冀协同发展规划纲要》;2019 年 5 月,中共中央政治局会议审议通过《长江三角洲区域一体化发展规划纲要》;2019 年 2 月,中共中央、国务院印发《粤港澳大湾区发展规划纲要》;2020 年 10 月,中共中央政治局召开会议，审议通过《成渝地区双城经济圈建设规划纲要》；2021 年 2 月，中共中央、国务院印发《国家综合立体交通网规划纲要》，已经勾画出我国国土空间战略的总体轮廓——“城市群＋大通道”将成为中国国土空间中的基本架构。

8.1.2 企业关联网络对城市间关系的影响

企业是支撑城市网络联系的行为主体，众多企业的区位策略界定了城市之间的关联网络，企业关联网络分析被用来说明城市群的联系结构。

企业关联网络通常采用网络关联度和网络度两个指标来加以表征。

设注册在城市 A 的企业在城市 B 有 X 个分支，注册在城市 B 的企业在城市 A 有 Y 个分支，则 A、B 两个城市之间的网络关联值为

$$V_{AB} = X + Y \tag{8-1}$$

进行归一化处理之后，获得相关城市之间的相对关联值 $N_{AB} = V_{AB}/V_{max} \times 100$，其中 V_{max} 为最大网络关联值。

将城市与区域内所有其他城市的网络关联值和总分系数的乘积之和定义为城市的网络值。针对任一关联，将总部城市和分支城市的总分系数分别设定为 1.0 和 0.5，则有

$$S_{AB} = X + 0.5Y \tag{8-2}$$

从而，城市 A 的总网络值为

$$TS_A = \sum_{i=1,\ i \neq A}^{n} S_{Ai} \tag{8-3}$$

式中，n 为区域内城市总数。

归一化处理之后，城市 A 的网络度为

$$L_A = \frac{TS_A}{TS_{max}} \tag{8-4}$$

以京津冀、长三角和珠三角地区的城市体系为例[3]，企业关联网络显示出北京、上海、广州和深圳既是全国的核心城市，也分别是 3 个地区的“门户城市”，发挥着向外连接全球经济网络和向内辐射区域腹地的“两个扇面”作用；在地区层面上，珠三角地区的城市体系以两个核心和单一层级（省域）为特征，显然不同于京津冀地区和长三角地区的城市体系以单一核心和两个层级（区域和省域）为特征。依据各个城市的总关联度对城市群内部的城市关联网络的分析表明，3 个地区的核心城市、主要城市、一般城市形成了明显的层级格局，各个城市的地区网络关联度与其经济发展水平密切相关，并且与这些城市与全球经济网络的关联度也是一致的。

8.1.3 城市群关联结构的分析

中国城市规划设计研究院上海分院在《长三角巨型城市区域发展研究》[4]中，系统梳理了这一巨型城市区域的空间关联结构（表 8-1）。

表 8-1　《长三角巨型城市区域发展研究》的主要内容结构

特定与趋势	主要内容
长三角产业关联特征与趋势	通过全产业以及细分后产业的企业关联网络分析发现：全产业关联网络呈现上海辐射长三角、省会辐射省域，以长三角传统“Z 字形”交通走廊为支柱结构的特征；生产性服务业与全产业结构基本相似，但南京、杭州、合肥等省会城市辐射能力有较大提升；制造业关联网络则为以上海为核心的放射状辐射结构；新经济关联网络中杭州成为首位城市，具有推动区域从形态地理向功能地理演化的征兆
长三角价值分工特征与趋势	相比 2000 年城市价值区段所呈现的空间组群和多点分布的空间组织形态，2015 年则趋向空间板块形态。以上海、杭州为核心的空间板块包括技术型、劳动型和生活服务的城市，以南京为核心的板块集聚技术型和资本型城市。新经济视角下各城市价值特征与传统产业差异明显，形成以上海和杭州为龙头的等级性体系
长三角人口流动特征与趋势	流动人口活跃地区从点状分布走向廊道化集聚；跨市流动人口从单一的极核吸引向多节点联系的网状分布演化；以都市圈为代表的核心地区成为长三角承载流动人口的空间载体
网络—分工—流动视角下的趋势研判	结合人口流动和经济网络特征，长三角城市群形成四类城市：人口与经济比重双增、人口与经济比重双减、人口增经济比重减及人口减经济比重增。基于人口和产业的集聚特征，长三角可以划分为核心—潜力—外围区域。经济关联网络呈现传统产业和新经济产业的集群化，人口流动网络呈现层级化的趋势

在此基础上，中国城市规划设计研究院联合中国经济新闻社，共同发布的“新华·中规院长三角一体化发展指数”，重点聚焦区域和城市两大层面，分别评估长三角一体化发展水平，以及各个城市在一体化中发挥的作用（表 8-2）。

表 8-2　长三角一体化发展指数的构成

维度	专项指数	分项指标	指标权重
人员的流动	城市吸引力指数	常住人口增量	0.5
		毕业生首选就业度	0.5
	跨城通勤指数	流入通勤规模标准化	0.6
		流出通勤规模标准化	0.4
	商务往来指数	流出商务量标准化	0.6
		流入商务量标准化	0.4
	异地休闲指数	流入休闲规模标准化	0.6
		流出休闲规模标准化	0.4

（续表）

维度	专项指数	分项指标	指标权重
产业创新	创新引领者指数	高被引学者	0.3
		国家实验室	0.2
		国家重点实验室	0.2
		大型科学仪器	0.2
		大科学装置	0.1
	创新链关联度指数	合作论文数	0.2
		合作专利数	0.4
		技术合同成交额	0.4
	产业链关联度指数	制造业跨市关联总部数量	0.7
		制造业跨市关联分支数量	0.3
	新经济关联度指数	信息产业链关联度	0.33
		健康产业链关联度	0.33
		文创产业链关联度	0.33
设施连通	区域链接指数	航空客货运量	0.2
		港口集装箱和货物吞吐量	0.2
		铁路关联度	0.3
		物流关联度	0.3
	城市通达指数	铁路客运枢纽班次	0.4
		高速公路密度	0.3
		铁路平均通行时间	0.2
		高速公路平均通行时间	0.1
	信息网络指数	电信业务量	0.25
		固定宽带接入户数	0.25
		Wi-Fi 覆盖率	0.5
民生服务	商业区域辐射力指数	核心商圈实力	0.5
		大品牌青睐度	0.5
	文体赛事影响力指数	大麦网演出数量	0.33
		全国体育赛事举办数量	0.33
		各类博物馆数量	0.33

（续表）

维度	专项指数	分项指标	指标权重
民生服务	教育医疗合作指数	高校招生数量	0.2
		双一流高校合作办学数量	0.3
		三甲医院数量	0.2
		三甲医院合作办医数量	0.3
	民生服务互通指数	异地医疗开通情况	0.4
		异地社保开通情况	0.4
		交通联合情况	0.2
生态共保	生态质量指数	地表水国考断面优Ⅲ比例	0.33
		空气优良天数	0.33
		植被覆盖率(NDVI)	0.33
	环境治理指数	人均节能环保预算开支	0.33
		企业节能环保建设(ESG)平均得分	0.33
		水质检测指数	0.33
	低碳节能	单位 GDP 能耗	0.2
		单位 GDP 水耗	0.2
		单位 GDP 碳排放量	0.2
		碳排放量降低贡献度	0.4

研究显示：长三角一体化发展水平最高的地区主要集中于上海、南京、杭州、合肥、苏州、宁波、无锡 7 大城市，积聚了长三角 36%的人口和 51%的 GDP。在 18 个城市一体化发展指数中，有 12 项指标均位于前 10 位，其中 6 项指标包揽前 7 位。

长三角城市群空间拓展广域化趋势已经开始呈现，部分中上游的城市差异化发力，“Z 字形”核心区以外的新兴潜力地区开始崛起。金华在城市人口吸引力和区域链接能力上，均排名长三角前 10 位；南通利用毗邻上海的优势，在产业链关联方面跃居第 6 位。

8.2 城市群中的空间活动关联结构

城市群中的居民日常活动空间已经超越了传统城市内部的概念，开始出现跨越行政区通勤乃至双城生活的模式。传统交通网络分析的空间定义难以适应这种变化，现在更需要根据空间活动网络来重新定义城市群中的空间。

8.2.1 城市群中的网络区域

在区域轨道与城市轨道两个网络的作用下，城市群各个城市中的部分地区紧密连接在一起，这些区域的发展将受到城市群体系的更大影响。

从国家铁路车次分布来看，上海虹桥站、杭州东站与南京南站之间每天通行上百趟列车，已经形成了便捷的紧密联系格局(图 8-1)。结合服务各大枢纽的城市轨道交通布局来看，上海、杭州及南京的重要商业中心、科技园区和高等院校之间已经形成了便捷链接的态势(图 8-2—图 8-4)。未来轨道网络还将进一步连通长三角四大国际机场，实现区域要素的快速流动。在长三角区域轨道与城市轨道两个网络的共同作用下，上海虹桥站、杭州东站、南京南站等大型对外铁路枢纽关联地区，将在长三角的区域网络和节点上重新定位，形成商业、科技、创新网络的重要支点。

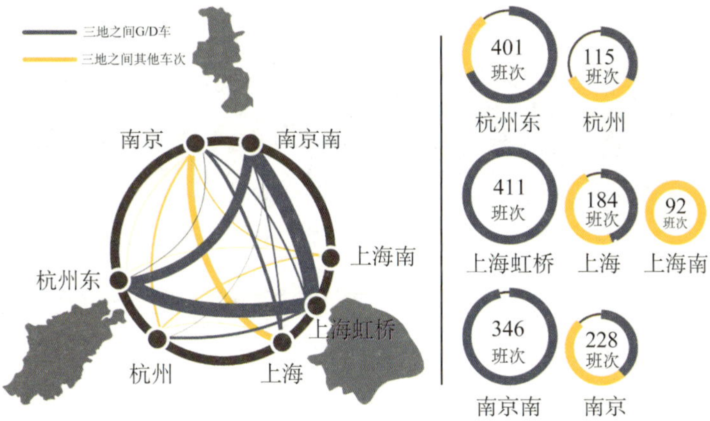

图 8-1　沪宁杭间的国铁车次分布

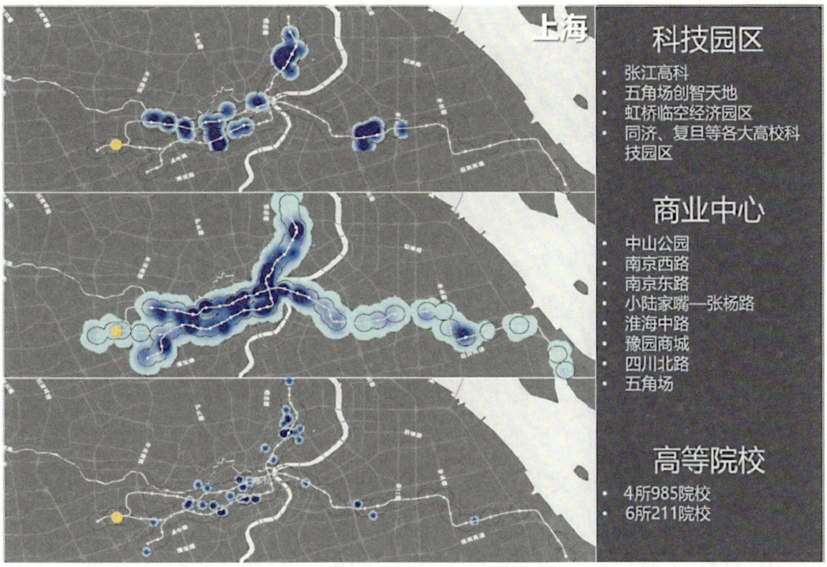

图 8-2　上海虹桥站经城市直达轨道连通的商业、科技、创新要素

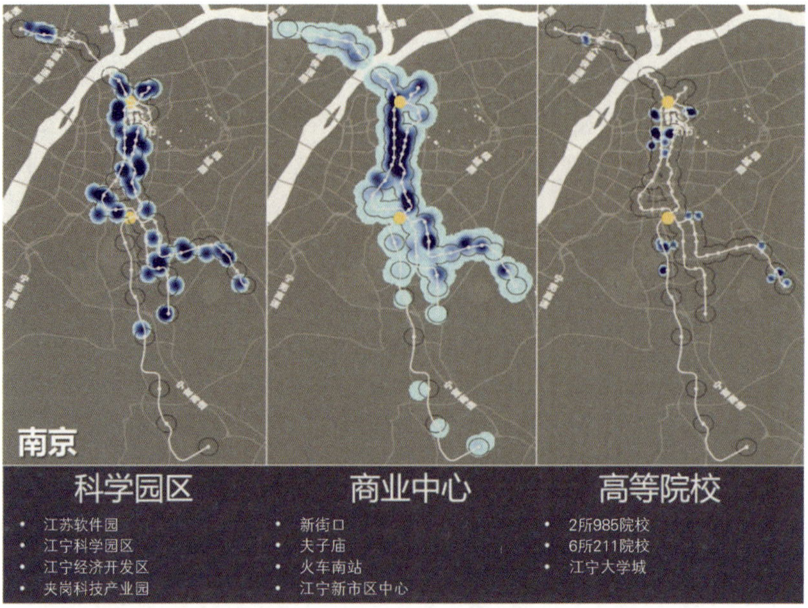

图 8-3　南京南站、南京站经城市直达轨道交通的商业、科技、创新要素

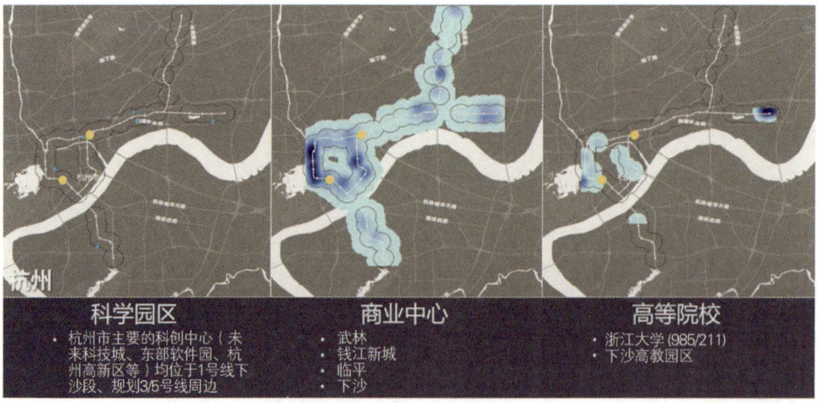

图 8-4　杭州东站、杭州站经城市直达轨道交通的商业、科技、创新要素

以上海虹桥区域为例，为服务 2010 年上海世博会，上海市于 2006 年在虹桥地区启动综合交通枢纽建设，并于 2009 年建成投入运营。为了充分发挥虹桥综合交通枢纽优势，构建面向长三角、服务全国的商务中心，上海市 2009 年决定成立虹桥商务区，初始面积 86.6 km^2。2014 年，国家会展中心在虹桥商务区建成试运营。2018 年以来，以国家会展中心为载体，成功举办了三届中国国际进口博览会。同时，进博会溢出带动效应持续放大，虹桥进口商品展示交易中心、虹桥海外贸易中心等一批功能性平台加快集聚，推动虹桥商务区成为联动长三角、服务全国、辐射亚太的进出口商品集散枢纽。在服务新格局中，虹桥区域进一步成为长三角一体化发展国家战略承载地。2019 年党中央、国务院印发的《长江三角洲区域一体化发展规划纲要》，作出打造虹桥国际开放枢纽

的战略部署。同年，上海市《关于加快虹桥商务区建设打造国际开放枢纽的实施方案》，将虹桥商务区扩展到 151.4 km^2。在此基础上，国家发改委组织三省一市研究制定《虹桥国际开放枢纽建设总体方案》（以下简称《总体方案》），2021 年 2 月得到国家层面批复。《总体方案》明确了虹桥国际开放枢纽以虹桥商务区为核心的"一核两带"布局，以及建设中央商务区和国际贸易中心新平台等一系列任务举措，标志着虹桥国际开放枢纽成为继自贸试验区临港新片区、长三角生态绿色一体化发展示范区之后，承载长三角一体化国家发展战略的又一重点区域。

可以认为，城市群中空间关系正在出现新的重组，城市根据网络连通性，被重新分解成为不同的功能区域，部分功能区域的辐射范围已经超越了行政区划，其空间活动联系结构也更趋于网络化。

8.2.2 城市群区域的活动空间结构

对于人口高密度聚集的城市群区域，突破行政区划束缚识别客观的空间联系结构，有助于深入理解空间的要素集聚结构。这对于区域轨道网络规划、市域国土空间规划、公共服务设施布局等，均有实际指导意义。

以长三角城市群为例，通过移动通信信令数据，可以观察到城市群区域空间栅格（1 km×1 km）之间的人员流动情况（图 8-5）。从中可以看到，本区域内形成了部分内部联系紧密的空间社区[①]，同时在局部交通走廊上也出现了密集的人流活动。

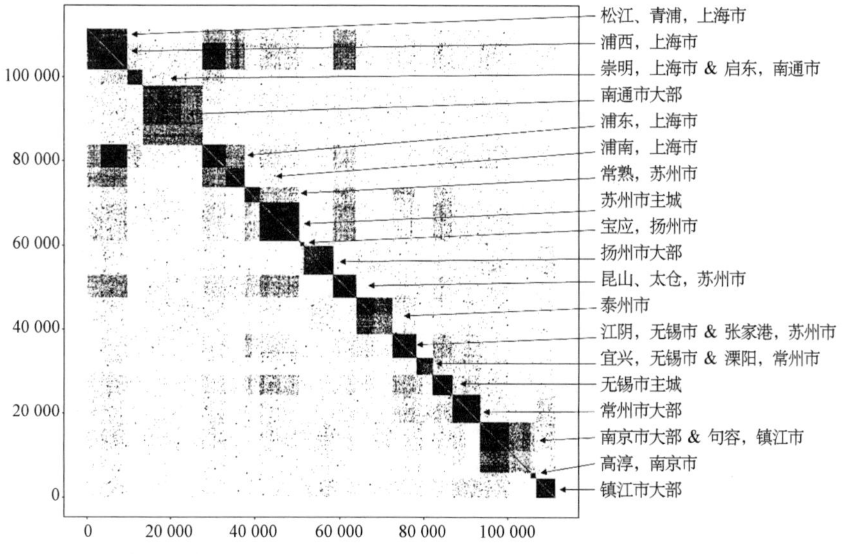

注：横纵轴坐标表示栅格编号，散点的深浅程度表示纵轴栅格至横轴栅格的出行人次，对角线上散点分布密集的正方形集簇揭示出同一个空间社区内部的紧密空间关联，对角线以外则表示空间社区间较弱的空间关联。

图 8-5 长三角地区栅格间出行联系结构

① 采用复杂网络理论中的概念，意指网络中的模块化结构。

以栅格作为空间单位，从移动通信数据中提取用户日常出行活动。由此即可建立加权有向网络 $G(V, E, W)$ 来表示研究区域内的空间联系。其中，$V=\{v_1, v_2, \cdots, v_n\}$ 是网络中节点的集合，代表研究区域中的 n 个空间集计单元。$E=\{e_{ij}\} \subseteq V \times V(i, j=1, \cdots, n)$ 是网络中边的集合，表示空间集计单元之间的活动联系，$e_{ij}=\langle v_i, v_j \rangle \in E$ 则表示空间集计单元 v_i 与空间集计单元 v_j 的活动联系。$W=\{w_{ij}\}$ 为网络中边的权重，设 q_{ij} 为 e_{ij} 上的流量，则有：

$$w_{ij}=\begin{cases} q_{ij}, & i \neq j \\ 0, & i=j \end{cases} \tag{8-5}$$

为识别居民的日常活动，根据移动通信信令数据的特点，以日为单位判断每个用户每一天的活动中是否出现工作地与居住地，同时也考虑用户早晚停留位置，将出行归类为 3 种模式（表 8-3）。

表 8-3　个体日出行模式归类规则

类别	是否在工作地出现	是否在居住地出现	判别规则	特征
模式 1	否	无约束	当日早（第一条信令）与晚（最后一条信令）至少有一端不在居住地	出行不能当日往返居住地
模式 2	否	是	当日早（第一条信令）与晚（最后一条信令）均在居住地	与工作地无关的出行，且早出晚归
模式 3	是	无约束	当日在工作地出现过	与工作地有强关联

采用中国联通 2019 年 5 月 1 日至 31 日手机信令数据，所识别出的常住居民的空间活动中，模式 1 的出行占比 44%，模式 2 占比 21%，模式 3 占比 35%。通过研判，将模式 2 与模式 3 中的常发出行视为居民出行中的日常稳定部分，据此研究空间联系结构。

根据复杂系统具有模块结构特性的概念，将网络中具有高度联系的节点组合定义为社区[5]。即由网络中一些节点构成的集合，其内节点之间彼此连接的强度要显著高于不同社区之间节点的联系，不同社区节点之间的连接边密度相对较低。

图 8-6 显示了针对长三角地区日常出行活动，采用非重叠社区算法①所形成的空间社区结构，其中同一种颜色代表栅格在结果中属于同一个社区。与我们的直观认识一样，城市群中的日常出行活动呈现出局部区域集聚的趋势。

整个长三角范围的大部分社区几乎没有突破地级市的行政边界。在 296 个社区中，有 281 个社区在一个行政区划内、12 个社区横跨两个行政区划、2 个社区横跨 3 个行政区划、1 个社区横跨 4 个行政区划。

---

① 参见附录Ⅰ。

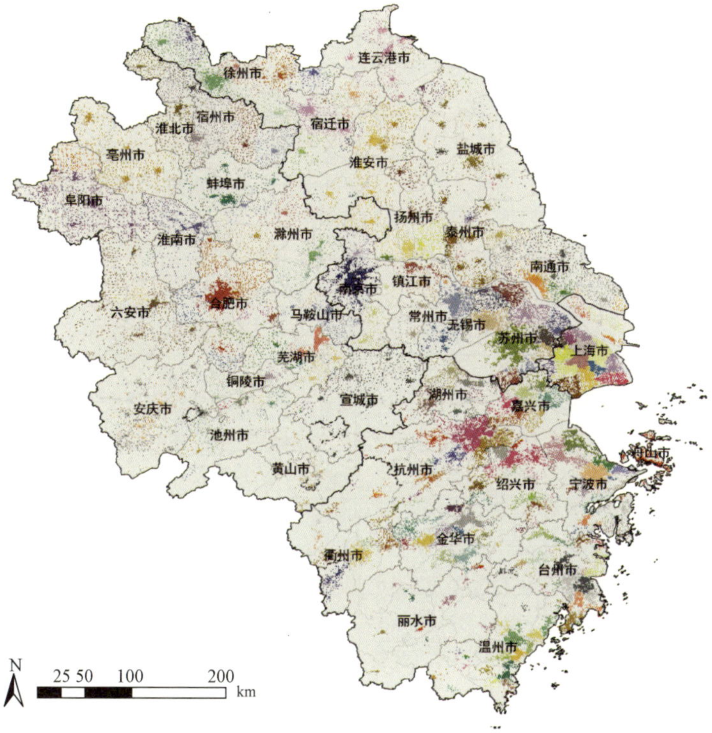

图 8-6 长三角区域日常出行所形成的社团结构

比较典型的跨行政区划社区包括苏州市昆山区与上海市嘉定区安亭镇划分为同一社区、安庆市与池州市划分为同一社区。上海安亭与苏州昆山由上海市的轨道交通 11 号线连接，证明轨道交通这种大运量的交通方式所形成的交通走廊会对城市空间结构产生影响，未来跨市域的轨道线路增加会导致更多跨行政边界的空间联系结构形成。

在同一个网络中以统一标准划分社区时，不同城市的社区数量不同。表 8-4 显示了各城市中的社区数量，不同城市的社区分布特征存在明显差异。上海、温州、宁波、杭州等大城市境内划分了超过 15 个具有集聚特征的区域，这些城市的中心区域被划分为多个规模相对较小的社区。而南京、无锡则仅有 5 个社区，观察社区的空间分布情况也可以看出这些城市中心区域被划分为单独的一个社区。

表 8-4 各城市内的社区数量①

城市	社区数	城市	社区数
台州市	24	丽水市	5
温州市	19	南京市	5

① 社区在该城市内的面积大于 10 km^2 才计入。

（续表）

城市	社区数	城市	社区数
宁波市	18	连云港市	5
上海市	17	安庆市	5
杭州市	17	宿州市	5
金华市	15	扬州市	5
绍兴市	14	无锡市	5
合肥市	12	芜湖市	5
池州市	12	常州市	4
盐城市	10	宣城市	4
南通市	9	镇江市	4
苏州市	9	阜阳市	4
滁州市	9	舟山市	3
宿迁市	8	亳州市	3
徐州市	8	淮南市	3
泰州市	8	蚌埠市	2
湖州市	7	铜陵市	2
衢州市	6	马鞍山市	2
六安市	6	淮北市	2
嘉兴市	6	黄山市	2
淮安市	6		

为将社区识别结果转换为交通网络分析惯常使用的节点—腹地模式，对社区范围做以下调整。

（1）将属于同一社区的栅格合并为社区的矢量面。

（2）同一社区的矢量面可能有多个连通区域，对每个连通区域取外边界构成新的矢量面，以剔除“飞地”。

（3）对社区的各连通区域进行判断，若其面积小于 10 km^2，则认为该区域无法形成有效的聚集型区域，予以剔除。

采用加权中心要素作为社区节点位置的计算方法。所谓加权中心要素（weighted central element），是从数据集选择元素，使其与其他元素的加权距离总和最小。相比加权中位数中心，加权中心要素可以确保节点的位置落在社区腹地范围内。

采用上述方法识别并整理社区发现的结果，获得节点与腹地可视化结果如图 8-7 所示，图 8-8 显示了节点间的部分空间活动联系。

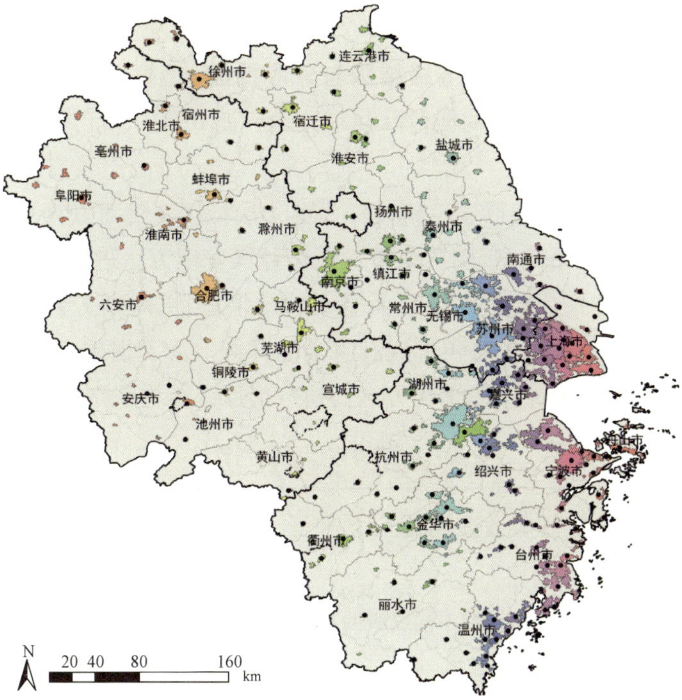

注:图中不同颜色代表不同社区。

图 8-7 基于社区发现的长三角网络节点与腹地识别结果

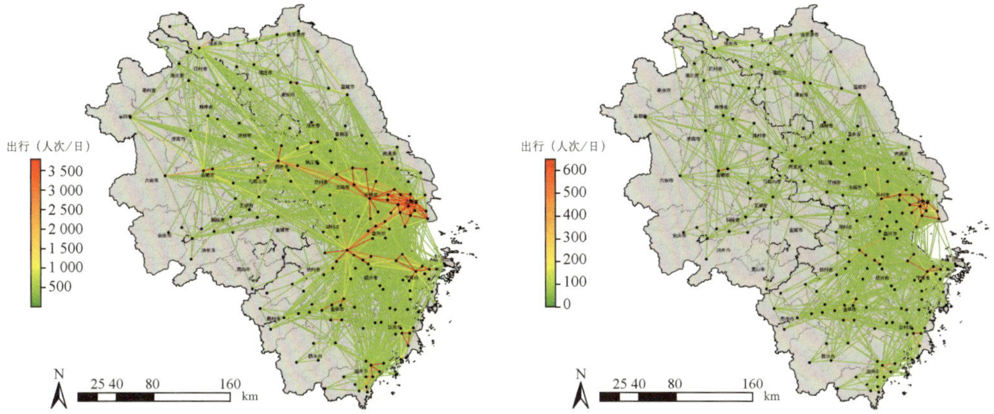

节点之间模式1偶发出行（差旅特征）　节点之间模式2常发出行（休憩特征）

图 8-8 节点间部分空间活动联系

需要特别说明的是,这种空间社区以及由此转换得到的节点—腹地结构,并不是一种稳定的空间区域。与传统交通分区不同,其所反映的空间结构经过数年演化会发生集聚范围和连接关系的变化。而这正是本模型的特殊之处,即将空间联系模块结构作为内生变量,而不是依据行政区划作为外生变量。这一模型并不能替代建立在稳定交通分区基础上的四阶段模型,而是专注于讨论空间联系结构关系。两者之间是配合及互补的关系，而不是替换关系。

8.2.3 城市群空间联系的层级结构与分形特征[6]

通过空间联系的分层社区发现，探寻“城市群—都市圈—城市—局域”的区域中空间活动联系上的层级结构。

识别城市群的出行联系社区后，将其作为第 1 层社区。针对其中单个社区，提取所有内部出行构建出行联系网络，则可以再次应用社区发现方法进一步划分社区，以此类推。然而，这种划分方式会导致复杂且无意义的结果：当层级划分到一定程度时，划分的结果在地理空间上就已经无法再形成有意义的社区。为了根据空间集聚特征辨识社区细分标准，引入 DBSCAN 空间聚类方法构建分层社区结构识别算法(算法 8-1)。

算法 8-1　　分层社区结构模型的识别算法

输入：城市群居民日常出行 OD

输出：分层社区结构
算法：
1. 初始化：创建树 $T_s=\varnothing$ 用于存储不同层级的社区，并将整个研究区域作为第 0 层社区添加进 T_s，设置层数 $i=1$。
2. 当 T_s 的第 i 层存在社区：
3. ——对树 T 的第 i 层的社区 c，遍历：
4. ————提取 c 内部的出行，构建出行联系网络 n_c
5. ————对 n_c 执行社区发现，产生子社区集合 C
6. ————对 C 中的子社区 c_s，遍历：
7. ——————应用 DBSCAN 密度聚类判断 c_s 中是否存在空间集聚
8. ——————如果 c_s 中不存在空间集聚：
9. ————————将子社区 c_s 从 C 中删除
10. ————如果 C 中存在子社区：
11. ————对 C 中的子社区 c_s，遍历：
12. ——————将 C 作为第 i 层社区添加进 T_s 中 c 的子节点下
13. ——$i=i+1$
14. 将 T_s 作为分层社区结构输出

根据分层社区划分的结果计算节点与腹地，获得长三角各中心城市的分层社区(图 8-9—图 8-11)。

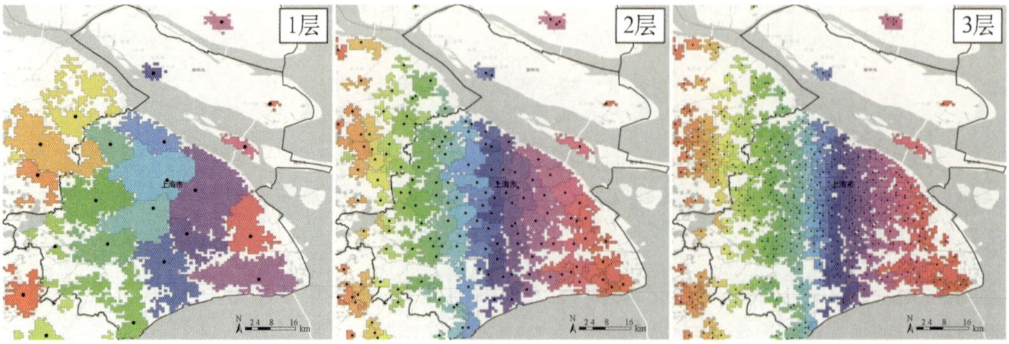

图 8-9　上海市分层社区结构识别部分结果

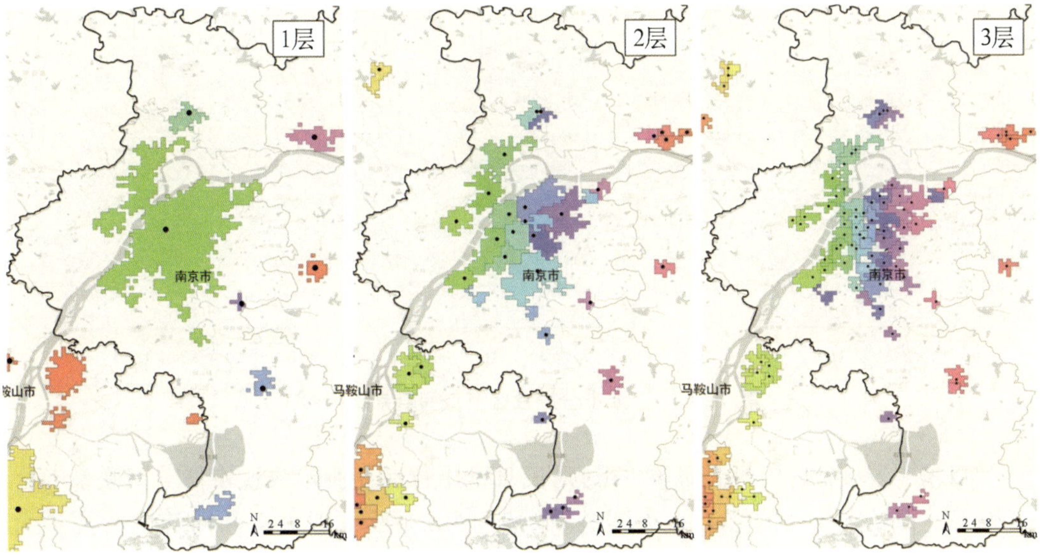

图 8-10 南京市分层社区结构识别结果

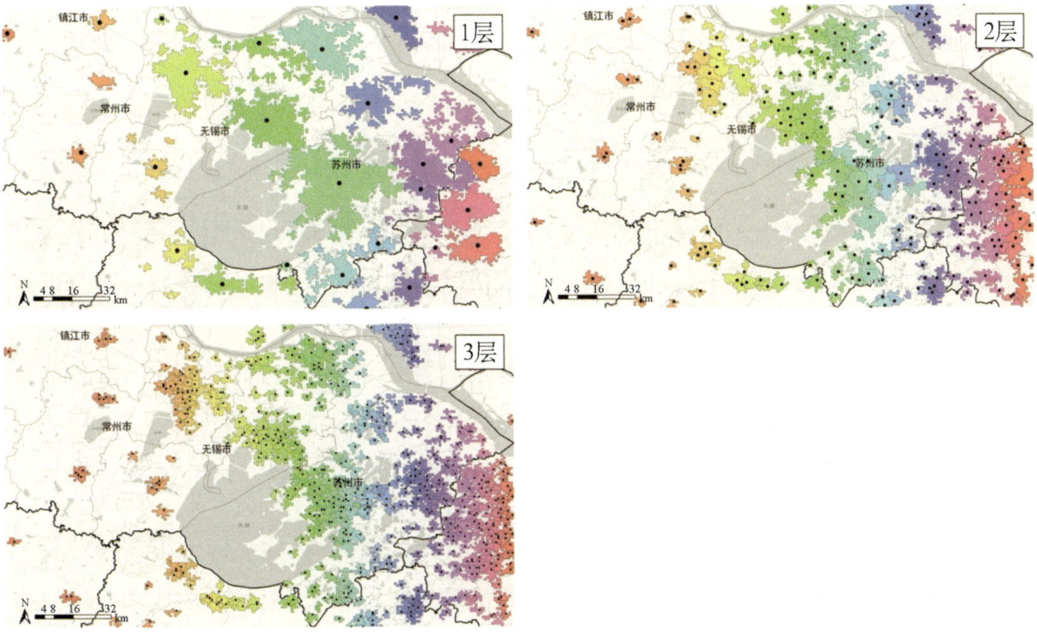

图 8-11 苏锡常区域分层社区结构识别结果

由此获得不同层级社区之间的空间活动联系，从中可以比较清楚地看到层级间空间活动关系的变化(图 8-12)。

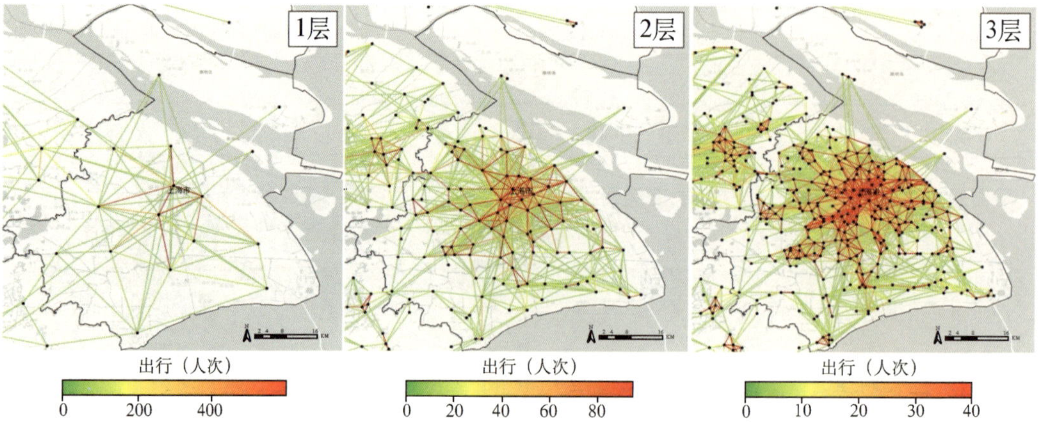

图 8-12 上海市分层社区节点间日常出行 OD

以第三层级社区为研究对象，探讨居民日常出行活动所形成城市群空间联系的分形特征。以特定社区的核心点为圆心，作半径为 r 的圆，则可得圆内社区的数量为 $N(r)$。当 r 取值合适时，若存在分形特征，则半径与社区数量应符合下式：

$$r = aN(r)^{1/D_s} \tag{8-6}$$

因此，分形维度的测算方法如下：以社区核心点为中心，将半径 r 以一定步长增加并获取 $N(r)$；对 r 与 $N(r)$ 分别取自然对数，绘制半径 — 社区数的散点图像，则其构成的曲线斜率的倒数即为分形维数 D_s，即

$$D_s = \lim_{\Delta r \to 0} \frac{\ln N(r+\Delta r) - \ln N(r)}{\ln(r+\Delta r) - \ln r} \tag{8-7}$$

从长三角区域各中心城市得到 r 与 $N(r)$ 关系的双对数曲线（图 8-13），可以看出两者的关系呈正相关。总体上看，可以将 r 的取值范围划分为五个区域，各城市的分形结构在这五个区域范围内存在不同的特征。

(1) r 的取值在 0～5 km 范围内。由于半径已经小于大部分社区的半径，其分形特征失效，在此范围内的空间联系为社区内部出行。

(2) r 的取值在 5～15 km 范围内（区域Ⅰ）。这一距离范围是城市中心城区内社区形成的分形特征，各大城市的分形特征都非常接近。

(3) r 的取值在 15～50 km 范围内（区域Ⅱ）。这一距离范围为城市中心城区对市域的辐射形成空间联系，各大城市的分维特征出现明显的差异，其散点构成曲线的斜率越大，则代表内的空间联系结构更紧密，反之则更松散。

(4) r 的取值在 50～200 km 范围内（区域Ⅲ）。这一距离范围为中心城市对其所在都市圈范围辐射与周边城市形成空间联系结构的分维特征，在这一范围内各城市散点所构成的曲线所在位置各有不同，居于上方的城市城镇体系的空间结构发育更为完善。

(5) r 的取值在 200 km 以上（区域Ⅳ）。这个距离范围已经达到整个城市群的半

径，其分形维度特征已经超出城市与其所在都市圈本身，其分形维度反映的是城市在整个城市群乃至周边区域中的地理区位是紧致还是松散，且与前面区域Ⅱ正好相反。当城市处于城市群中紧致的地理区位时，200 km 内的社区数量已经达到较高水平，在 200 km 以上范围时距离再增大，社区数量增加程度有限，因此这个范围内的分形特征已经逐渐消失，分形维度较低。反之，如果城市处于空间联系相对松散的区域，在这一范围距离增加仍然能够大幅增加社区数，分形维度较高。

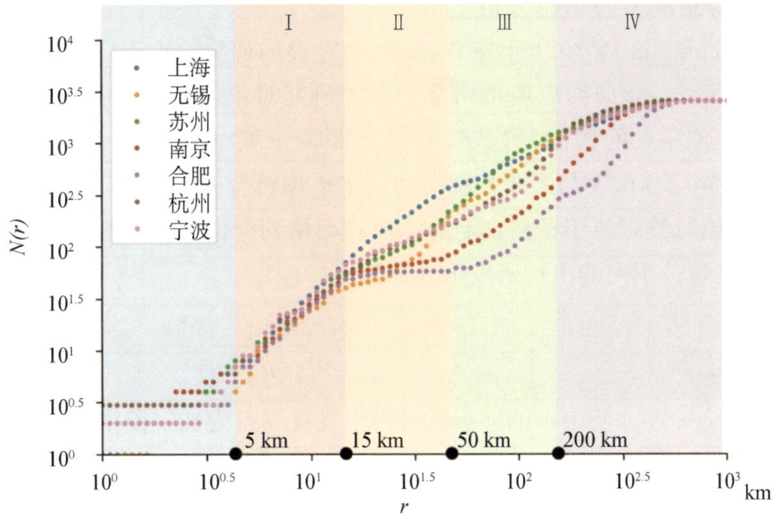

图 8-13　各城市 $N(r)$ 与 r 的双对数关系

将图 8-13 四个区域内的散点分布均视为直线，以直线进行拟合，并计算直线的斜率，作为分形维数 D_s（图 8-14）。其中，各城市区域Ⅰ的分形维数都较为接近；区域Ⅱ的

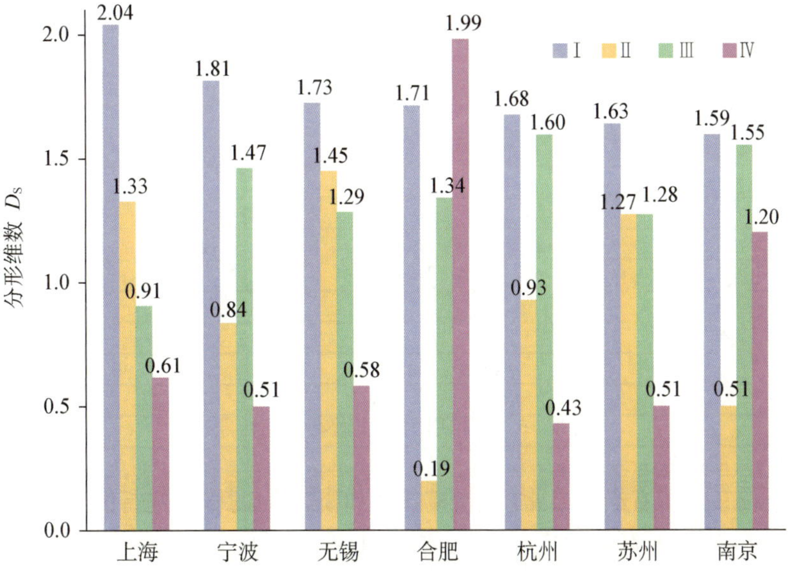

图 8-14　各城市在不同距离范围内的分形维数测算

分形维度反映出上海、无锡、苏州等城市能够形成紧密的空间联系，而南京、合肥的空间组织则相对松散；区域Ⅲ的分形维度各城市大多在 1.3～1.5，可以看出城镇体系发育完善程度由高到低分别为上海、苏州、无锡、杭州、宁波、南京、合肥；区域Ⅳ的分形维度则反映出合肥与南京取值较高，处于城市群空间联系中较为松散的区域，而其余几个城市的取值接近，均分布于城市群空间联系中较为紧致的区域。

8.2.4 城市群空间引力结构分析

Markus Schläpfer 等 2021 年在 *Nature* 上发表的研究，探究了城市范围内出行频次与距离的特征[7]。该研究以城市内某一点为研究对象，到访这一点的探究访客居住地的距离 r 与这一点的访问频次 f，在确定距离 r 与频次 f 时计算出的出行密度 $\rho(r, f)$（单位为人 /km^2）与距离 r 和访问频次 f 均符合齐夫定律。

观察所有出行终点位于栅格 i，且起点所在栅格到栅格 i 的距离在$[r, r+\Delta r]$范围内，则该环形区域范围内的出行密度可表示为

$$\rho_i(r, r+\Delta r) = \frac{q}{\pi(r+\Delta r)^2 - \pi r^2} \tag{8-8}$$

式中，q 为$[r, r+\Delta r]$所表示的环形区域内出发且终点为选定栅格 i 的出行总量。

采用二次抛物线进行拟合 $\rho = F(r \mid \Delta r)$，拟合的抛物线形式如下：

$$\ln \rho(r) = -\eta(\ln r)^2 + \mu \tag{8-9}$$

式中，参数 μ 代表栅格的引力强度，$\mu > 0$，μ 值为抛物线在纵轴上的截距，在参数 η 值不变时，截距越大，引力越强；参数 η 则代表栅格引力衰减速度，$\eta > 0$，在 μ 值不变时，η 值越大，抛物线越陡，栅格引力衰减速度越快（图 8-15）。

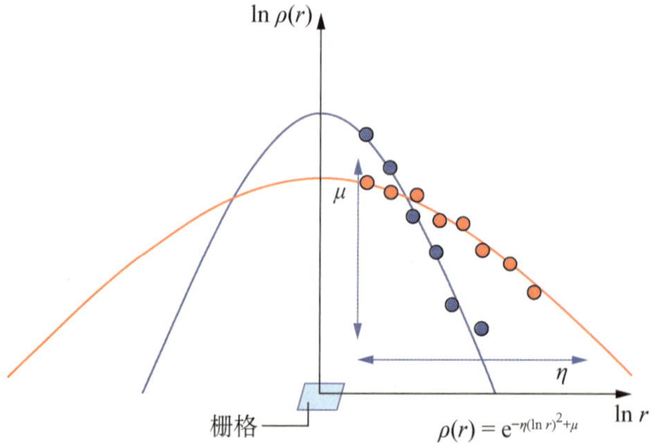

图 8-15 栅格引力二次抛物线拟合原理

对整个长三角所有产生日常出行（模式 2 和模式 3）的栅格进行抛物线拟合，并计算其引力强度 μ（值越大引力越强）与引力衰减速度 η（值越大衰减速度越快）。针对识别

出的社区核心栅格与边缘栅格分别对比两个系数的关系(图 8-16):对全部栅格,两个参数的拟合结果为 $\mu=3.21\pm2.70$, $\eta=1.19\pm0.98$(正负一个标准差);边缘栅格为 $\mu=2.43\pm2.41$, $\eta=1.04\pm0.97$;核心栅格则为 $\mu=5.96\pm1.68$, $\eta=1.73\pm0.81$。

根据分析结果判读可知:核心栅格的引力强度明显比边缘栅格更强,且衰减速度相对更快。反映出核心栅格虽然有更大的出行引力,但要保持引力相对更难。当引力强度增加时,引力衰减系数也会在一定程度上增加。由此可推断居民日常出行会受到出行距离的强约束。引力强度高的栅格,其引力衰减速度相对较快。

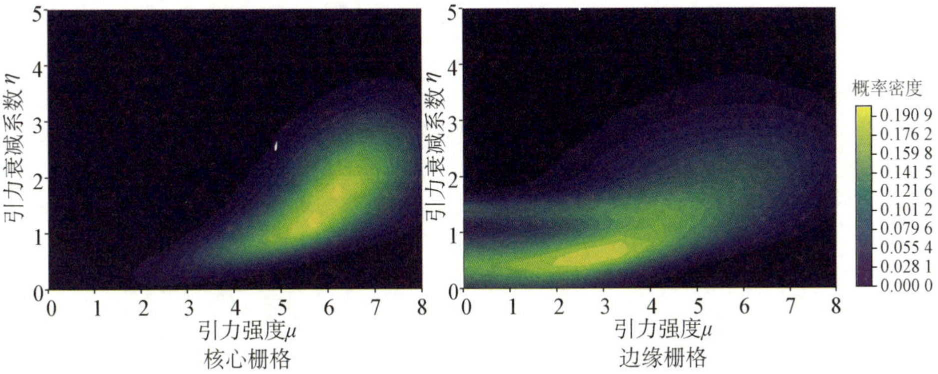

图 8-16　栅格引力衰减系数与强度的关系

从引力强度与衰减系数的空间分布(图 8-17、图 8-18)可见,上海、杭州、苏州、南京、合肥、宁波等主要城市的中心城区显示出引力强且衰减速度慢的特征。中等城市

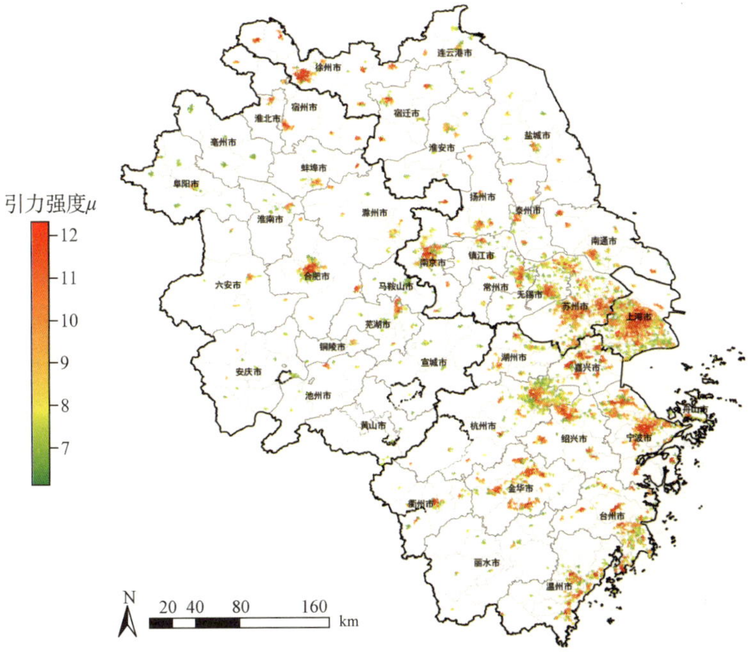

图 8-17　长三角区域栅格引力强度分布

(如江苏省的扬州、泰州、宿迁,浙江省的金华、绍兴等)虽然也能形成较强引力,但随着距离的增加,其引力的衰减速度较快(图 8-19)。

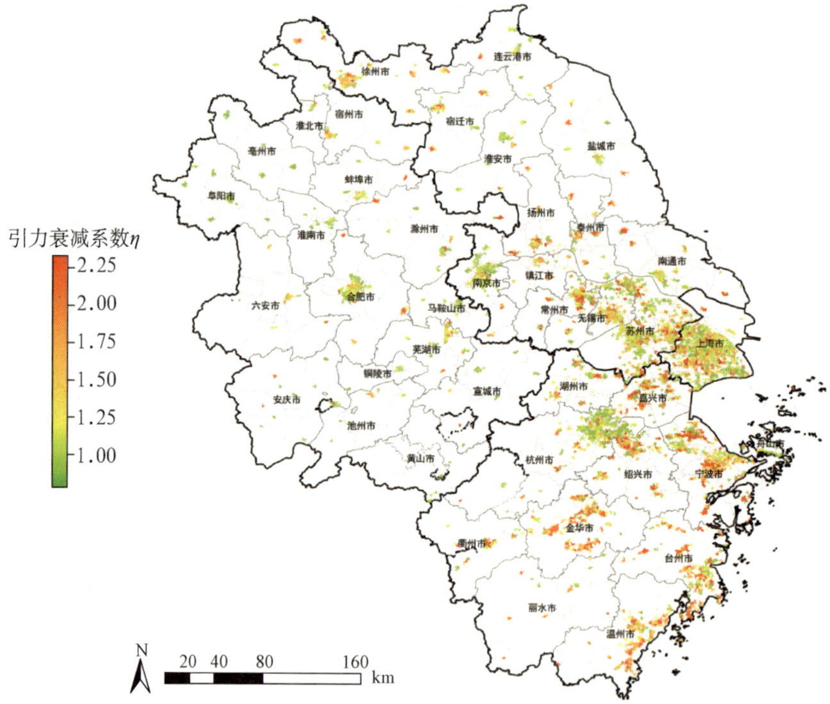

图 8-18　长三角区域的栅格引力衰减系数的分布

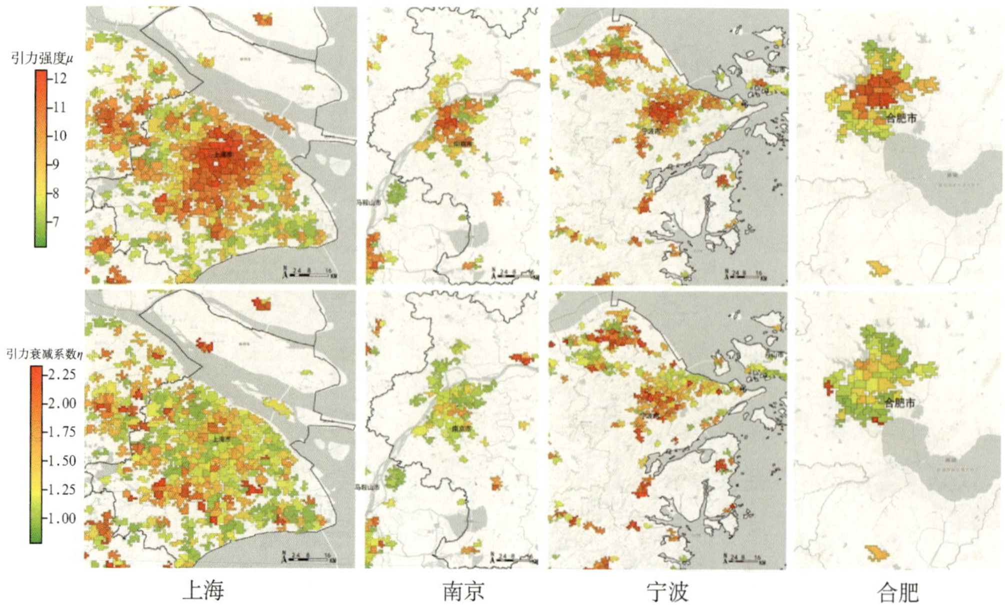

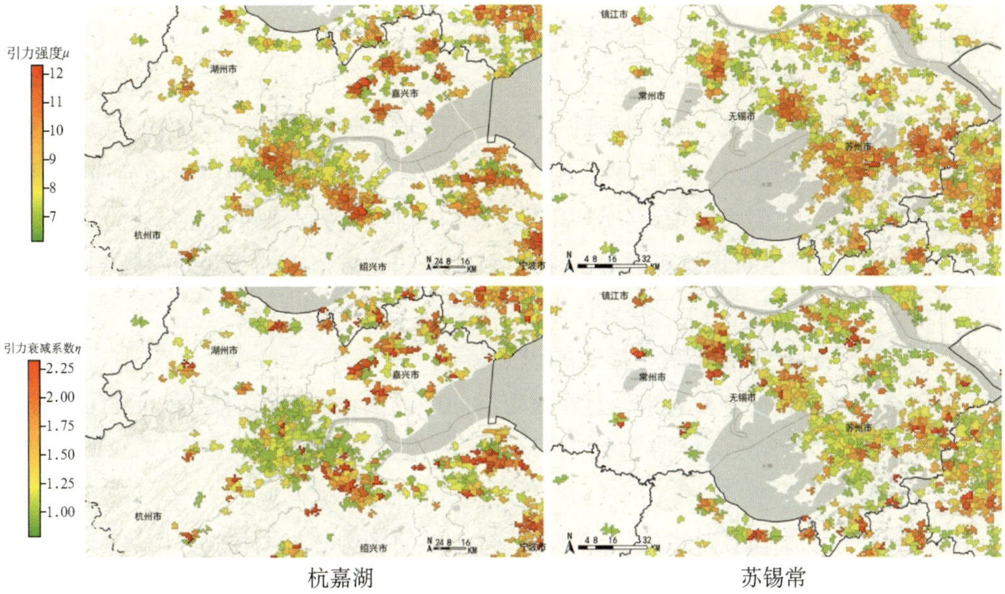

图 8-19　部分城市区域栅格引力强度与衰减系数分布

图 8-20 显示了上海市及其周边地区的栅格引力与衰减系数分布情况。引力强度分布显示出上海城市呈明显的多中心结构。整个市中心都能够保持较低的引力衰减速度，能够对大规模、长距离的居民日常出行产生引力。但从衰减系数上看，仅有中心城区能够在拥有强引力的同时保持较低的衰减速度，周边如嘉定、青浦、松江新城等地区均有较快的引力衰减速度。

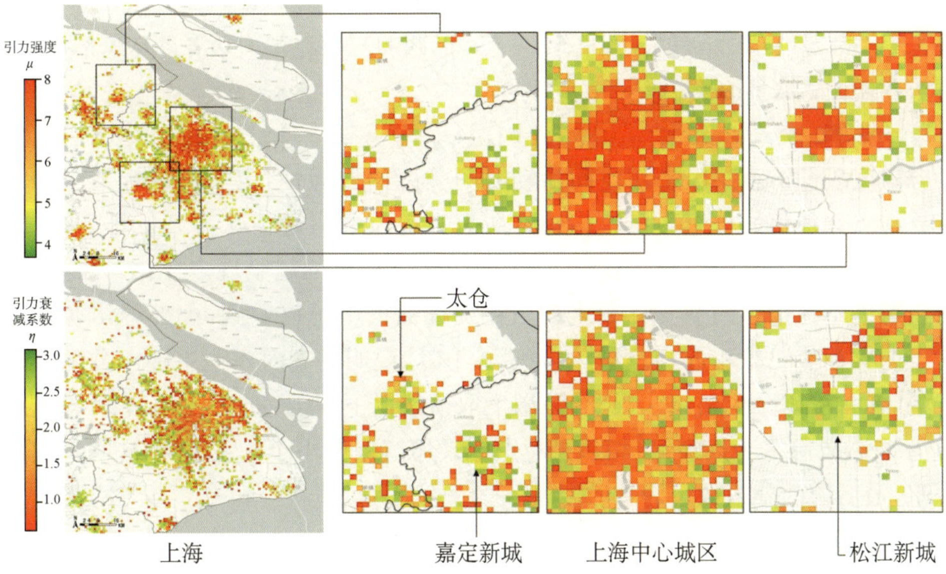

图 8-20　上海市栅格引力与衰减系数分布

8.3 城市空间中的对外交流关联

城市是一个开放系统,城市发展的主要动力是为其他城市和地区提供产品和服务。城市的发展离不开与城市以外区域的相互联系[8]。但与此同时,随着城市自身交通压力的深化,不少特大、超大城市纷纷采用限制外地牌照车辆通行等管理措施,借此缓解矛盾与压力,由此产生辨识城市对外交流空间、统筹协调城市内外交通的问题。

8.3.1 短期外来访客空间活动模式的识别特征

采用移动通信数据分析外来访客在城市空间中的活动时,无法根据出行目的、访客身份等区分访客类型,只能根据其空间活动规律进行类别划分。

1. 兴趣值

兴趣值 IS_i 表示访客某次来访时间段内对某个栅格的感兴趣程度,计算公式为

$$IS_i=\frac{Dura_i}{\sum_{i=1}^{N}Dura_i}\times\frac{Day_i}{\sum_{i=1}^{N}Day_i} \tag{8-10}$$

式中,$Dura_i$ 是访客在某个兴趣点 i 内的活动总时长与该次来访总活动时长的比值;Day_i 是访客在兴趣点 i 出现的天数与来访总天数的比值;N 是访客该次来访所有不同兴趣点的数量;兴趣值 IS_i 取值范围为[0, 1]。

访客兴趣值为 1 时,表示该访客只有一个兴趣点,在所分析的数据中占所有访客兴趣点数量的 27%;将兴趣值在(0.1, 1)区间的兴趣点定义为访客的主要兴趣点,占所有访客兴趣点数量的 29%;将兴趣值在[0, 0.1]区间的兴趣点视为访客的次要兴趣点,占所有访客兴趣点数量的 44%。

2. 分散度

分散度表征访客某次来访空间活动时间分配的差异性,定义为访客某次来访中所有兴趣点兴趣值的分组数量。将访客所有兴趣点的兴趣值从高到低排列,计算相邻兴趣点兴趣值的差值。分散度越大,说明访客出行目的越呈现多样化,兴趣值较低的分组可能不在访客的主要计划之列。在统计数据中可以看到,大部分访客对不同兴趣点的兴趣值比较相近,而当差值大于 0.1 时,说明访客对不同兴趣点分配了差异较大的时间,可以分成两组。因此,分散度取值按以下规则:如果只有一个兴趣点,则取值为 0;如果有多个兴趣点,相邻兴趣点的兴趣值差值小于 0.1,则将这些兴趣点归为一组,最后统计分组数量为分散度。

3. 核心度

核心度表征访客某次来访的目的性集聚程度,定义为访客某次来访中是否存在主

要兴趣点,若存在说明此次来访有很强的目的性。只有一个兴趣点,则取值为−1;有多个兴趣点,且存在主要兴趣点(将主要兴趣点与次要兴趣点的界限定为0.1),则标示为1;有多个兴趣点,且不存在主要兴趣点(兴趣值均不大于0.1),则标识为0。

4. 模式分组

根据访客兴趣点的兴趣值,计算每次来访的分散度和核心度两个指标,将所存在的5种组合定义为活动模式(表8-5)。可以看到只有一个兴趣点的活动模式占所有来访的比例最多,占比为54.4%;其次是分散度为2的活动模式,占比为32.8%;剩下3种活动模式的占比均小于10%。分散度超过1时,必定存在主要的兴趣点,分散度等于1时,存在没有主要兴趣点的活动模式。

表8-5　访客活动模式分类结果

模式	分散度	核心度	来访次数	比例
A	0	−1	12 144 273	54.4%
B	1	0	595 144	2.7%
C	1	1	2 153 472	9.6%
D	2	1	7 330 390	32.8%
E	3	1	110 915	0.5%
总量			22 334 194	100.0%

8.3.2 外来访客的空间分布特征

1. 节点绝对强度

设 $\boldsymbol{M}$ 为外来访客的空间活动矩阵。绝对强度 T 表示某一节点与其他节点的联系强度(8-10)。

$$T_v = I_v + O_v = \sum_{i=1,\ j=j_v}^{I} w_{ij} + \sum_{i=i_v,\ j=1}^{J} w_{ij} \tag{8-11}$$

式中,T_v 是节点 v 的度;I_v 是节点 v 的入度,即所有流入节点 v 的流量总和;O_v 是节点 v 的出度,即所有流入节点 v 的流量总和;j_v 是节点 v 在矩阵 $\boldsymbol{M}$ 中所在列的列数;i_v 是节点 v 在矩阵 $\boldsymbol{M}$ 中所在行的行数。

2. 节点相对强度

相对强度 DIT 表示某一节点联系强度相对于平均联系强度的大小,DIT 取值范围为$[0, +\infty)$,取值越大越说明此节点是网络中一个主导节点。

$$DIT_v = \frac{T_v}{\sum_{v=1}^{|V|} T_v / |V|} \tag{8-12}$$

式中，$|V|$ 是节点总数。

节点强度的频率分布如图 8-21 所示，lg p 与 DIT 在 $DIT<5$ 的时候呈线性关系，也就是说，节点强度的频率服从幂律分布，说明访客出行网络是一个无标度网络。节点强度的空间分布如图 8-22 所示。

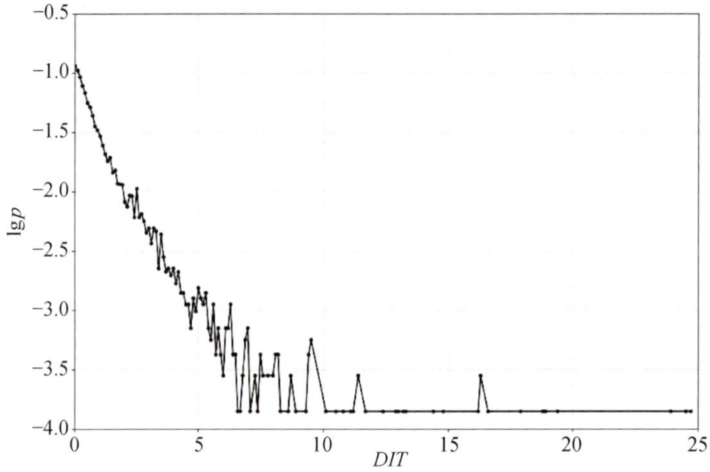

图 8-21　节点强度频率分布

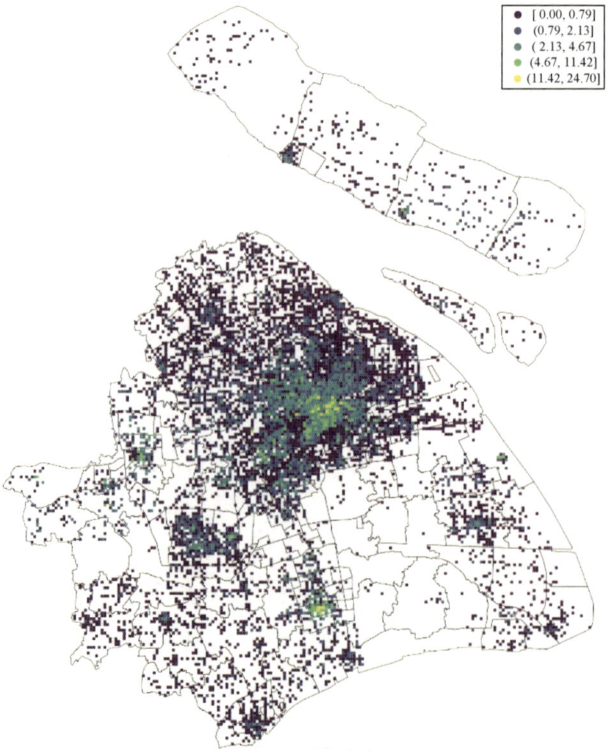

图 8-22　节点强度空间分布

3. 偏差度

偏差度 P 定义为某空间栅格中各活动模式的访客人数比例与总体访客的活动模式比例的差的绝对值的均值，计算公式为

$$P=\frac{1}{N}\sum_{i=1}^{N}\mid p_i-m_i\mid \tag{8-13}$$

式中，p_i 为某栅格中活动模式为 i 的访客人数占该栅格所有访客人数的比例；m_i 为上海市活动模式为 i 的访客人数占所有访客人数的比例；N 为访客活动模式的数量。

偏差度空间分布如图 8-23 所示，颜色越浅表示偏差度越小。从图中可以看出，中心城与外围地区访客的空间活动模式存在明显差异。

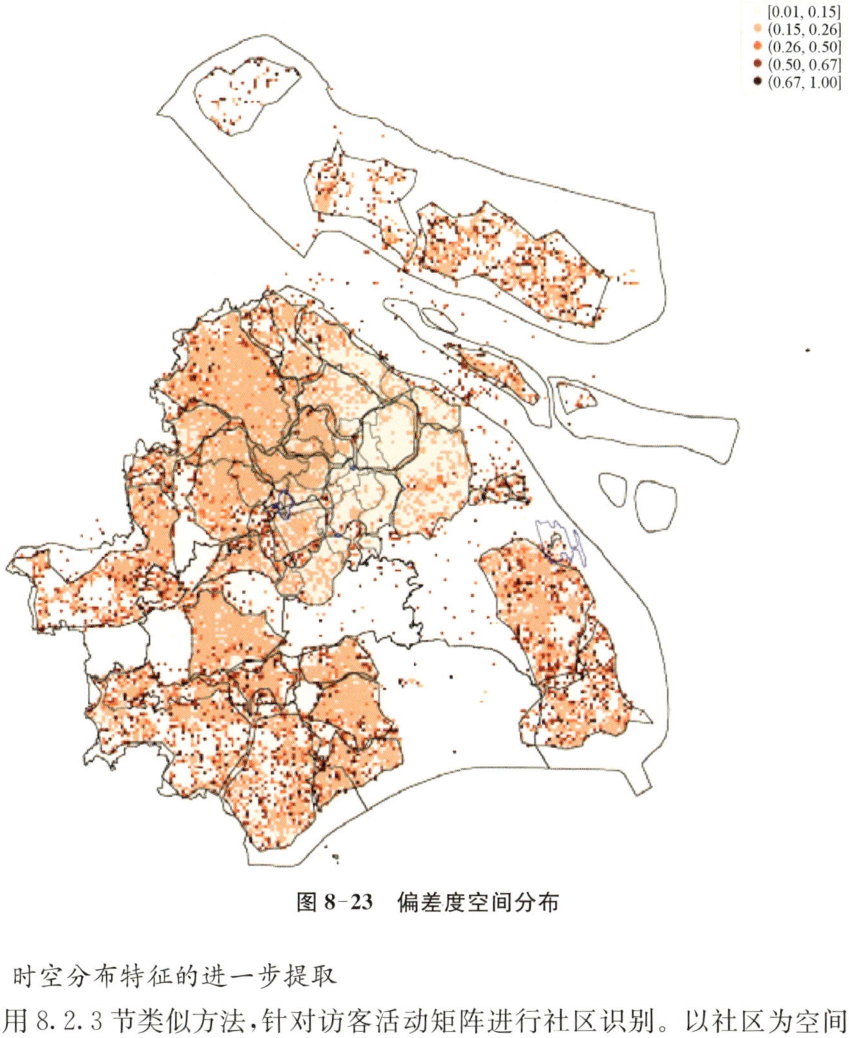

图 8-23　偏差度空间分布

4. 时空分布特征的进一步提取

采用 8.2.3 节类似方法，针对访客活动矩阵进行社区识别。以社区为空间分析单元，使用日间每平方千米访客数、日间平均兴趣值和社区关联强度 3 个指标来讨论活动

模式的空间差异性，主要活动模式的指标空间分布如图 8-24 所示。

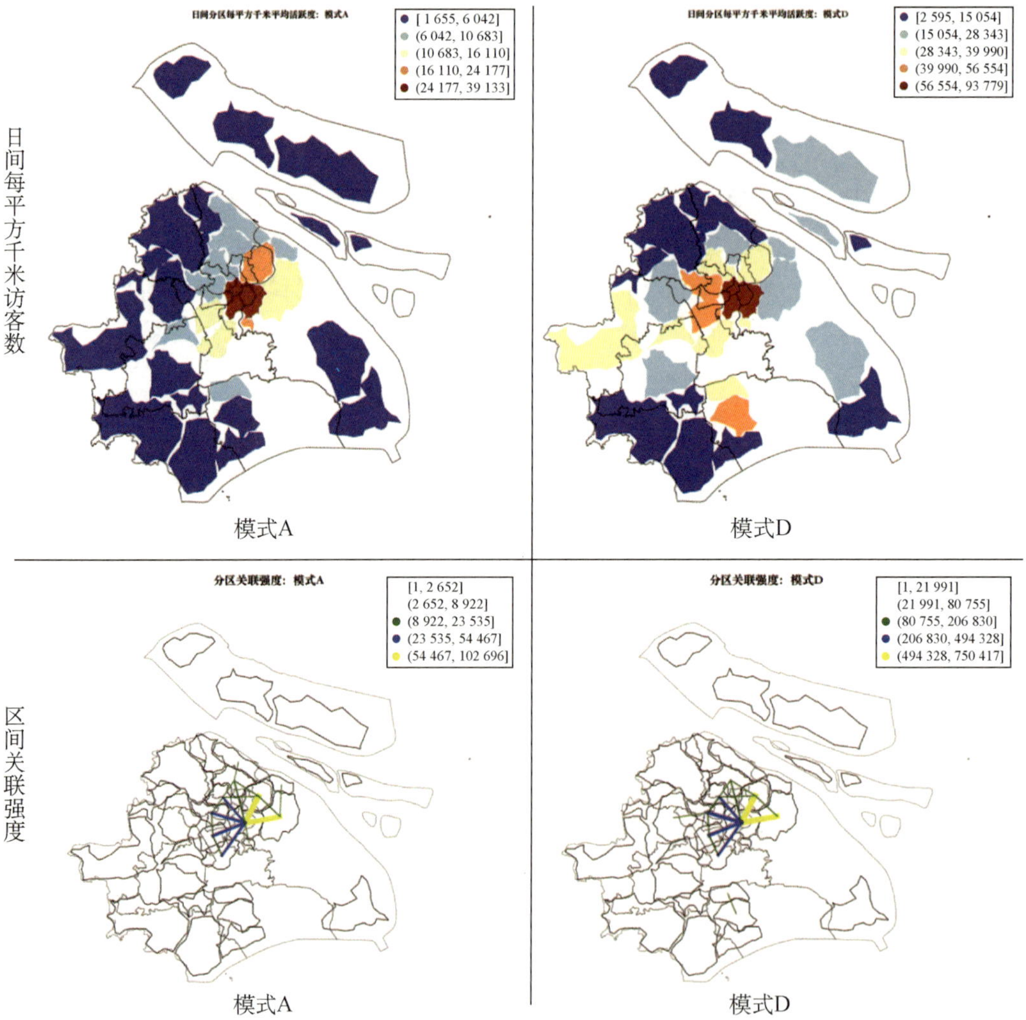

图 8-24　大多数访客的活动集计特征

尽管区分了访客类型，但是其空间活动特征仍然不够明显。进一步采用时空矩阵分解（参见附录Ⅱ）方法，从中提取内在结构特征。时空特征矩阵 $\boldsymbol{F}$ 的估计值 $\hat{\boldsymbol{F}}$ 可以由 m 行的列向量 $\boldsymbol{u}_i$、n 行的列向量 $\boldsymbol{v}_i$ 以及重要性权值 θ_i 表示：

$$\hat{\boldsymbol{F}} = \sum_{i=1}^{r} \theta_i u_i v_i^{\mathrm{T}} \tag{8-14}$$

日间每平方千米活跃度时空矩阵分解的奇异值分布如图 8-25 所示。前 3 个奇异值所对应的时空特征向量能够代表 84.8%的活跃度时空矩阵原始信息。

对照日间每平方千米活跃度时空矩阵分解获得的三个时间向量（图 8-26）和三

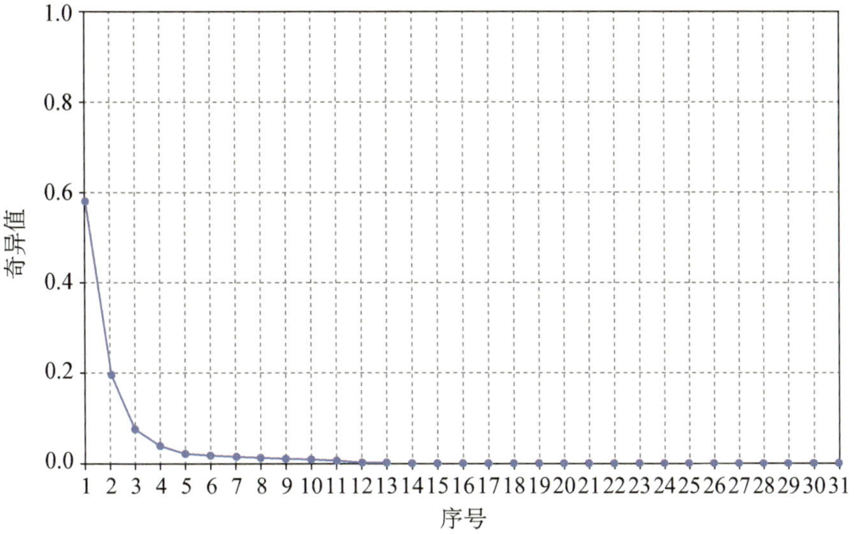

图 8-25　日间每平方千米活跃度时空矩阵分解奇异值分布

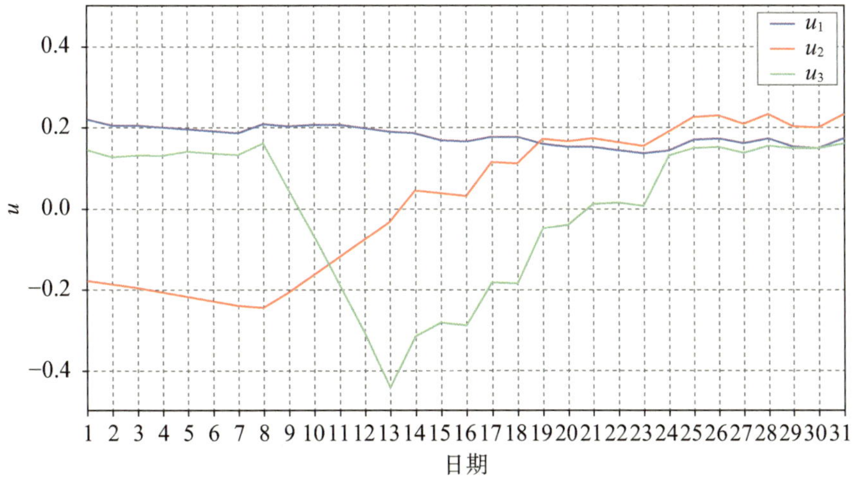

图 8-26　日间每平方千米活跃度时空矩阵前 3 个时间特征向量

个空间向量(图 8-27),注意其数值变化趋势(增大、减小)和符号后可知,空间向量 1 与时间向量 1 的乘积表示城市对外空间的日常活跃度变化模式,贡献率为 57.9%;空间向量 2 与时间向量 2 的乘积主要反映了外围部分区域(青浦、奉贤、松江北部、崇明东部)变化特征,10 月 1 日长假期间明显增大,而后增加幅度减小乃至转为总量减小,贡献率为 19.4%;空间向量 3 与时间向量 3 的乘积仍然主要反映外围区域变化,但其变化趋势为 1 日至 9 日、14 日至 31 日主要是正向影响,10 日至 20 日主要为负向影响。

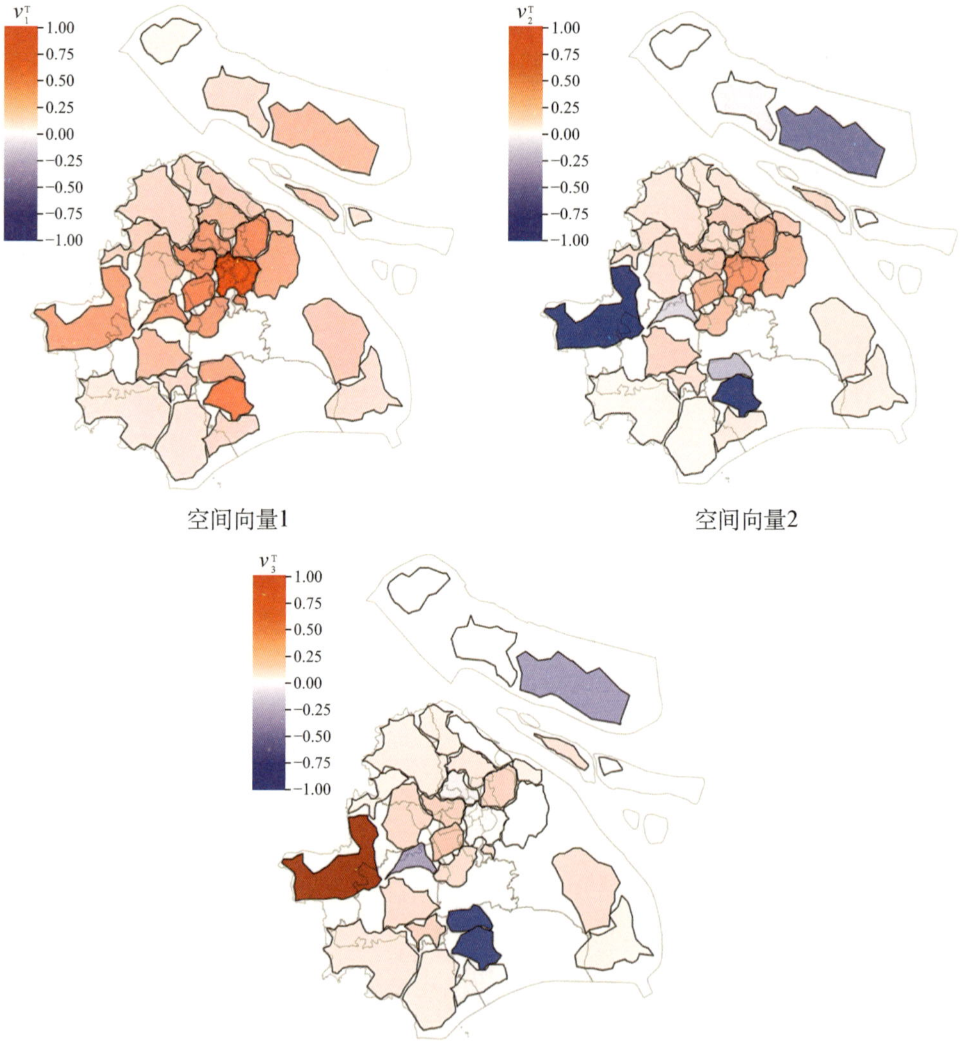

图 8-27　日间每平方千米活跃度时空矩阵前 3 个空间特征向量

8.4　城市建成环境的表征

在城市内部，建成环境是影响空间活动的重要因素。所谓建成环境是由各类人为建设改造的建筑物以及场所组成，是能够影响居民活动行为的土地利用模式、交通系统等一系列要素的组合。[9]对于建成环境的量化测度是空间中的行为归因分析的前提条件。

城市建成环境的定义与需要讨论的问题有关，出于针对居住城市不同区位居民空间活动归因分析的需要,在此将城市建成环境定义为不同居住地居民所感知和使用的城市空间。可以认为:某地居民空间活动场所特征,与活动场所所在地的建成环境相关,即各类城市要素兴趣点(Point of Interest, POI)在活动场所周边的空间集聚特征;同时也与活动场所相对居住地的交通可达性相关,即居住地通过不同交通方式前往活动场所所在地的最短行程时间。

8.4.1 基于因子分析法的区域建成环境特征分析

为了有效地将海量的网络数据转化为决策分析的资源,需要探寻从中提取关键数据来描述城市建成环境,并据此构建城市建成环境评价指标体系的方法。

最早由英国心理学家 Charles Spearman 提出的因子分析法,是一种从变量群中提取共性因子的多元统计分析技术。通过研究相关矩阵或协方差矩阵的内部依赖关系,根据相关性对变量进行分组,使得同组内变量之间的相关性较高,不同组内变量之间的相关性较低。每一组变量代表一个基本结构,这一基本结构即称为公共因子。

利用百度 LBS 云检索数据,可获取一系列反映交通中区[①]城市建成环境、交通可达性的指标变量(表 8-6)。虽然这些变量能够多角度反映各个交通分区的综合特征,但由于变量之间可能存在相关性,在一定程度上增加了问题分析的复杂性。通过因子分析法凝练较少的综合指标,能够在精简指标的同时尽可能保留原始数据的绝大部分信息(方差),避免出现重大的观测盲区。

表 8-6　　反映交通中区综合特征的指标变量

数据来源	指标	符号	指标	符号
Place API	公司企业集聚水平	X_1^k	生活服务设施集聚水平	X_7^k
	商务大厦集聚水平	X_2^k	购物场所集聚水平	X_8^k
	金融机构集聚水平	X_3^k	餐饮场所集聚水平	X_9^k
	医疗设施集聚水平	X_4^k	区内公交车站空间密度	X_{10}^k
	教育机构集聚水平	X_5^k	区内地铁站空间密度	X_{11}^k
	娱乐场所集聚水平	X_6^k		
	说明:交通中区 k 单位面积内,相应类型 POI 的数量,单位:个/km^2			

① 采用多大空间区域来表达建成环境是一个值得研究的问题,像地铁站点等要素,影响范围已经超出了 500 m 栅格的范围,将其定义为局部栅格的要素显然并不合适。

（续表）

数据来源	指标	符号	指标	符号
Direction API	公共交通可达性	X_{12}^{k}	驾车可达性	X_{13}^{k}
	说明：从交通中区 k 使用相应的交通方式前往研究区域的最短行程时间，为了保证因子分析的所有输入变量均为正向，取其倒数，单位：s^{-1}			

基于因子分析法的交通中区区域特征分析，主要包括以下四个步骤。

（1）数据预处理及因子分析适当性检验。

对表 8-6 中的 13 项指标变量进行正向化、标准化处理，计算其 KMO 测度，并进行 Bartlett 球形检验，以检验数据是否适合进行因子分析。若 KMO 值大于 0.5，且通过 Bartlett 球形检验，则表明原始数据适合进行因子分析。

（2）提取公共因子。

假设表 8-6 中的 13 项指标变量受到 $N(N \leqslant 13)$ 个公共因子 $F_1, F_2, \cdots, F_N$ 的影响，且 $X_i (i = 1, 2, \cdots, 13)$ 是 $F_1, F_2, \cdots, F_N$ 的线性函数，即有

$$\boldsymbol{X} = \boldsymbol{AF} + \varepsilon \tag{8-15}$$

式中，$\boldsymbol{F}$ 即公共因子，是不可观测的变量；ε 是特殊因子，是不能被 N 个公共因子解释的部分；$\boldsymbol{A}$ 为系数矩阵，计

$$\boldsymbol{A} = (a_{ij})_{13 \times N}$$

称为因子载荷，a_{ij} 即 X_i 与 F_j 之间的相关系数，反映了变量 X_i 在因子 F_j 上的相对重要性。

$$h_i^2 = \sum_{j=1}^{N} a_{ij}^2 \tag{8-16}$$

称为变量 X_i 的共同度，反映了全部公共因子对 X_i 总方差的解释能力，h_i^2 越接近 1 表示因子分析的效果越好。

$$q_j^2 = \sum_{i=1}^{13} a_{ij}^2 \tag{8-17}$$

称为 F_j 的方差贡献率，体现了公共因子 F_j 对所有原始变量总方差的解释能力，用于衡量 F_j 的相对重要性。

$$\sigma_j^2 = \sum_{j=1}^{n} q_j^2 \tag{8-18}$$

称为前 n 个公共因子的累计方差贡献率，体现了前 n 个公共因子对所有原始变量总方差的解释能力。

根据累积方差贡献率确定公共因子个数，将前 n 个公共因子的累积方差贡献率的标准设定为 80%，即只有累计方差贡献率达到 80%以上才能被认为符合分析要求。每一个提取出的公共因子在后续分析中将与表征交通中区区域特征的维度一一对应。

(3) 因子旋转。

为了了解公共因子的实际意义，需要对因子载荷矩阵 $\boldsymbol{A}$ 进行旋转变换，使载荷矩阵的结构尽可能简化，矩阵中每列元素的平方和按列向 0 和 1 两极分化。因子旋转使得各个公共因子的典型代表变量更为突出，使得公共因子具有更明显的实际意义，能够为每个公共因子赋予有实际意义的名字。主要的因子旋转方法包括四次方最大法、方差最大法和等量最大法等。

(4) 计算因子得分。

因子得分是将公共因子表示成变量的线性组合，计算每一个样本公共因子的估计值。本节利用回归法估计因子得分，设公共因子 $\boldsymbol{F}$ 对变量 $\boldsymbol{X}$ 满足的回归方程为

$$\boldsymbol{F} = \boldsymbol{BX} + \varepsilon \tag{8-19}$$

由式(8-18)可知，

$$\boldsymbol{A} = E(\boldsymbol{XF}^{\mathrm{T}}) = E[\boldsymbol{X}(\boldsymbol{BX} + \varepsilon)^{\mathrm{T}}] = E(\boldsymbol{XX}^{\mathrm{T}})\boldsymbol{B}^{\mathrm{T}} = \boldsymbol{RB}^{\mathrm{T}}$$

式中，$\boldsymbol{R}$ 为 $\boldsymbol{X}$ 的相关系数矩阵。

于是有

$$\boldsymbol{B} = \boldsymbol{A}^{\mathrm{T}}\boldsymbol{R}^{-1}$$

由此，可得利用回归法计算因子得分函数的计算公式为

$$\hat{\boldsymbol{F}} = \boldsymbol{BX} = \boldsymbol{A}^{\mathrm{T}}\boldsymbol{R}^{-1}\boldsymbol{X} \tag{8-20}$$

将各个样本的变量值代入式(8-20)，即得各个样本的因子得分。

由于样本的变量值 $\boldsymbol{X}$ 已经经过标准化处理，因而，根据式(8-20)得到的因子得分也是标准化变量，保证了同一交通中区在不同场景下的特征差异具有可比性。

8.4.2 案例讨论

以上海市顾村社区为例，利用百度 LBS 云检索数据，简要说明交通中区区域特征的公共因子提取以及因子得分计算过程。

1. 因子分析适当性检验

对标准化、正向化处理后的指标变量进行 KMO 测度以及 Bartlett 球形检验，KMO 值为 0.923，且通过 Bartlett 球形检验，表明数据非常适合进行因子分析。

2. 提取公共因子

根据式(8-15)—式(8-18)得到各公共因子的方差贡献率、累计方差贡献率

(表 8-7)。前三个公共因子的累计方差贡献率达到了 80.411%,说明只需要提取前三个公共因子(表中阴影部分),信息量已经足够解释超过 80%的原始变量总方差。

表 8-7　　被说明的总方差

因子	初始特征值			提取平方和载入		
	合计	方差贡献率/%	累计方差贡献率/%	合计	方差贡献率/%	累计方差贡献率/%
1	8.130	62.540	62.540	8.130	62.540	62.540
2	1.559	11.996	74.536	1.559	11.996	74.536
3	0.764	5.876	80.411	0.764	5.876	80.411
4	0.604	4.646	85.058			
5	0.453	3.487	88.544			
6	0.343	2.639	91.183			
7	0.261	2.007	93.191			
8	0.245	1.888	95.078			
9	0.184	1.414	96.492			
10	0.158	1.219	97.711			
11	0.133	1.026	98.737			
12	0.087	0.672	99.410			
13	0.077	0.590	100.00			

3. 因子旋转

为了了解公共因子的实际意义,采用方差最大法,对初始因子载荷矩阵进行旋转变换,结果如表 8-8 所示。

表 8-8　　旋转后的因子载荷矩阵

变　量	符号	公共因子		
		1	2	3
公司企业集聚水平	X_1^k	0.912	0.123	0.071
商务大厦集聚水平	X_2^k	0.859	0.060	0.036
金融机构集聚水平	X_3^k	0.872	0.259	0.060
医疗设施集聚水平	X_4^k	0.848	0.324	0.091
教育机构集聚水平	X_5^k	0.710	0.369	0.043
娱乐场所集聚水平	X_6^k	0.835	0.322	0.084

（续表）

变　量	符号	公共因子		
		1	2	3
生活服务设施集聚水平	X_7^k	0.897	0.278	0.089
购物场所集聚水平	X_8^k	0.862	0.224	0.062
餐饮场所集聚水平	X_9^k	0.882	0.256	0.064
区内公交车站空间密度	X_{10}^k	0.564	0.820	0.050
区内地铁站空间密度	X_{11}^k	0.260	0.890	0.088
前往顾村社区的公共交通可达性	X_{12}^k	0.301	0.226	0.847
前往顾村社区的驾车可达性	X_{13}^k	−0.103	−0.062	0.938

第一公共因子 F_1 在公司企业（X_1^k）、商务大厦（X_2^k）、金融机构（X_3^k）、医疗设施（X_4^k）、教育机构（X_5^k）、娱乐场所（X_6^k）、生活服务设施（X_7^k）、购物场所（X_8^k）、餐饮场所（X_9^k）等一般建成环境集聚水平的变量上有较大的载荷，可以称为一般建成环境因子。

第二公共因子 F_2 在交通中区公交车站（X_{10}^k）、地铁站（X_{11}^k）的空间密度等变量上有较大的载荷，可以称为公交设施分布因子。

第三公共因子 F_3 在交通中区前往顾村社区的公共交通可达性（X_{12}^k）、驾车可达性（X_{13}^k）等变量上有较大的载荷，可以称为交通可达性因子。

4. 计算因子得分

根据式(8-20)，对每一个交通中区的因子得分进行计算。

对于顾村、大华、静安等三个研究区域，在进行因子分析后，筛选出的指标变量以及提取出的公共因子结果均一致。不同场景下，交通中区的区域特征综合评价都可以基于13项指标变量入手、从三个角度展开，即一般建成环境、公交设施分布以及到达特定地区的交通可达性。各个交通分区在不同场景下的因子得分（图8-28），反映出各种因素综合影响下，造成不同区域居住的居民所认识与使用的城市空间差异性。

(a) 一般建成环境因子得分　(b) 公交设施分布因子得分　(c) 交通可达性因子得分

顾村

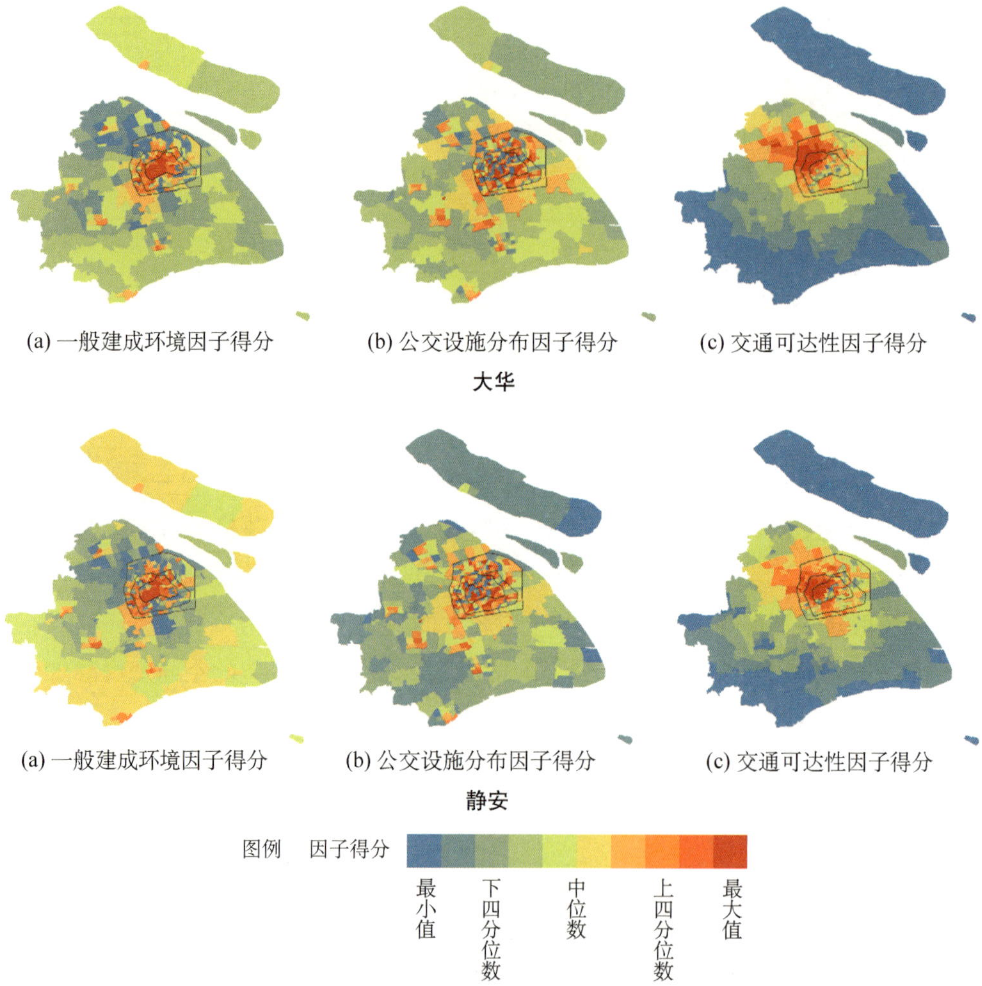

图 8-28 不同研究区域场景下各个交通中区的因子得分

8.5 城市空间中的职住关联

城市中的职住关系是城市空间中的重要关系，特别是在城市建设突出以人民为中心理念的背景下，具有非常现实的研究意义。

8.5.1 职住空间关联问题

提高 45 min 之内通勤比重，是改善城市居民生活质量的重要指标，是城市规划与交通服务水平的综合表现。全国国土空间规划等多项国家层面的规划都将 45 min 以内通勤比例达到 80%作为重要目标，这对特大和超大城市来说，是一个极大的挑战。

从表 8-9 中可以看到，与 2019 年相比，广州市 2020 年 45 min 以内通勤比例明显下降。而广州市平均通勤距离和职住分离变化情况(图 8-29)相对来说并不明显,需要从城市的职住空间结构中进行深入剖析。

表 8-9　　中国主要城市 45 min 以内通勤比重年度变化[10]　　单位:%

城市	2019 年	2020 年	年度变化	城市	2019 年	2020 年	年度变化
深圳	76	77	1	乌鲁木齐	80	81	1
广州	75	71	−4	长沙	79	80	1
上海	68	69	1	济南	80	80	0
北京	58	57	−1	石家庄	81	79	−2
杭州	77	79	2	哈尔滨	79	77	−2
西安	78	79	1	长春	78	76	−2
郑州	78	77	−1	大连	76	73	−3
沈阳	78	76	−2	海口	88	91	3
南京	71	73	2	宁波	83	86	3
天津	74	72	−2	呼和浩特	85	86	1
武汉	73	70	−3	南宁	83	84	1
青岛	74	70	−4	银川	83	83	0
成都	71	70	−1	兰州	83	83	0
重庆	70	68	−2	福州	83	82	−1
太原	85	86	1	南昌	81	81	0
厦门	81	84	3	西宁	80	81	1
昆明	83	83	0	贵阳	80	80	0
合肥	77	81	4				

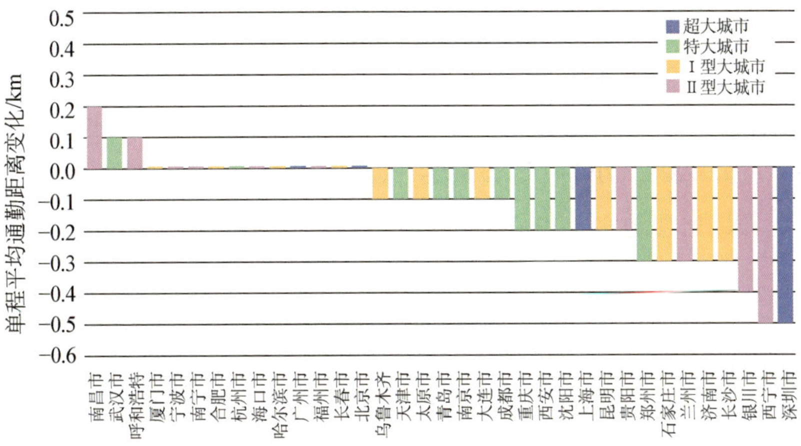

(a) 平均通勤距离变化

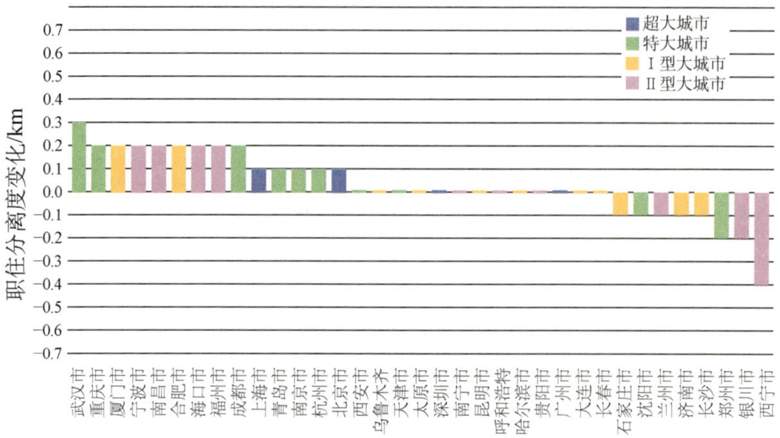

(b) 职住分离度变化

图 8-29　2019—2020 年度全国主要城市通勤距离和职住分离度变化

8.5.2　广州市职住空间关系的层级结构

针对广州市通勤时耗变化，在获取了以空间栅格为基本空间单位的通勤交通数据之后，通过复杂网络模块化结构分析，研究其职住关联结构。

1. 采用非重叠社区发现算法识别的空间结构

不难理解，作为空间分析单元的交通小区划分，将影响区间交通流量的计算。广州市按照 3 988 个交通小区划分计算，有 622.36 万人/日的跨区通勤；但如果按照 160 个交通中区（街道）划分，则仅有 335.59 万人/日跨区通勤。因此，在城市职住关联分析中，采用空间栅格（500 m×500 m）作为基本空间单位。

基于通勤 OD 数据采用非重叠社区①进行职住空间的模块化结构识别时，得到如图 8-30 所示的结果。可以看到，部分职住空间关联分区跨越了行政区划界限。

考虑到广州市通勤交通距离的中位数是 4.8 km，按照 5 km 分为短距离通勤和长距离通勤两组数据，分别用非重叠社区识别算法计算，得到如图 8-31 所示的结果。

2. 采用职住矢量场的进一步诠释

设 T_{ij} 表示居住地 i 到工作地 j 的通勤交通流量，$\overrightarrow{u_{ij}}$ 表示居住地 i 到工作地 j 的单位向量，$T_{ij}\overrightarrow{u_{ij}}$ 表示大小为 T_{ij}、方向为 i 到 j 的矢量，在此基础上，可以求取职住矢量场[11-12]。即以居住地 i 为中心，求矢量和 $\overrightarrow{T_i}=\sum_j T_{ij}\overrightarrow{u_{ij}}$，表示 i 处居民的通勤矢量。

$\overrightarrow{T_i}$ 的方向：即 i 处的矢量场方向，在职住矢量场中其他工作机会的影响下，i 处居民主要的通勤方向。

① 参见附录Ⅰ。

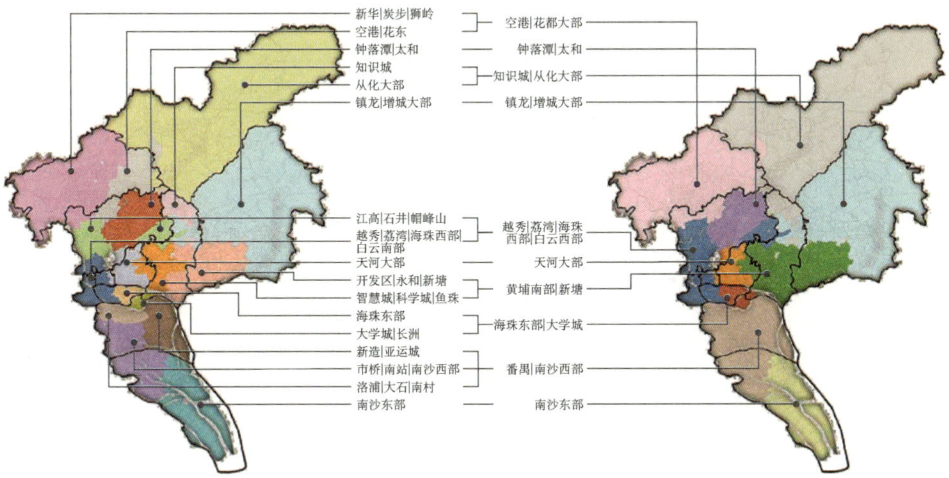

层级2：17个关联空间单元　　　　层级1：10个关联空间单元

图 8-30　广州市职住空间关联结构

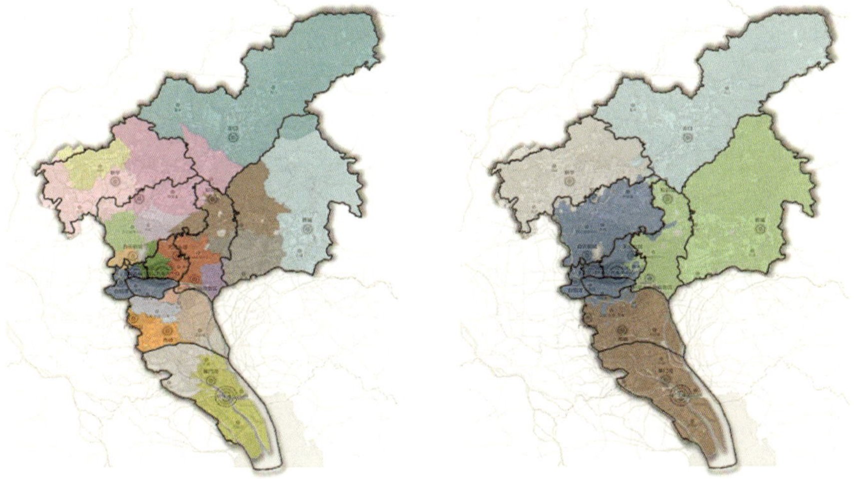

(a) 短距离通勤（≤5 km）　　　　(b) 长距离通勤（>5 km）

图 8-31　广州市区分长短通勤距离的职住关联空间识别

$\overrightarrow{T_i}$ 的模：即 i 处的矢量场场强，在职住矢量场中其他工作机会的影响下，i 处居民受到的作用力大小。

在图 8-32 中可以看到，长距离职住矢量场除了向中心城区集聚的流动趋势以外，其通勤流动还有向轨道沿线集聚的趋势。可以认为，广州的轨道交通明显发挥了城市主动脉的作用。相比之下，短距离职住矢量场显得更加复杂，从中可以看到部分引力中心，需要从其他角度补充诠释。

(a) 短距离通勤矢量场

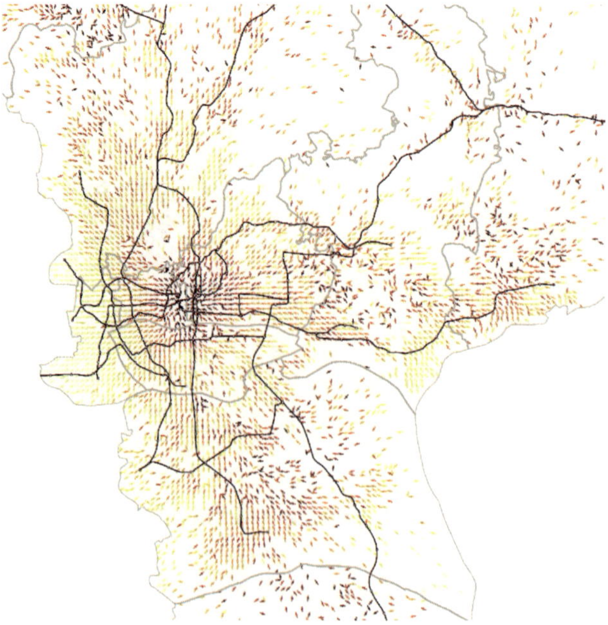

(b) 长距离通勤矢量场

图 8-32　广州市长/短距离通勤矢量场(图中黑色线条为轨道线路)

根据广州市的职住矢量场计算势能分布，为了反映工作地的辐射能力和辐射范围，取势的相反数绘制等势面(图 8-33)。等势面具有如下特点：①等势面一定与矢量场的箭头方向垂直；②矢量场的箭头总是由高等势面指向低等势面(即图 8-33 由蓝色指向红色)；③等势面之间的疏密程度反映了矢量场场强的大小。

短距离通勤存在局部集聚，且市区的局部集聚中心均为大型城中村，长距离通勤呈单中心辐射特征。

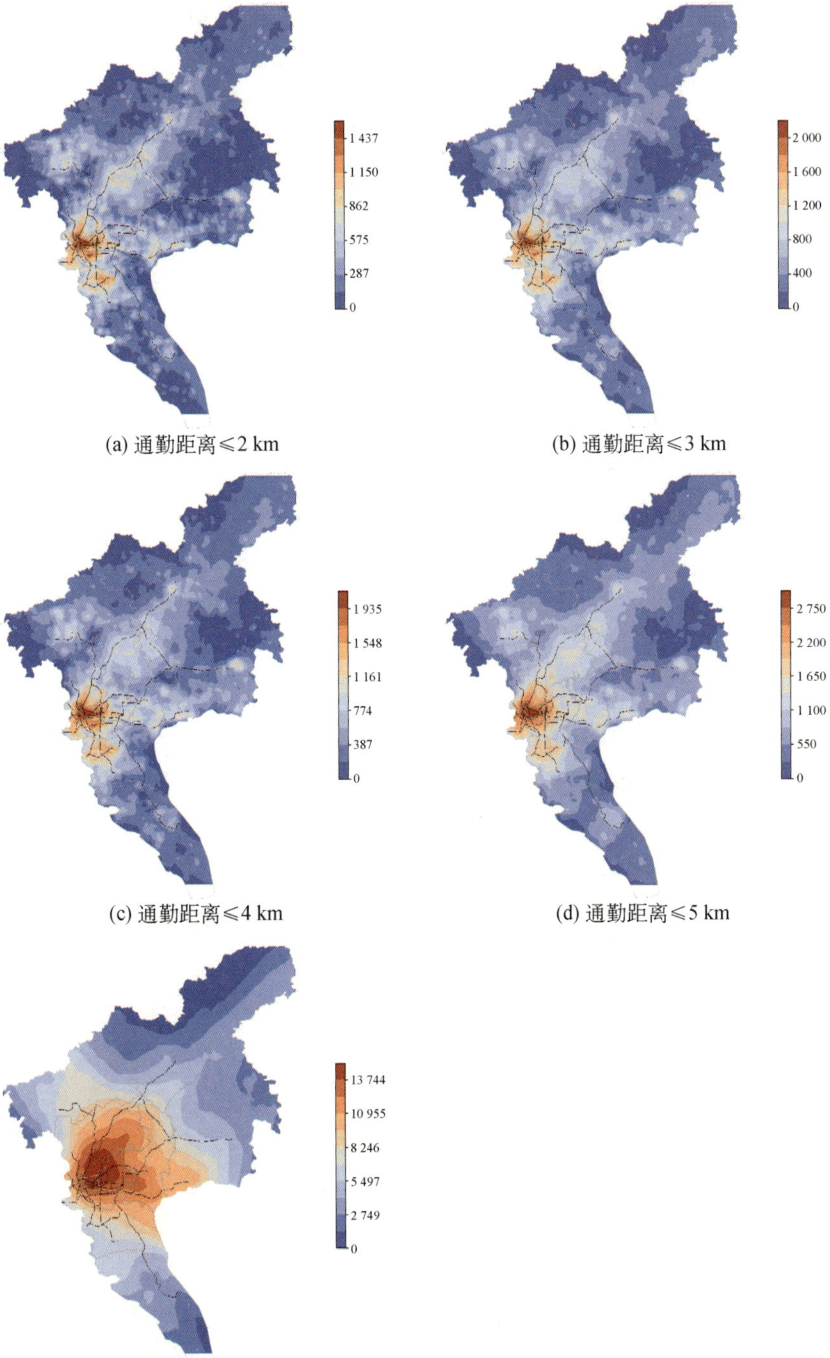

(a) 通勤距离≤2 km　(b) 通勤距离≤3 km

(c) 通勤距离≤4 km　(d) 通勤距离≤5 km

(e) 通勤距离>5 km

图 8-33　广州市长短距离通勤的等势面分布

由此产生有待验证的假设性判断：近年来城市更新过程中，广州市部分城中村的职住关系发生改变，造成部分在原城中村附近就业居民的居住外迁，是广州市 45 min 以内通勤比例下降的原因之一。

当然这种分析所能够提交的成果，仍然属于间接证据和猜测型假设。这正是大数据分析过程的特点，即单一信息源所能够提供的信息是有局限性的，还需要其他渠道的信息加以佐证。

8.6 市域空间流动形态的演化

空间流动形态是指各种出行活动在空间的集聚、汇流等所形成的空间分布形态。空间流动形态既受到城市各种功能地域分异格局、交通网络分布的影响，也是城市社会、文化等各种无形要素空间分布的外在表现。

8.6.1 市域空间形态变化及流动形态响应

市级国土空间规划的研究对象是“城市—区域”，城乡二元结构的用地性质及土地开发差异，各种公共服务要素的分布差异，乃至各类社会群体的空间分布差异等，形成了不同的城市空间形态。

以上海市为例，上海市的“城市—区域”空间结构中，外围地区城镇体系经历了从依附于单核大城市的卫星城，到相对独立的郊区新城的发展过程。

早在 1959 年《关于上海城市总体规划的初步意见》中，为疏解市中心区的工业和人口，调整全市工业和人口布局，上海就规划布局了 17 个卫星城。1986 版《上海市城市总体规划》中，则提出卫星城建设要形成一个比较完善的生产和生活环境，规划卫星城的数量缩减至 7 个。而卫星城的规划人口规模则扩大为一般不少于 10 万人，有条件可发展到 30 万人左右。至 1990 年，上海实际建设的 7 座卫星城已形成数万至数十万的人口规模。

为了增强城市外围核心城的活力，提高公共服务设施的投入效率，上海市提出以郊区的区、县政府所在地或重大产业及城市重要基础设施为依托发展新城，《上海市城市总体规划(1999 年—2020 年)》(以下简称“2001 版总规”)中规划了 11 个新城。与以往卫星城不同，新城被定义为具有综合功能的中等规模城市，并且和地方政府事权相对应，具有更强的自主性。“十一五”时期，上海进一步稳定了市域“1966”城乡体系框架①，明确要建设 9 个新城，规划人口规模各达 30 万以上，其中松江、嘉定、临港 3 个有发展优势的重点新城，规划人口在 80 万以上。

从“2001 版总规”提出郊区新城概念以来，经过 20 年的快速发展，上海的新城对优

① 即 1 个中心城、9 个新城、60 个左右新市镇、600 个左右中心村。

化城市功能和空间布局、促进郊区建设发挥了一定的作用，同时也暴露出在长三角城市群网络中发展优势仍然不明显的问题。

“上海 2035”进一步将新城定位为长三角城市群中具有辐射带动能力的综合性节点城市，原有的 9 个新城中，将原宝山、闵行两个新城作为主城片区纳入主城区范围，将原金山、崇明两个新城调整为核心镇，适度控制人口规模。规划确定嘉定、松江、青浦、奉贤、南汇 5 大新城，每个新城的人口规模控制在 65 万～110 万人。为了实现“上海 2035”所提出的“网络化、多中心、组团式、集约型”空间格局，上海市在《上海市国民经济和社会发展第十四个五年规划和二〇三五年远景目标纲要》提出“中心辐射、两翼齐飞、新城发力、南北转型”的市域空间战略。

城市空间形态的形成与演化，是以人为核心，以物质空间环境为基础，通过人口集聚和分离进行生产和交往活动的过程。在我国城市扩张过程中，土地开发扩展往往快于人口的迁移。2020 年上海新城人口集聚规模不足规划目标的 50%，但 5 大新城建设用地已接近“上海 2035 规划”建设用地规模的 80%。新城内部人口分布不均，老城区依托原县城发展基础，部分人口密度已超过上海中心城，达到 2 万人/km^2，而新建区人口集聚严重不足，人口密度仅为 0.5 万人/km^2，住宅建设拓展速度远远快于人口增长速度，新建区实际居住人口不到现状住宅可承载人口的 50%。

由于人口动迁、职住关系、社会联系、公共服务设施分布等诸多原因，上海市域的外围新城在社会空间结构居民活动空间等方面均不同于一般独立城市，由此产生其特有的空间活动形态。

人口迁移和社会结构变化所引起的市域范围内空间活动形态的变化，既受到交通网络建设不可忽视的影响，也引起了新的交通需求格局变化。综合协调城市空间形态健康布局与碳达峰、碳中和目标，合理有效地布局建设市域交通系统，是上海这样的特大城市国土空间规划中的重大问题。

与此同时，学术研究领域中针对城市空间结构研究的一个重要观点，是认为政治、经济、意识等系统之间和各系统内部的相互矛盾与影响，会直接表现为空间结构的变迁，因而应对探讨社会空间演化的显性形态及与社会系统之间的互动关系[13]给予很大的关注。

在此背景下，市域范围内空间活动流场分析产生了相应的技术价值：一是把握空间活动的集聚形态变化，将其作为研究城市空间形态演化的重要手段；二是响应“双碳”目标的要求，综合应对交通服务需求；三是为国土空间规划执行过程中的跟踪监测提供辅助手段。

8.6.2 上海市空间活动流场变化

采用手机信令数据(2011 年观测时间一个月，观测用户数 2 800 万；2019 年观测时间一周，观测用户数 510 万。将 2019 年数据参考相关信息进行扩样)，以 500 m×500 m 栅格为基本空间单元，研究上海市域范围内空间活动流场变化(图 8-34)。尽管两个年份由于数据条件不同而存在观察误差，但仍然可以用来说明空间流动结构的相对变化。

从图 8-34 可以看出，相对于 2011 年，2019 年的显著变化主要体现在以下几个方面：

(1) 在原有集聚“萌芽”地区，形成了规模性集聚；

(2) 出现了新的集聚“萌芽”地区；

(3) 在向市域延伸的轨道沿线，形成了带状或者组团状分布的活动吸引区域。

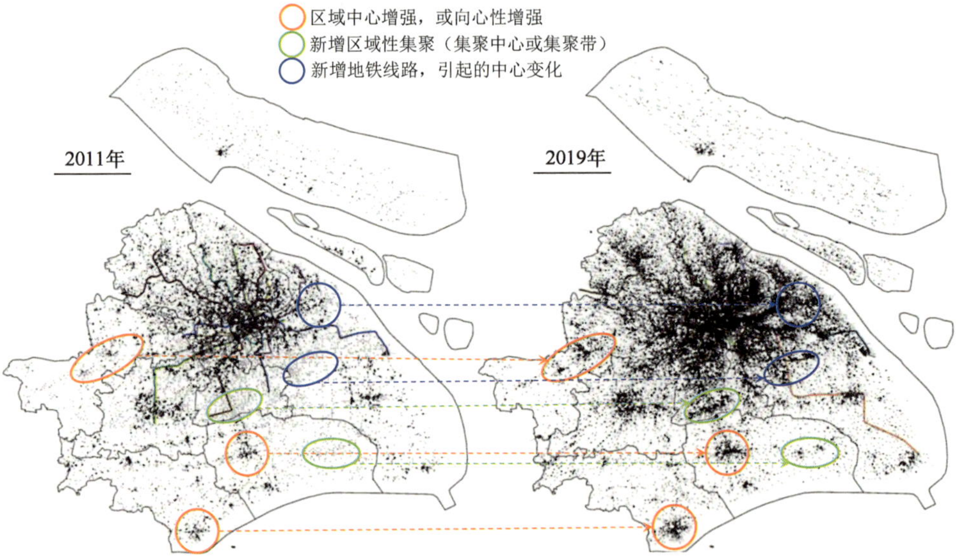

图 8-34　上海市市域范围内空间活动的流场变化

在这种变化中，轨道交通发挥了显著作用。相较于高速公路与快速道路，轨道交通线路促使更多的人员流动集聚(图 8-35)。

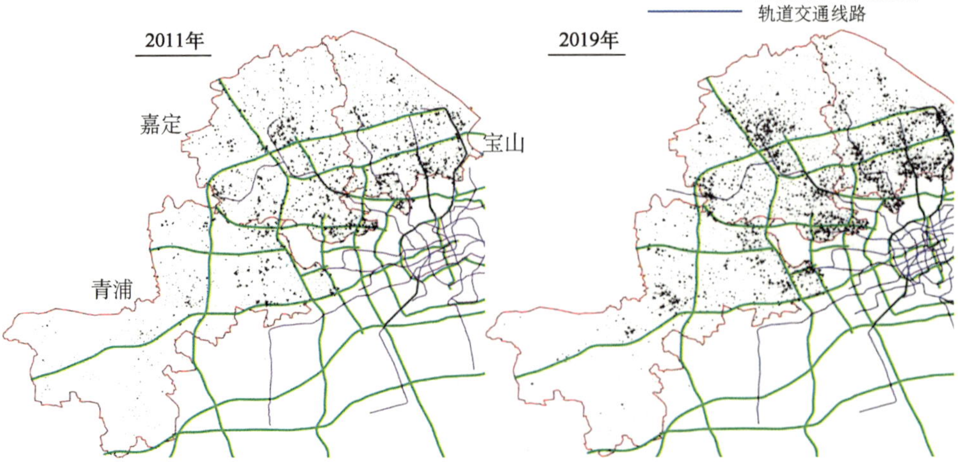

图 8-35　上海市西北部部分地区的人员空间活动汇集

8.6.3 长、短距离出行的空间流场观察

观察 2011 年与 2019 年上海市市域范围内出行 OD 的距离分布(图 8-36),可以看到与 2011 年相比,2019 年出行的一个显著变化是长距离比重明显增加。

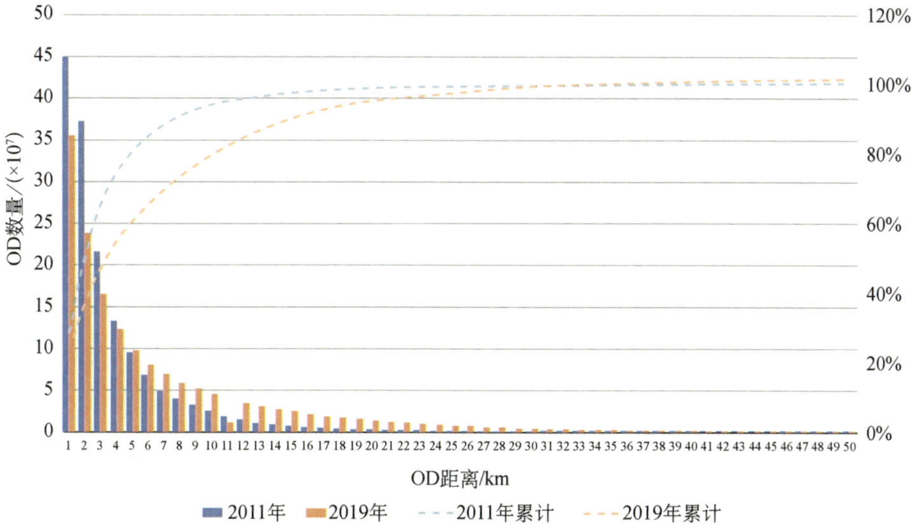

图 8-36　2011 年与 2019 年上海市市域范围内出行距离分布对比

考虑到长短距离出行在空间组织、交通服务需求以及行为主体社会属性等方面的差异,在空间活动流场分析中有必要加以区分对待。以 3 km(自行车骑行半小时距离)为分界点,将所有出行划分为长距离与短距离出行,分别观察两者空间流场形态。

长距离出行的流场反映出市域范围内宏观的联系结构。可以看到,长距离流场显示出明显的轨道线路轴带带动作用,以及城市拓展的空间形态特征(图 8-37)。

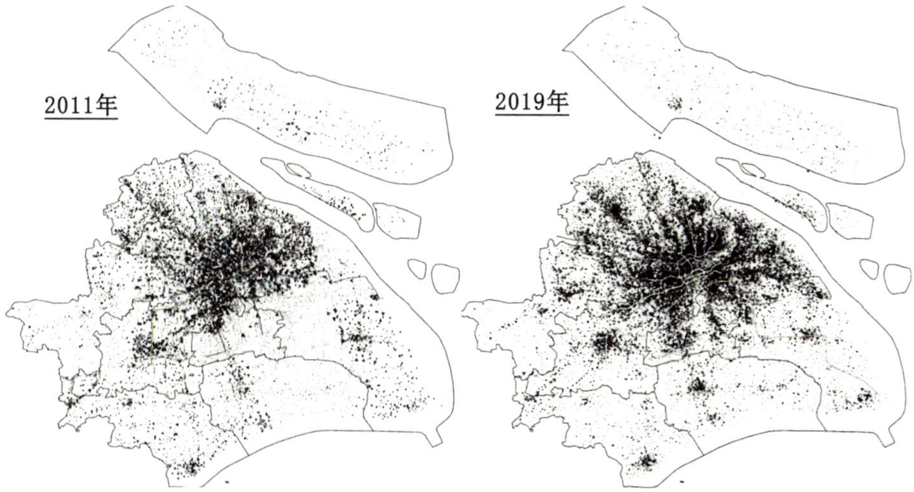

图 8-37　上海市市域范围内长距离出行空间流场变化

将通过非重叠社区识别提取的长距离出行OD网络的内在模块化结构(模块度$Q=0.336$,可以提供一定参考信息,但不能作为模块度有力判断依据),作为流场判读的辅助信息(图8-38),叠加后判读其流场集聚、流向及连续性,可以看到上海市市域范围内空间活动呈现出四个向外蔓延扩展区域,以及相对独立的金山—奉贤板块。嘉定虽然被划分为独立社区,但是其长距离出行呈现出明显一致的中心城区连续指向,仍然可以被视为受到中心城区影响而向外蔓延拓展区域。金山和奉贤新城有所不同,显示出脱离中心城区局域集聚的特征。

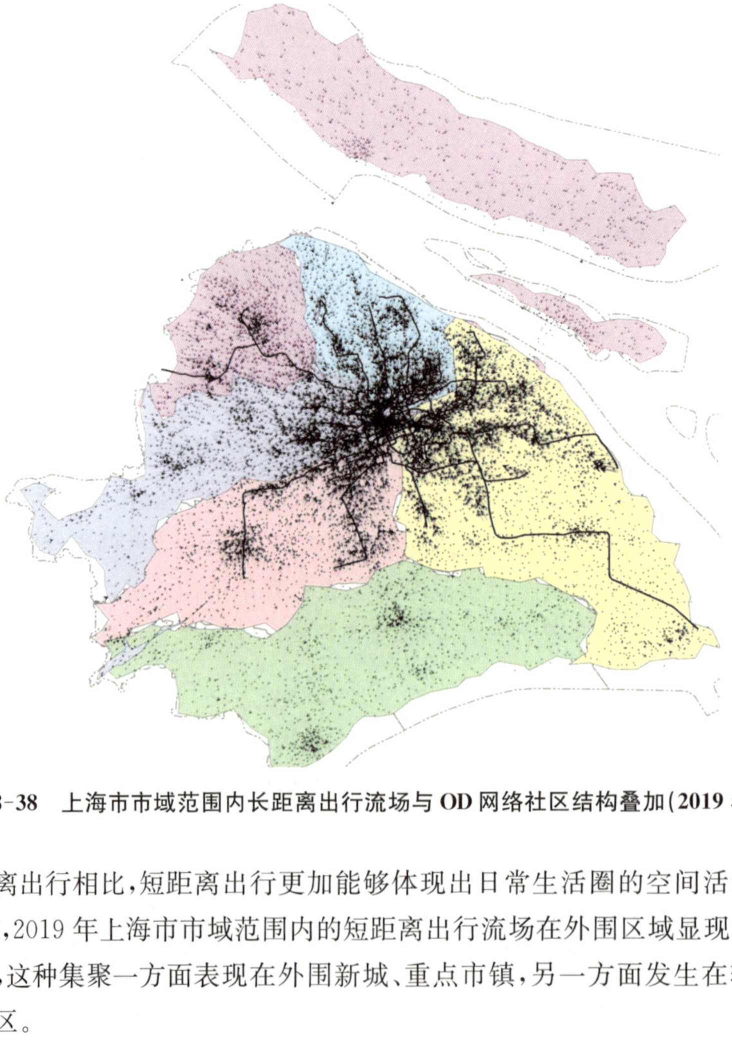

图8-38 上海市市域范围内长距离出行流场与OD网络社区结构叠加(2019年)

与长距离出行相比,短距离出行更加能够体现出日常生活圈的空间活动形态。与2011年相比,2019年上海市市域范围内的短距离出行流场在外围区域显现出更强的局部集聚特征,这种集聚一方面表现在外围新城、重点市镇,另一方面发生在轨道交通沿线的部分地区。

针对短距离出行OD网络,通过复杂网络社区识别所获得的具有很强说明能力的内在模块化结构(2011年数据,最上层级社区50个,模块度$Q=0.888$;2019年数据,最上层级社区41个,模块度$Q=0.823$),对比两个年度短距离出行社区识别结果,城市中心区域社区形态变化不大,但城市外围社区形态变化较大,2019年与2011年基本上完

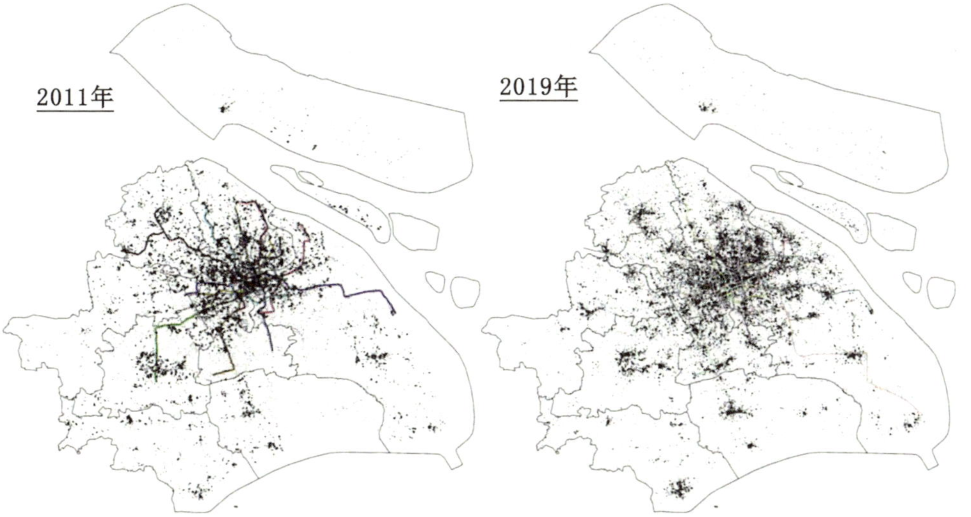

图 8-39　上海市市域范围内短距离出行的空间流场变化

全不同，反映出这一期间城市扩展引发的空间活动形态的变化。将其与流场叠加后可以获得相当清晰的市域范围内日常生活活动圈的空间形态(图 8-40)。

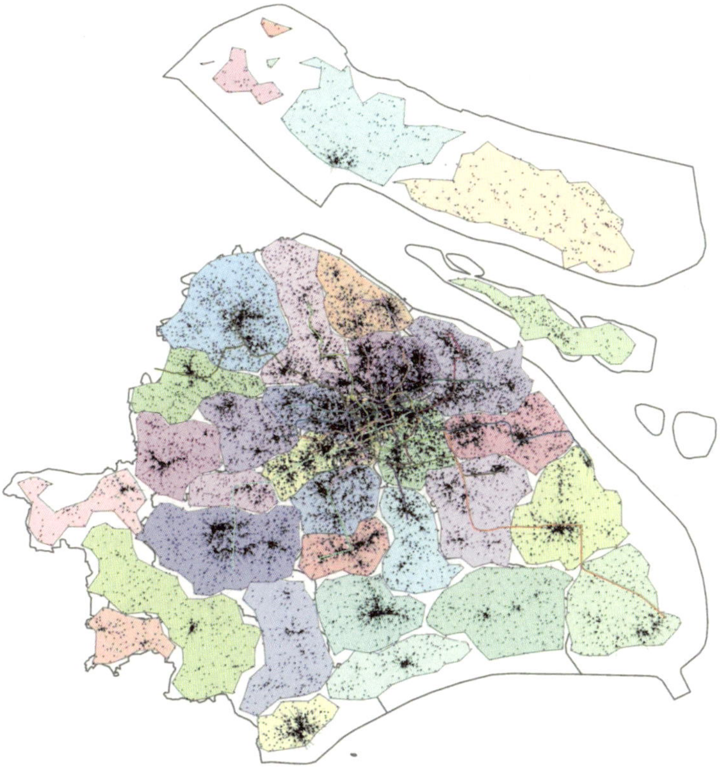

图 8-40　上海市市域范围内短距离出行流场与 OD 网络社区结构叠加(2019 年)

城乡二元地区的公共服务设施配置，既有需求问题，也必须考虑配置效率。为此，可以根据短距离出行空间集聚和社区识别结果，合理划分公共服务保障辐射圈，并配合配置交通服务网络。

参考文献

[1] 方创琳，宋吉涛，张蔷，等. 中国城市群结构体系的组成与空间分异格局[J]. 地理学报，2005，60(5)：827-840.

[2] 顾朝林，陈振光. 中国大都市空间增长形态[J]. 城市规划，1994(6)：45-50.

[3] 唐子来，李涛. 京津冀、长三角和珠三角地区的城市体系比较研究[J]. 上海城市规划，2014(6)：37-45.

[4] 中国城市规划设计研究院上海分院长三角创新发展中心. 长三角巨型城市区域发展研究[R]. 上海：中国城市规划设计研究院上海分院，2021.

[5] FORTUNATO S, CASTELLANO C. Community structure in graphs[J]. Encyclopedia of Complexity & Systems Science, 2007: 490-512.

[6] 余庆. 基于移动通信数据的城市群居民空间活动特征分析[D]. 上海：同济大学，2022.

[7] Schläpfer M, Dong L, O'Keeffe K, et al. The universal visitation law of human mobility[J]. Nature, 2021, 593: 522-527.

[8] 周一星. 主要经济联系方向论[J]. 城市规划，1998(2)：22-25，61.

[9] Susan-L Handy, Boarnet Marlon-G, Ewing Reid, et al. How the built environment affects physical activity: views from urban planning[J]. American Journal of Preventive Medicine, 2002, 23(2-supp-S1): 73.

[10] 住房和城乡建设部城市交通基础设施监测与治理实验室，中国城市规划设计研究院. 2021 年度中国主要城市通勤监测报告[R]. 北京：中国城市规划设计研究院，2021.

[11] Mazzoli M, Molas A, Bassolas A, et al. Field theory for recurrent mobility[J]. Nature Communications, 2019, 10: 3895.

[12] Xu Lijie, Lee Teng-Yok, Shen Hanwei. An information-theoretic framework for flow visualization[J]. IEEE Trasactions on Visualization and Computer Graphics, 2010, 16(6): 1216-1224.

[13] Chrisanthi Avgerou. The informational city, information technology, economic restructuring, and urban-regional process[J]. European Journal of Information Systems, 1990, 1: 76-77.

9 城市的空间活动行为分析

本章所讨论的空间中的行为，是利用大数据资源所能够获得的行为主体空间移动轨迹，提取相关特征属性后构建行为主体的活动空间模型，并进一步探讨归因分析的途径，以及属性特征的可预测性问题。

9.1 基于移动通信信令数据的出行特征分析[1]

通过移动通信信令数据获得行为主体的时空位置，从活跃度、多样性和活动空间范围等方面提取行为主体的活动空间属性，以上海为例，对居民的个体和群体活动空间特征进行分析。

9.1.1 空间活动基础信息的提取

1. 时空位置基础信息的定义

基于移动通信信令数据所获得的行为主体空间活动的基本信息，是空间位置(以通信所服务的通信基站位置表达)的时间序列数据，称作位置点序列。为了消除信号漂移等产生的乒乓切换，采用分箱法(采用空间上划分 500 m×500 m 的空间栅格，及 10 min 间隔的时间分段)对移动通信数据进行处理[1]，获得校正后的位置点。在考察居民活动时长规律后，将停留时间大于或等于 30 min 的位置点作为用户的活动点[2]。

当行为主体 u 在某位置点 P 满足以下两个条件，则称 P 是移动用户 u 的居住地 H[3]。

条件①：用户 u 在 21:00 至次日 6:00 时段内，累计在 P 处停留≥6 h；

条件②：在观察时间段内，累计有 2/3 以上的天数满足条件①。

按照用户活动点逗留时长从长到短进行排序，得到用户活动点序列逗留时长。以全部用户的活动点对应活动时间占全部活动点时间的比例进行集计，从所得到的全部用户活动时间比例分布情况，可以看到，大部分空间活动集中于少数活动点。因而将个体对应的各个活动点按照逗留时长降序排列，取前 80%为候选集合，从中选取逗留总时长等于用户在研究时间内出现总时长的 5%的活动点，将其定义为惯常活动点。

2. 空间活动的活跃度与多样性

空间活动活跃度可以用日访问活动点次数加以表达，由于空间分辨率差异，这一数值与传统交通调查中的日出行次数并不完全相等，但有很大的关联性。分别采用工作日日均访问活动点与非工作日日均访问活动点次数、日均访问惯常性活动点次数从不同角度来表征居民空间活动的活跃度。

为了从不同角度表征居民的出行活动多样性，采用调查期间工作日、休息日访问的不同活动点的数量(分别称为所有工作日活动点数、所有非工作日活动点数)以及不同惯常性活动点的数量等指标。

3. 个体的惯常活动空间

对个体活动空间范围的表征，有置信椭圆法、最小凸多边形法、核密度估算法、最短路缓冲区法等多种描述方法[4-8]。为了表达个体满足日常活动的需求,在自身社会经济属性、城市建成环境以及交通条件等因素的综合影响下,所形成的相对稳定的活动范围,采用活动中心离家距离、非家活动点半径表示个体的日常活动空间,采用惯常性活动空间半径以及惯常性活动空间中心离家距离表示个体的惯常性活动空间(图 9-1)[9]。

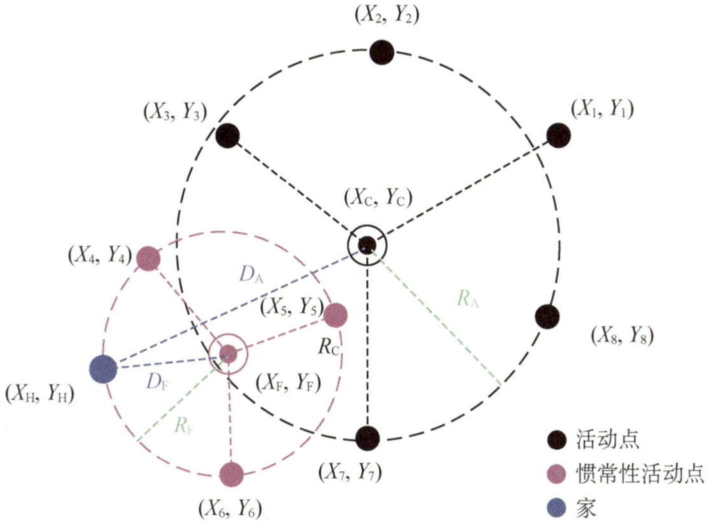

图 9-1　个体的日常活动空间与惯常性活动空间示意

图 9-1 中,(X_H, Y_H) 表示用户家的坐标;$(X_i, Y_i \mid i=1, 2, \cdots, n-1)$ 表示非家活动点 i 的坐标;(X_c, Y_c) 表示非家活动点的中心坐标(包括非家惯常性活动点),R_A 表示非家活动点半径,D_A 表示非家活动空间中心离家距离;(X_F, Y_F) 表示惯常性活动点的中心坐标,R_F 表示惯常性活动空间半径;D_F 表示惯常性活动空间中心离家距离。

9.1.2　上海市居民个体活动空间特征

采用 2011 年 9 月 1 日—30 日移动通信信令数据,计算获得上海市居民相关属性特征情况。

1. *空间活动活跃度*

计算获得的上海市居民空间活动活跃度相关指标如表 9-1 和图 9-2 所示。

由表 9-1 可见,居民工作日日均访问活动点数量均值为 5.438,大于非工作日的 5.040,也就是居民在工作日的活动强度更高;而日均访问惯常性活动点平均值为 3.631,显著小于前两个指标。

由图 9-2 可见,3 个居民空间活动活跃度指标均呈现“长尾”分布,绝大部分用户的工作日日均访问活动点和非工作日日均访问活动点均在 12 个以内,而绝大部分用户的日均访问惯常性活动点数量在 10 个以内。

表 9-1　　　　空间活动活跃度指标统计特征

指标		工作日日均访问活动点数量	非工作日日均访问活动点数量	日均访问惯常性活动点数量
平均值		5.438	5.040	3.631
标准差		2.334	2.386	1.965
分位数	25%	3.773	3.286	2.238
	50%	5.286	4.857	3.364
	75%	6.955	6.571	4.750
偏度		0.348	0.471	0.851
峰度		−0.063	0.036	1.133

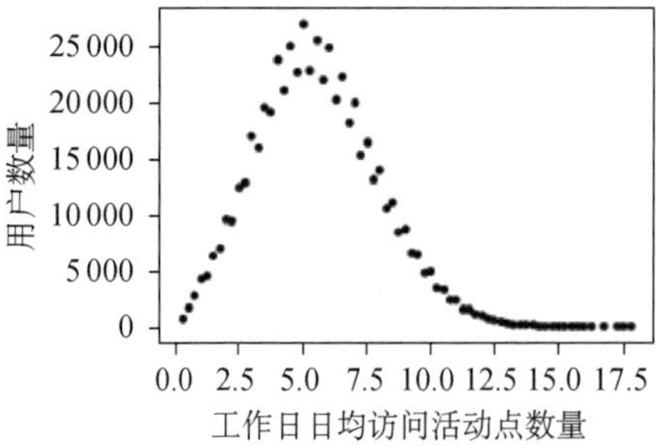

(a) 工作日日均访问活动点数量

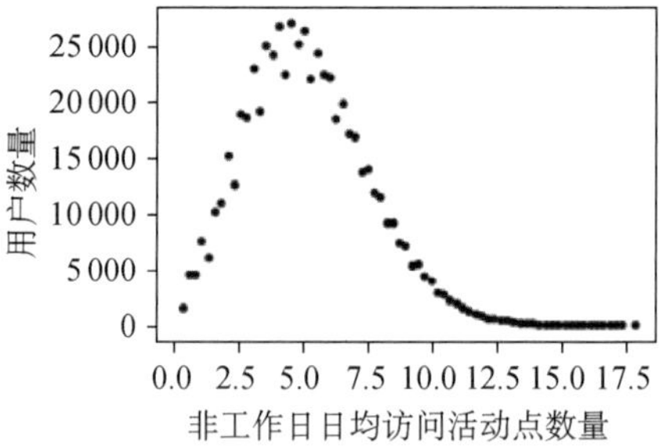

(b) 非工作日日均访问活动点数量

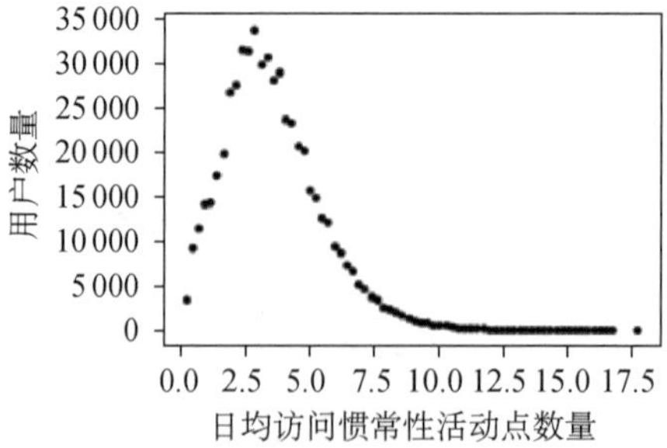

(c) 日均访问惯常性活动点数量

图 9-2　上海市居民与空间活动活跃度有关的特征数据分布

2. 活动多样性

上海市居民活动多样性的相关指标如表 9-2 和图 9-3 所示。

由表 9-2 可见，居民惯常性活动点数量平均值仅为 2.889，远远小于所有工作日活动点数量平均值(27.125)以及所有非工作日活动点数量平均值(14.441)，说明居民实际上大部分时间仅在数个地点进行活动。此外，居民所有工作日活动点数量要远远大于非工作日，且其标准差(17.663)也远远大于非工作日(8.201)，说明居民在工作日的活动更具有多样性且不同居民的活动多样性差异更大。

由图 9-3 可见，居民所有工作日活动点数量和所有非工作日活动点数量，均呈现“尖峰长尾”分布，绝大部分居民所有工作日活动点数量在 75 个以内，所有非工作日活动点数量在 40 个以内；而绝大部分用户的惯常性活动点少于 6 个，远小于工作日与非工作日的活动点数量。

表 9-2　　　　上海市活动多样性指标统计特征

指标		所有工作日活动点数量	所有非工作日活动点数量	惯常性活动点数量
平均值		27.125	14.441	2.889
标准差		17.663	8.201	1.266
分位数	25%	14.000	8.000	2.000
	50%	23.000	13.000	3.000
	75%	36.000	19.000	4.000
偏度		1.464	0.996	0.537
峰度		3.241	1.396	0.065

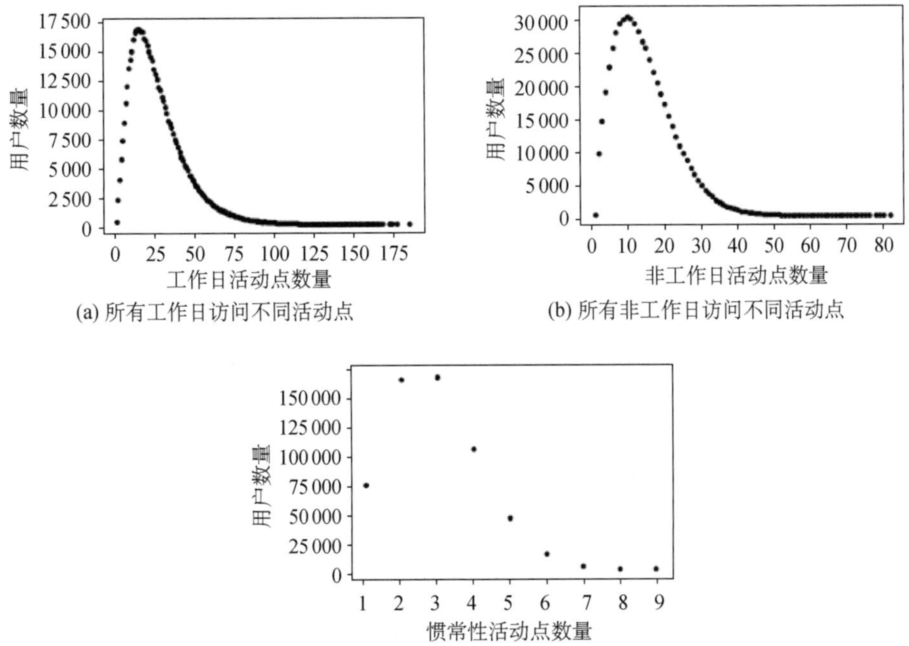

(a) 所有工作日访问不同活动点
(b) 所有非工作日访问不同活动点
(c) 所访问的所有不同惯常活动点

图 9-3　活动多样性相关数据分布

3. 活动空间范围

上海市居民活动空间范围相关指标如表 9-3、图 9-4 所示。

由表 9-3 可见，居民活动中心离家距离标准差小于非家活动半径，说明个体间非家活动半径差异性更大;非家活动半径平均值(5.730)要显著大于活动中心离家距离(4.204)。此外,以上两个指标的偏度均显著大于0,呈现一定的正偏态分布现象,说明大部分居民的日常活动空间是有限的,只有少部分居民活动空间较大。

由图9-4可见,居民非家活动半径呈现“尖峰长尾”分布,大部分居民的非家活动半径在20 km以内;大部分居民的活动中心离家距离的范围在10 km以内;而居民的惯常性活动空间半径和惯常性活动中心离家距离,均大部分集中在5 km以内。

表9-3　上海市居民活动空间范围指标统计特征　单位:km

指标		非家活动点半径	活动中心离家距离	惯常性活动空间半径	惯常性活动空间中心离家距离
平均值		5.730	4.204	1.744	1.406
标准差		4.315	4.181	3.050	2.601
分位数	25%	2.682	1.417	0.327	0.250
	50%	4.653	2.983	0.512	0.373
	75%	7.518	5.555	1.824	1.458
偏度		1.628	2.532	4.056	4.612
峰度		3.655	10.337	22.852	33.080

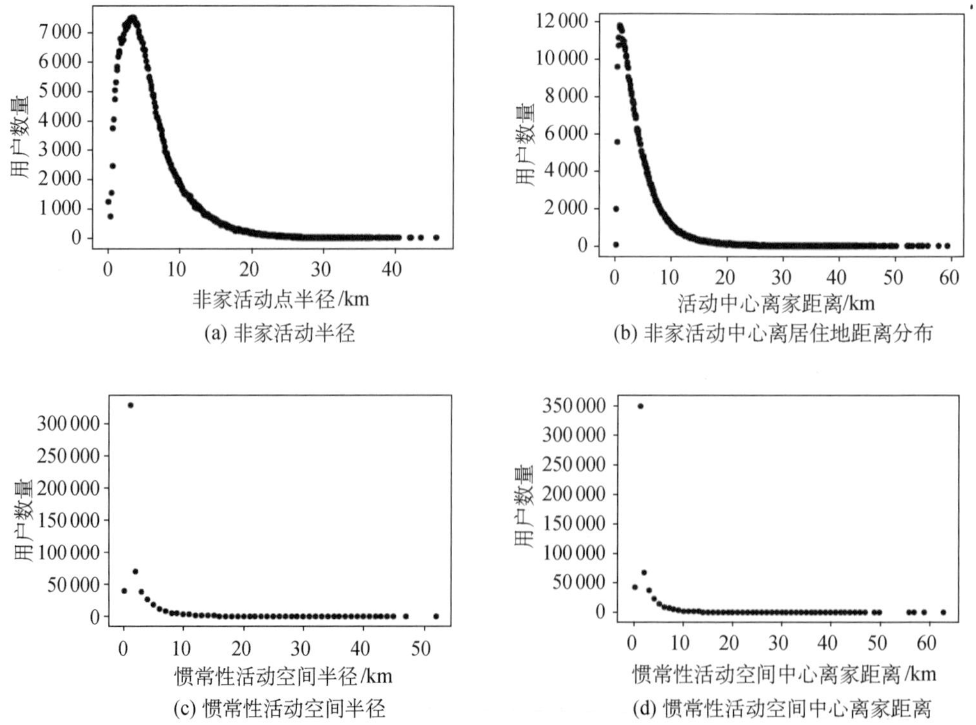

图9-4　空间活动范围相关数据分布

9.1.3 上海市居民群体活动空间特征分析

将基于移动通信信令数据获取的栅格数据与交通中区的第六次人口普查中区进行匹配集计，得到上海市群体活动空间特征分布。

1. 空间活动活跃度

从上海市居民与空间活动活跃度相关指标的空间分布(图 9-5)中可以看到，三个指标的区域分布具有类似的特征，指标对应较高区域集中在上海南部以及西部，反映出这两个区域居民的出行次数较多，且整体上越远离城市中心，出行次数越多，城市中心区域居民的出行次数少于城市郊区居民。

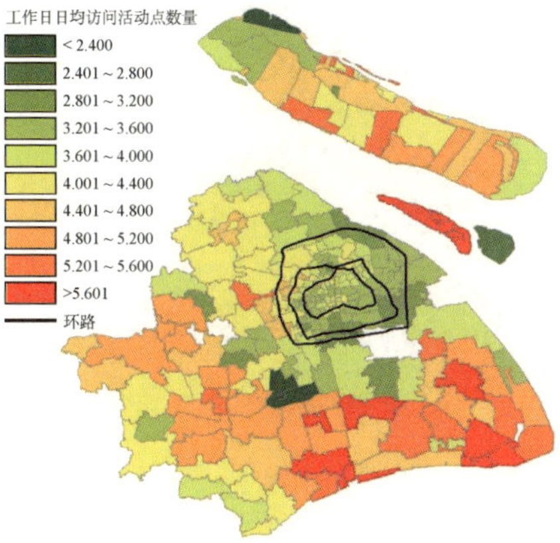

(a) 工作日日均访问活动点数量分布

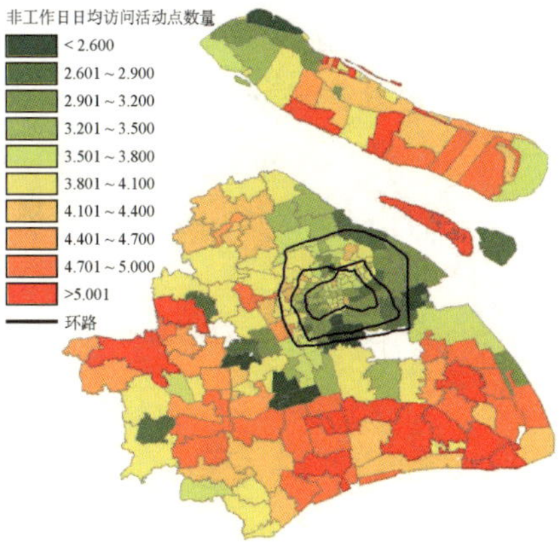

(b) 非工作日日均访问活动点数量分布

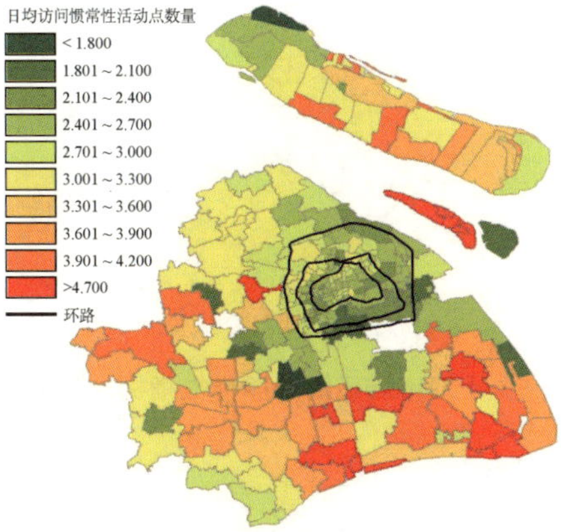

(c) 日均访问惯常性活动点数量分布

图 9-5 上海市居民与空间活动活跃度相关指标的空间分布

由于空间观测分辨率问题(500 m×500 m 的空间栅格)，中心城区相当部分超短距离活动应该未被识别出来。因此这里的空间活跃度应该被理解为基于空间上较长距离移动确定的属性。或者换句话说，由于公共服务设施分布密集，中心城区居民超短距离的空间活动不属于这里定义的活动范畴。

2. 活动多样性

从图 9-6 中可以看到，活动多样性由中心区域到外围郊区呈现出先上升后下降的趋势，活动多样性较高的区域集中在上海中心区域以及近郊区的西北部；除此以外，城市外围几个副中心及其周围的居民活动多样性也较高。

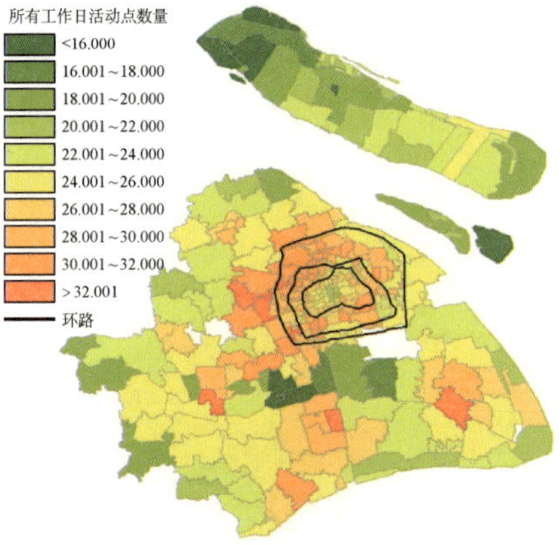

(a) 所有工作日活动点数量分布

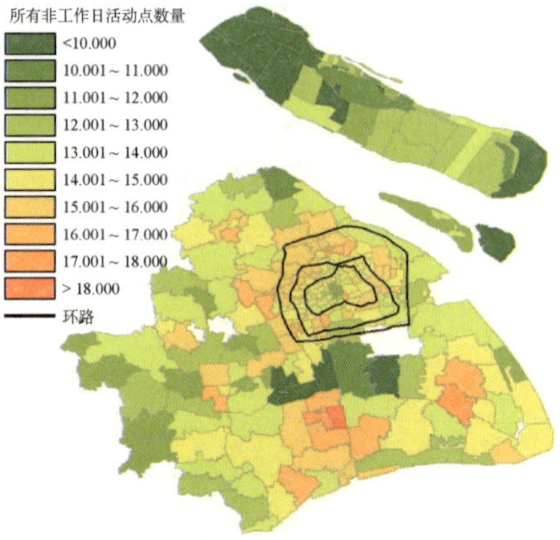

(b) 所有非工作日活动点数量分布

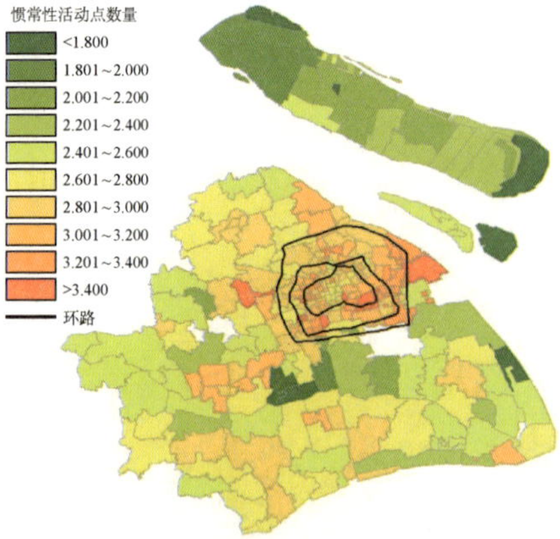

(c) 惯常性活动点数量分布

图 9-6　上海市居民活动多样性指标的空间分布

3. 活动空间范围

从图 9-7 可以看到，非家活动半径有着明显的区域特征，整体上从中心区域往外不断增加，活动中心离家距离也呈现类似空间分布规律。同时非家活动点半径与活动中心离家距离在区域分布上具有较高相似性，两者的相关系数为 0.956，表明两者具有较高的相关性，都能够在一定程度上反映居民的活动空间范围特征。

图 9-8 显示出惯常性活动空间半径从中心区域往外围区域呈现先增大后减小再增大的趋势，惯常性活动空间半径较大的区域集中在上海外环附近的区域以及城市最外围区域。相比之下惯常性活动空间要远小于非家活动空间，其半径最大值仅为

6.131 km，远远小于非家活动点半径(13.804 km)。

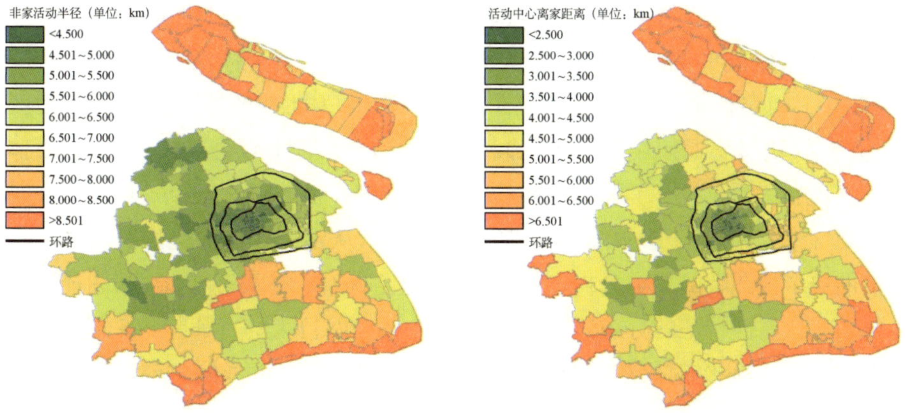

(a) 非家活动半径分布　　(b) 活动中心离家距离分布

图 9-7　上海市居民空间活动范围相关指标的空间分布

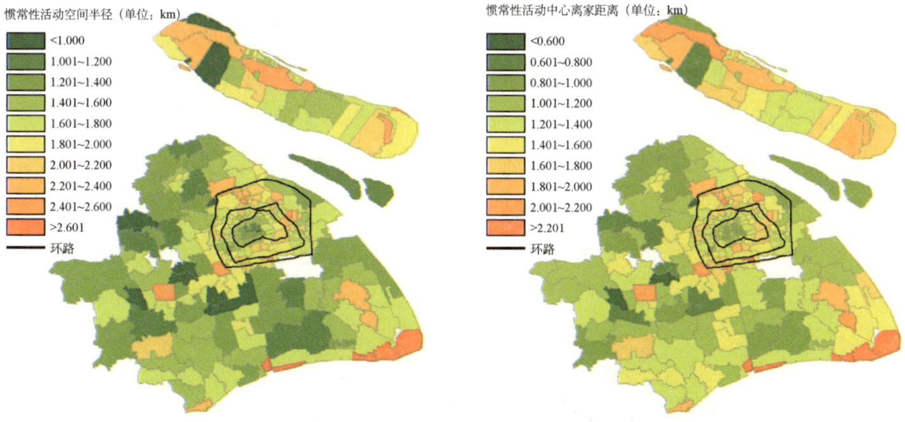

(a) 惯常性活动空间半径分布　　(b) 惯常性活动中心离家距离分布

图 9-8　上海市居民的惯性活动空间范围指标

9.2　活动空间的多视图判读[10]

9.2.1　基于多视图的活动空间信息判读

为了有效地实现大数据环境下城市居民活动空间特征的判读，需要解决两个基本问题：其一，面对大数据的丰富信息内涵，如何实现居民活动空间的集成认知；其二，面对大数据揭示的多样化行为属性，如何辨识个体行为特征之间的差异。针对于此，引入了多视图数据和多维聚类两个概念。多视图数据将包含多个维度信息的描述性变量进行分组，实质上是使用不同的观察手段和不同的数学抽象方法从不同的侧面将居民空间行为表达成不同的数据形式，从而实现居民活动空间的整体描述。多维聚类则是充分利用多视图数据的丰富信息，在不同的视图下得到针对研究对象的多种聚类方法，为复杂多样的数据提供了一种新的探索性分析方法。

对于第一个问题，通过活动点的空间分布以及工作日活动点的时空活动密度趋势面实现居民活动空间的测度与可视化。所构建的描述居民个体活动空间的五个视图，分别从社会经济属性（非工作日活动视图）、地理背景（居住地视图、工作日活动区域视图）、交通背景（轨道交通使用行为视图）和行为模式（惯常性活动视图）四个方面体现了个体空间行为的背景差异，了解了空间行为的背景多样性对居民活动空间产生的影响。

对于第二个问题，基于多视图数据进行多维聚类，从不同的侧面提炼有限种类的人群分类。借助单个视图下的聚类分析，适当简化个体空间行为的背景差异，利用描述性研究了解人群中其他属性特征的分布情况，从而揭示个体空间行为的特征差异。而多个视图下的多维聚类，不仅使研究对象在各个维度上都具有良好的区分度，同时也简化了原有属性间的复杂关联特征，为此后基于关联分析的模式预测和因果推断提供了研究基础。

在实际工作中，数据分析师可以按照规划主体的不同视图进行聚类，然后把不同聚类结果和对应的特征属性分布以简单的方式呈献给决策者或领域专家，由专家决定他认为最合适的聚类方法。这样能够在工作流程中清晰定义数据分析师的分析任务和角色定位，同时也能够更好地提升数据的可解释性，有利于识别并锁定目标群体，指导综合性的精细化对策，提升相关对策的行为性。

将第 8.3.2 节中初步讨论过的上海市位于轨道交通 7 号线站点 1 km 半径范围内分处于外环外、内中环间、内环内的顾村、大华、静安三个社区居民的移动通信观测数据作为研究案例来加以说明（图 9-9）。

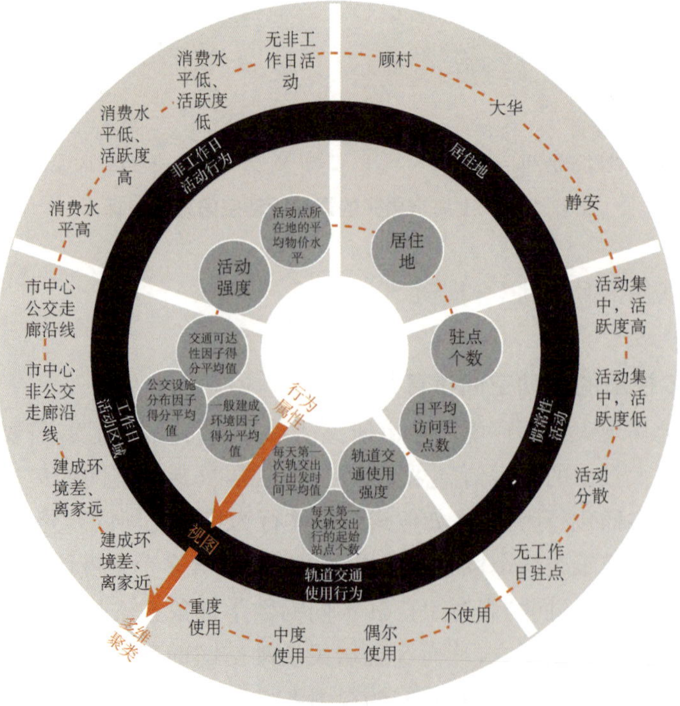

图 9-9　基于多视图数据和多维聚类的居民活动空间描述

9.2.2 惯常性活动视图下的居民活动空间

惯常性活动视图是根据对象的惯常性活动特征来进行研究对象的区分，据此观察与日常活动紧密相关的影响因素。在不依赖先验知识的情况下，采用工作日驻点数量①、工作日日平均访问驻点数量这两个特征属性，作为聚类依据的特征指标。

通过 2011 年 9 月的移动通信数据，三个社区共识别出常住居民 19 219 人，其中 15 593 人能被识别出工作日驻点。对于 3 626 个无法识别出工作日驻点的个体，直接赋予类标签“无驻点”；而对于 15 593 个可识别出工作日驻点的个体，以惯常性活动视图的特征属性为输入信息，利用两步聚类法将其分为三类(表 9-4)，并利用单因素方差分析(Analysis of Variance, ANOVA)对聚类结果进行检验，其结果如表 9-5 所示。

表 9-4　基于惯常性活动特征的聚类结果

簇		1	2	3
簇大小(占 15 593 个个体的百分比)		30.8%	37.6%	15.9%
聚类中心	工作日驻点个数	1.42	2.06	4.39
	工作日日平均访问驻点数量	0.29	0.98	1.23

表 9-5　聚类变量的单因素方差检验结果

项目		平方和	自由度	均方差	F 值	显著性指标
工作日驻点个数	组间	17 613.229	2	8 806.614	16 141.474	0.000
	组内	8 505.736	15 590	0.546		
	总和	26 118.965	15 592			
工作日日平均访问驻点数量	组间	2 552.404	2	1 276.202	14 435.750	0.000
	组内	1 378.244	15 590	0.088		
	总和	3 930.648	15 592			

根据三类不同惯常性活动特征人群的描述变量概率分布情况、聚类中心数值，可进行初步的定性解释(图 9-10)。

第一类：活动集中、活跃度弱的人群。该类人群的惯常性活动分布比较集中，惯常性活动活跃度很低。

第二类：活动集中、活跃度强的人群。该类人群的惯常性活动分布仍相对比较集

① 如果在 30 天内，移动用户 u 在活动点 B 的总停留时间超过 24 小时，则称 B 为用户 u 的一个驻点，反映惯常性活动地。

中，不过相对于第一类人群，该类人群的惯常性活动活跃度较强。

第三类：活动分散的人群。该类人群的惯常性活动较为分散。相较而言，第三类人群的日访问驻点数量没有明显的特征，分布曲线较为扁平，峰顶较低、尾部略厚。

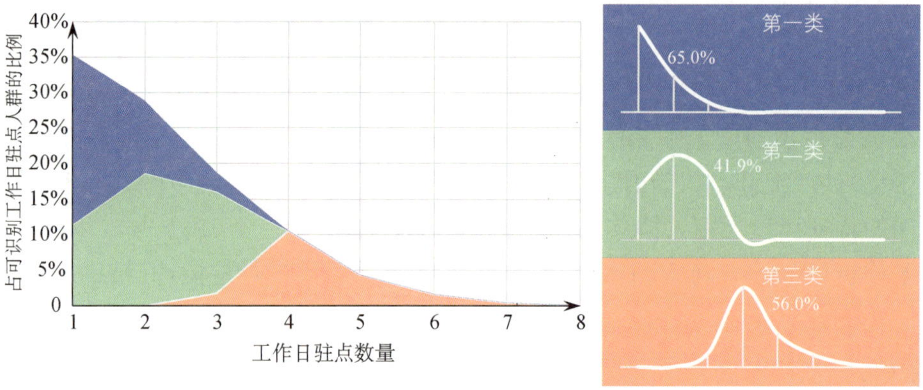

(a) 工作日驻点个数

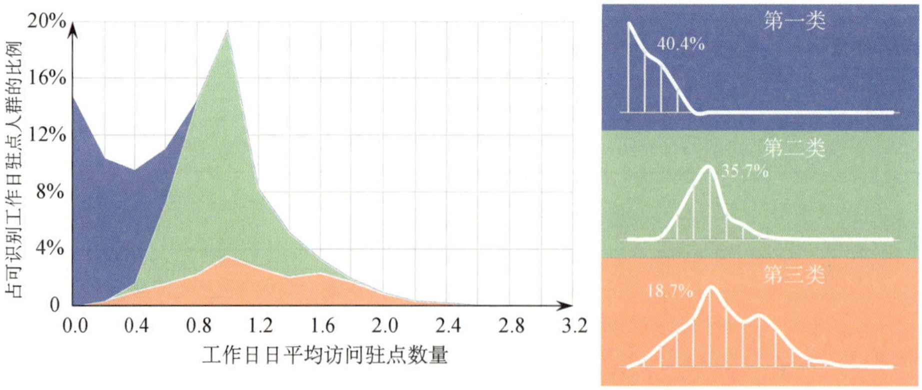

(b) 工作日日平均访问驻点数量

注：左侧大图表示不同指标在 15 593 个个体中的分布情况；右侧小图表示不同指标分别在三类人群中的分布情况。

图 9-10 特征属性的概率分布情况(惯常性活动视图下的聚类)

9.2.3 轨道交通使用行为视图下的居民活动空间

轨道交通使用行为视图包括 3 个特征属性：工作日轨道交通使用强度、工作日每天第一次使用轨道交通的起点个数、工作日每天第一次使用轨道交通的平均出发时间。在所识别出来的常住居民中，11 550 人在工作日使用了至少一次轨道交通。对于 7 669 个未识别出工作日轨道交通出行的个体，直接赋予类标签"不使用"；而对于 11 550 个使用过轨道交通的个体，以轨道交通使用特征作为判断依据，采用两步聚类法将使用过轨道交通的个体分为三类(表 9-6)，并利用单因素方差分析(ANOVA)对聚类结果进行了检验(表 9-7)。

表 9-6　　基于轨道交通使用行为的聚类结果

簇		1	2	3
簇大小(占 11 550 个个体的百分比)		63.5%	19.9%	16.6%
聚类中心	工作日轨道交通使用强度	0.14	0.58	0.90
	工作日每天第一次使用轨道交通的起点个数	1.46	3.83	1.81
	工作日每天第一次使用轨道交通的平均出发时间	14:14	13:24	8:44

表 9-7　　聚类变量的单因素方差检验结果

项目		平方和	自由度	均方差	F 值	显著性指标
工作日轨道交通使用强度	组间	1 026.605	2	513.302	24 548.468	0.000
	组内	241.445	11 547	0.021		
	总和	1 268.050	11 549			
工作日每天第一次使用轨道交通的起点个数	组间	9 910.317	2	4 955.159	7 722.808	0.000
	组内	7 408.862	11 547	0.642		
	总和	17 319.179	11 549			
工作日每天第一次使用轨道交通的平均出发时间	组间	46 211.023	2	23 105.511	2 312.131	0.000
	组内	115 391.094	11 547	9.993		
	总和	161 602.117	11 549			

根据三类轨道交通使用人群的描述变量概率分布情况、聚类中心数值，可进行初步的定性解释(图 9-11)。

第一类：工作日偶尔使用轨道交通的人群。

第二类：工作日中等频度使用轨道交通的人群，不稳定的出行起点和出行时间表明，该类人群不具有明显的通勤特征。

第三类：工作日高频度使用轨道交通的人群(通勤人群)。该类人群在所有使用过轨道交通的个体中仅占 16.6%，却贡献了将近 63%的轨道交通乘次。该类人群使用轨道交通出行天数在工作日中占比普遍超过 90%，大部分个体每天第一次轨道交通出行的出发站点较为固定，基本不超过两个站点，且基本位于研究区域及其周边地区。每天第一次轨道交通出行的出发时间主要集中在早高峰时段。

第三类人群的轨道交通使用强度大、出行时间早、出发站点固定，具有明显的通勤特征，主要由使用轨道交通通勤的个体构成。

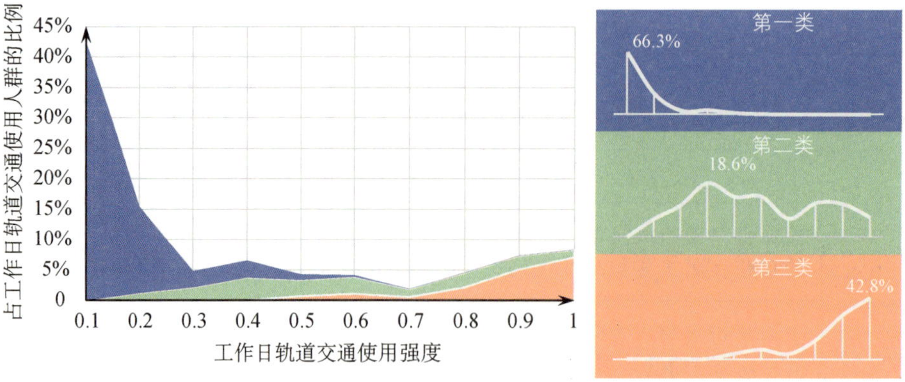

(a) 工作日轨道交通使用强度

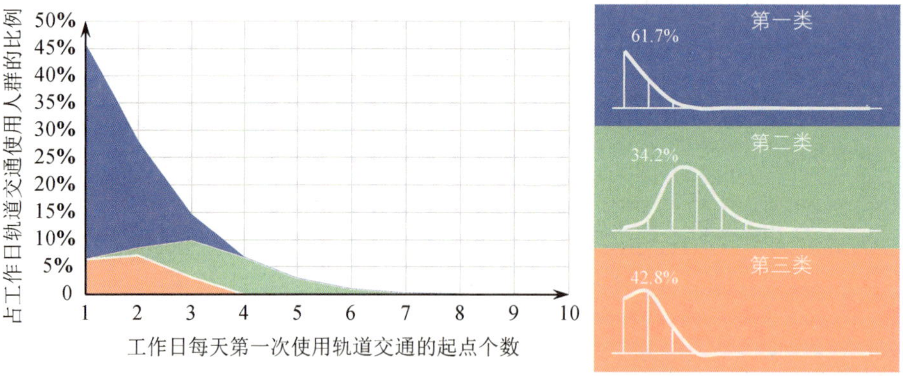

(b) 工作日每天第一次使用轨道交通的起点个数

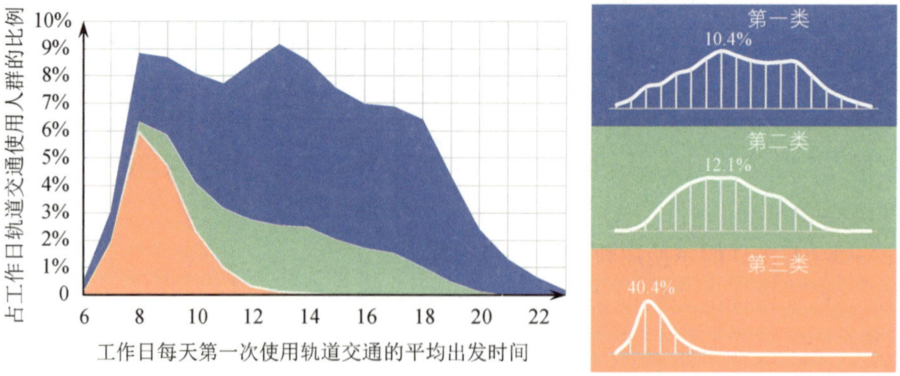

(c) 工作日每天第一次使用轨道交通的平均出发时间

注:左侧大图表示不同指标在 11 550 个个体中的分布情况;右侧小图表示不同指标分别在三类人群中的分布情况。

图 9-11　特征属性的概率分布情况(轨道交通使用行为视图下的聚类)

9.2.4　工作日活动区域视图下的居民活动空间

与惯常性活动视图主要依据工作日活动规律性不同,工作日活动区域视图根据工作日活动区域的 3 个特征属性进行组群划分:活动点所在地的一般建成环境因子平均值、活动点所在地的公交设施分布因子平均值以及活动点所在地的交通可达性因子平均值(参见第 8.4 节)。

在所识别出来的常住居民中,18 515 人在工作日期间识别到至少一个活动点。针对这些个体根据工作日活动区域特征,利用两步聚类法将其分为四类(表 9-8),利用单因素方差分析(ANOVA)对聚类结果进行了检验的结果如表 9-9 所示。

表 9-8　　基于工作日活动区域特征的聚类结果

簇		1	2	3	4
簇大小(占 18 515 个个体的百分比)		11.4	40.0	22.8	25.8
聚类中心	工作日活动点所在地的一般建成环境因子平均值	−0.25	0.41	2.71	1.94
	工作日活动点所在地的公交设施分布因子平均值	−0.74	0.16	−0.21	1.26
	工作日活动点所在地的交通可达性因子平均值	5.23	1.71	1.15	1.01

表 9-9　　聚类变量的单因素方差检验结果

项目		平方和	自由度	均方差	F 值	显著性指标
工作日活动点所在地的一般建成环境因子平均值	组间	21 214.058	3	7 071.353	13 696.446	0.000
	组内	9 557.064	18 511	0.516		
	总和	30 771.122	18 514			
工作日活动点所在地的公交设施分布因子平均值	组间	7 913.250	3	2 637.750	11 544.397	0.000
	组内	4 229.532	18 511	0.228		
	总和	12 142.782	18 514			
工作日活动点所在地的交通可达性因子平均值	组间	29 596.678	3	9 865.559	8 691.386	0.000
	组内	21 011.767	18 511	1.135		
	总和	50 608.445	18 514			

根据四类人群各个指标的概率分布情况、聚类中心数值,可进行初步的定性判读(图 9-12)。

第一类:经常活动于建成环境较差、离家较近区域的人群。

第二类:经常活动于建成环境较差、离家较远区域的人群。

第三类:经常活动于市中心非公交走廊沿线的人群。

第四类:经常活动于市中心公交走廊沿线的人群。

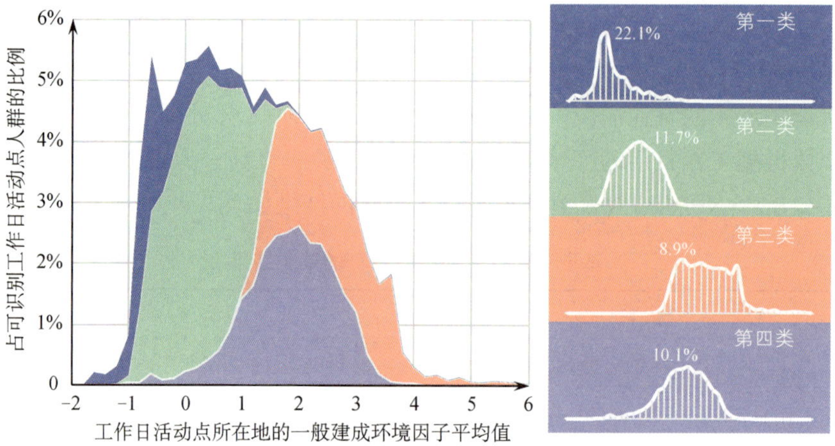

(a) 工作日活动点所在地的一般建成环境因子平均值

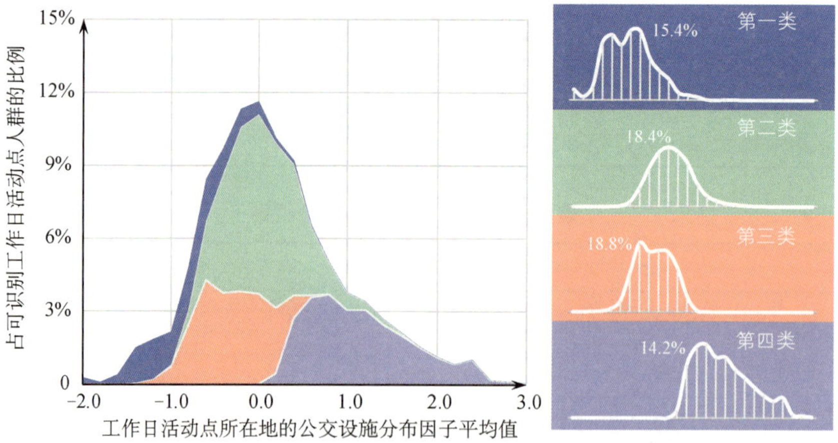

(b) 工作日活动点所在地的公交设施分布因子平均值

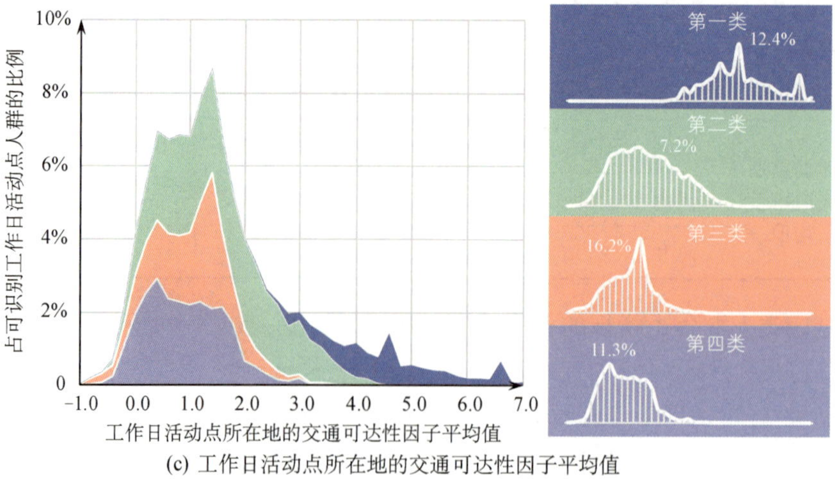

(c) 工作日活动点所在地的交通可达性因子平均值

注：左侧大图表示不同指标在 18 515 个个体中的分布情况；右侧小图表示不同指标分别在四类人群中的分布情况。

图 9-12　特征属性的概率分布情况（工作日活动区域视图下的聚类）

9.2.5 非工作日活动视图下的居民活动空间

非工作日活动视图的分析目的，在于尽可能区分行为主体经济属性所造成的空间活动差异，以及间接判断分析对象的生活品质。非工作日活动视图组群划分所依据的特征包括非工作日活动强度、非工作日活动点所在地的平均物价水平。

利用百度 LBS 云平台抓取的 POI 数据获取不同城市空间分区的平均物价水平，通过建立城市空间分区与非工作日活动点之间的关联，进一步了解移动通信用户的个体非工作日活动特征。在不依赖先验知识的情况下，利用聚类分析方法，根据指标的数据结构特征，对存在非工作日活动的人群进行分类。

在所识别出来的常住居民中，在非工作日至少能被识别到一个活动点有 18 135 人。对于 1 084 个未识别出非工作日活动点的个体，直接赋予类标签“非工作日基本无非家活动的人群”；而对于存在非工作日活动点的个体，根据非工作日活动特征的描述变量，利用两步聚类法将使用过轨道交通的个体分为三类（表 9-10），利用单因素方差分析（ANOVA）对聚类结果进行检验，检验结果见表 9-11。

表 9-10　基于非工作日消费习惯的聚类结果

簇		1	2	3
簇大小（占 18 135 个个体的百分比）		23.7	31.7	40.9
聚类中心	非工作日活动强度	1.54	2.83	0.94
	非工作日活动点所在地的平均物价水平	78.69	54.92	49.48

表 9-11　聚类变量的单因素方差检验结果

项目		平方和	自由度	均方差	F 值	显著性指标
非工作日活动强度	组间	3 822.248	2	1 911.124	11 463.569	0.000
	组内	3 022.837	18 132	0.167		
	总和	6 845.085	18 134			
非工作日活动点所在地的平均物价水平	组间	2 524 219.215	2	1 262 109.608	16 080.112	0.000
	组内	1 423 159.954	18 132	78.489		
	总和	3 947 379.169	18 134			

三类人群的描述变量概率分布如图 9-13 所示。根据各个指标的概率分布情况、聚类中心数值，可对三类人群进行初步的定性判读。

第一类：非工作日活动区域消费水平高的人群。该类人群的非工作日活动强度没有明显的特点，但是非工作日活动区域的平均物价水平远高于其他两类人群。

第二类：非工作日活动区域消费水平低、活跃度高的人群。所对应的人群非工作日

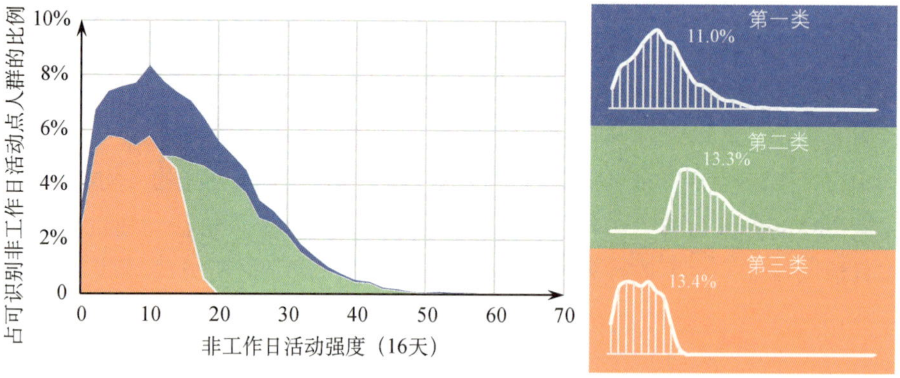

(a) 非工作日活动强度

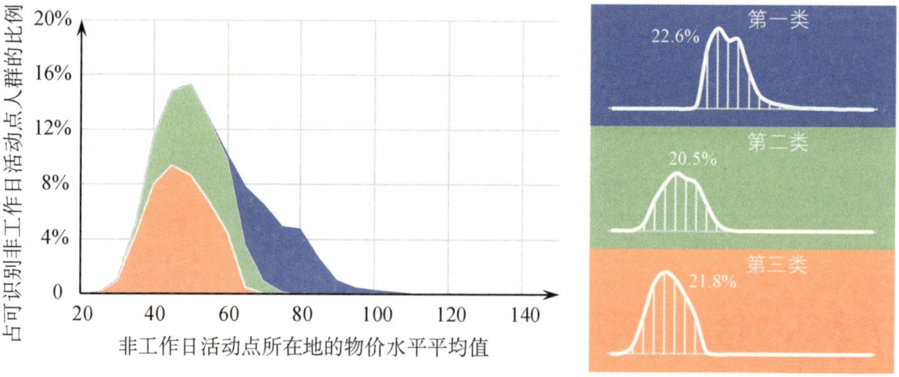

(b) 非工作日活动点所在地的物价水平平均值

注：左侧大图表示不同指标在 18 135 个个体中的分布情况；右侧小图表示不同指标分别在三类人群中的分布情况。

图 9-13　描述性指标的概率分布情况(非工作日活动视图下的聚类)

活动区域的平均物价水平低于第一类人群，然而其非工作日活动强度高达 2.83，该类人群的非工作日活动活跃度是三类人群中最高的。

第三类：非工作日活动区域消费水平低、活跃度低的人群。本类别的成员占比最高(41%)，与第二类人群类似，本类人群非工作日活动区域的平均物价水平较低，同时，该类人群非工作日活动强度也远低于另外两类人群。

9.3　基于关联分析的启发式探索

居民空间活动的时空分布特征，可以提供一定的内在因果关系研究猜想，但还不足以建立相关研究工作的假设。通过将行为个体的空间活动特征与所处建成环境及区位进行关联分析，可以获得一些重要的启发信息，为下一步更加深入的研究提供线索。

9.3.1 决策树的基本概念

作为数据挖掘中的一种重要方法的决策树(decision tree)算法[11]，是通过建立输入样本的属性特征与所属类别之间联系，为类别划分寻找一种准确的描述或者模型。将惯常性活动模式类别设定为分类结果，将多视图聚类获得的类别属性、锚点(居住地)位置等视为作用因素，可以借助决策树算法获得相关作用因素的影响层级和影响路径。所获得的决策树不仅提供了关联分析信息，也可以在一定条件下承担预测模型的功能。

对于城市交通应用领域的数据挖掘来说，决策树归纳具有以下独特的优势。

(1) 不需要先验知识，而是探索式的知识发现过程。大数据和移动通信数据的自身特性决定了不可能全面获取与个体活动相关的完备信息，难以准确验证已获取信息与实际情况之间的差距。在先验知识不完备的情况下，利用决策树归纳进行探索式的知识发现尤为重要。

(2) 模型具有很好的可读性，为人机结合创造了条件。由于关联关系的复杂性，交通问题的判读需要一个人机交互的过程，这种特殊需求往往是神经网络等数据挖掘方法的弱项。决策树本身可读性很好，富有逻辑性，易于理解和实现，有能力去理解模型输出结果所表达的意义，便于根据输出结果推演出相应的逻辑关系。

(3) 算法效率高，便于实现过程性监控。决策树的算法不需要过多的数据预处理工作，能够以较快速度从大型数据源获得可行而且效果良好的结果。并且能够在城市的演化过程中，对模型进行实时更新，实现过程性的监控。在效率方面也领先于支持向量机和深度学习模型。

决策树分类方法采用自顶向下的递归方式，决策树的内部节点是属性或者属性的集合，这种属性被称为测试属性，在内部节点根据不同的属性值判断从该节点向下的分支，在决策树的叶节点得到结论，即所要学习划分的类别。从决策树根到叶节点的一条路径，就对应着一条识别规则，整棵决策树就代表一组析取表达式规则。决策树常用算法包括 CART、CHAID、ID3、C4.5、C5.0 等。

给定一个类标号未知的数据集，通过决策树测试该数据集的属性值，跟踪一条从根节点到叶节点的路径，根据叶节点所存放的类标号，即可对该数据集进行分类。与逻辑回归和朴素贝叶斯算法不同，决策树归纳通过树形进行分类，是对特征非线性关联的把握。通过考察决策树模型的树形结构能够对特征的关联关系进行深入的了解。

借助表 9-12 所示的决策树示例，说明基于决策树的关联特征测量所涉及的技术概念。

表 9-12 决策树示例

根节点	内部节点		叶节点			
事例数	测试输出	事例数（支持①）	类标号	事例数（支持）	相对于父节点的概率（支持度②）	相对于根节点的概率（置信度③）
100	状态 A	70	状态 $A\cap B$	50	$\frac{50}{70}\approx 0.71$	$\frac{50}{100}=0.5$
			状态 $A\cap \bar{B}$	20	$\frac{20}{70}\approx 0.29$	$\frac{20}{100}=0.2$
	状态 $\bar{A}$	30	状态 $\bar{A}\cap B$	20	$\frac{20}{30}\approx 0.67$	$\frac{20}{100}=0.2$
			状态 $\bar{A}\cap \bar{B}$	10	$\frac{10}{30}\approx 0.33$	$\frac{10}{100}=0.1$

表中所涉及的技术概念具体解释如下：

① 支持——每个节点的支持数值表示该节点包含的事例数。

② 支持度——某个节点的支持度是整个数据集中的任一事例终结于该特定节点的概率，表示某个节点的状态与其所有前驱节点的状态所构成的项集在总项集中的出现概率。某个节点的支持度可用于判断从根节点到该特定节点之间的路径是否表示较强的分类规则。

③ 置信度——某个节点的所有前驱节点构成了该节点状态的先决条件。特定节点的置信度是整个数据集中的任一事例终结于该特定节点的支持与终结于该特定节点父节点的支持之比，表示特定节点的状态在先决条件下的出现概率，可用于判断从父节点到子节点之间的路径是否表示较强的分类规则。

9.3.2 决策树模型的构建算法

一般而言，分类表现为两阶段过程：第一阶段是构建分类模型的学习阶段；第二阶段是使用模型预测新数据的分类阶段。在分类过程的第一阶段，通过分析或从训练集学习来构造分类器，也可以将其看成是学习一个从训练集到类标号的映射过程。通常，该映射以分类规则、决策树或数学公式的形式提供，这些规则不但可以对以后的新数据进行预测，也能提供对数据内容更为全面的理解。决策树的输入数据，或者称为训练集(training set)，由一条条数据库记录组成，每条记录包含若干属性组成的一个属性向量，以及一个已知的类别标签。样本向量的形式为 $(x_1, x_2, \cdots, x_p; C)$，这里 x_i 表示属性变量，C 表示类别。

在决策树分类算法过程中有两个关键技术环节：其一是递归划分属性变量空间；其二是用验证数据进行剪枝。决策树算法允许选择分裂条件和修剪规则，以及通过控制参数(最小结点的大小、最大树深度等)来控制决策树生成。

1. *递归划分*

用变量 $C=(c_1, c_2, \cdots, c_k)$ 表示类别标示变量，用 $X=(x_1, x_2, \cdots, x_p)$ 表示属性变量，以递归方式将关于属性变量 X 的 p 维空间划分为相互不重叠的矩形。在每次组别划分中，评估每一属性的信息增益和获取率，选择获取率最大同时获取的信息增益又不低于所有属性信息增益平均值的属性，作为当前的主属性 x，即选择 $x=x_i$ 和关于 x_i 的一个分割阈值 s_i，把 p 维空间为两部分：一部分是 p 维的子空间，其中包含的点都满足 $x_i \leqslant s_i$，或者 $x_i = s_i$（当 x_i 为离散标志变量时）；而另一个 p 维子空间中包含的所有点均满足 $x_i > s_i$ 或者 $x_i \neq s_i$。随后在已完成划分部分中选择一个子空间，通过选择新属性变量及对应分割阈值，采用相似方式对子空间进行划分。随着这个过程的持续，得到的子空间越来越小。最终把整个 X 空间划分为 N 个子空间，其中的每个子空间都尽可能是同构的或“纯”的（意为该子空间所包含的点均属于同一类型）。

2. 决策树剪枝

决策树的剪枝目的在于解决训练数据过分近似的问题，其方法一般是采取统计方法删除最不可靠的分支，其实质是消除训练集中的异常和噪声。例如运用卡方自动交互检验（Chi-squared Automatic Interaction Detector, CHAID）[12]，通过显著性去评估某一节点分裂能否提高分类纯度，如果不能表明显著提高，则取消相应的划分，据此，用验证数据在已生成的过拟合决策树上进行剪枝。

一般情况下，树越小则树的预测能力越强。构造尽可能小的决策树，涉及决策树算法的一个核心技术问题——如何确定最佳分组变量和分割点。CHAID 算法以卡方检验为标准，而 C5.0 算法则采用信息增益率（gain ratio）[13]，此外还有基尼指数（Gini-index）[14]、距离度量（distance measure）[15]等，不同的度量标准有不同的效果，特别是对于多值属性更为显著。

3. 决策树模型 C5.0 算法

在 C4.5 算法基础上改进而来的决策树模型 C5.0 算法，使用信息增益作为属性选择度量，即以信息熵的下降速度作为确定最佳分支变量的依据，信息熵的下降意味着信息的不确定性下降，也就意味着分区后属性值的纯度升高。根据各属性均为离散值的训练数据归纳决策树的基本流程如算法 9-1 所示。

算法 9-1　　根据给定训练集产生决策树

输入　训练集，各属性均取离散数值：D
候选属性集：L
输出　决策树
过程　DecisionTree (D, L)
创建一个节点 N
如果 D 中的所有样本均为同一类别 C 那么
/* 开始根节点对应所有的训练样本 */
返回节点 N 作为一个叶节点，并标识为类别 C
如果 $L=\varnothing$ 那么

（续表）

/＊多数表决确定类标号＊/
返回节点 N 作为一个叶节点，并标识为 D 中所含样本最多的类
从 L 中选择一个信息增益最大的属性 $l_{max} \in L$，并用 l_{max} 标识节点 N
for　L 中的每个输出 l_i
/＊ 划分训练集并对每个分区产生子树 ＊/
设 D_i 是 D 中满足输出 l_i 的训练集集合
如果 $D_i = \varnothing$ 那么
加一个叶节点到节点 N，并标识为 D 中所含样本最多的类
否则，那么
加一个由 DecisionTree (D_i, L, M) 返回的节点到节点 N
返回 N

9.3.3 算例：居民惯常性活动模式的分类模型与分类规则

1. 决策树分类器及模型评估

将居住地、轨道交通使用行为、工作日活动区域、非工作日活动四个视图下的行为模式作为属性值，以惯常性活动视图下的行为模式为候选类别属性集。随机选取研究对象（剔除无工作日驻点的人群）中的 75％作为训练集，根据算法 1 归纳惯常性活动模式分类的决策树模型（图 9-14）。

利用剩余的 25％研究对象作为检验数据，得到检验分类器准确率的混淆矩阵（表 9-13）。该分类器的总体准确率为 84.04％，对于三类人群分类的准确率分别为 85.5％，83.0％，83.7％。

表 9-13　　决策树分类器预测结果的混淆矩阵

实际的类标号	活动集中、活跃度低	活动集中、活跃度高	活动分散	合计
活动集中、活跃度低	**1 180**	190	10	1 380
活动集中、活跃度高	175	**1 438**	119	1 732
活动分散	30	89	**611**	730
合计	1 385	1 717	740	3 842

2. 分类规则

基于决策树分类器，提取得到如表 9-14 所示置信度较高的分类规则，并用“如果—那么”的逻辑形式表达。

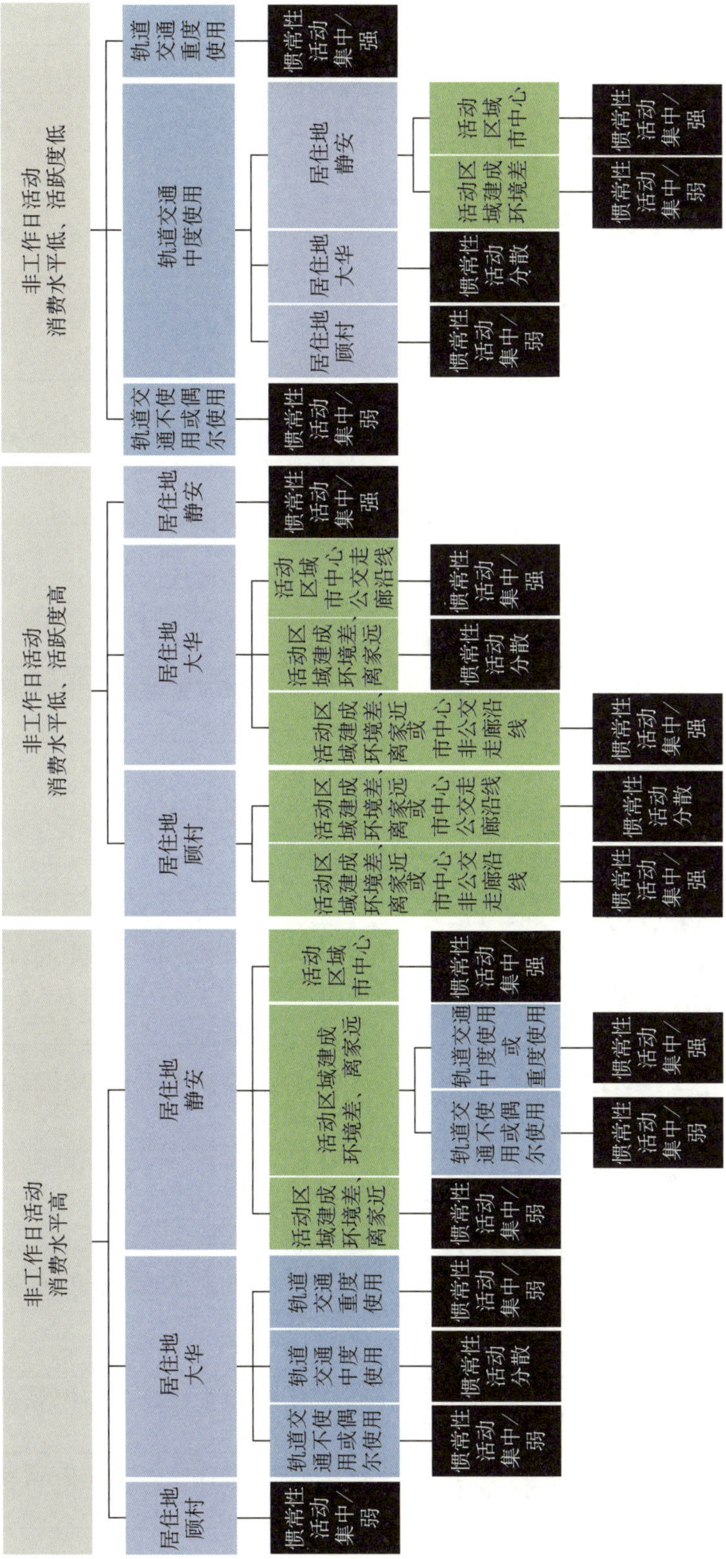

图 9-14 居民个体惯常性活动行为模式的决策树分类器

表 9-14　　基于决策树分类器所提取的置信度较高的分类规则

规则		如果	那么
规则适用于『惯常性活动集中、活跃度低』的人群	规则 1	工作日活动区域主要位于城市建成环境较差、离家较近的区域， **并且** 非工作日活动区域消费水平高	属于“惯常性活动集中、活跃度低”类型
	规则 2	居住地位于大华社区， **并且** 不使用轨道交通， **并且** 非工作日活动区域消费水平高	属于“惯常性活动集中、活跃度低”类型
	规则 3	居住地位于顾村社区， **并且** 非工作日活动区域消费水平高	属于“惯常性活动集中、活跃度低”类型
	规则 4	偶尔使用轨道交通， **并且** 工作日活动区域主要位于城市建成环境较差、离家较远的区域， **并且** 非工作日活动区域消费水平高	属于“惯常性活动集中、活跃度低”类型
	规则 5	不使用轨道交通， **并且** 工作日活动区域主要位于城市建成环境较差、离家较远的区域， **并且** 非工作日活动区域消费水平高	属于“惯常性活动集中、活跃度低”类型
	规则 6	非工作日活动区域消费水平低、活跃度低	属于“惯常性活动集中、活跃度低”类型
	规则 7	居住地位于静安社区， **并且** 工作日活动区域主要位于城市建成环境较差、离家较远的区域， **并且** 非工作日活动区域消费水平高	属于“惯常性活动集中、活跃度低”类型
规则适用于『惯常性活动集中、活跃度高』的人群	规则 1	居住地位于静安社区， **并且** 中度使用轨道交通， **并且** 工作日活动区域主要位于城市市中心非公交走廊沿线	属于“惯常性活动集中、活跃度高”类型
	规则 2	居住地位于静安社区， **并且** 中度使用轨道交通， **并且** 非工作日活动区域消费水平高	属于“惯常性活动集中、活跃度高”类型
	规则 3	高频度使用轨道交通	属于“惯常性活动集中、活跃度高”类型
	规则 4	居住地位于静安社区， **并且** 中度使用轨道交通， **并且** 工作日活动区域主要位于城市市中心公交走廊沿线	属于“惯常性活动集中、活跃度高”类型
	规则 5	非工作日活动区域消费水平高	属于“惯常性活动集中、活跃度高”类型
	规则 6	非工作日活动区域消费水平低、活跃度高	属于“惯常性活动集中、活跃度高”类型

（续表）

规则		如果	那么
规则适用于『惯常性活动分散』的人群	规则 1	居住地位于大华社区， **并且** 不使用轨道交通， **并且** 工作日活动区域主要位于城市市中心公交走廊沿线， **并且** 非工作日活动区域消费水平低、活跃度高	属于“惯常性活动分散”类型
	规则 2	居住地位于大华社区， **并且** 中度使用轨道交通， **并且** 工作日活动区域主要位于城市市中心公交走廊沿线	属于“惯常性活动分散”类型
	规则 3	居住地位于大华社区， **并且** 偶尔使用轨道交通， **并且** 工作日活动区域主要位于城市市中心公交走廊沿线， **并且** 非工作日活动区域消费水平低、活跃度高	属于“惯常性活动分散”类型

3. 基于关联关系的决策树模型解读

对决策模型的研读应围绕与居民惯常性活动模式具有强关联的因素展开，不同因素位于决策树的不同层次，说明了关联性的显著程度。

决策树的第一层说明了首位关联因素是间接反映居民社会经济属性的非工作日活动特征，由此启示我们在利用移动通信数据研究居民活动空间问题时，必须关注通过空间行为特征，设法为用户的社会经济属性“画像”。

排在第二层次的影响因素则受到社会经济属性的制约而出现差异。对于非工作日活动区域消费水平高，以及消费水平低但活跃度高的两组人群来说，居住地成为第二重要的关联因素；而对于消费水平低且活跃度弱的人群来说，第二层次的关联因素是轨道交通使用特征；在第三层中反映了轨道交通使用特征、工作日活动区域特征、居住地的关联特征。

基于惯常性活动模式分类归纳出的决策树模型，也可以根据所关注的问题加以解读。例如，对于轨道交通与居民惯常性活动模式的关联性，可以了解对于消费水平低且活跃度低的人群，轨道交通使用特征与空间活动模式具有强关联；居住在大华社区且具有高消费特征的居民，其惯常性活动模式与轨道交通使用强度具有较强的关联特征；对于居住在静安且工作日通常在城市建成环境差、离家较远的居民来说，惯常性活动模式与轨道交通使用强度也具有一定的关联。而居住在顾村的高消费特征居民，其惯常性活动模式与轨道交通使用强度之间并无关联；具有高消费特征且活跃度高的居民，也表现出惯常性活动模式与轨道交通使用强度之间不具关联性的特征。

9.4 居民活动空间的影响因素辨识[1]

9.2 节、9.3 节中所讨论的方法，需要较多的人工干预判读。作为研究居民空间活动特征属性影响因素的另一种互补方法，是在关联分析形成初步认识的基础上，进一步采用非参数回归模型进行城市居民活动空间的影响因素辨识。

9.4.1 多因素综合影响分析

Wood 等[17-18]提出的广义加性混合模型（Generalized Additive Mixed Models，GAMMs），构建了权重、相关性和随机效应结构所隐含的数据（或广义情况下的伪数据）的协方差矩阵，并以此作为估计随机效应的依据。广义加性模型可被视为广义线性模型（GLM）以及线性混合模型（LMM）的扩展，其特点一是允许对因变量进行各种变换（如常用的指数转换以及对数转换）等，因此提高了模型的适应性；二是可以通过光滑函数估计模型中每个自变量的变化趋势，即模型不再局限于拟合线性关系，非线性关系一样可以被拟合；再者是加入了随机效应的影响，因此可以捕捉到一些未被纳入到模型中的潜在因素对于因变量的作用。

广义加性模型的表达形式为

$$E(Y \mid X_1, X_2, \cdots, X_p) = s_0 + s_1(X_1) + s_2(X_2) + \cdots + s_p(X_p) \tag{9-1}$$

式中，$s_i(\cdot)$ 是光滑函数，$Es_j(X_j)=0$，$s_i(\cdot)$ 通过 backfitting 算法获得。

而广义加性混合模型通过增加随机效应项扩展了加性模型：

$$g(u) = s_0 + s_1(X_1) + s_2(X_2) + \cdots + s_p(X_p) + b \tag{9-2}$$

$$n = s_0 + \sum_{i=1}^{p} s_1(X_1) + b \tag{9-3}$$

式中，$u = E(Y \mid X_1, X_2, \cdots, X_p)$；$n$ 为线性预测值；b 为随机效应；$s_i(\cdot)$ 是非参数光滑函数，它可以是光滑样条函数、核函数或者局部回归光滑函数，它的非参数形式使得模型非常灵活，揭示出自变量的非线性效应。当自变量前加上非参数光滑函数，则代表着自变量与因变量之间为拟合曲线关系；若未加上非参数光滑函数，则表示自变量与因变量之间为直线关系。

采用第 9.1.2 节中所定义的居民空间活动特征，经关联分析和单因素分析筛选之后，选择多个影响因素进一步用于拟合自变量与因变量之间的关联（表 9-15）。

表 9-15　　用于拟合自变量与因变量之间内在关联的影响因素指标

变量名称	说　明
一般建成环境因子 Z1	关联教育机构、娱乐场所、生活服务设施、购物场所、餐饮场所密度的综合因子
交通可达性因子 Z2	与公共交通和驾车可达性关联的综合因子
公共交通便利性因子 Z3	与常规公交、轨道站点密度关联的综合因子
人口密度 DEN	单位面积常住人口密度
外来人口密度 ODEN	单位面积外来人口密度
适龄工作人口比率 MIDDLE	20～60 岁人口占总体人口比重
老年人口比例 OLD	老年人口占总体人口比重
男性比例 MALE	男性人口占总体人口比重
受教育率 EDU	受过学历教育人口占总体人口比重
大学专科及以上学历比率	大学专科及以上学历占总体人口比重
婚姻率 MARRI	结婚人口占总体人口比重
工作人口比率 WORK	工作人口占总体人口比重
家庭结构 LOWNUM	两人或以下家庭占全体家庭数比重
地理位置 RIVER	上海市浦西与浦东地区发展历史差异所产生的影响（仅针对中心城区）
圈层区位 LOCATION	划分为内环内、内—中环之间、中—外环之间和外环外四个圈层

9.4.2　空间活动活跃度

从整体上来说，针对居民活动强度所建立的模型并不理想，其拟合度以及方差解释性均处于较低水平（表 9-16），而居民惯常性活动强度指标解释性要低于居民日常活动强度，但模型仍然能够解释一定的影响因素以及其作用。

表 9-16　　工作日日均访问活动点数量建模结果（全市域）

Parametric coefficients:		
Variable	Estimate	P-value
MIDDLE	−6.429e+00	0.035 2*
……	……	……
Variable	E. d. f.	P-value
s(MALE，男性比例)	7.219	0.075 5.
s(OLD，老年人口比例)	2.430	0.021 0*

（续表）

Parametric coefficients：		
s(Z2，交通可达性因子得分)	4.941	0.000 9***
……	……	……
R-sq.(adj)=0.32　Deviance explained=41.1%		

注：表中略去了显著性差的参数。其中 E.d.f. 为估计自由度（estimated degrees of freedom），E.d.f. 越接近于 1，表明对应变量与因变量之间的线性关系越明显；反之，E.d.f. 越大于 1，表明对应变量与因变量之间的非线性关系越明显。为了提高模型解释性，以 P-Value 值小于 0.1 作为显著性判断标准。Estimate 为估计值，估计值大于 0，说明变量起积极作用；估计值小于 0，则说明变量起消极作用。

从表 9-16 中可以看到，适龄工作人口比对于工作日日均访问活动点数量起着消极作用，也就是说区域适龄人口比越高，区域工作日平均出行强度越低。

9.4.3　空间活动多样性

针对反映居民活动多样性的所有工作日活动点数量、所有非工作日活动点数量、惯常性活动点数量所建立的模型，各项指标的模型拟合度整体大于 0.5，且其方差解释性均在 60%左右，说明居民活动多样性模型拟合效果较好，能在一定程度上反映居民活动多样性与影响因素之间的关系。

结婚率对于居民活动多样性具有积极影响，无论是日常活动多样性或者惯常性活动多样性，结婚率高的区域居民高于结婚率低的区域；随着交通可达性因子得分的增高，整体活动多样性呈现出先上升后下降的情况，而不是线性影响的关系；区域老年人口比例对于区域整体活动多样性有着消极影响；从地理位置来看，浦西区域的活动多样性要高于浦东，但是其惯常性活动多样性则低于浦东；郊区居民受制于交通条件，其活动多样性要低于中心区域。

作为影响因素之间与因变量非直线关系分析示例①，图 9-15 展示了影响因素之间与因变量（所有工作日活动点数量）的非直线关系，其中曲线阴影部分为自由度方差，阴影部分面积越大，说明同一水平下的个体活动特征差异性越大[19]，而横坐标上的竖线则代表着数据的分布情况。由图 9-15(a)可以看到，随着就业率的上升，居民活动多样性呈现先上升后下降的趋势，且位于两端的区域活动差异性较大；图 9-15(b)显示出，随着人口密度的增加，区域居民所有工作日活动点数量逐渐增加且区域差异性也逐渐增大；图 9-15(c)中，随着交通可达性因子得分的增高，整体活动多样性呈现出先上升后下降的情况，且在交通可达性因子得分较高的区域人们的活动多样性差异大。

① 对于所有非工作日活动点数量、惯常性活动点数量等有类似分析。

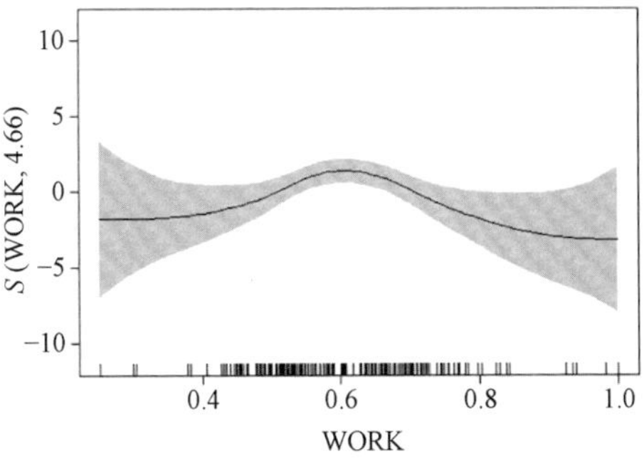

(a) 就业率

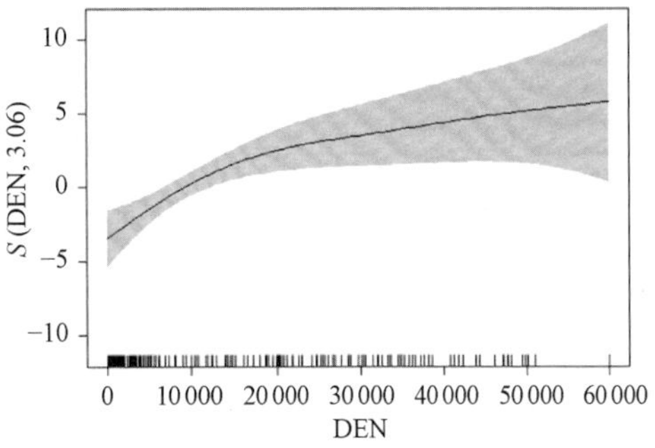

(b) 人口密度

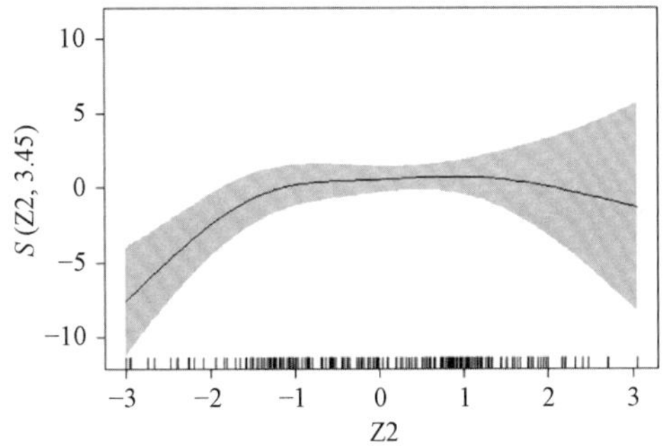

(c) 交通可达性因子

图 9-15　所有工作日活动点数量影响因素自由度(全市域)

9.4.4　空间活动范围

居民活动空间各项指标的模型整体拟合度在 0.8 左右，且其方差解释性整体在 80%左右，说明居民活动空间模型拟合效果好，能在一定程度上反映居民活动空间特征与影响因素之间的关系。

男性比例对于居民活动空间大小有着积极影响，这与相关研究的成果具有一致性[20-21]。老年人比例对于居民活动空间大小有着消极影响，这也可以得到相关研究成果的印证[22]。居住区附近一般建成环境因子得分对居民活动空间范围起着缩减作用，建成环境因子得分较高区域的居民活动空间反而较小。交通可达性因子对居民活动空间起着消极作用，交通可达性较差的区域的活动空间反而较大，但是其惯常性活动空间则较小。

不同区域间居民活动空间大小也有显著差异，从整体上来说越靠近郊区的居民其活动空间越大，越靠近市中心区域的居民，其日常活动空间越小，但是从惯常性活动空间的角度来说，活动空间大小则呈现出一定的波动现象，城市远郊区居民的惯常性活动空间较小，而近郊区居民的惯常性活动空间则较大。

图 9-16—图 9-19 显示了影响因素与惯常性活动点数量的非直线关系。

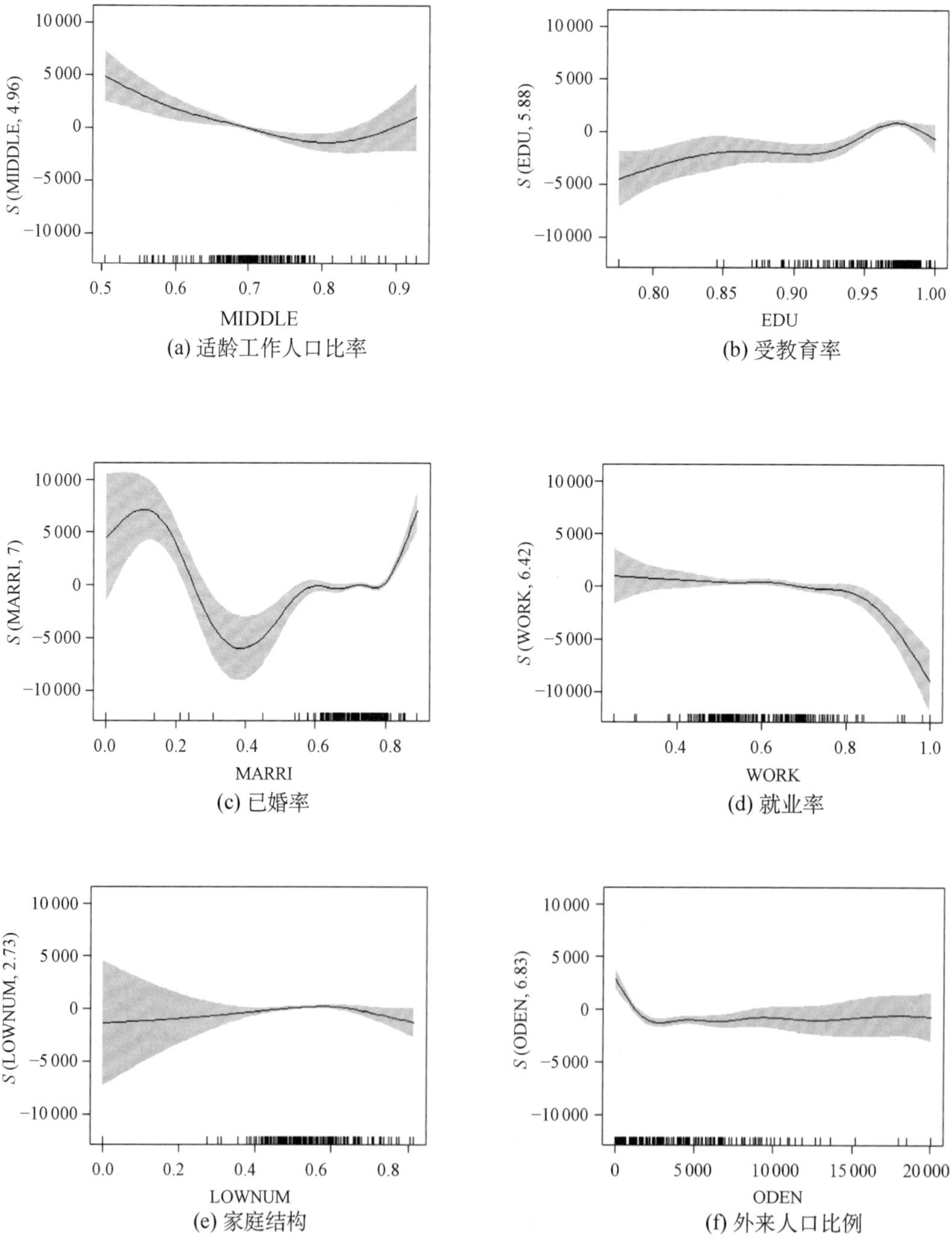

图 9-16　非家活动半径影响因素自由度(全市域)

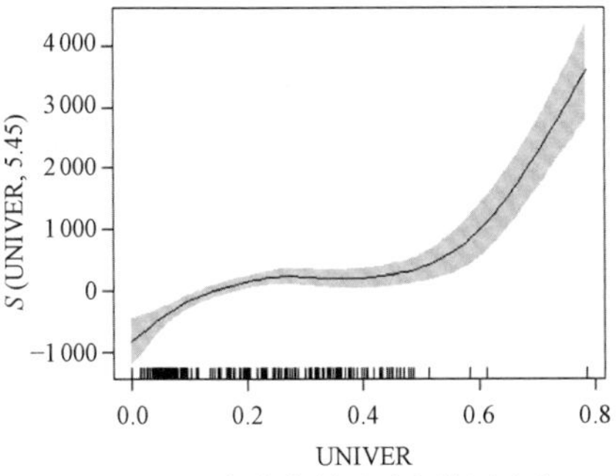

(a) 大学专科及以上学历比率

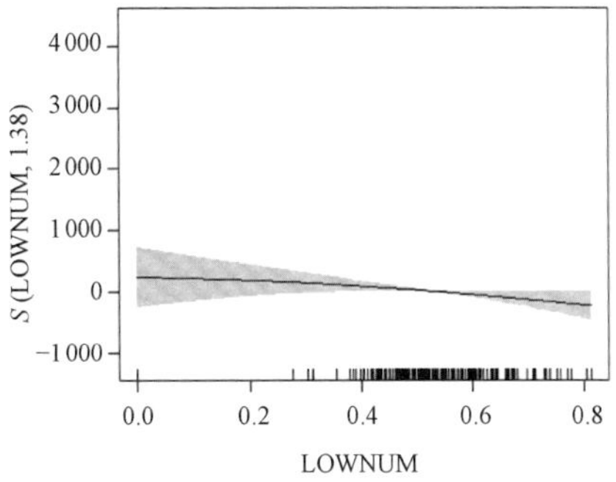

(b) 家庭结构

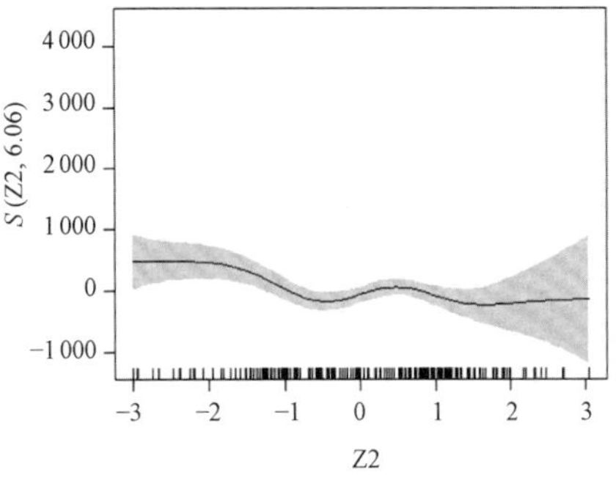

(c) 交通可达性因子

图 9-17　惯常性活动空间半径影响因素自由度(全市域)

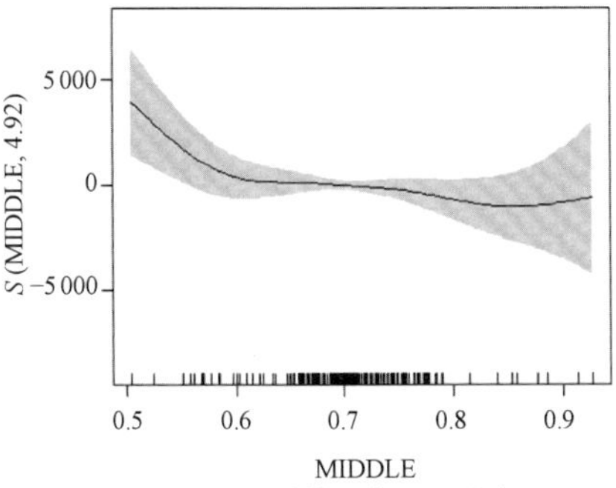

(a) 适龄工作人口比率

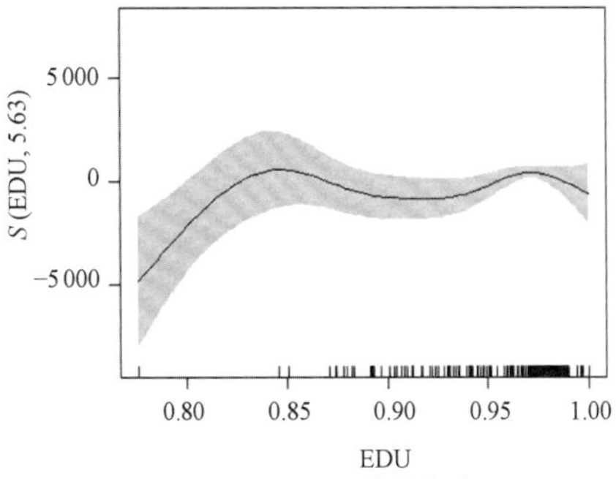

(b) 受教育比

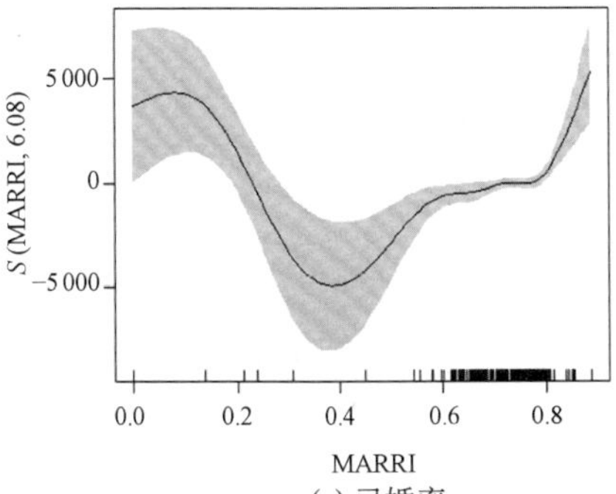

(c) 已婚率

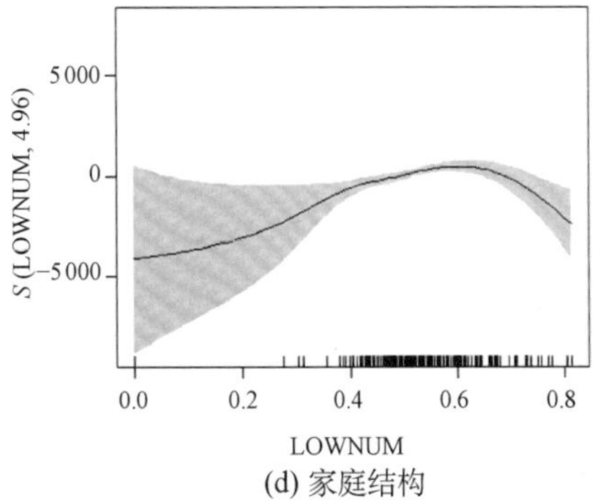

(d) 家庭结构

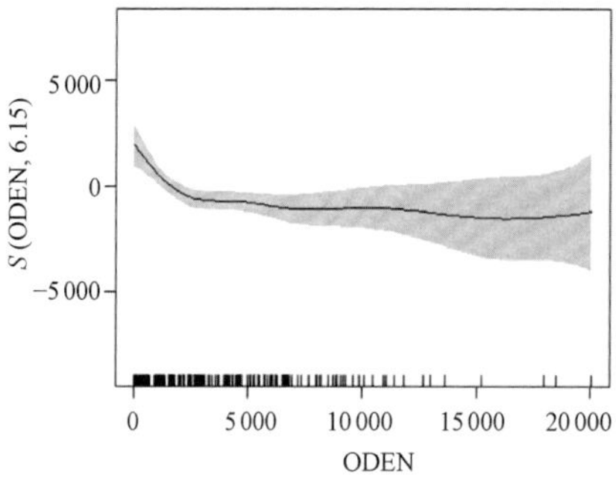

(e) 外来人口密度

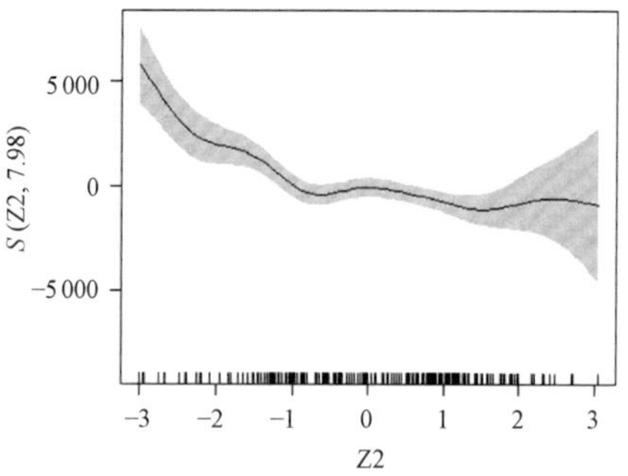

(f) 交通可达性因子

图 9-18 活动中心离家距离影响因素自由度(全市域)

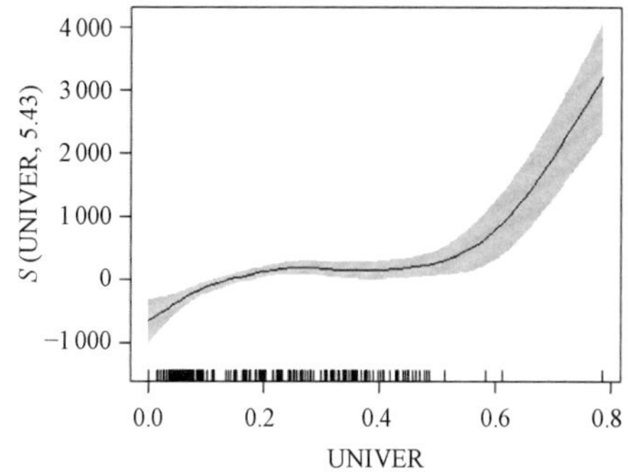

(a) 大学专科及以上学历比率

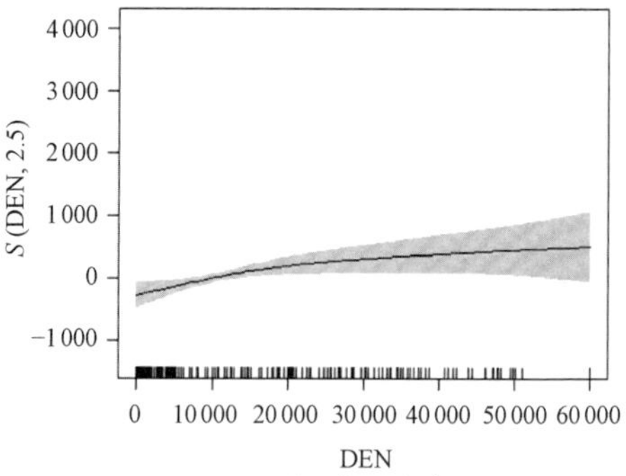

(b) 人口密度

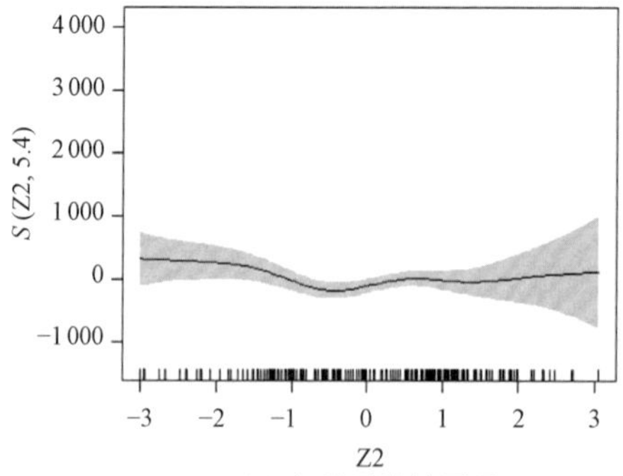

(c) 交通可达性因子

图 9-19 惯常性活动空间半径影响因素自由度(全市域)

9.5 空间活动的规律性[23]

基于某个观察时间段的数据获取的居民空间活动特征，究竟属于完全随机性活动的统计结果，还是具有一定的内在规律性，这个问题影响到如何使用所获得的统计结果。基于移动通信数据获取的居民空间活动特征中，活动点和建立在活动点时间序列基础上的出行链，是所有分析的基础。在外部条件没有改变的环境中，对于这两者是否具有可预测性的判断，将影响我们对城市空间活动稳定性的认识。

9.5.1 出行链提取与分析

Schneider 在对芝加哥、巴黎的研究中，通过活动点之间的拓扑关系表示个体出行链的研究发现，用 17 种出行链就可以覆盖几乎所有的居民日常出行[24]。采用类似方法，选择信令记录数最少的凌晨 4 点作为一天的划分时点，提取行为个体每天的所有活动点，并根据活动点之间的活动拓扑关系构建出行链。

从上海市 1 750 万名移动手机用户中随机抽样提取了 9 万名用户(抽样率为 0.514%)，将他们 2011 年 9 月一个月时长的手机信令数据作为研究样本。为了避免由于调查时间不同而导致的对用户出行可预测性分析造成的干扰，提取的用户均满足第一条信令数据出现在 9 月 1 日之前(包括 9 月 1 日)，最后一条信令数据出现在 9 月 30 日之后(包括 9 月 30 日)。根据信息熵理论方法计算居民出行活动的可预测性的前提是保证用户信令记录的频率大于一定阈值。根据文献[25]所提出的方法，选取的用户在调查时间内平均产生的手机信令记录频率 f 要大于或等于 0.5 条/小时，由此得到 78 262 名有效研究对象个体。以这些用户构成研究对象集，对其出行链进行识别和提取，可以用 25 种日出行链代表各种出行活动(图 9-20)。

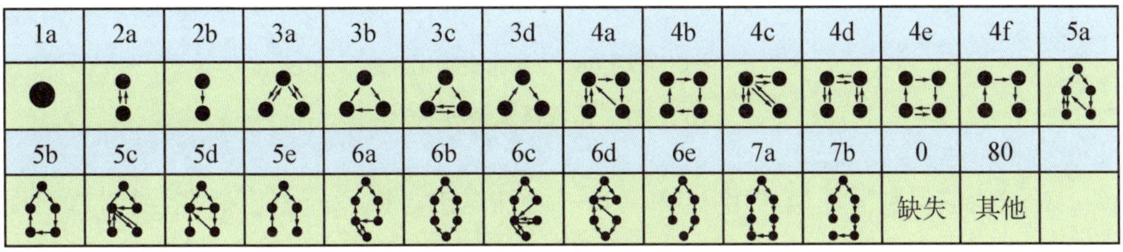

图 9-20 日出行链类型

若一个活动日中的完整出行过程中包含有 k 个往返过程，则称该出行过程中包含 k 阶往返行程。一个往返行程中若只含一个往返行程就是单活动往返行程(如出行链 2a)；若一个往返行程中含有多个活动，则该往返行程构成一个环，被称为多活动往返行程(如出行链 3b,4b,5b,6b,7a)。单活动往返行程描述出行者在两个活动点的直线形往返，多活动往返行程描述了出行者在多个活动中采用便捷方式进行的环形往返行程。若多活动往返行程中出现了直线形往返，那么该往返行程应被拆解成二阶往返行程(如出行链 3a 为单活动二阶往返行程)。根据直线形往返和环形往返数量的不同，可以对下列出行链进行分类(如 4c 为单活动三阶往返行程、5c 为多活动三阶往返行程)[26]。

据此提取出所有研究对象30天的日出行链，其类别分布如图9-21所示。尽管理论上出行链可能出现非常多的组合，但由于受到经济、时间等诸多因素影响，图中的25个种类就已经覆盖了90%以上的出行链。且无论研究对象是否能被识别出居住地，其中出行链1a，2a，3a和3b这四种占比明显高于其他类型出行链，在活动点数量相同的情况下，多活动一阶往返出行链（如3b，4b）所占比例要高于其他类型出行链。

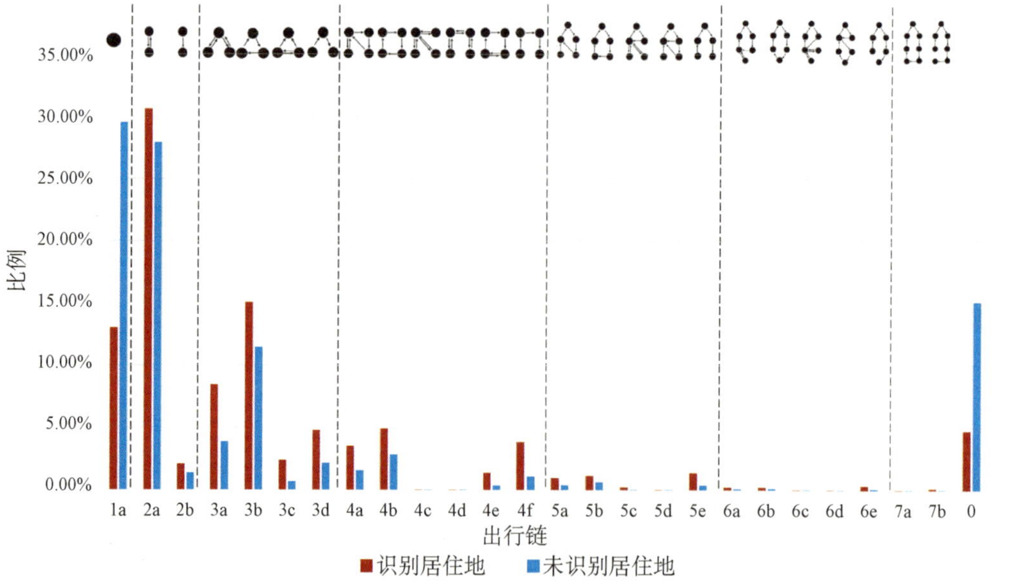

图9-21　出行链类型分布

对于能够识别居住地的用户，单活动一阶往返出行链（2a）占比最多，说明这类用户日常生活中有很多通勤活动需求。而对于未能识别居住地的用户，出行链1a最多且明显高于识别居住地的用户，同时出行链缺失占的比例也非常高，说明这部分用户总体识别出的活动点数量偏少或者出现离开上海市的行为，从而导致出行链相对简单且更为集中。

设研究时段共包括M天，那么个体i共产生M条日出行链。采用3项指标来描述个体i日出行链的稳定性。

（1）出行链类型数N_{AC}：在M天内，个体i产生的日出行链类型数量。

（2）典型出行链AC_T：在M天内，对于个体i，出现次数最多的日出行链。

（3）典型出行链占比Q_T：在M天内，对于个体i，设典型出行链AC_T的出现次数为n_T，那么，$Q_T=n_T/M$。

研究对象典型出行链的分布如图9-22所示。不论能否识别居住地，用户在工作日和双休日的典型出行链都是有所差别的，工作日以 2a 为典型出行链的用户要明显多于双休日，双休日以 1a 为典型出行链的用户居多。

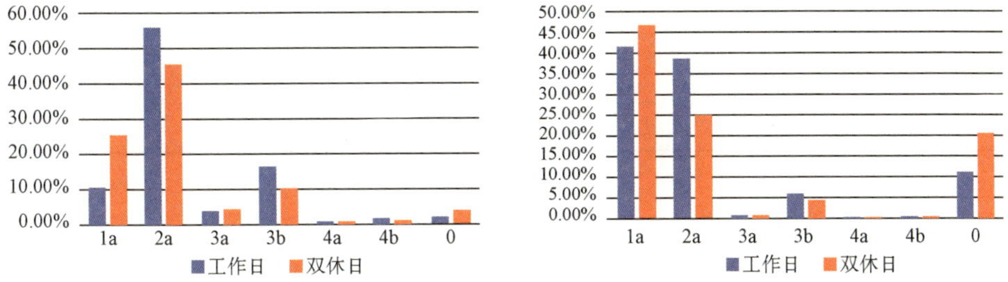

(a) 能够识别居住地　　(b) 不能识别居住地

图 9-22　典型出行链分布

典型出行链占比反映了典型出行链在调查时间内出现的频繁程度(图 9-23)。在能够识别居住地的用户中，60%以上的调查时间出现相同出行链的用户非常少，大多数用户典型出行链重复出现的时间占总时间的 30%～40%。而未能识别居住地用户典型出行链占比相对更高，分布形状和能够识别居住地用户类似。

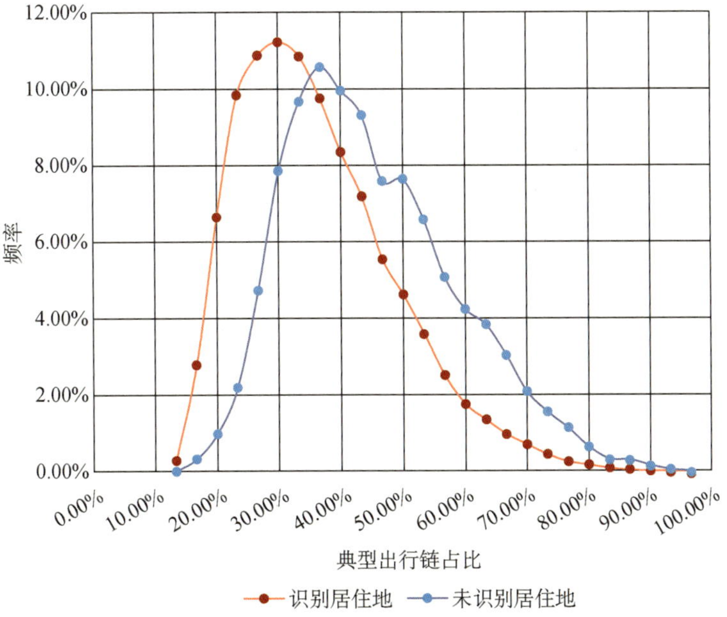

图 9-23　典型出行链占比分布

由表 9-17 可知，能够识别居住地用户典型出行链占比均值和标准差都更小。总体上工作日典型出行链占比要低于双休日，用户在双休日更倾向于重复同一种出行链。但是从标准差上看，双休日典型出行链重复程度的差异比工作日更大。

表 9-17　　典型出行链占比日期变化

指标		工作日典型出行链占比	双休日典型出行链占比	总体典型出行链占比
平均值	居民	37.75%	42.22%	36.2%
	未识别用户	46.32%	51.17%	45.03%
标准差	居民	0.138 3	0.153 2	0.125 2
	未识别用户	0.147 5	0.170 9	0.136 6

9.5.2 居民出行可预测性

1. 空间活动复杂度的刻画

时间序列的基本统计特征包括平稳性、线性、遍历性等[27]。平稳时间序列的均值、方差、协方差等数据特征并不伴随时间的推移而变化，考虑到真实世界复杂系统广泛存在的非平稳性，将每个时间序列或者经过适当函数变化后的时间序列，表达成为长期趋势、循环波动、随机游走三个部分的叠加[28]，即

$$X_t = T_t + C_t + R_t,\ t = 1,\ 2,\ 3,\ \cdots \tag{9-4}$$

式中，X_t 为时间序列；T_t 为趋势项；R_t 为周期项；C_t 为随机项。

事实上，时间序列不仅可以由数值组成，也可以由符号组成。后者称为符号时间序列。

将提取的居民出行活动信息按照固定时间采样间隔，对所处位置进行符号化，得到居民出行活动点符号化时间序列。这一符号化时间序列可以看作是一种离散信源，输出信息的是居民不同的出行特征，而基于信息熵计算的熵值可以表征居民出行行为的不确定性。

柯尔莫哥洛夫(Kolmogorov)等将复杂性定义为：一个系统的复杂程度与该系统行为(空间结构或时间序列所表示的变化)的最小描述有关，即某事物的算法复杂度等于产生该事物的图形结构或符号序列的最短程序长度与该图形结构或符号序列本身大小之比的极限。为了解决柯尔莫哥洛夫复杂性的计算问题，1976 年 A. Lempel 和 J. Ziv 提出了一种度量符号序列复杂性的 Lempel-Ziv 复杂度算法，将给定的符号序列 $S=(s_1 s_2 \cdots s_n)$ 分解成为 $c(n)$ 个不同的子串，$c(n)$ 为符号序列 $S=(s_1 s_2 \cdots s_n)$ 的复杂性计数(复杂度)[29]。Lempel-Ziv 复杂度考虑了时间序列的各个字符间的前后关系，基于此计算的熵值更能真实反映居民出行时间序列的不确定性程度。

以复杂度为理论基础，通过时间序列的信息熵度量居民出行特征的规律性与随机性。如果某个居民的熵值为 0，则认为这位居民的出行是完全有规律的，即能够完全准确预测他的出行活动行为。

信息工程中采用信道疑义度(channel equivocation)来说明在输出端收到输出符号 Y 后，对于输入端的符号 X 存在的疑义。费诺不等式刻画了其中的关系。设信道的输

入与输出分别为 X、Y，输入符号的数目为 r，那么信道疑义度满足

$$H(X \mid Y) \leqslant H(p_{\mathrm{E}}) + p_{\mathrm{E}}\log_2(r-1) \tag{9-5}$$

式中，$H(X \mid Y)$ 是条件熵表征信道疑义度；p_{E} 为平均错误率。

不等式的含义可以这样来理解：当接收到 Y 后，关于 X 的平均不确定性的解除可以分成两步来实现，第一步是确定传输是否有错误，解除这种不确定性所需信息量为 $H(p_{\mathrm{E}})$；第二步是当传输出错后，确定究竟是哪一个输入符号造成的错误，解除这种不确定性所需最大信息量是 $\log_2(r-1)$。

将居民历史访问的活动点位置看作信道输入 X，将预测居民下一个活动点位置看作信道输出 Y，将居民历史访问的不同活动点数看作输入符号的数目 r，则 $H(X \mid Y)$ 为居民出行活动点熵值，p_{E} 为对居民下一个活动点出错的概率的预测。

2. 出行活动点可预测性分析

根据个体 i 的活动点时间序列 $D_i = \{d_1^i, d_2^i, \cdots, d_k^i\}$，可以得到个体在研究时段内活动位置随时间变化的信息。根据数据中所包含的信息特点，采用真实熵 S^{est} 度量个体空间活动的规律性，并用时间不相关熵作为对照。

真实熵[式(9-6)]充分利用了所获得的信息，既考虑了个体访问地点的频率，又考虑了访问地点的顺序。

$$S_i^{\mathrm{est}} = \left(\frac{1}{l}\sum_{j=1}^{n}\Lambda_j\right)^{-1}\ln l \tag{9-6}$$

式中，Λ_j 是指访问地点 j 后的最短公共子串的长度；l 为时间序列 D_i 的长度。

时间不相关熵主要考虑个体访问地点的频率，计算公式为：

$$S_i^{\mathrm{unc}} = -\sum_{j=1}^{m} p_j \log_2 p_j \tag{9-7}$$

式中，p_j 表示个体 i 访问地点 j 的频率。

在熵值度量的基础上，根据 Fano's 不等式，计算个体活动点的可预测性为：

$$\Pi_i \leqslant \Pi_i^{\max}(S_i, m) \tag{9-8}$$

式中，$\Pi_i^{\max}$ 为可预测性 Π_i 的最大值；

$$S_i = H(\Pi_i^{\max}) + (1-\Pi_i^{\max})\log_2(m-1)$$
$$H(\Pi_i^{\max}) = -\Pi_i^{\max}\log_2(\Pi_i^{\max}) - (1-\Pi_i^{\max})\log_2(1-\Pi_i^{\max})$$

对研究样本的 S^{unc}(时间不相关熵)、S^{est}(真实熵)以及对应的最大可预测性值 $\Pi_{\mathrm{unc}}^{\max}$、$\Pi_{\mathrm{est}}^{\max}$ 进行计算，结果如表 9-18 所示。

表 9-18　　活动点的熵值和最大可预测度统计结果

统计量	用户	熵指标	熵值	最大可预测性
平均值	能够识别居住地	S^{unc}	1.799	0.692
		S^{est}	0.549	0.934
	未能识别居住地	S^{unc}	1.468	0.762
		S^{est}	0.321	0.965
	合计	S^{unc}	1.771	0.698
		S^{est}	0.530	0.936
标准差	能够识别居住地	S^{unc}	0.399	0.081
		S^{est}	0.169	0.023
	未能识别居住地	S^{unc}	0.45	0.084
		S^{est}	0.131	0.015
	合计	S^{unc}	0.414	0.083
		S^{est}	0.178	0.024
偏度	能够识别居住地	S^{unc}	−0.099	−0.478
		S^{est}	0.337	−0.505
	未能识别居住地	S^{unc}	0.002	−0.2
		S^{est}	0.851	−0.72
	合计	S^{unc}	−0.16	−0.362
		S^{est}	0.266	−0.427
峰度	能够识别居住地	S^{unc}	3.406	5.683
		S^{est}	2.981	3.335
	未能识别居住地	S^{unc}	3.219	3.258
		S^{est}	4.122	3.711
	合计	S^{unc}	3.417	5.286
		S^{est}	2.906	3.207

从计算结果可知，在掌握用户活动点时间序列信息的情况下，其下一个可能出现的活动点的可预测性最大，达到了 93.6%（真实熵）；而在只掌握行为主体活动点数量和访问频次的情况下，其空间活动的可预测性降为 0.698（时间不相关熵）。

从图 9-24 中可以看到，对于最大可预测性，总体用户时间不相关熵对应的最大可预测性（Π_{unc}^{max}）主要分布在 0.4～0.9，而真实熵对应的最大可预测性（Π_{est}^{max}）主要分布在 0.85～1。两者都呈现负偏态，但 Π_{unc}^{max} 的峰值明显大于 3，其分布具有过度的峰值，而 Π_{est}^{max} 的分布更接近于正态。Π_{est}^{max} 大约在 0.94 处达到峰值，相较于 Π_{unc}^{max}（Π_{unc}^{max} 在 0.7 处达到峰值）其分布更为均匀。

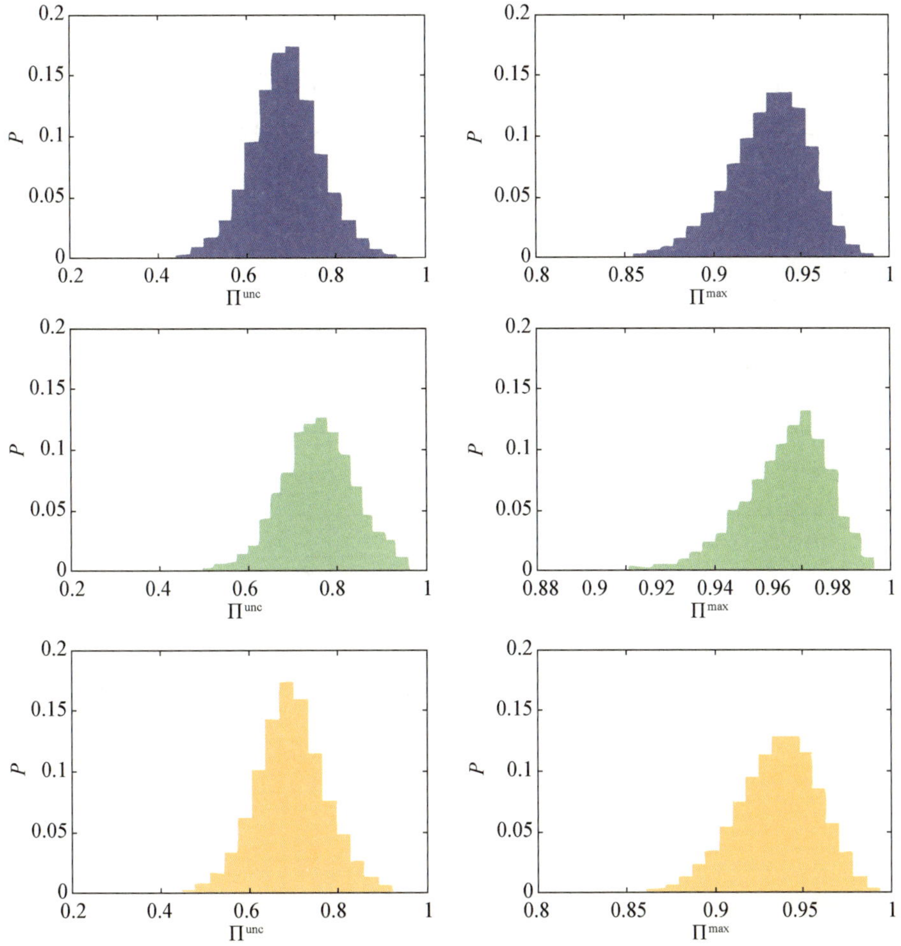

(a) 基于时间不相关熵的最大可预测性　　(b) 基于真实熵的最大可预测性

■识别居住地　■未识别居住地　■总体

图 9-24　两种最大可预测性频率分布直方图

对比能够识别居住地和未能识别居住地用户，能够识别居住地用户的最大可预测性值要偏小，峰度更接近于 3，分布更为均匀，更接近正态分布。未能识别居住地用户活动点可预测性更高，其活动点的选择更加规律。这部分用户由于短时离开上海或者居住地信号较弱，被识别出的活动点不多，计算获得的可预测性值偏高。

3. 出行链可预测性分析

将居民调查时间内的日出行链转化为符号化的时间序列，将居民日常 25 种出行链转化为 25 个符号，对于当天存在缺失停留点的则用 0 表示，对于不在这 25 种出行链中的统一用 80 表示。这样每位居民的出行链就转化成了一定长度的出行链时间序列。定义个体的出行链时间序列为 $AC_i=\{ac_1^i, ac_2^i, \cdots, ac_x^i, \cdots, ac_y^i\}$，其中，$ac_x^i$ 表示个体 i 在第 x 天的出行链类型，y 为调查时间的天数。

根据前述方法，计算基于出行链的两种熵值（S_{AC}^{unc}，S_{AC}^{est}）及对应的最大可预测性（Π_{AC}^{unc}，Π_{AC}^{est}），利用这四个指标分析居民日常出行链的规律性和稳定性(表 9-19)。

需要注意的是，未识别居住地的用户由于出现多日出行链缺失的情况，即符号“80”出现比例较高，因此出行链种类数更少，出行链选择相对单一，由此造成的影响反而使表面可预测性显得更高。

表 9-19　　居民出行链的可预测性度量指标分析

统计量	用户	熵指标	熵值	最大可预测性
平均值	能够识别居住地	S_{AC}^{unc}	2.576	0.441
		S_{AC}^{est}	1.626	0.727
	未能识别居住地	S_{AC}^{unc}	2.117	0.513
		S_{AC}^{est}	1.387	0.755
	合计	S_{AC}^{unc}	2.538	0.446
		S_{AC}^{est}	1.606	0.729
标准差	能够识别居住地	S_{AC}^{unc}	0.540	0.115
		S_{AC}^{est}	0.293	0.042
	未能识别居住地	S_{AC}^{unc}	0.526	0.209
		S_{AC}^{est}	0.29	0.048
	合计	S_{AC}^{unc}	0.556	0.137
		S_{AC}^{est}	0.301	0.045
偏度	能够识别居住地	S_{AC}^{unc}	−0.347	0.473
		S_{AC}^{est}	−0.375	0.790
	未能识别居住地	S_{AC}^{unc}	−0.186	0.447
		S_{AC}^{est}	−0.136	−0.155
	合计	S_{AC}^{unc}	−0.335	0.464
		S_{AC}^{est}	−0.355	−0.067
峰度	能够识别居住地	S_{AC}^{unc}	2.799	2.888
		S_{AC}^{est}	2.817	3.571
	未能识别居住地	S_{AC}^{unc}	3.072	2.865
		S_{AC}^{est}	2.817	8.449
	合计	S_{AC}^{unc}	2.826	2.897
		S_{AC}^{est}	2.801	11.113

从全体用户上看，出行链真实熵的分布相较于活动点的真实熵分布更加分散，并呈现负偏态趋势，相比于标准正态分布峰度不足；而最大可预测性分布呈现正偏态趋势，相比于标准正态分布峰度过度。

参考文献

[1] 谭明基. 基于移动通信数据的居民惯常性活动空间分析[D]. 上海:同济大学,2020.

[2] Li Weifeng, Cheng Xiaoyun, Duan Zhengyu, et al. A framework for spatial interaction analysis based on large-scale mobile phone data[J]. Computational Intelligence & Neuroscience, 2014: 1-11.

[3] 李玮峰,程小云,余庆,等. 基于多源数据的居民活动区域特征分析[C]//规划 60 年:成就与挑战——2016 中国城市规划年会论文集(04 城市规划新技术应用),2016.

[4] 宋少飞,李玮峰,杨东援. 基于移动通信数据的居民居住地识别方法研究[J]. 综合运输,2015, 37(12):72-76.

[5] Pat Burnett, Hanson Susan. The analysis of travel as an example of complex human behavior in spatially-constrained situations: Definition and measurement issues[J]. Pergamon, 1982, 16(2): 87-102.

[6] TRACY-H NEWSOME, WALCOTT WAYNE-A, SMITH PAUL-D. Urban activity spaces: Illustrations and application of a conceptual model for integrating the time and space dimensions [J]. Transportation, 1998, 25(4): 357-377.

[7] Stefan Schönfelder, Axhausen Kay-W. Activity spaces: measures of social exclusion? [J]. Transport Policy, 2003, 10(4): 286.

[8] Noam Shoval, Isaacson Michal. Sequence alignment as a method for human activity analysis in space and time[J]. Annals of the Association of American Geographers, 2007, 97(2): 282-297.

[9] Yingling Fan, Khattak Asad. Urban form, individual spatial footprints, and travel: examination of space-use behavior[J]. Transportation Research Record, 2008, 2082(1): 98-106.

[10] Susilo Y O. The Short-term Variability and the Long-term Changes of Individual Spatial Behavior in Urban Areas[D]. Kyoto: Kyoto University, 2005: 931-933.

[11] 李玮峰. 基于移动通信数据的居民活动空间分析[D]. 上海:同济大学,2018.

[12] 栾丽华,吉根林. 决策树分类技术研究[J]. 计算机工程,2004,30(9):94-96.

[13] 何凡,沈毅,叶众. 卡方自动交互检测法及其应用[J]. 中华预防医学杂志,2005,39(2):133-135.

[14] 唐谦,张大方,黄昆. 基于信息增益率的决策树对入侵检测的改进[J]. 计算机工程,2006,32(7): 146-148.

[15] 陈云樱,吴积钦,徐可佳. 决策树中基于基尼指数的属性分裂方法[J]. 微机发展,2004,14(5): 66-68.

[16] 林志杰,余春艳. 改进的基于平衡二叉决策树的 SVM 多分类算法[J]. 小型微型计算机系统, 2014,35(5):1128-1132.

[17] Wood S N. Stable and efficient multiple smoothing parameter estimation for generalized additive models[J]. Journal of the American Statistical Association, 2004, 99(467): 673-686.

[18] Wood S N. Fast stable restricted maximum likelihood and marginal likelihood estimation of semiparametric generalized linear models[J]. Journal of the Royal Statistical Society Series B, 2011, 73: 3-36.

[19] Songhua Hu, Chen Peng, Lin Hangfei, et al. Promoting carsharing attractiveness and efficiency: An exploratory analysis[J]. Transportation Research Part D Transport and Environment, 2018, 65: 29-243.

[20] 宋江宇,周素红,柳林,等. 日常活动视角下居民健康影响的性别差异——以广州为例[J]. 地理科学进展,2018,37(7):137-148.

[21] Mei-Po Kwan. Gender differences in space-time constraints[J]. Area, 2000, 32(2): 145-156.

[22] 张纯,柴彦威,李昌霞. 北京城市老年人的日常活动路径及其时空特征[J]. 地域研究与开发,2007(4):118-122.

[23] 汪淳. 居民出行的可预测性及影响因素分析[D]. 上海:同济大学,2017.

[24] Schneider C M, Belik V, Couronné T, et al. Unravelling daily human mobility motifs[J]. Journal of The Royal Society Interface, 2013, 10(84): 1-8.

[25] 刘峰涛,贺国光. 宏观交通运输系统的复杂度与可预测性[J]. 计算机工程与应用,2006(9):6-9.

[26] 汪磊. 基于 LBS 轨迹的出行活动链模式识别研究[D]. 大连:大连交通大学,2015.

[27] Box G E P, Jenkins G M, Reinsel G C. Time series analysis: forecasting and control[M]. New York: John Wiley & Sons, 2013.

[28] 解幸幸,李舒,张春利,等. Lempel-Ziv 复杂度在非线性检测中的应用研究[J]. 复杂系统与复杂性科学,2005,2(3):61-66.

[29] 邵春福,熊志华,姚智胜. 道路网短时交通需求预测理论、方法及应用[M]. 北京:清华大学出版社,2011.

10 空间中的网络

对于网络交通流预测的研究已有大量成果，所以针对“空间中的网络”的扩展研究主要有三个方向：其一是关注网络的空间组织作用；其二是关注网络对空间，特别是城市中各种要素分布的影响；其三是关注网络中行为的影响。

10.1 交通网络的空间连通贡献

以公交专用道网络以及城市群综合交通网络为例，对区域空间邻近度展开讨论。

10.1.1 空间连通性贡献度的计算

针对公交专用道系统建设需求，讨论建立在道路网络基础之上，但并不一定连续成网的公交专用道系统[1]的空间连通性贡献。

道路网络、公交网络中各条边对于空间连接性的贡献度，可以采用边介数加以表述。

边介数 b_{ij} 表示在交通网络中所有的最短路径中经过路段 e_{ij} 的比例，其计算公式如下：

$$b_{ij}=\sum_{s\neq t\in V}\frac{m_{st}(e_{ij})}{m_{st}}\Big/\sum_{s\neq t\in V}p_{st} \tag{10-1}$$

式中，$m_{st}(e_{ij})$ 为交通中区的形心 s 到 t 在交通网络中最短路径经过边 e_{ij} 的数量，经过用 1 表示，不经过用 0 表示；m_{st} 为交通中区形心 s 到 t 在交通网络中的最短路径数量；p_{st} 表示交通中区形心 s 到 t 是否在交通网络中存在可达路径，1 表示存在，0 表示不存在。

当分别针对道路网络或者公交网络时，可以将两者网络中各条边的介数作为相应的连通性贡献度量。当将作为研究对象的网络边路段 e_{ij} 设定为公交专用道所在的路段时，可以获得在公交网络和道路网络中的连通性贡献（图 10-1、图 10-2）。

图 10-1　专用道路段在公交网络中的边介数(2015 年底数据)

图 10-2 专用道路段在道路网络中的边介数(2015 年底数据)

假设存在一个虚拟公交网络,在不考虑运营效率的情况下通过道路最短路连接所有的交通分区,因而这个虚拟公交网络的边介数分布与道路网的边介数分布是一致的。通过对真实公交网络与虚拟公交网络中公交专用道的边介数差异的比较,有助于我们探索与公交专用道布局相适应的公交线路改进方向。

为了识别专用道在两种网络中的空间连接性是否存在显著差异,采用两配对样本的非参数检验[2],主要是在对总体分布不是很清楚的情况下,对来自样本的两配对总体进行检验。两个样本应当是配对的,包括观察数目相同以及不随意改变观察值顺序。以下将主要使用 Wilcoxon 符号平均秩检验[3]方法进行两配对样本的非参数检验,并对检验方法进行阐述。

假设样本来自的两配对样本总体的分布无显著差异,采用 Wilcoxon 符号平均秩考虑两组样本变化的程度,检验先验假设是否成立。其检验的步骤为:

Step1:将第二组样本的各个观察值减去第一组样本对应的观察值,如果得到差值是一个正数,则记为正号;差值为负数,则记为负号;若出现差值等于 0 时,删除此个例,样本数 n 相应地减少。

Step2:保留差值数据。根据差值数据的绝对值大小按升序排序,并求出相应的秩(注意与矩阵的秩的概念不同,这里的秩是指按照升序排序后的序号)。

Step3:分别计算符号为正号的秩和 W_+、负号的秩和 W_- 以及正号平均秩、负号平均秩。

Step4:计算 $W=\min(W_+,W_-)$ $Z=\dfrac{W-n(n+1)/4}{\sqrt{n(n+1)(n+2)/24}}$,这里的 n 是删除差值等于 0 的个例以后的样本容量。

Step5:根据检验统计量计算相伴概率值,与设定的显著性水平进行比较作出检验判断。

基于以上原理,对前述算例 Wilcoxon 符号平均秩检验的结果如表 10-1 和

表 10-2 所示。负差异是指道路网络中专用道的边介数小于公交网络中专用道的边介数;正差异是指道路网络中专用道的边介数大于公交网络中专用道的边介数;等值解则是指道路网络和公交网络中专用道的边介数相等。

表 10-1　　Wilcoxon 符号平均秩检验频率次数

检验项目		N	平均秩和	秩和
道路边介数一公交边介数	负差异	246	222.35	54 697.00
	正差异	194	218.16	42 323.00
	等值解	2		

表 10-2　　Wilcoxon 符号平均秩检验统计资料

检验项目	道路边介数一公交边介数
Z	−2.318
渐进显著性(双尾)	0.020

符号为正的有 194 个,秩和为 42 323;符号为负的有 246 个,秩和为 54 697。近似相伴概率值 $P=\Pr\{|Z|\geqslant -2.318\}=0.020<0.05$,因此拒绝原假设,认为专用道在真实公交网络和虚拟公交网络中的边介数存在显著差异。

这一分析结果显示出,对于确定的公交专用道方案,存在通过进一步优化公交线路布局,使得更多的乘客缩短公交出行行程的可能性。

10.1.2　考虑流量加权的空间连通性贡献度

客流加权系数是专用道所在路段公交线路高峰小时客运量,统计时间是专用道有效实施段,即 7:00—10:00 和 16:00—19:00,共 6 h,单位为人次。采用的数据来源是 2016 年 3 月 1 日(星期二)专用道有效实施时间段的 IC 卡数据,得到如图 10-3 所示结果。将流量加权后的边介数称为空间连通性贡献度。

图 10-3　专用道高峰小时客运量(2016 年数据)

采用客流量加权后的真实公交网络与虚拟公交网络中公交专用道的边介数如图 10-4 和图 10-5 所示。基于两配对样本的 Wilcoxon 符号秩检验，符号为正的有 179 个，秩和为 31 935；符号为负的有 244 个，秩和为 57 741。近似相伴概率值 $P=\Pr\{|Z|\geqslant -5.129\}=0.000\ 000<0.05$，因此拒绝原假设，认为专用道对公交网络和道路网络的贡献度存在显著差异。

图 10-4　专用道对真实公交网络的客流加权贡献度(2016 年数据)

图 10-5　专用道对虚拟公交网络的客流加权贡献度(2016 年数据)

在图 10-5 中可以看到，加权贡献度在少数通道上具有很强的集中度，引导我们研究在这些通道上布置中运量干线公交的可能性。

10.1.3 基于多层级交通系统的空间邻近度[4]

定义城市群中的空间邻近度为分层社区中最低层级(第三层次社区)指定社区 i，到达其他社区的交通时间的加权和。在计算模型中，市内部分分别考虑公共交通(地铁+地面公交)或小汽车两种方式进行估算，城际之间按照铁路进行估算(图 10-6)，据此建立连接各个社区节点①的交通网络拓扑模型。

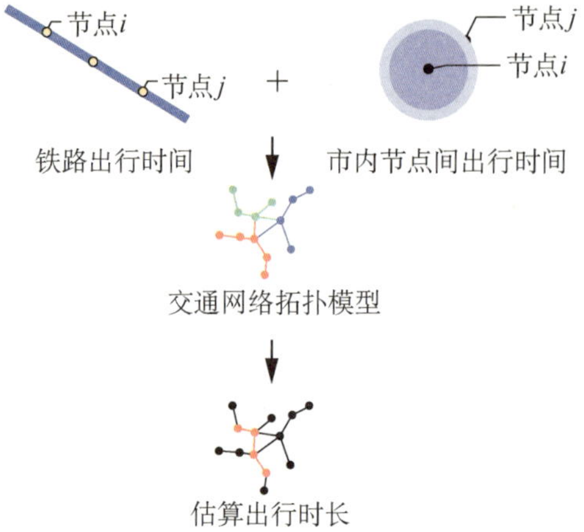

图 10-6 基于多层次交通系统的城市群出行时长估算模型原理

考虑到不同社区空间引力②存在显著差异，引入空间引力差异，采用加权时间成本法，对空间引力更强的社区赋予更高的权重。由此获得邻近度计算公式为

$$A_i = \frac{\sum_{j=1}^{n} M_j T_{ij}}{\sum_{j=1}^{n} M_j} \tag{10-2}$$

式中，A_i 表示交通网络中节点 i 的空间邻近度；T_{ij} 为节点 i 到节点 j 在"铁路+小汽车"或者"铁路+公交"出行方式组合下的出行时长；M_j 则为以社区空间引力计算的节点 j 权重。

虽然从在开放地图平台中所提供的路径规划 API 接口可以获取两点之间的时间，但必须解决出行时间计算的时效(所获得数据为当前路况下的行程时间)，以及大量耗费开放地图 API 资源的问题。为此，采用开放地图平台所提供的等时圈(isochrone)功能对出行时间进行近似估算。该功能以开放地图平台所构建的路网拓扑结构为基础，忽略实时路况、地铁公交发车班次等因素的影响，以各等级交通网络的平均速度进行等时圈区域面估算得到。

---

① 参见 8.2.3 节。
② 参见 8.2.4 节。

由此获得的长三角区域空间邻近度如图 10-7、图 10-8 所示，从中不难看出采用分层社区表达空间区域的优点。

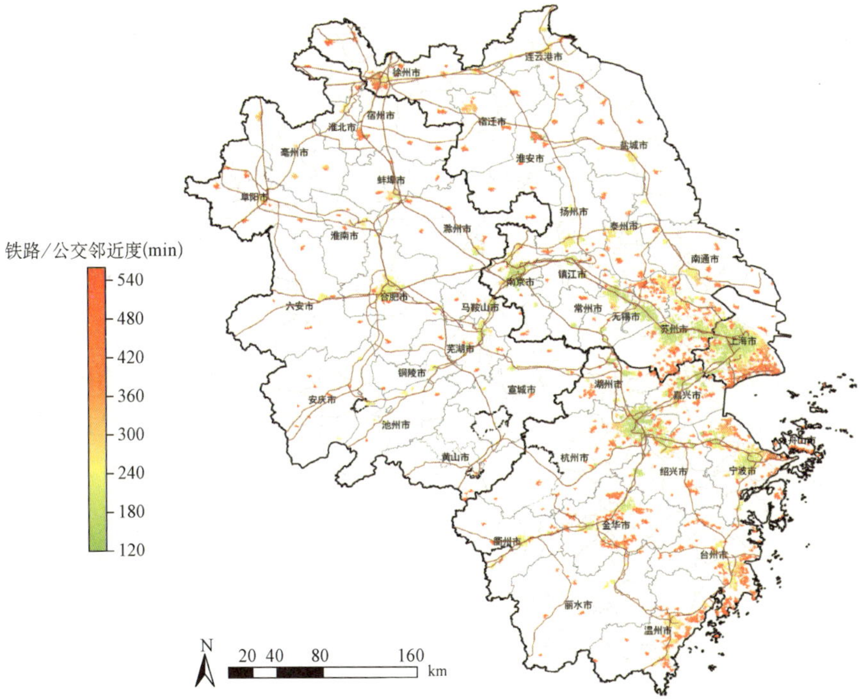

图 10-7　长三角区域邻近度分布(铁路+地铁、常规公交)

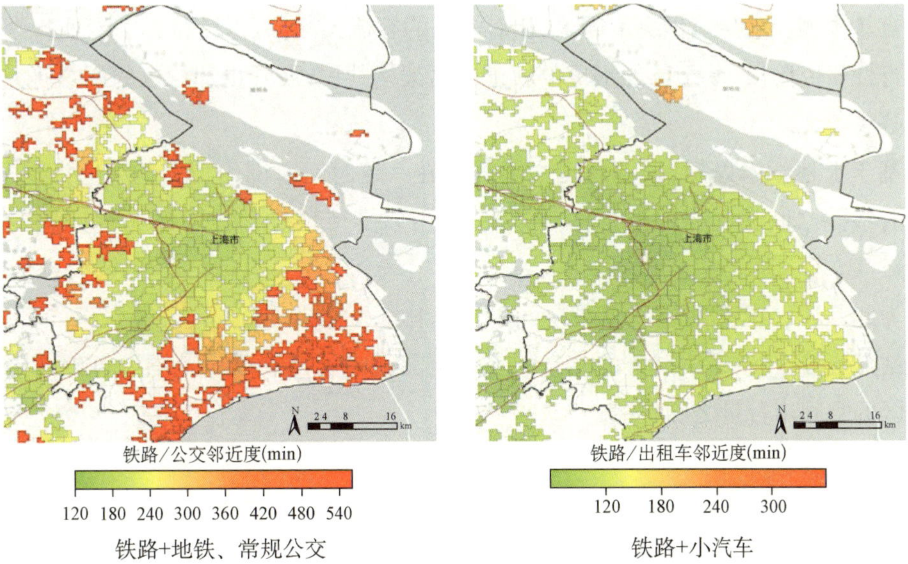

图 10-8　上海市域邻近度分布

10.1.4 城市群/都市圈轨道线路客流规模等级的预判

对于城市群、都市圈轨道线路未来客流规模的预判，是规划纲要阶段融合不同行政主体意见，拟定轨道网络框架方案时决策支持工作的技术难点。受到工作深度限制，以及跨行政区划遭遇的管理障碍，难以采用细致量化的网络交通流分析模型给出决策支持论据。寻找一种跨区域、跨部门的多方能够直接参与讨论、便于理解的简单类比证据显得十分必要。

B. Hillier 于 20 世纪 70 年代首先提出了空间句法的概念，并在 1996 年的《空间是机器——建筑组构理论》(*Space is the Machine: A Configurational Theory of Architecture*)一书中提出了建筑与城市化的新理论，其核心思想是空间组构，即一组整体性的关系，其中任意一组关系取决于与之相关的其他所有关系，称为空间句法。

影响城市群轨道线路客流规模的最基本因素是空间活动组构，即相关空间范围内所产生的空间活动规模。每一个轨道站点的潜在客流规模均受到可能与之产生联系的地区空间活动规模的影响，这在基于 OD 的传统网络交通流分析理论中得到充分体现。在缺乏足够数据的情况下，依托给定空间单元的空间活动产生吸引总量，相对容易实现类比推断。而空间流向(OD 分布)、方式分担等受到的影响因素增多，类比推断的困难大幅提升，也不容易形成共识。

跨越行政区划的城市群、都市圈规划一般是战略层面的纲要规划。其中的轨道网络空间布局结构规划决策分析需要解决的基本问题，是基于各方诉求寻求共同利益，针对网络系统基本架构形成共识。这一阶段对于未来客流需要的是规模预判，用以支持轨道线路的设置合理性判断，而不是针对未来具体年份、细致到各个站点和路线区段的具体流量预测。满足工程决策需求、相对深入的客流预测，可以留待相关专业规划和项目可行性研究阶段，基于已经形成的轨道网络架构共识，展开更加深入的调查研究后再加以解决。

基于上述学术思想，根据轨道交通线路在一定时间范围内覆盖的空间活动规模，与既有线路之间建立一种半量化参考关系，用以支持顶层设计中结构性问题的定性分析。

为此，以第二层级社区为基本空间单元①，作如下定义。

站点连接值：轨道线路上的站点 i 在一定交通时间控制阈值范围内可以连接的所有社区的空间出行量之和。

$$C_i = \sum_j q_j \tag{10-3}$$

① 参见 8.2.3 节。

式中，C_i 为站点 i 连接值；q_j 表示 j 社区所产生和吸引的所有出行 OD 量，其中 j 社区到 i 站点的出行时间满足出行时间控制阈值。

控制值：计算站点连接值时所采用的出行时间阈值，当控制值越大时，所计算出的指标评估所涉及的社区数量越多，评价所考虑的空间尺度范围越大。

线路全局整合度：所讨论轨道线路站点在控制值内能够连接的所有社区空间出行量总和；对多个站点，需要去除所有站点连接的社区中的重复社区后进行求和。

$$D = \sum_k q_k \tag{10-4}$$

式中，D 为线路全局整合度；q_k 表示 k 社区所产生与吸引的所有空间出行量，其中 k 社区到该轨道交通线路至少存在一个站点的出行时间在控制值以内（一个社区有可能存在超过一个车站）。

线路局部整合度：根据某种原则（例如行政区范围内）划分的线路整合度。

整合强度：全局整合度与线路长度的比值。

采用上海市既有轨道交通线路，取控制值为 30 min，计算结果显示，全局整合强度与线路日均客运量之间具有较为紧密的关联性（图 10-9），说明可以采用这一指标预判新建线路可能的客流规模。

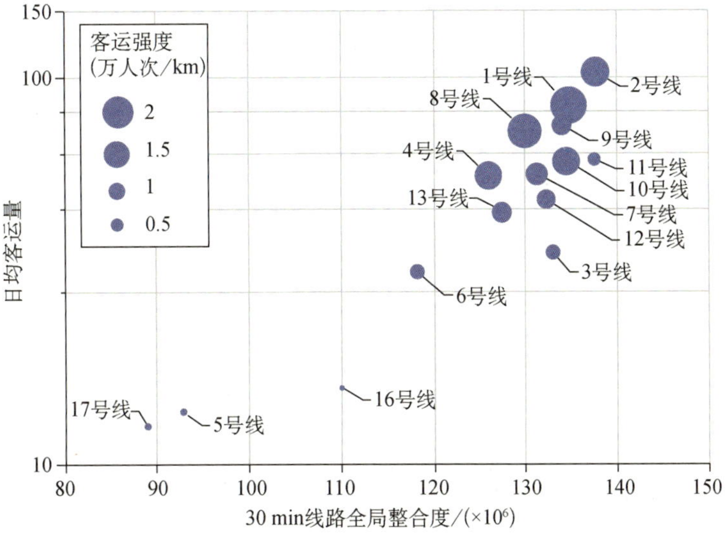

图 10-9　上海市既有轨道线路全局整合度与日均客运量之间的关系

作为研究案例，以规划中的长三角示范区线、奉贤线、南枫线为分析对象，假设整个区域空间出行分布及规模不变（即采用现状数据），评估其修建完成后在交通网络中的空间活动连接属性（全局整合度）。

长三角示范区线是一条联系上海虹桥主城片区与长三角生态绿色一体化发展示范区的市域轨道。线路东起虹桥主城片区，西至水乡客厅，途经闵行、青浦两区，衔接江苏省规划水乡旅游线以及浙江省规划嘉善至西塘线等线路，可与上海市轨道交通 13 号线、17 号线等线路换乘。规划示范区线长约 50 km，主要沿北青公路、外青松公路、沪渝高速、沪青平公路走行，设置 8 座车站。

奉贤线为连接奉贤新城的南北走向市域轨道线路，在三林南站与待建轨道交通 26 号线衔接。其总体走向虽然与同样连接奉贤新城的南北向轨道交通 5 号线、15 号线平行，但由于可以换乘 26 号线与上海 CAZ（中央活动区）区域沟通，对于奉贤新城发展具有重要意义。

南枫线连接浙沪边界的枫泾镇，途径奉贤新城到达南汇新城规划建设的四团枢纽地区，属于上海市域南部东西走向市域轨道线路。由于其沟通了临港自贸新片区、奉贤新城与浙江省的联系，在上海市域轨道网络中具有特殊意义。

尽管从空间连接关系角度，上述三条线路在布局方面均有充分理由，但是其未来可能的客流规模仍然是规划决策中不可避免地需要讨论的问题。

通过全局整合度所提供的类比结果（图 10-10，判断依据为控制值 30 min，其他控制值情况仅作为参考），可以在现状空间活动格局分布、江浙相关连接轨道未建成的前提下，对三条轨道线路可能产生的客流规模量级有一个大致的预判：三条线路中，长三角示范区线和南枫线的客流规模会低于轨道交通 17 号线（日均客运量 12.54 万人次），

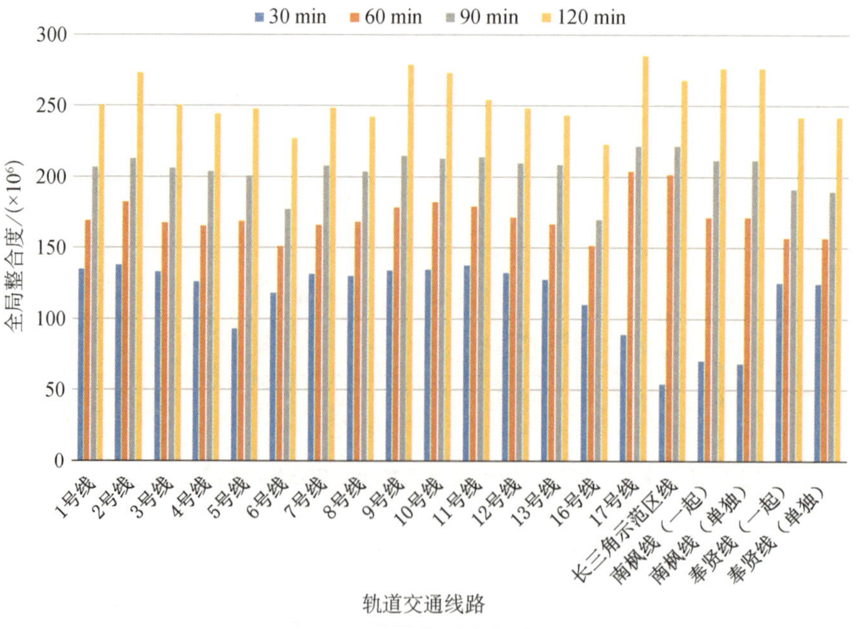

图 10-10　三条规划区域轨道与上海市既有线路全局整合度对比

理想状态下日均客运量略小于 10 万人次量级；奉贤线情况稍好，客流规模略高于轨道交通 16 号线(日均客运量 15.73 万人次)，理想状态日均客运量为 15 万～20 万人次量级。伴随未来长三角示范区建设，如果相关地区空间活动能级能够达到现状奉贤新城规模，长三角示范区线的客流规模会接近奉贤线。

为了真正预判三条线路未来的前景，可以依据更多的信息，通过增加某些空间社区的空间活动量、新轨道线路连接运行等假设，判断各种因素对整体客流规模可能产生的影响。而这正是跨行政区沟通过程中需要在地方政府之间讨论的问题。

上述预判所遭遇的一个问题是，轨道交通 5 号线、15 号线和奉贤线的基本功能都是南北走向连接中心城区，三者之间会形成一定程度的分流关系。本方法建立在区分空间联系的社区划分基础之上，采用低层级社区[①]分解站点辐射范围，可以一定程度上减小相关线路竞争关系造成的判断误差。

类似方法也可用于讨论城市群中区域轨道枢纽站点可能形成的空间活动能量集聚。以位于上海市外围新城的奉贤枢纽为例(图 10-11)，拟连接轨道交通 5 号线、轨道

图 10-11　拟议中的奉贤枢纽讨论方案示意

① 参见 8.2.3 节。

交通 15 号线、奉贤线、南枫线，支撑新城发展。由于位处奉贤新城 CAZ 地区，轨道交通施工工期、工程造价、通道条件等都成为影响决策的重要因素。正因为如此，是坚持原有规划方案，还是将两条区域轨道交通线路（奉贤线、南枫线）的换乘节点移至新城外部（奉贤新城南侧），成为规划决策的重大意见分歧之处。两种方案的本质差异在于：站城一体化发展是借力枢纽汇集客流的“锦上添花”，还是推动空间流动的必备前提条件。位于新城 CAZ 方案强调的是构建联系各方（特别是通过轨道交通 15 号线连接紫竹高新技术园区、漕河泾开发区等国家级高新技术产业园区）的站城一体交流枢纽，位于新城南侧方案是依托区域轨道与城市轨道换乘客流溢出效应带动新的地区开发。方案抉择涉及奉贤枢纽（望园路站）未来可能客流规模的预判。

从不同假设前景下相关线路典型站点全局整合度分析来看（图 10-12），在相关区域现状空间活动规模条件下，伴随与上海市中心城区距离的增大，奉贤线全局整合度出现较快速度的降低。南枫线的加入，虽然可以略微提升空间活动集聚规模，但由于现状南枫线沿线缺少高能级的空间活动集聚，因而不能明显改善奉贤枢纽（望园路站）的全局整合度水平。上海临港新城目前空间活动规模是经过近 20 年（2003 年 11 月至今）建设才达到的，以此为参考可以判断，短期内很难产生拉动奉贤新城的空间活动能量。由此推论，仅仅依靠轨道交通系统，并不能在奉贤枢纽引发较大规模的换乘客流。

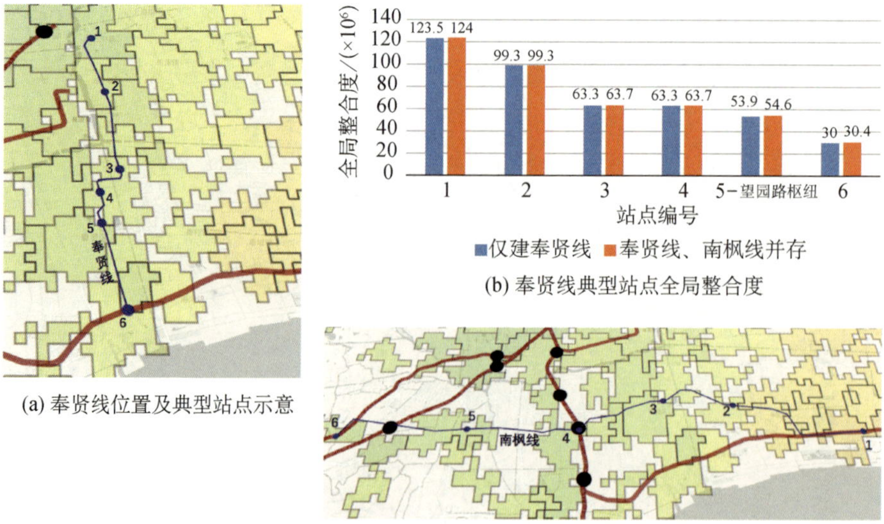

(a) 奉贤线位置及典型站点示意

(b) 奉贤线典型站点全局整合度

(c) 南枫线位置和典型站点示意

图 10-12　奉贤线、南枫线位置示意及奉贤线典型站点全局整合度

正因为如此，对于奉贤枢纽来说，站城一体建设是不可或缺的前提条件，通过在车站周边植入新的区域交流功能拉高自身能量，只有如此才能形成枢纽周边功能建设与轨道空间活动集聚的互动。

10.2 公共交通网络的服务延伸覆盖

轨道系统逐步成为城市公共交通的主干,轨道交通的服务延伸覆盖范围对城市空间结构具有一定程度的影响,且是 TOD 建设中考虑的一个重要问题。对于站点的辐射范围,传统方法是根据居民对步行距离的接受程度,采用 500 m 和 800 m 的阈值加以确定。但如果考虑到各种交通工具的接驳,其服务延伸范围这一问题的答案就不那么直接了。

10.2.1 通过移动通信数据对轨道交通乘客的识别

在移动通信基站中可以区分处于轨道系统内部的基站,提取在轨道交通基站出现的用户,并检测该用户前一条信令是否位于非轨道基站,可以识别进入轨道车站的用户,反之可以识别离开轨道车站的用户。

作为算例,采用上海市移动通信 2011 年 9 月数据和相应的 AFC 数据,对上海道路内环线以内第一象限中的 19 座轨道车站进行技术检验,其中普通中间站 15 个,换乘站 4 个(表 10-3)[5]。

表 10-3　对移动通信数据检测使用轨道人数进行技术验证的轨道车站情况

普通中间站		换乘站	
轨道线路	车站名称	车站名称	轨道交通线路
M1	新闸路	人民广场站	M1、M2、M8
M3	虹口足球场*	南京东路站	M2、M10
M4	临平路、大连路、杨树浦路	海伦路站	M4、M10
M8	曲阜路、中兴路、西藏北路、虹口足球场*、曲阳路、鞍山新村、江浦路	四平路站	M8、M10
M10	天潼路、四川北路、邮电新村、同济大学		

* 虹口足球场为 M3 与 M8 线换乘站,当时为需出站的虚拟换乘。

从检验结果来看,不同类型的站点在不同时段中,采用移动通信信令数据识别的乘客与经过闸机进入地铁的人数虽然存在误差,但在可接受范围之内。

图 10-13 显示了周边以居住用地为主(鞍山路站)、周边以工作地集聚为主(新闸路站)、毗邻七浦路市场的天潼路站以及地处商业街的南京东路站的情况。图中上侧的曲线是移动通信数据检测的进入车站人数随时间变化情况,下侧曲线为 AFC 数据检测的进站人数变化情况,阴影部分为两者之间的误差(偏向数值大的一方)。

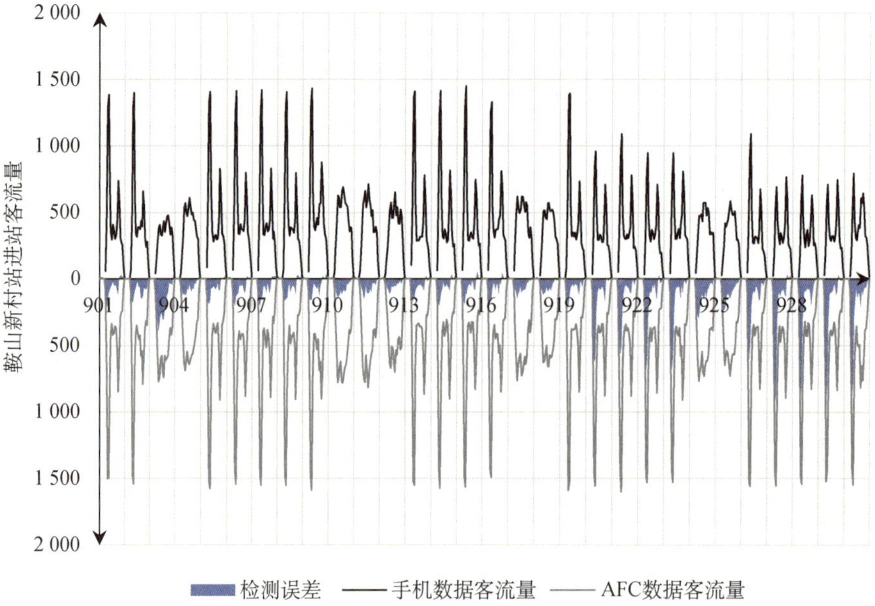

(a) 鞍山新村站进站客流检测一致性对比

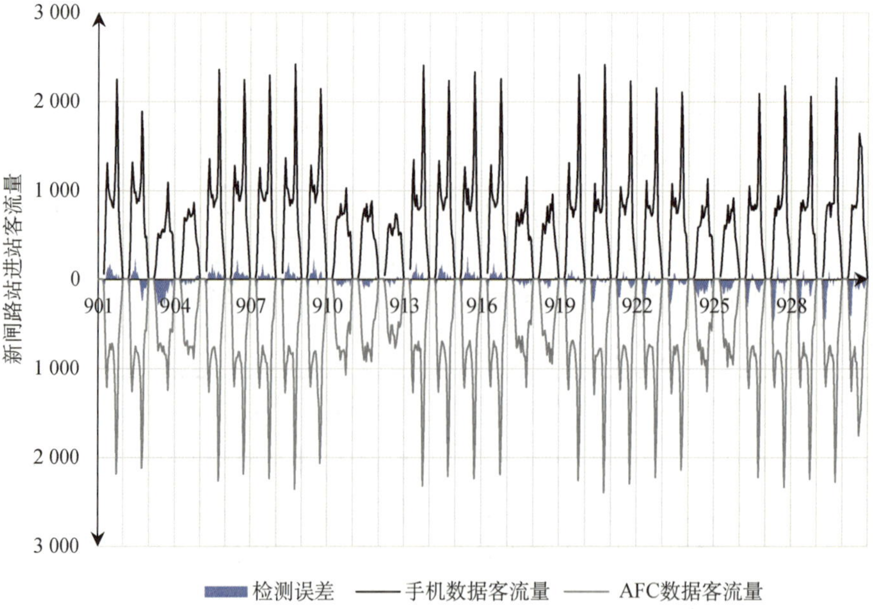

(b) 新闻路站进站客流检测一致性对比

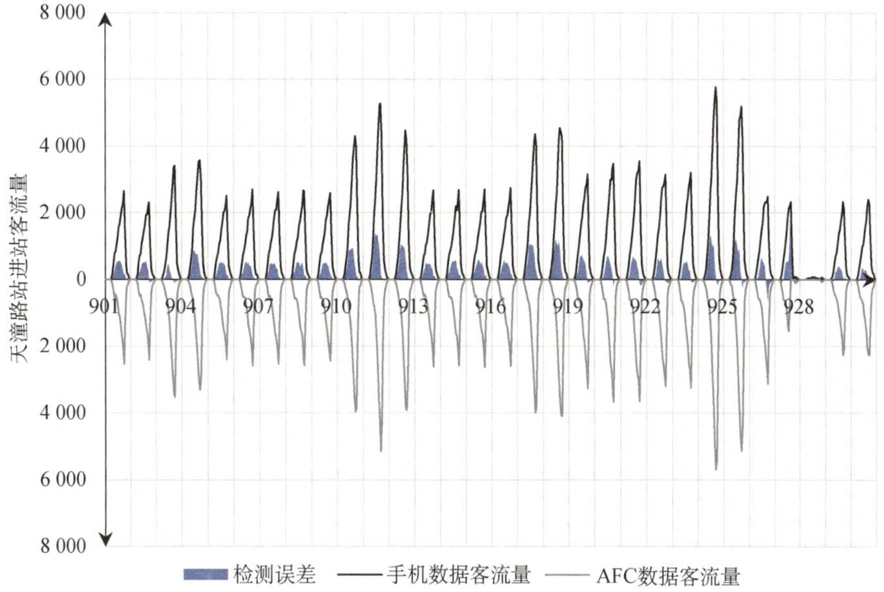

(c) 天潼路站进站客流检测一致性对比

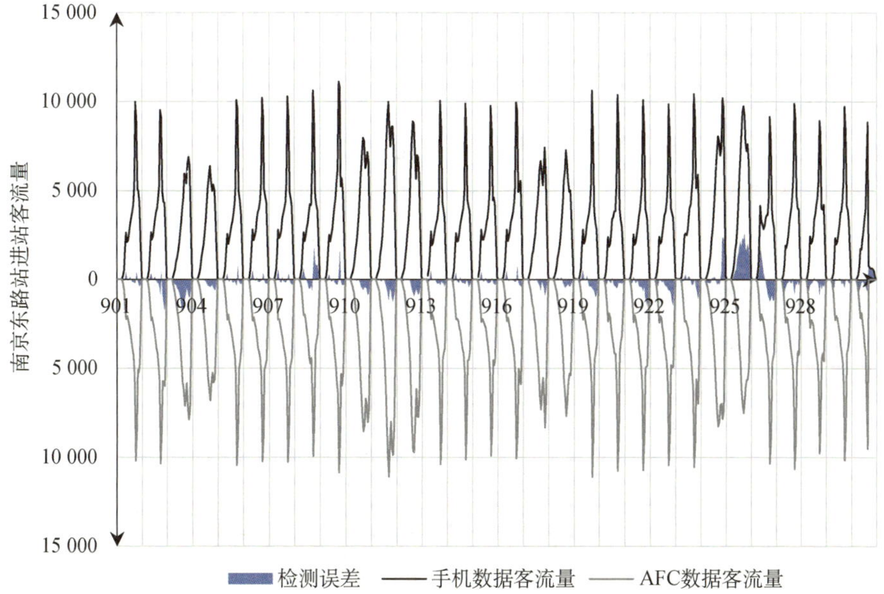

(d) 南京东路站进站客流检测一致性对比

图 10-13　上海市部分站点的进站客流检测一致性对比[5]

在上述几个车站中，天潼路站由于出入口直接与地下商业设施连接，因此表现出移动通信数据所检测的人数明显偏多的特点。

10.2.2 地铁关联乘客在车站周边的活动范围

因需要研究轨道服务范围的时间变化，在此先将轨迹链扩展为加入时间的三维变量。

$$Traj_a^{\pm s}(t_n)=\{\vec{r}_a^{\pm s}(t_0)\rightarrow\vec{r}_a^{\pm s}(t_1)\rightarrow\cdots\rightarrow\vec{r}_a^{\pm s}(t_n)\} \tag{10-5}$$

$$\forall\,\vec{r}_a^{\pm s}(t_k),\ \vec{r}_a^{\pm s}(t_k)=(x_k,\ y_k,\ t_k)$$

式中，$Traj_a^{\pm s}(t_n)$ 为用户 a 在离开/到达站点 s 后/前 t_n 时间内的轨迹，其中“+”表示离开站点，“−”表示到达站点；$\vec{r}_a^{\pm s}(t_k)$ 为用户 a 从轨道站离开站点 s 后/到达站点 s 前的轨迹中第 k 条记录，发生在 t_k 时刻，$(x_k,\ y_k,\ t_k)$ 为具体记录用户坐标及时间信息的数组。

考虑到轨道站点的中心点为站点本身的位置，可以推导出轨道站点的活动半径：

$$R_s^{+}(t_n)=\sqrt{\frac{1}{n_c^s(t)}\sum_{a=1}^{n_c^u}\sum_{t=1}^{t_n}[\vec{r}_a^{+s}(t)-\vec{r}^{s}]^2} \tag{10-6}$$

$$R_s^{-}(t_n)=\sqrt{\frac{1}{n_c^s(t)}\sum_{a=1}^{n_c^u}\sum_{t=1}^{t_n}[\vec{r}_a^{-s}(t)-\vec{r}^{s}]^2} \tag{10-7}$$

式中，$R_s^{+}(t_n)$、$R_s^{-}(t_n)$ 表示站点疏散功能、汇聚功能的服务半径；$n_c^s(t)$ 表示站点 s 所有统计的采样点的数目；n_c^u 表示站点 s 用户的数目；$\vec{r}_a^{\pm s}(t)$ 表示用户 a 在站点 s 离开/进入的过程中，在时刻 t 的记录；$\vec{r}^{s}$ 表示站点 s 的坐标。

通过以上公式，选择上海市较有代表性的几个站点作为实例分析，计算获得的活动半径如图 10-14 所示。

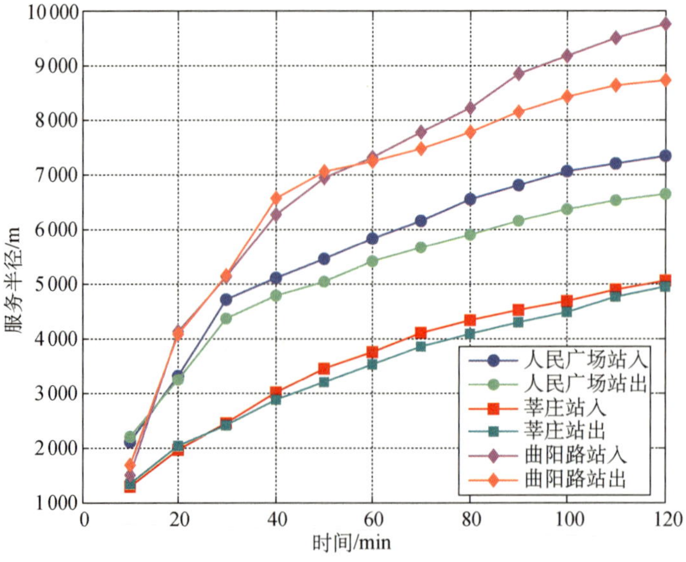

图 10-14　与地铁关联人群的活动范围随时间变化

从图中可以明显发现：①不同类型的地铁站都呈现出了非常相近的规律，虽然在距离上有一些差别，但是总体上都呈现出了一种在 1 小时内迅速集散的特征；②如果注意观察，在前 25 min 之内，地铁站的两个方向服务的区别并不明显，然而随着时间的增加，曲线都表现出了入大于出的特征，这很可能是人们选择地铁的习惯导致的——人们更倾向于选择目的地离地铁站距离较近的出行模式。

将乘客进入/离开地铁车站的相邻活动点设定为与轨道车站关联的活动范围边界。

选取典型站点（丰庄站、曲阳路站是市区普通站点的代表车站；人民广场站、中山公园站是市区换乘站点的代表车站；莘庄站、徐泾东站为轨道末端大型换乘枢纽站点），区分工作日和非工作日，通过置信椭圆计算乘客进入/离开地铁车站的相邻活动点的散布范围（图 10-15）。

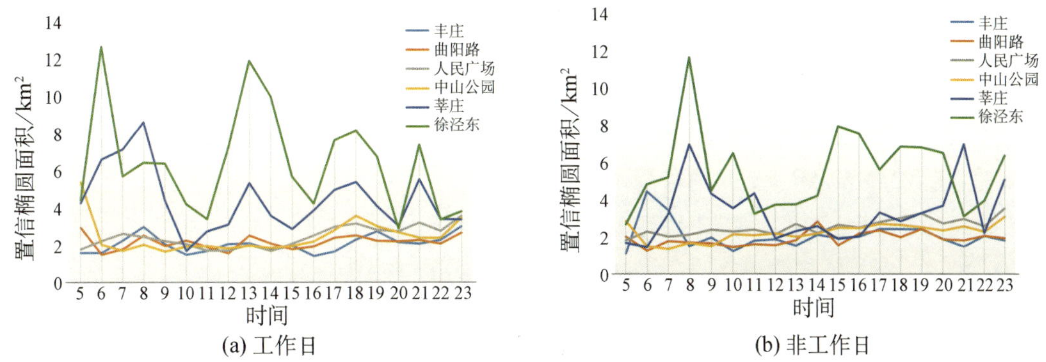

图 10-15　轨道站点进出站人群的活动范围时变图

可以看到，中心城区轨道车站辐射范围大约在 2 km^2，且随时间变化不大。城市外围地区车站辐射范围远大于中心城区，并具有明显的随时间波动的特点。

10.2.3　共享单车与轨道站点的接驳覆盖

共享单车是轨道交通重要的接驳工具，其对轨道交通服务范围的延伸扩展发挥了重要作用。

采用 2019 年 5 月上海市共享单车数据进行分析，从轨道站点关联的共享单车使用总量时间分布来看（图 10-16），无论是到达轨道站点（metrostation-d）还是离开轨道站点（metrostation-o），两者之间的分布具有很大的类似性。

而从图 10-17 所显示的轨道站点接驳共享单车使用范围来看，在城市外围地区明显超过通常所说轨道站点辐射范围，发挥了重要的服务范围扩展作用。

共享单车使用在扩展轨道交通站点辐射范围的同时，也带来了相应的车辆停放等与空间资源配置相关的问题，促使我们进一步研究其时间分布规律。假设轨道客流分

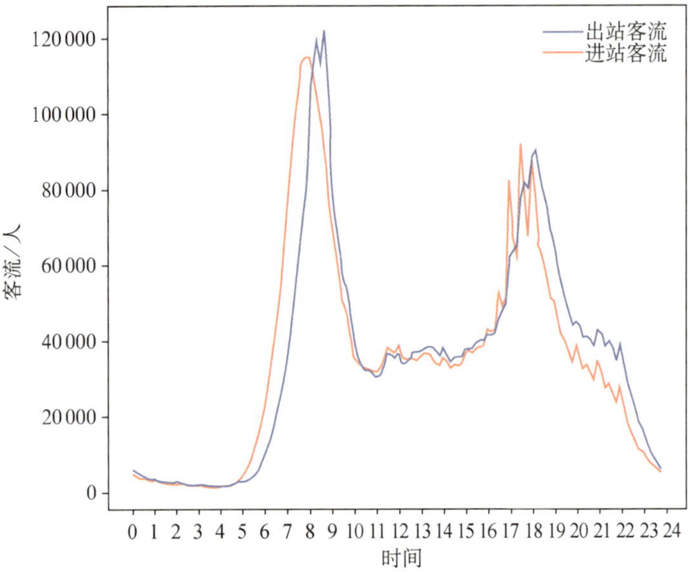

图 10-16　共享单车接驳轨道交通的客流时间分布

图 10-17　共享单车接驳轨道交通的客流服务范围

布与周边土地使用开发之间具有稳定关联，可以采用站点客流占全天比率变化，间接反映周边开发规模与用地性质。因此，设定如表 10-4 所示的变量作为聚类参考。

表 10-4　　用于轨道站点类型聚类的变量

变量名	说明	变量名	说明
S	地铁服务范围置信椭圆面积	Bswd0-2	站点单车停车数比最大停车数（工作日 0:00—2:00）
Oblateness	地铁服务范围扁率	Bswe0-2	站点单车停车数比最大停车数（休息日 0:00—2:00）
Mtwd_D_7-9	地铁到达客流量占全天比（工作日 7:00—9:00）	Bswd7-9	站点单车停车数比最大停车数（工作日 7:00—9:00）
Mtwe_D_7-9	地铁到达客流量占全天比（休息日 7:00—9:00）	Bswe7-9	站点单车停车数比最大停车数（休息日 7:00—9:00）
Mtwd_O_7-9	地铁出发客流量占全天比（工作日 7:00—9:00）	Bswd12-14	站点单车停车数比最大停车数（工作日 12:00—14:00）
Mtwe_O_7-9	地铁出发客流量占全天比（休息日 7:00—9:00）	Bswe12-14	站点单车停车数比最大停车数（休息日 12:00—14:00）
Mtwd_D_12-14	地铁到达客流量占全天比（工作日 12:00—14:00）	Bswd16-18	站点单车停车数比最大停车数（工作日 16:00—18:00）
Mtwe_D_12-14	地铁到达客流量占全天比（休息日 12:00—14:00）	Bswe16-18	站点单车停车数比最大停车数（休息日 16:00—18:00）
Mtwd_O_12-14	地铁出发客流量占全天比（工作日 12:00—14:00）	Mtwd_Dmax	地铁到达最大客流量（工作日）
Mtwe_O_12-14	地铁出发客流量占全天比（休息日 12:00—14:00）	Mtwe_Dmax	地铁到达最大客流量（休息日）
Mtwd_D_16-18	地铁到达客流量占全天比（工作日 16:00—18:00）	Mtwd_Omax	地铁出发最大客流量（工作日）
Mtwe_D_16-18	地铁到达客流量占全天比（休息日 16:00—18:00）	Mtwe_Omax	地铁出发最大客流量（休息日）
Mtwd_O_16-18	地铁出发客流量占全天比（工作日 16:00—18:00）	Bswdmax	站点单车停车最大数量（工作日）
Mtwe_O_16-18	地铁出发客流量占全天比（休息日 16:00—18:00）	Bswemax	站点单车停车最大数量（休息日）

通过 PCA 降维计算①，发现前 8 个主成分可解释 81.9%的变化。采用 Kmeans 算法依据前 8 个主成分聚类，获得 4 个类簇（图 10-18、图 10-19）。

① 参见附录Ⅱ。

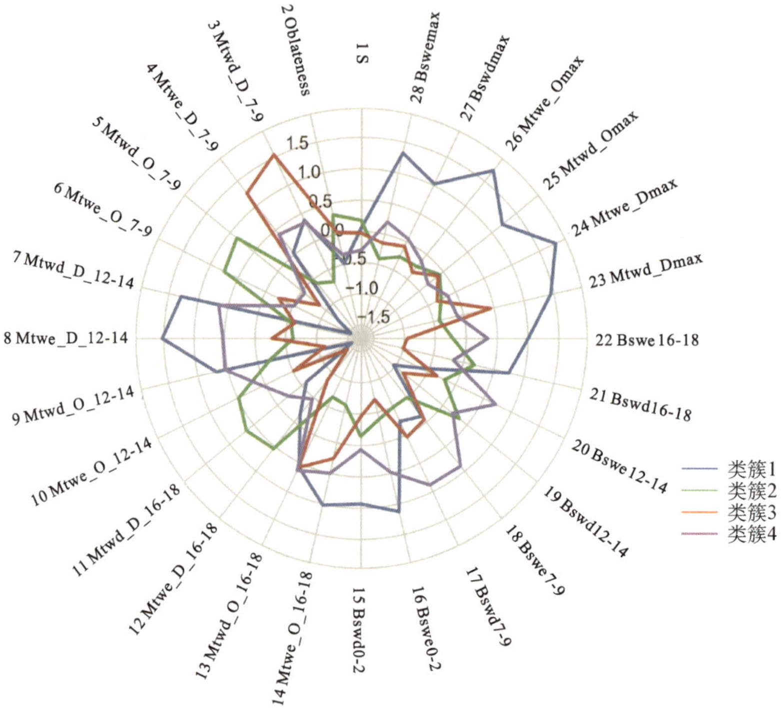

图 10-18　不同类别的变量值分布

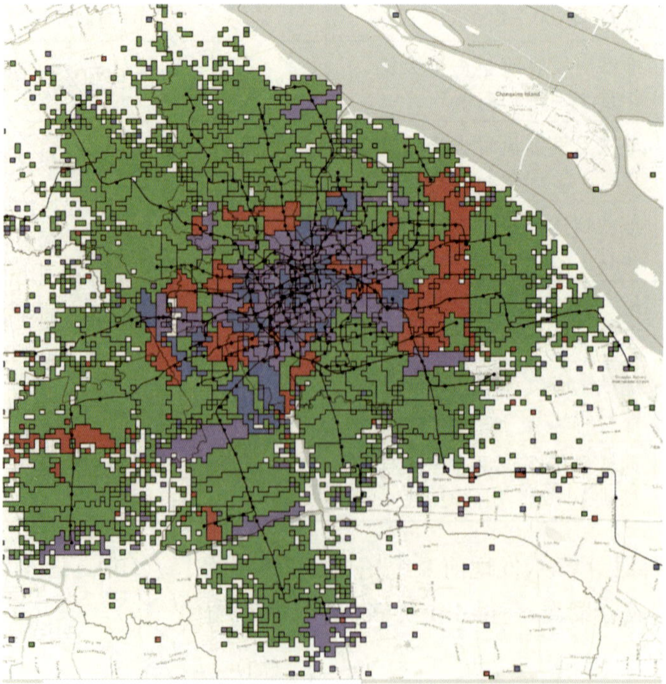

注：图中的组别特征参见图 10-18。

图 10-19　不同类型站点所对应的服务区域

对各个类别一般规律的判读，以及类中典型站点情况如表 10-5 所示。

表 10-5　　　　上海市轨道站点客流规模与共享单车使用的关联性

类别	客流特征	典型站点示例
第1类	到发客流量较大，除了明显的早晚高峰外，相较其他类型的站点，平峰客流也维持在较高的水平。 站点周边的共享单车停放数量基本处于高位，且高峰停放时段持续较长，单车停放场地的利用率较高。 该类型站点主要分布在 2 号线沿线以及部分商圈和重要交通枢纽。通过共享单车接驳轨道交通的客流需求在站点附近分布比较均匀，但部分接驳需求的骑行距离较大	典型站点： 静安寺站 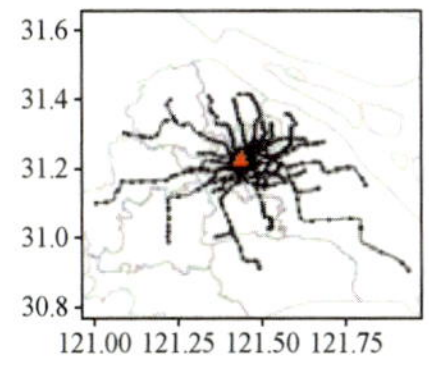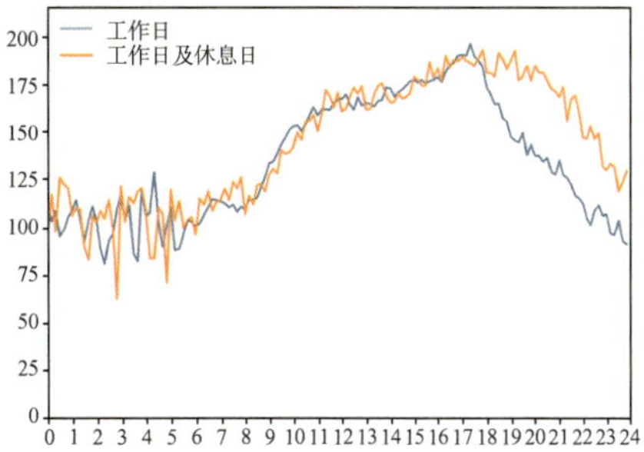 ↑ 站点周边的共享单车停放数量 ↓ 站点的到发客流量 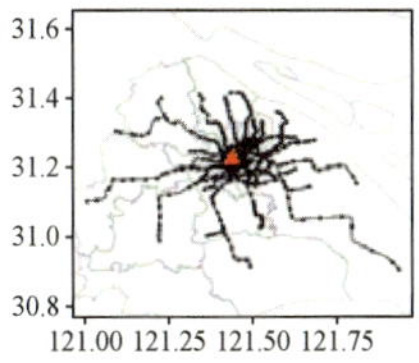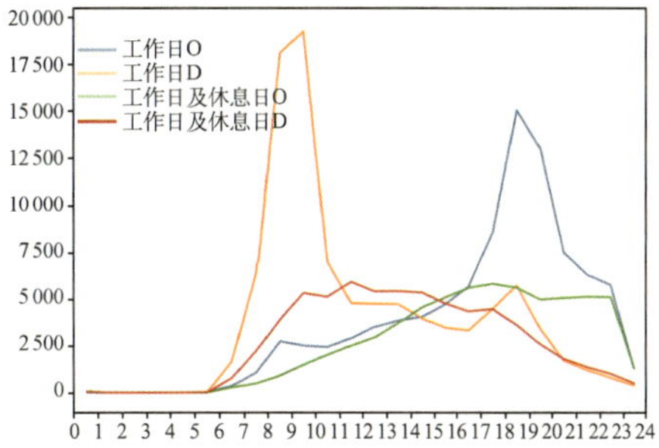
第2类	工作日客流的方向不均匀性和时间不均匀性非常明显，早高峰以进站客流为主，晚高峰以出站客流为主。 周边通过共享单车接驳轨道交通的需求也具有明显的方向性，夜间单车停放数量较少，白天工作时段的停放数量较多。 周边以居住社区为主，且基本分布在城市外围，通过共享单车接驳轨道交通的客流需求距离站点的距离较大，且具有非常明显的轴向分布特征	典型站点： 顾村公园站 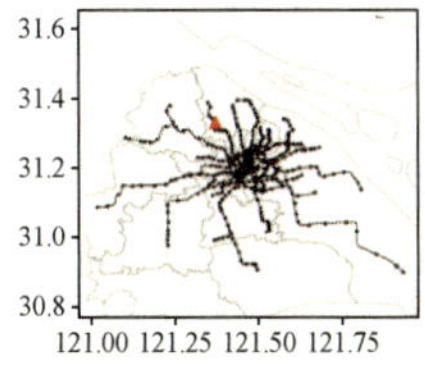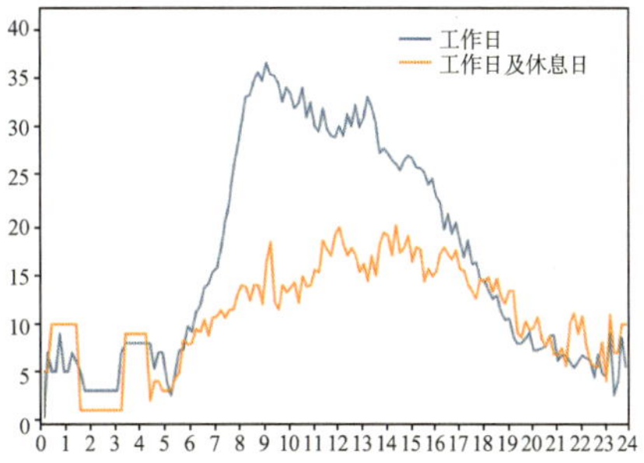 ↑ 站点周边的共享单车停放数量 ↓ 站点的到发客流量 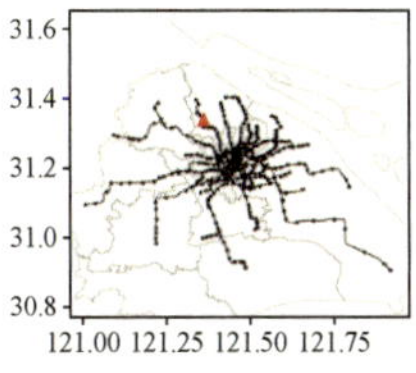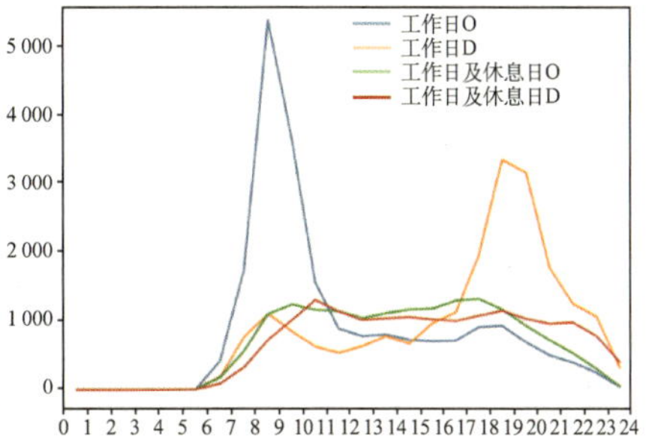

（续表）

<table>
<tr><th>类别</th><th>客流特征</th><th>典型站点示例</th></tr>
<tr><td>第
3
类</td><td>工作日客流的方向不均匀性和时间不均匀性非常明显，且早高峰以出站客流为主，晚高峰以进站客流为主。

周边通过共享单车接驳轨道交通的需求也具有明显的方向性，夜间站点周边的单车停放数量较多，白天工作时段的停放数量较少。

周边工作岗位较多，以工业园区、高新园区、开发区为主。通过共享单车接驳轨道交通的客流需求距离站点的距离适中，但具有比较明显的轴向分布特征</td><td>典型站点：
漕河泾开发区站
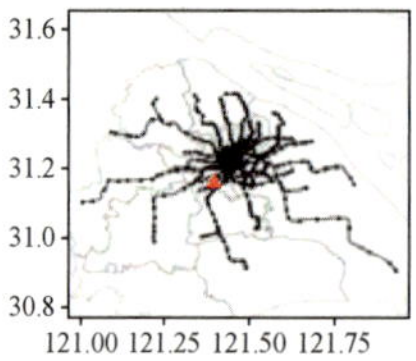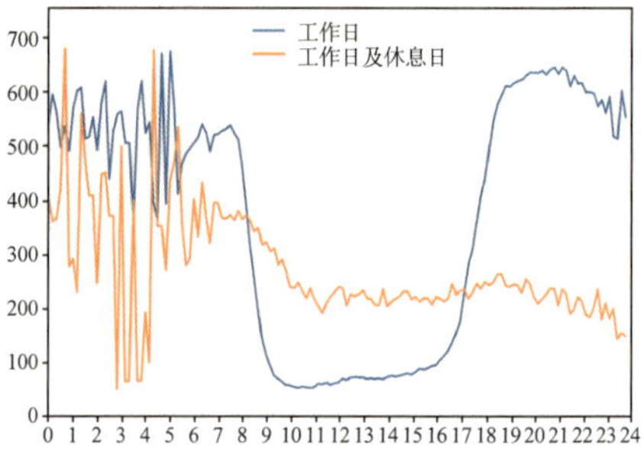
↑ 站点周边的共享单车停放数量
↓ 站点的到发客流量
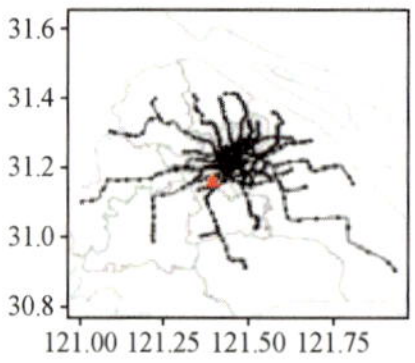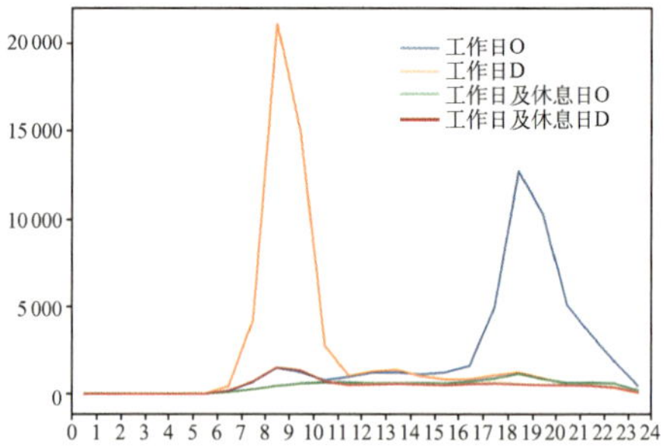</td></tr>
<tr><td>第
4
类</td><td>工作日高峰时段的客流方向不均匀性相对较小。

站点周边的共享单车停放数量始终处于高位，单车停放场地的利用率较高，且站点周边共享单车的周转率较高。

站点周边的用地混合性较高。通过共享单车接驳轨道交通的客流需求在站点附近分布比较均匀，且距离站点较近</td><td>典型站点：
长寿路站
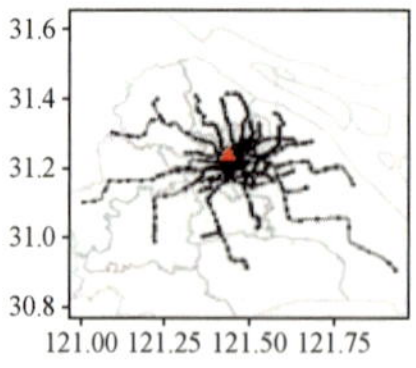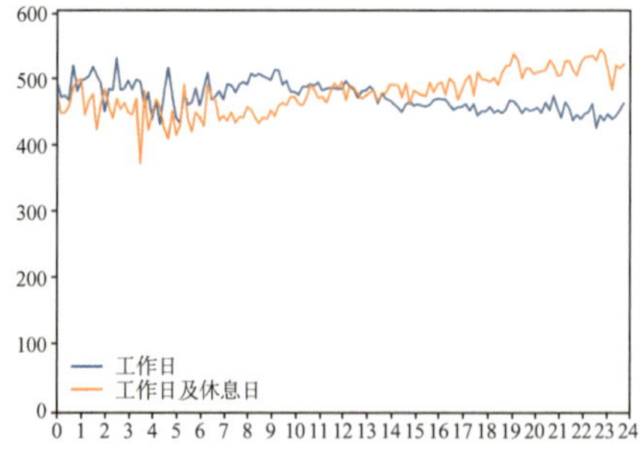
↑ 站点周边的共享单车停放数量
↓ 站点的到发客流量
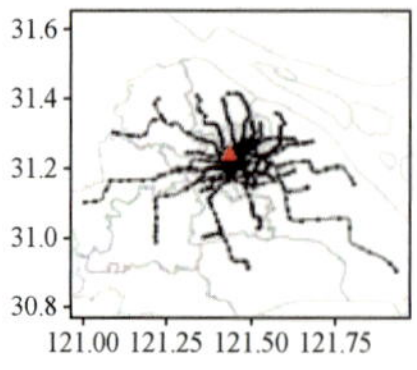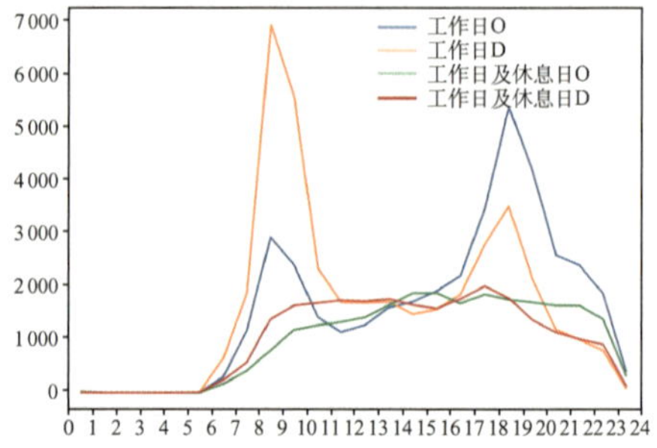</td></tr>
</table>

10.3 公共交通网络所促成的城市空间联系

10.3.1 公交线网所形成的城市空间组织结构

将城市中的交通分区作为基本空间单位，以各个交通分区的中心为节点，以交通分区之间的公交(含轨道、常规公交、BRT 等)的最短行程时间的倒数为边的权重，可以采用复杂网络社区发现算法①求解空间模块化结构。

以上海市为例，计算所得的空间社区结构如图 10-20 所示。

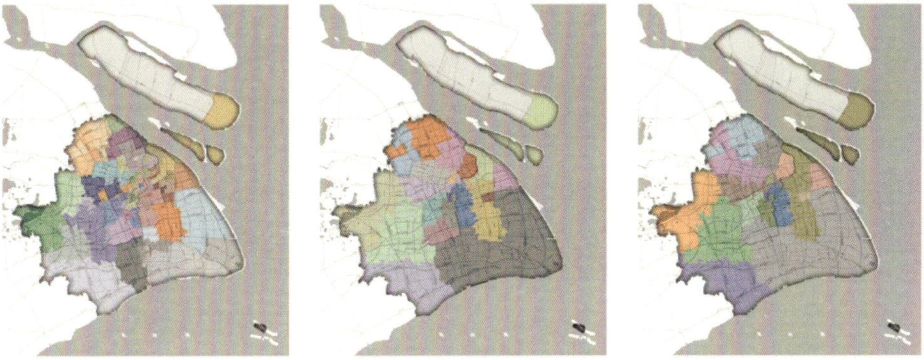

(a) 第一层级社区　　(b) 第二层级社区　　(c) 第三层级社区

图 10-20　上海市公交网络所形成的空间社区结构

作为结构对比对象，采用同样的算法，可以获得根据上海市道路网络所形成的空间社区结构(图 10-21)。

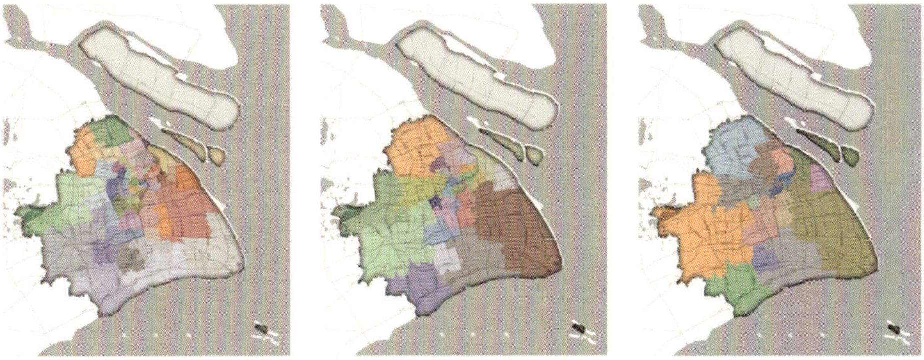

(a) 第一层级社区　　(b) 第二层级社区　　(c) 第三层级社区

图 10-21　上海市道路网络所形成的空间社区结构

---

① 参见附录Ⅰ。

对比如图 10-22 所示职住关联网络、公交网络和道路网络三个网络的空间社区结构，职住关联网络的社区结构最为明显，部分社区涉及市中心的部分，会与其他社区有比较密切的联系；公交网络在市区[图 10-22(a)中编号为 0～11 的小区]存在社区结构，但社区与社区之间联系仍比较紧密，郊区[图 10-22(a)中编号为 12～17 的小区]部分总体上仍然呈现社区结构，局部具有核心—边缘结构，郊区与市区之间联系较少；对于道路网络来说，浦西市区[图 10-22(b)中编号为 0～6 的小区]的社区结构不显著，浦东市区 & 闵行[图 10-22(b)中编号为 7-10 的小区]存在社区结构，但社区之间存在紧密联系，郊区[图 10-22(b)中编号为 11-17 的小区]则有比较明显的社区结构。

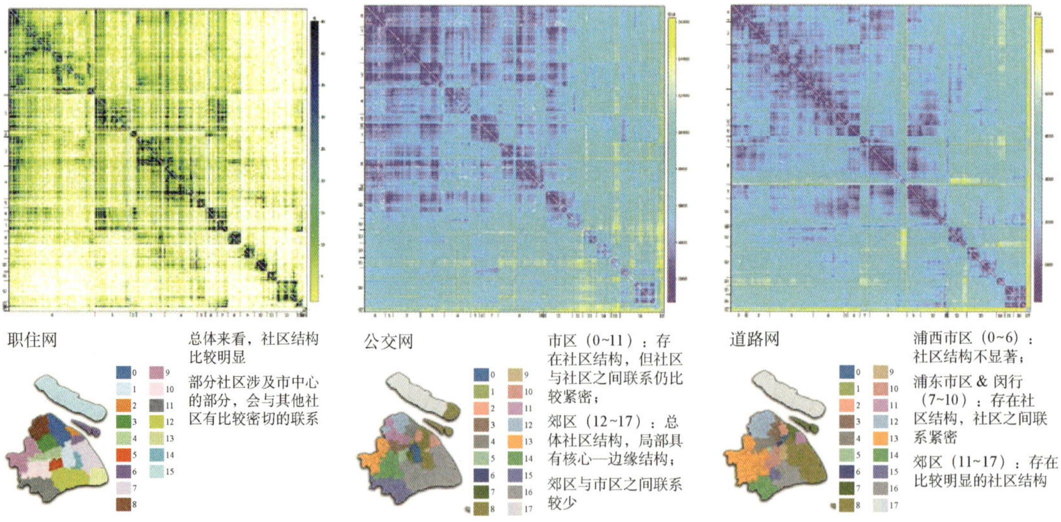

(a) 职住关联网络　　(b) 公交网络　　(c) 道路网络

图 10-22　职住关联网络、公交网络和道路网络所形成的空间社区结构的对比

以公交网络的空间社区结构为基底，研究其上的职住关系。以图 10-20 中的第三层级社区反映公共交通网络所形成的空间联系结构，将其与上海市居民的职住空间分布进行比较(图 10-23)，工作地与居住地位于同一社区的居民比例较低，可见上海市现有的公共交通网络与居民的实际通勤需求并不匹配。

采用重叠社区发现算法，能够比较清晰地看到轨道交通对空间职住关系的引导作用(图 10-24)[6]。

10.3.2　依托公交网络形成的城市空间关联

公共交通是城市多种交通方式中的一种，公交网络的拓扑结构也不同于道路网络。对于公交网络所促成的城市空间稳定关联结构进行研究，有助于从公交与用地关联角度有效推进公交优先战略。

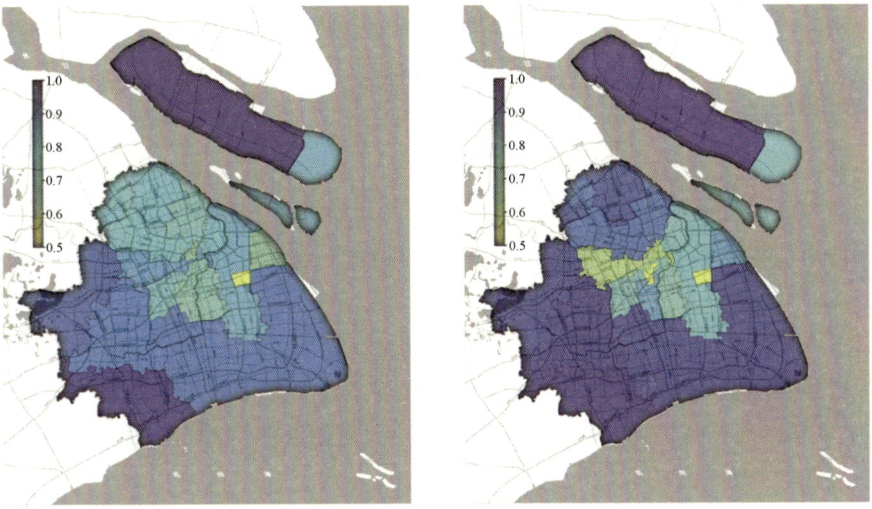

(a) 居住人口的就业地位于同一社区的比例　　(b) 就业人口的居住地位于同一社区的比例

图 10-23　公交线网所形成的空间社区结构之上的职住关系

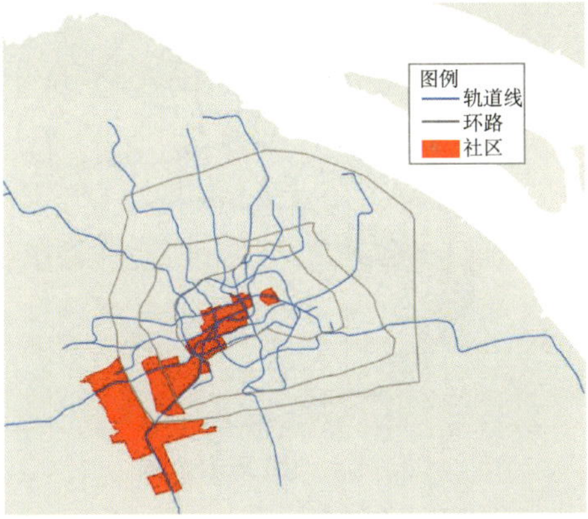

(1)

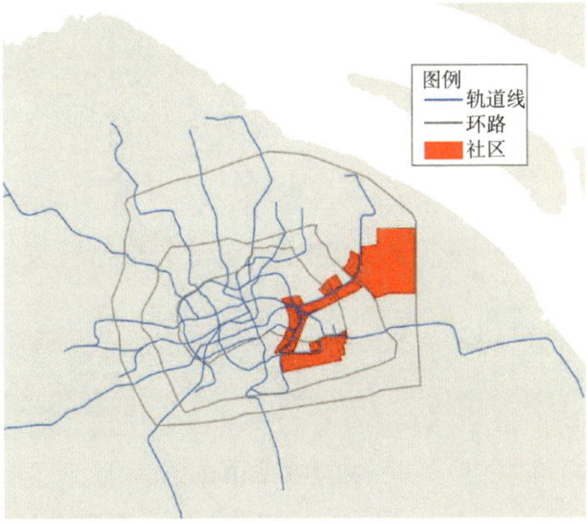

(2)

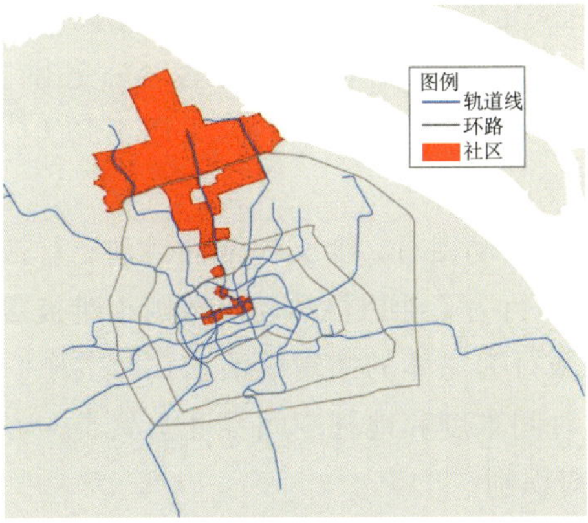

(3)

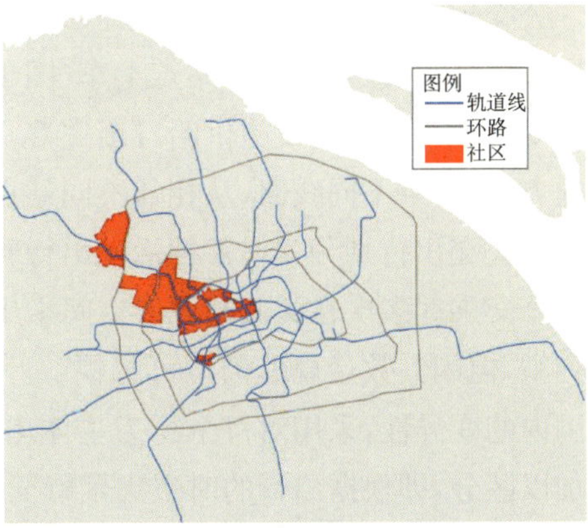

(4)

图 10-24　采用重叠社区发现算法获得的部分与轨道关联密切的职住社区

公交网络上的惯常性出行活动，与依托公交网络形成的城市空间关联具有密切的联系。可以将公交网络上惯常性出行流量分布，作为识别相应空间上稳定性关联的一种间接证据，也可以连续追踪观测公交系统在城市空间的组织中发挥的作用。

对惯常性出行活动的识别，在传统交通调查工作中是根据出行目的来区分的，但在依托移动通信信令数据的大数据分析中，则只能根据空间活动的规律性来加以概略区分。

以下以厦门市为例展开讨论。厦门具有相对简单的空间结构：岛内与岛外，以及岛内明显的客流通道结构（图 10-25）；同时，近年来在常规公交与快速公交（Bus Rapid Transit, BRT）所构成的网络基础上，新增了轨道交通线路。因此这个城市为我们提供了一个很好的观察范本。

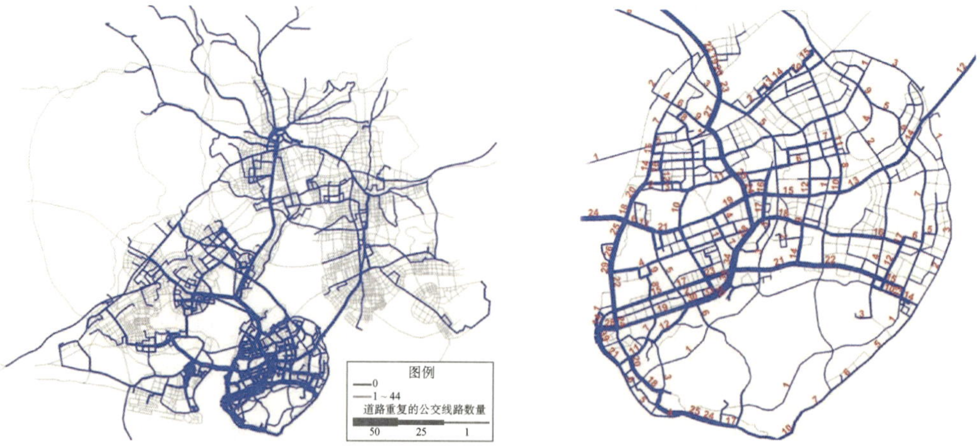

(a) 全市范围　　(b) 岛内范围

图 10-25　厦门市公交线路空间分布及重复系数

公交乘客的惯常性活动出行需求往往具有一定的稳定性，即趋向于在相同时段乘坐同一条公交线路，在同一站点上车（图 10-26）。但是，哪怕对于“常旅客”，公交出行也具有变异性。因公交设施供给日渐完善，乘客可以选择不同时段出行，采用不同的公共交通方式，搭乘不同线路，从相邻不同站点上下车。

将公交出行划分为惯常性活动出行和随机性活动出行。公交惯常性活动出行被定义为公交乘客多次在类似时段或空间乘坐公交的行为。随机性活动出行则很难被定义和列举，但因其数量规模仍不可忽视[7]。为克服行为主体的惯常性活动在时空中一定范围内的变异性，采用对每个行为主体出行在时间维度和地理空间维度上聚类的方式来加以区分，即根据出行的时空集聚特征来相对识别。

选用 DBSCAN 空间聚类算法进行分析，该算法将具有足够密度的区域划分为簇，并在具有噪声的空间数据库中发现任意形状的簇[8]。由此获得的时空中的核心点和边

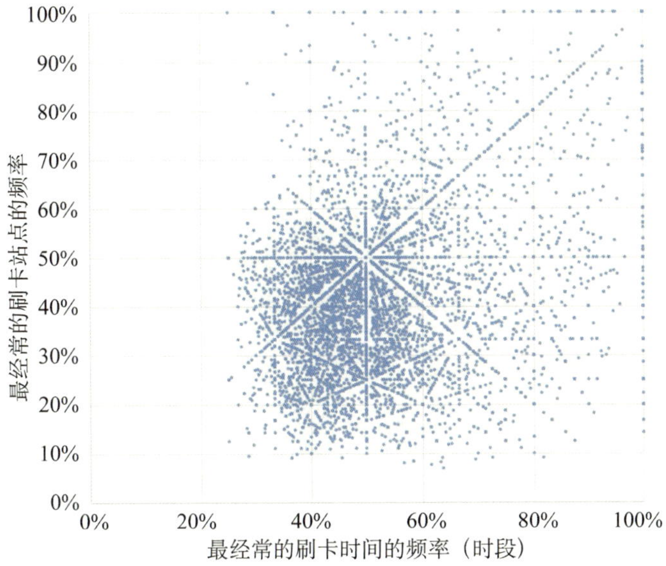

图 10-26　厦门市随机抽取的 10 000 个公交乘客最经常出行站点与出行时间的分布

界点可以用来表征惯常性活动出行行为(图 10-27),核心点和边界点的比例表示惯常性活动出行在总出行中所占的比例,核心点和边界点类别的个数表示惯常出行模式的个数,噪声点可以用来表征随机出行行为。

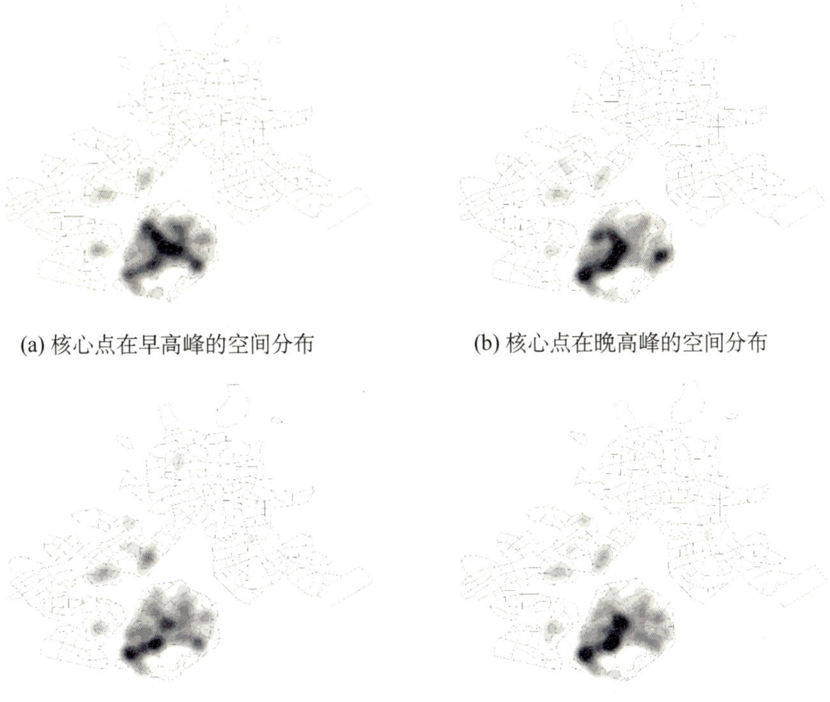

(a) 核心点在早高峰的空间分布　(b) 核心点在晚高峰的空间分布

(c) 噪声点在早高峰的空间分布　(d) 噪声点在晚高峰的空间分布

图 10-27　核心点及噪声点在时空上的分布

采用严格标准，当 OD 均为核心点和边界点时被认为是惯常性活动 OD，否则 O 或 D 有一方为噪声点时，被定义为随机性活动出行 OD(表 10-6)。从中可以看到，由于轨道交通和 BRT 具有高识别性，其随机性活动占比均高于常规公交；相比之下常规公交乘客更多是与其熟悉程度有关。也就是说，轨道交通提供了一种易于识别的空间联系方式，是一种构建空间紧密关系的有效手段；常规公交对于常旅客来说，是一种非常方便的交通方式，尽管受到轨道交通的冲击但仍然有其特殊优势。

表 10-6　　不同公交方式惯常 OD 与随机 OD 的比例

公交主方式	惯常 OD	随机 OD
轨道交通	26.37%	73.63%
BRT	45.90%	54.10%
常规公交	57.67%	42.33%

将 O 点为惯常出行与从该站点出发所有出行中的比例定义为站点惯常出行占比，则可以看到岛内外公交服务水平所造成的差异(图 10-28)，岛内站点以惯常出行为主，而岛外的建成区则存在一定比例的随机 OD。

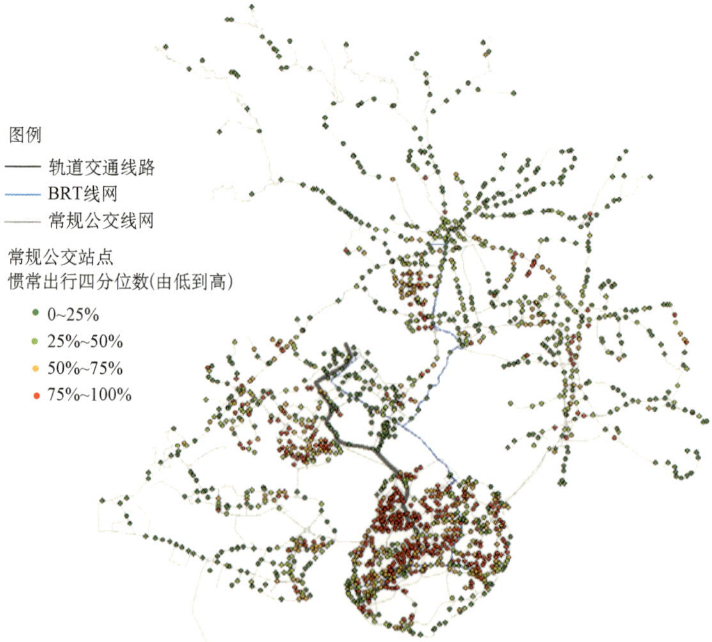

图 10-28　常规公交站点惯常出行占比的空间分布

10.3.3　轨道所引发的结构性变化

在原有公交线网中增加了轨道交通线路，将会对城市空间中的稳定联系产生什么的影响。围绕这一问题，对厦门市轨道交通 1 号线开通前后的惯常性客流变化进行研究。

厦门市轨道交通 1 号线全长 30.3 km，设站 24 座；2 号线全长 41.6 km，设站 32 座，已开通车站 30 座；3 号线全长 36.2 km，设站 26 座，已开通 26.5 km，已开通车站 16 座。截至 2020 年底(该时点 3 号线尚未开通)的客流变化情况如图 10-29 所示。

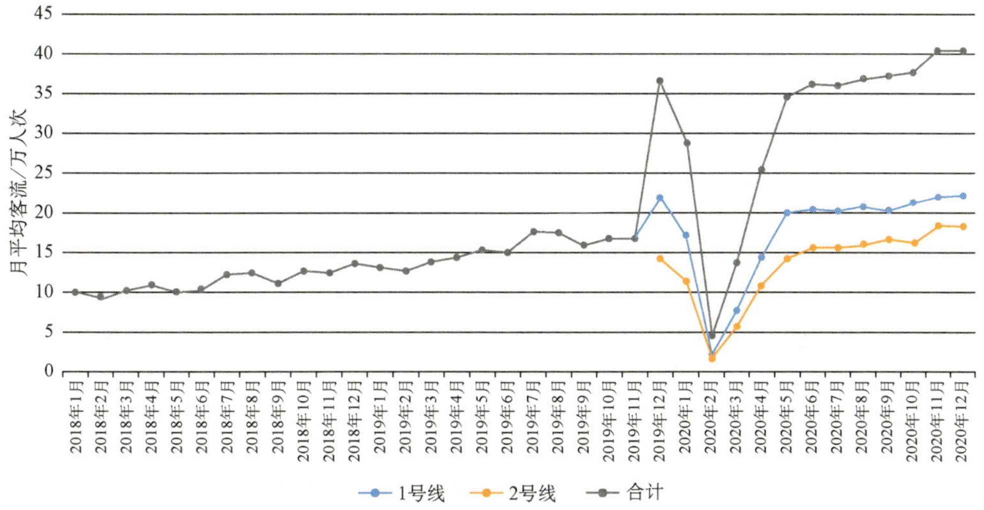

图 10-29　厦门市轨道交通开通后的客流变化

采用轨道交通开通前(2017 年 12 月 1 日—2017 年 12 月 30 日)和轨道交通开通后(2017 年 12 月 31 日—2018 年 1 月 31 日)的数据，一般性统计情况如表 10-7 所示。

表 10-7　厦门市轨道交通开通前后公交系统内部客流变化情况

日期		公交方式类型	日均客流量	工作日日均客流量	周末日均客流量
客流量统计/(人次·日$^{-1}$)	轨道交通开通前	BRT	257 998	261 556	248 543
		常规公交	1 503 474	1 548 739	1 403 179
		合计	1 761 472	1 810 295	1 651 722
	轨道交通开通后	轨道交通	96 995	88 836	113 952
		BRT	235 567	241 075	213 262
		常规公交	1 403 342	1 477 813	1 221 828
		合计	1 735 904	1 807 724	1 549 042
占公交系统的比例	轨道交通开通前	BRT	14.65%	14.45%	15.05%
		常规公交	85.35%	85.55%	84.95%
		合计	100%	100%	100%

（续表）

日期		公交方式类型	日均客流量	工作日日均客流量	周末日均客流量
占公交系统的比例	轨道交通开通后	轨道交通	5.59%	4.91%	7.36%
		BRT	13.57%	13.34%	13.77%
		常规公交	80.84%	81.75%	78.88%
		合计	100%	100%	100%
轨道交通开通前后客流变化统计		BRT	−8.69%	−7.83%	−14.20%
		常规公交	−6.66%	−4.58%	−12.92%
		合计	−1.45%	−0.14%	−6.22%

注：日均客流量计算包含元旦节假日（2017 年 12 月 30 日、31 日，2018 年 1 月 1 日）客流，周末日均客流量不包含元旦节假日客流。

为了比较轨道交通开通前后公交客流是否发生了结构性变化，将前后公共交通总客流 OD 矩阵分解为低秩矩阵 $\boldsymbol{L}$、稀疏矩阵 $\boldsymbol{S}$ 和噪声矩阵 $\boldsymbol{G}$ 的和[①]，其中低秩矩阵保存了内在结构的主要信息。

针对前后公共交通总客流低秩矩阵最简式的第一行（主要结构特征）通过秩和检验后，O/D/OD 的渐进显著性均远远大于 0.05（表 10-8），这说明客流量最大的那些宏观交通需求尽管在轨道交通开通前后稍有波动，但是总体而言，客流量排列顺序没有显著变化，即轨道交通开通没有立刻引发宏观交通需求的结构性变化。

表 10-8　　地铁开通前后秩和检验的结果

	秩和检验选择最大的变量个数	轨道交通开通前/后秩均值	卡方	渐进显著性
O	10	10.50/10.50	0.000	1.000
D	10	10.45/10.55	0.001	0.970
OD	100	102.34/98.66	0.202	0.653

注：秩和检验选择的是 Kruskal Wallis 检验。

轨道交通线路加入到原有公交网络之中，尽管不会立刻引起通过公交网络实现的空间活动结构变化，但仍然会触发公交网络内部的大量结构性变化。对此不仅可以了解客流总量上的一些特征（图 10-30），还可以进一步研究其在时空中的具体变化。

① 参见附录Ⅱ。

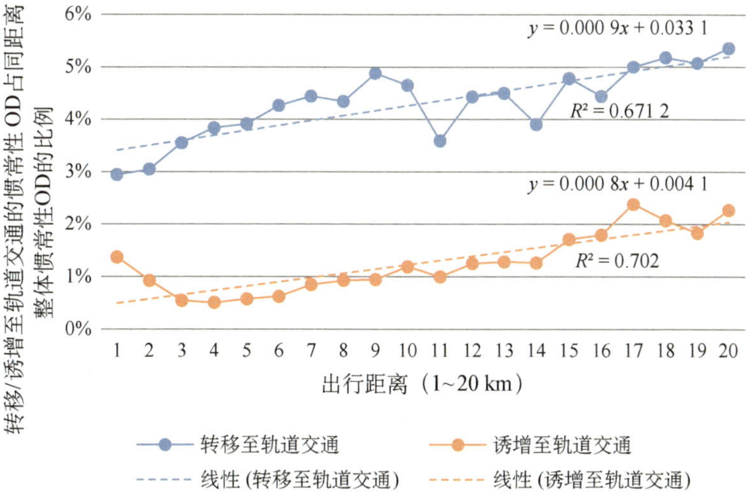

图 10-30　转移/诱增至轨道交通惯常性出行占同距离公交惯常性出行量的比例与出行距离的关系

Carla Inclán 等[9]提出的迭代累积平方和(Iterative Cumulative Sums of Squares，ICSS)算法，是检测时间序列的结构性变点，发现序列波动中结构突变特征的一种有效方法[10-11]。

该算法的基本思想是：假设时间序列在初期，其方差、均值保持常数状态，直到某一刻突然发生了变化，此后在新的状态保持一定时间，直到在某一时刻再次发生突变。这一过程随着时间推进不断重复，直至下一个未知的改变发生于变异数中。方差发生突变的时刻就是时间序列的结构性变点(Structural Change Points，SCPs)。

厦门市开通第一条轨道交通线路之后，当月常规公交网络中站点和线路出现结构性变化的情况如图 10-31、图 10-32 所示。

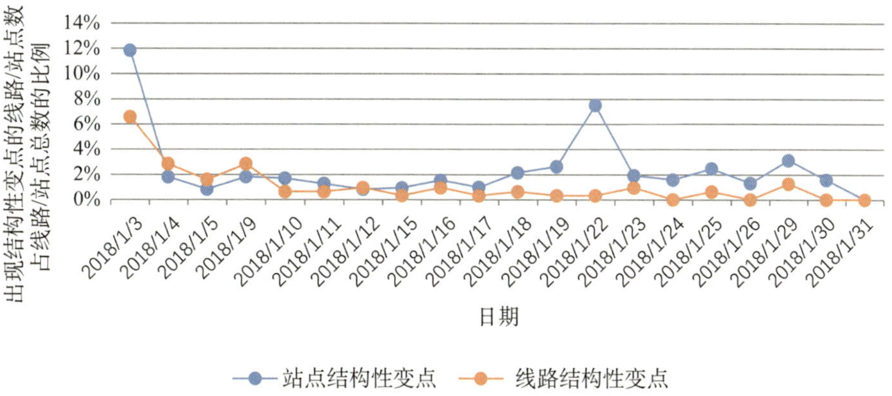

图 10-31　厦门市 2018 年 1 月公交网络中站点和线路出现结构性变点的情况

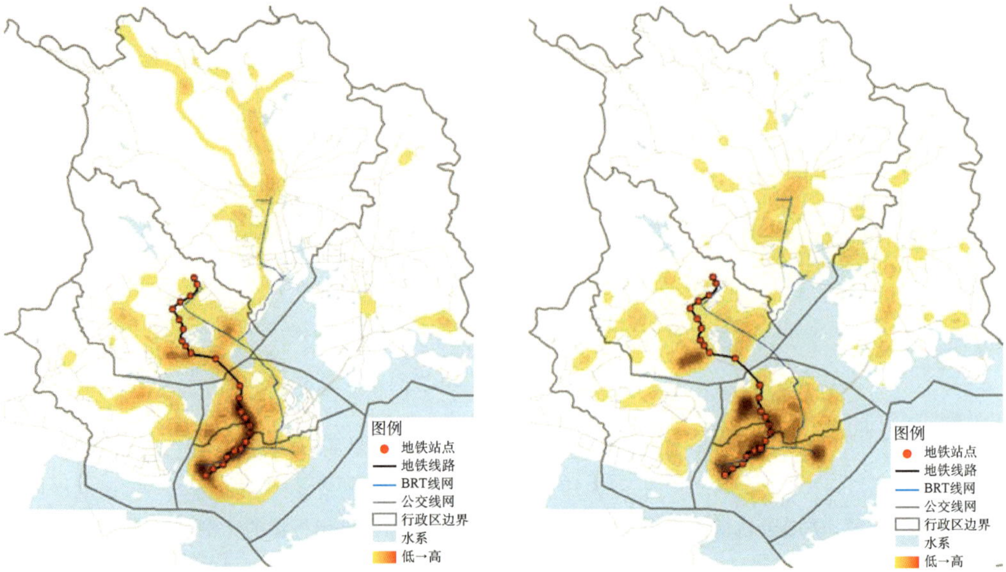

(a) 出现结构性变点的线路分布　　(b) 出现结构性变点的站点分布

图 10-32　厦门市出现结构性变点的公交站点与线路的空间分布

对结构性变点采用相关属性变量进行聚类分析，如图 10-33、表 10-9 所示，以厘清内在关系。

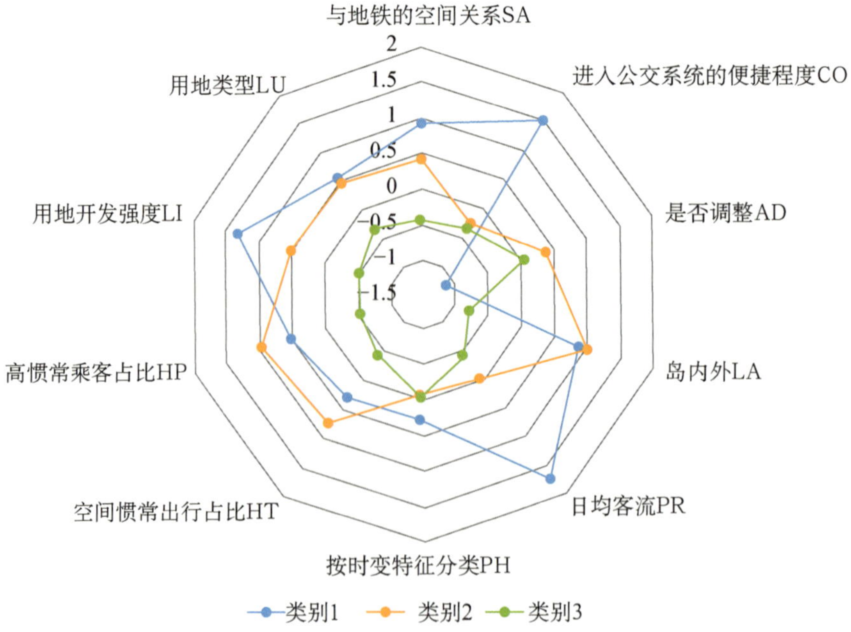

图 10-33　针对结构性变点的聚类分析结果(聚类中心)

表 10-9 聚类结果与结构性变点符号交叉分析

聚类结果	在出现结构性变点的站点中占比	结构性变点符号	
		正(+)	负(-)
类别 1	15.08%	24.77%	75.23%
类别 2	27.66%	67.00%	33.00%
类别 3	57.26%	35.51%	64.49%

将三类结构性变点的特征总结如下：

(1) 类别 1:轨道交通沿线因公交方式转移引起的负向结构性变点。该类型主要分布于岛内、轨道交通沿线,进入公交系统便捷程度高,日客流量大,用地开发程度较高。该类型有 75.23%结构性变点的符号为负,这说明因轨道交通开通,轨道交通沿线乘客使用常规公交出行减少。需要注意的是,这类结构性变点的惯常出行占比和高惯常乘客占比中等,即轨道交通沿线常规公交出行除减少了部分惯常出行外,也减少了部分随机出行。

(2) 类别 2:高惯常性非轨道交通廊道的正向结构性变点。该类型结构性变点主要分布于岛内,不在轨道交通走廊但是可以通过并行/带圈/交叉等线路进入轨道交通系统,可能受线路调整影响。需要注意的是,该类结构性变点的惯常出行占比和高惯常乘客占比较大。可能的原因是,轨道交通开通后,随着常规公交线网的调整与完善,乘客进入轨道交通系统更为方便,惯常乘客可能选择使用常规公交后换乘轨道交通,或者诱增了部分公交出行。

(3) 类别 3:客流量小波动大引起的结构性变点。该类型占比接近六成,多位于岛外,与地铁空间关联性弱,客流量较少,用地开发强度较低。ICSS 算法在时间序列均值较小且波动较大时可能识别出结构性变点。类型 3 有 64.49%结构性变点为负,这可能是因春节假期常规公交整体客流量下降引起的。

10.4 轨道站点周边环境对客流的影响

10.4.1 轨道站点客流规模的影响因素

轨道网络是城市的主骨架,同时轨道交通又需要足够客流支撑才能够保障运行效率。对已经建设轨道站点的客流与外部环境关联性进行分析,有助于增强对轨道建设内在规律的认识。

采用从位置服务系统中获取的 POI 数据,概略描述轨道站点的外部环境(表 10-10)。

表 10-10　　基于 POI 建立的土地开发利用变量

变量	变量属性	变量含义
X_1	餐饮	餐饮 POI 相对比例
X_2	公司机构	公司机构 POI 相对比例
X_3	交通设施	交通设施 POI 相对比例
X_4	教育培训	教育培训 POI 相对比例
X_5	金融机构	金融机构 POI 相对比例
X_6	酒店	酒店 POI 相对比例
X_7	旅游景点	旅游景点 POI 相对比例
X_8	汽车服务	汽车服务 POI 相对比例
X_9	商业购物	商业购物 POI 相对比例
X_{10}	文化传媒	文化传媒 POI 相对比例
X_{11}	休闲娱乐	休闲娱乐 POI 相对比例
X_{12}	医疗机构	医疗机构 POI 相对比例
X_{13}	运动健身	运动健身 POI 相对比例
X_{14}	政府机构	政府机构 POI 相对比例
X_{15}	住宅	住宅 POI 相对比例

为了避免不同类别 POI 由于设施规模造成的差异，使用 POI 相对比例进行计算，计算方法如下：

$$r_{ij}=\frac{m_{ij}}{\sum_{i=1}^{N} m_{ij}} \tag{10-8}$$

式中，r_{ij} 为第 i 个站点的第 j 类 POI 相对比例；m_{ij} 为第 i 个站点服务范围内第 j 类 POI 的数量；N 为该类站点的总个数。

进一步增加人口数、岗位数、是否换乘站、开通时间、站点区位等数据，与土地开发变量一起组成说明变量的集合，如表 10-11 所示。

表 10-11　　进一步补充的说明变量

变量	变量属性	变量含义
X_{16}	人口数	站点周边的人口数(单位:万人)
X_{17}	岗位数	站点周边的工作岗位数(单位:万个)

（续表）

变量	变量属性	变量含义
X_{18}	是否为换乘站	换乘站:1,非换乘站:0
X_{19}	开通时间	站点开通运营的时间(单位:年)
X_{20}	区位	内环以内:0,内环—中环:1,中环—外环:2,外环以外:3

采用随机森林回归模型建立全天进站客流量、全天出站客流量、全天客流总量与说明变量之间的关系。该模型的原理主要包括 Bagging 算法取样[12]和随机子空间算法思想[13]两部分。

Bagging 算法是并行式集成学习方法的典型代表，给定包含 m 个样本的数据集，随机取出一个样本放入采样中，再把该样本放回初始数据集，使得下次采样时该样本仍有可能被选中。这样，经过 m 次随机采样操作，得到含 m 个样本的采样集，在这个采样集里中初始训练集中有的样本多次出现，有的则从未出现。采样出 T 个含 m 个训练样本的采样集，然后基于每个采样集构建一个回归决策树（基学习器），通过取各个决策树的平均值方法将这些基学习器进行结合作为最终的预测结果。

随机子空间算法的基本原理为：在构建回归决策树时，每个分裂节点的特征子空间都从总特征空间中随机抽取，然后在其中选取最优特征进行分裂，以保证树与树之间的随机性和独立性，从而降低过拟合程度。

算法 10-1　　随机森林回归算法

1	**输入**　训练集，D
2	候选属性集：L
3	**输出**　决策树
4	**过程** DecisionTree (D, L)
5	基于 Bagging 算法构建样本子集
6	在每棵决策树中，随机选择 m 个特征($m \leqslant M$, M 为总特征数)，进行最后节点分裂并构建单棵决策树
7	重复步骤(5)和(6)来构建剩下的决策树
8	所有的决策树组成决策森林。对所有决策树的预测值取平均值，从而得到最终预测结果

使用 2017 年上海轨道交通共 15 条线路、301 个站点的 AFC 数据，计算了 5 月份工作日各站点全天进/出站量、客流总量的平均值，使用 2018 年百度地图 15 类 POI 数据，以 1 km 作为轨道站点影响半径，使用的人口/岗位数据是由 2011 年联通手机信令数据识别推算后得到。

基于确定性系数 R^2 和平均相对误差 MRE 两个指标的模型结果检验如表 10-12 所示。

表 10-12　　　　随机森林回归模型精度检验

因变量	R^2	MRE
全天进站客流量	0.94	20.02%
全天出站客流量	0.95	19.99%
全天客流总量	0.94	19.60%

对 3 个因变量对应的变量重要度进行计算，结果如图 10-29 所示。

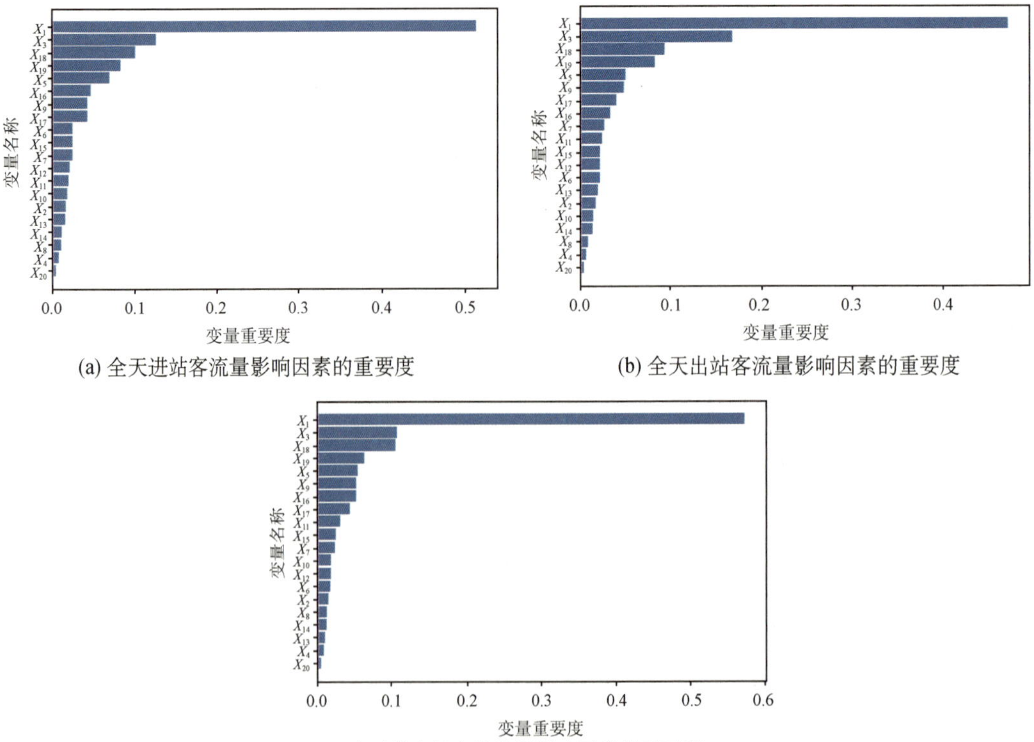

(a) 全天进站客流量影响因素的重要度

(b) 全天出站客流量影响因素的重要度

(c) 全天进出站客流总量影响因素的重要度

图 10-34　全天进/出站客流量、全天客流总量影响因素重要度

在排列前 10 的影响因素中，大部分应是轨道交通建成后产生的，很可能不是原始驱动因素，且人口及岗位数量的影响重要度排名均比较靠后。对此应理解为：轨道交通与周边用地开发是一个持续发生的互动过程，同时轨道交通存在一个网络效应，即客流规模并不完全取决于局部站点周边开发。

表 10-13　　全天进/出站客流量前 10 项影响因素重要度

序号	全天进站客流量影响因素的重要度	全天出站客流量影响因素的重要度
1	X_1:餐饮	X_1:餐饮
2	X_3:交通设施	X_3:交通设施
3	X_{18}:是否为换乘站	X_{18}:是否为换乘站
4	X_{19}:开通时间	X_{19}:开通时间
5	X_5:金融机构	X_5:金融机构
6	X_{16}:人口数	X_9:商业购物
7	X_9:商业购物	X_{17}:岗位数
8	X_{17}:岗位数	X_{16}:人口数
9	X_6:酒店	X_7:旅游景点
10	X_{15}:住宅	X_{11}:休闲娱乐

结合 10.3.2 节和 10.3.3 节的讨论，可以明确的是在已经形成一定成熟度的城区建设轨道交通，初期投入线路如果与现有公交客流走廊重合，导致客流规模达不到门槛，则需要认真评估轨道沿线的进一步开发潜力，研究能否诱增 OD 在轨道交通沿线的交通量，否则要提前做好轨道交通形成网络效应之前客流规模上不去的思想准备。

10.4.2 周边环境与轨道车站客流时变规律的关联[14]

除了客流规模以外，轨道车站时变规律由于影响到系统运行效率，同样是规划中关注的问题。

选择使用小时客流占全天客流比例作为衡量站点客流时变特征的指标。使用 K-Means 聚类算法对 301 个站点数据进行分析。依据肘部法则 SSE（误差平方和）和轮廓系数 $S(i)$ 确定聚类个数。

$$SSE = \sum_{i=1}^{k} \sum_{p \in D_i} |P - m_i|^2 \tag{10-9}$$

式中，D_i 为第 i 个簇；P 为 D_i 中的样本点；m_i 为 D_i 的质心。

$$S(i) = \frac{b(i) - a(i)}{\max\{a(i),\ b(i)\}} \tag{10-10}$$

式中，$a(i)$ 为样本 i 到同簇其他样本的平均距离，称为簇内不相似度；$b(i)$ 为样本 i 的簇间不相似度：

$$b_i = \min\{b_{i1}, b_{i2}, \cdots, b_{ik}\}$$

式中，b_{ij} 为样本 i 到其他某簇 C_j 的所有样本的平均距离，称为样本 i 与簇 C_j 的不相似度。

计算结果显示：聚类数为 6 时，SSE 趋势线明显变缓，为曲线“肘部”，此时轮廓系数最大，聚类效果最好。为此，选取聚类数为 6，根据客流时变特征将站点类型分别命名为居住导向型、就业导向型、混合型、商业型、混合偏居住型、混合偏就业型（表 10-14）。

表 10-14　　　　地铁站点客流特征聚类分析结果

站点类型	站点数量	占比	客流时变特征
居住导向型	83	27.57%	工作日早高峰进站客流量远高于晚高峰，晚高峰则相反；双休日早高峰进站客流量最高，之后逐渐下降，出站客流量逐渐增高，晚高峰达到最高
就业导向型	39	12.96%	工作日晚高峰进站客流量远高于早高峰，早高峰则相反；双休日客流稳定波动
混合型	50	16.61%	工作日进出站客流呈现明显的双峰现象，早晚高峰客流量差异不大，部分站点出现明显的多极值现象；双休日大部分站点客流变化比较平稳
商业型	27	8.97%	工作日晚高峰进站客流量远高于早高峰，早高峰则相反，但进站客流在平峰时段仍在逐渐增高；双休日进站客流从早上 5:00 开始逐渐增高，在 16:00—17:00 和 20:00—21:00 出现两个高峰，出站客流则呈现稳定波动的趋势
混合偏居住型	76	25.25%	工作日客流特征与居住导向型站点类似，但早晚高峰客流量差异没有后者大；双休日进出站客流变化比居住导向型站点稳定
混合偏就业型	26	8.64%	工作日进站客流为双峰型，与混合型站点类似；出站客流早高峰客流量大于晚高峰，与就业导向型站点类似，但差异没有后者大；双休日进出站客流与混合型站点类似，呈现稳定波动特征

各类站点聚类中心的客流时变曲线如图 10-35 所示。不难看出，工作日时变曲线类型差异主要表现在早晚高峰小时系数上，而非工作日类型差异要复杂一些。

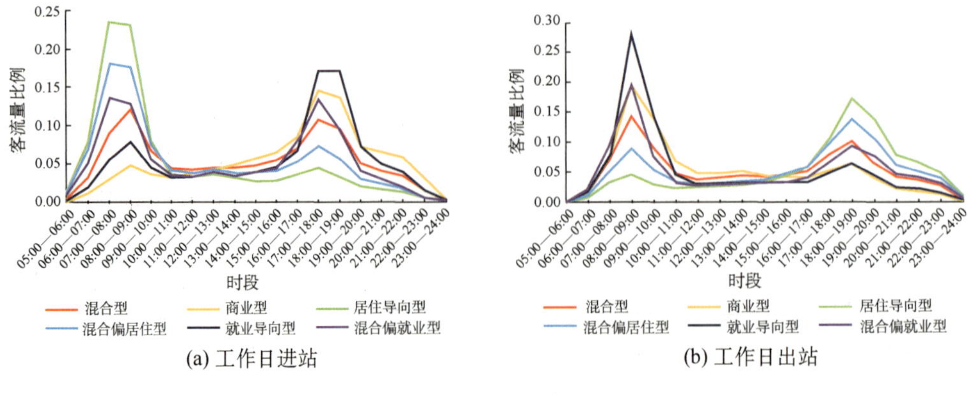

(a) 工作日进站　　　　(b) 工作日出站

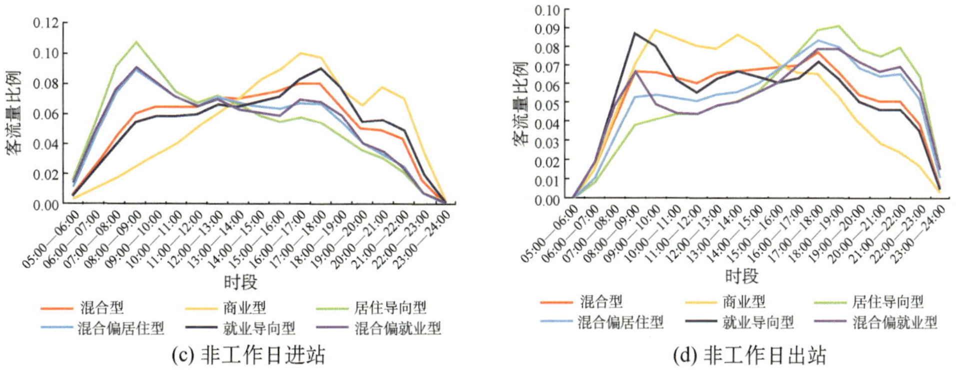

图 10-35　各类站点客流聚类中心的客流时变曲线

从居住、就业、商业的角度将 POI 划分为四大类：居住类 POI、就业类 POI、商业类 POI、其他类 POI（表 10-15）。

表 10-15　　POI 分类

POI 大类	POI 小类
居住类	住宅、教育培训、运动健身
就业类	公司机构、政府机构
商业类	金融机构、休闲娱乐、酒店、商业购物、文化传媒、旅游景点
其他类	汽车服务、交通设施、餐饮用地、医疗机构、自然地物

根据统计得到的各站点服务范围内四大类 POI 的数量，计算 POI 相对比例：

$$r_{ij}=\frac{m_{ij}}{\sum_{i=1}^{N}m_{ij}} \tag{10-11}$$

式中，r_{ij} 为第 i 个站点的第 j 类 POI 相对比例；m_{ij} 为第 i 个站点服务范围内第 j 类 POI 的数量；N 为该类站点的总个数。

采用单因素方差分析方法，检验不同类别站点周边的各类 POI 相对比例的差异显著性（表 10-16）。结果显示，这四类 POI 对应的 P 值均远小于 0.05，说明六类站点周边的四大类 POI 相对比例均具有显著差异。

表 10-16　　单因素方差分析结果

POI 类别	自由度	平方和	均方差	F 值	P_value
居住类 POI	5	0.000 13	2.54×10^{-5}	4.319	0.000 8
误差	295	0.001 74	5.88×10^{-6}		
就业类 POI	5	0.000 16	2.7×10^{-5}	6.086	2.21×10^{-5}
误差	295	0.001 31	4.44×10^{-6}		

（续表）

POI 类别	自由度	平方和	均方差	F 值	P_value
商业类 POI	5	0.000 28	5.63×10^{-5}	8.922	6.61×10^{-8}
误差	295	0.001 86	6.31×10^{-6}		
其他类 POI	5	0.000 23	4.63×10^{-5}	12.55	4.61×10^{-11}
误差	295	0.001 09	3.69×10^{-6}		

各类 POI 相对比例的平均值(图 10-36)和变异系数,有助于进一步分析各类站点周边用地的差异性。

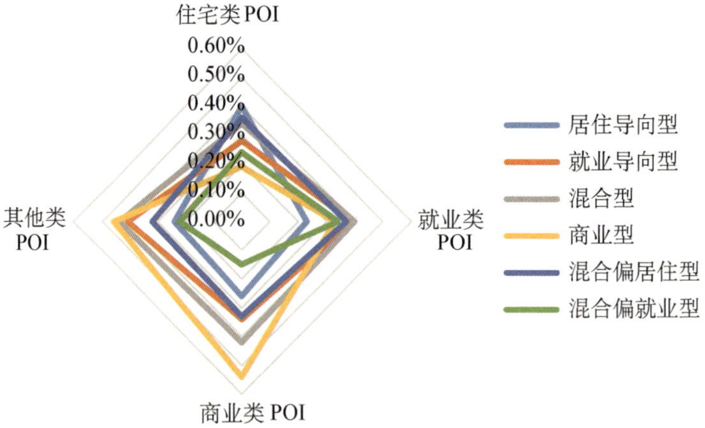

图 10-36　不同类型站点周边区域 POI 相对比例平均值

从平均值和中位数的结果来看,站点周边用地类型与站点客流聚类类型具有高度的相关性,其中混合偏就业型站点各类 POI 相对比例均比其他类站点要低,这是由于该站点中有约 73%(19/26)在中环以外,站点周边土地开发强度相对较低,但该类站点就业类 POI 比例同样明显高于住宅类 POI 比例。

从各站点 POI 相对比例变异系数的计算结果来看,混合偏就业型站点在 0.8～1 范围内,说明周边用地开发强度差异性较大,其他类站点 POI 变异系数多在 0.5～0.7 范围内。

10.5 基于反事实架构的比较研究方法

10.5.1 合成控制法

交通系统对城市或区域发展的实证研究,最简单的方法是对比政策或项目实施前后的时间序列,分析相关指标前后的变化。但此方法很难保证不受到其他因素的影响,也难以有效排除原有变化趋势的影响。鲁宾的反事实框架提出,构建对象地区未受到政策或项目的干预影响会出现的变化的假想,并与事实上受到干预的实际数据对比,两者之间的差值就是“处理效应”。反事实框架在实际应用中的难点在于无法观测未受到干预的情况。

作为解决办法之一，是寻找合适的控制组，即各方面都与关注对象相似但未受到干预的地区，以作为处理组的反事实替身。作为寻找合格替身的技术方法，Abadie and Gardeazabal(2003)提出了合成控制法(Synthetic Control Method, SCM)。该方法的基本原理是：选取特定的预测变量(包括评估变量本身及影响评估变量的主要因素)，通过对控制组中各样本的预测变量进行加权，从而拟合一个与处理组特质相近的反事实合成组，通过比较政策实施后处理组与合成组之间的长期差异来评估政策影响[15]。

合成控制法包括如下步骤：①筛选合适的控制组，确定合理的预测变量；②拟合一个适宜的反事实合成组；③对比合成组与处理组的差异以评估政策冲击的影响。

从技术角度来看，合成控制法通过数据驱动的方式对多个控制组对象进行加权，构造一个与目标组完全类似的控制对象，其优势体现为：

(1) 作为一种非参数的方法，扩展了传统的双重差分法。

(2) 通过数据驱动确定权重，减少了主观选择的误差，避免了政策内生性问题。

(3) 通过对多个控制对象加权来模拟目标对象政策实施前的情况，不仅可以清晰地反映每个控制对象对“反事实事件”的贡献，同时也避免了过分外推。

(4) 可以为每一个研究个体提供与之对应的合成控制对象，避免平均化的评价，不至于因政策实施时间不同而影响政策评估结果，避免了主观选择造成的偏差。

(5) 研究者们可在不知道实施效果的情况下设计实验。

上海市发展改革研究院采用1996—2016年中国地级以上城市的面板数据，利用GDP增长指数计算得到以1996年为基值的各城市实际GDP值，用以反映一个城市经济发展水平，同时对城市人口规模、财政支出水平、固定资产投资率、外商投资水平、产业结构水平等决定经济增长的变量进行控制。还以同样的处理方式对观测期内未受杭州湾大桥开通或其他重大政策影响的台州市进行评估，即假设台州市在2008年受到大桥开通的影响，观察其经济增长变化。

所得到的分析数据表明，2008年杭州湾大桥开通之前，宁波、嘉兴、台州与其各自合成控制城市的拟合效果较好，差异较小，说明合成控制城市非常好地复制了大桥开通前三个城市的经济发展情况。但在2008年之后，真实宁波市、真实嘉兴市与其合成控制城市的经济差距持续为正并呈现逐渐扩大的态势，而台州市与其合成控制城市的差值却没有在2008年出现显著的突变，波动幅度也比宁波、嘉兴小，说明杭州湾大桥的开通有效推动了大桥两侧城市——宁波和嘉兴的经济增长。

10.5.2 算例讨论

假设共有 $(1+J)$ 个对象，其中第一个是处理组，后续 J 个为控制组，将控制组的权重记为以下 J 维列向量：$\boldsymbol{W}=(w_2, \cdots, w_{J+1})'$。所有权重皆非负，且权重之和为1。被解释变量 $\boldsymbol{Y}$ 受 K 个维度的解释变量 X 影响。将政策发生前处理组各解释变量的平均值

记为向量 $\boldsymbol{X}_1$，将政策发生前控制组各解释变量的平均值记为矩阵 $\boldsymbol{X}_0(K \times J)$。显然，我们希望选择权重 $\boldsymbol{W}$，使得 $\boldsymbol{X}_0\boldsymbol{W}$ 尽可能接近于 $\boldsymbol{X}_1$，即加权后合成控制对象应尽可能接近处理组。由于 $\boldsymbol{X}_1$ 中每个解释变量对于 $\boldsymbol{Y}$ 的解释能力有差异，所以应在距离函数中享有不同的权重，故考虑以下有约束的最小化问题：

$$\min(\boldsymbol{X}_1 - \boldsymbol{X}_0\boldsymbol{W})'\boldsymbol{V}(\boldsymbol{X}_1 - \boldsymbol{X}_0\boldsymbol{W}) \tag{10-12}$$

$$\text{s. t. } w_j \geqslant 0,\ j = 2,\ \cdots,\ J+1;\ \sum_{j=1}^{J+!} w_j = 1 \tag{10-13}$$

式中，$\boldsymbol{V}$ 为 $(K \times K)$ 维对角矩阵，其对角线元素均为非负权重，反映相应解释变量 X 对被解释变量 Y 的相对重要性。此最小化问题的目标函数是二次函数，为“二次规划”问题，一般进行数值求解。记此最小化问题的最优解为 $\boldsymbol{W}^*$，显然，它依赖于对角阵 $\boldsymbol{V}$。

进一步，选择最优的 $\boldsymbol{V}$，使得在对策发生之前，合成控制对象的 Y 与处理组尽量接近。具体而言，记 $\boldsymbol{Y}_1$（$T \times 1$ 维列向量）为日期 T 的处理组的被解释变量列向量，记 $\boldsymbol{Y}_0$（$T \times J$ 维列向量）为日期 T 的 J 个控制组的被解释变量矩阵。$\boldsymbol{V}$ 的选择目的是使得 $\boldsymbol{Y}_0\boldsymbol{W}$ 与 $\boldsymbol{Y}_1$ 尽可能接近，以最小化“均方预测误差”(Mean Squared Prediction Error, MSPE)求解，即将日期 T 每期的预测误差平方后再求各期的平均。

$$\min(\boldsymbol{Y}_1 - \boldsymbol{Y}_0\boldsymbol{W}^*)'(\boldsymbol{Y}_1 - \boldsymbol{Y}_0\boldsymbol{W}^*) \tag{10-14}$$

以厦门市跨海通道(图 10-37)公交客流变化情况为算例，说明采用合成控制法研究其地铁开通前后公共交通客流变化。

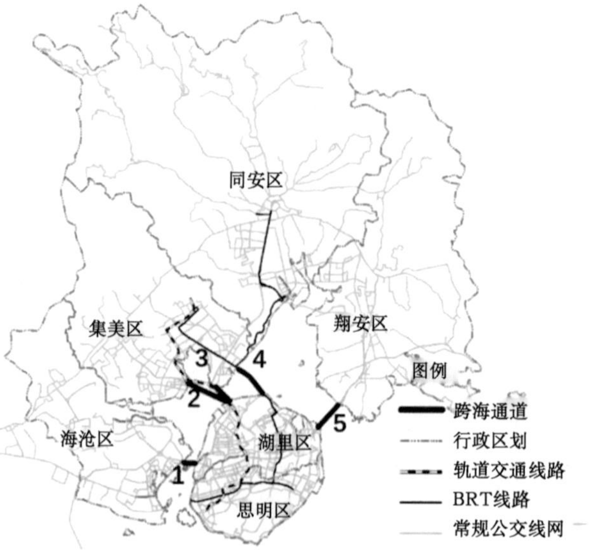

编号	名称	片区连接	公共交通方式及线路数量
1	海沧大桥	海沧—湖里	常规公交23条
2	杏林大桥	杏林(集美)—湖里	常规公交5条
3	厦门大桥	集美—湖里	轨道交通1条，常规公交26条
4	集美大桥	集美—湖里	BRT4条，常规公交9条
5	翔安隧道	翔安—湖里	常规公交13条

图 10-37　厦门市跨海通道分布示意

直接从统计数据上来看，轨道交通开通后，跨海通道合计出行人次基本不变。海沧大桥、集美大桥、翔安隧道交通出行人次略有减少，降幅在6%左右。杏林大桥和厦门大桥出行人次有较大改变，杏林大桥降幅为14.25%，厦门大桥增幅为31.02%(图10-38)。

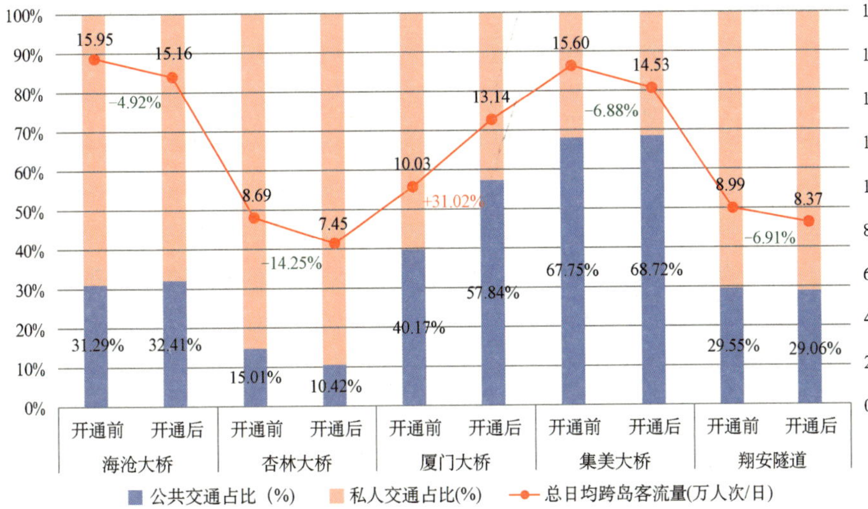

注：私人交通客流量来源于“四桥一隧”断面车流卡口数据，私人交通的车均载客量定为1.3人/车。

图10-38　各跨海通道公共交通在交通系统中的占比

厦门大桥是地铁通道，集美大桥是BRT通道，这两个跨海通道公共交通在交通系统中的占比远高于其他三个通道。轨道交通开通后，厦门大桥和集美大桥公交出行人次占总出行人次的比例分别为57.84%和68.72%。因厦门大桥和杏林大桥距离较近，部分常规公交线路服务范围有重合，所以地铁开通不仅提高了厦门大桥的公交分担比，也吸引了部分杏林大桥的公交客流。

使用未受地铁开通影响的跨海通道来构建受轨道交通开通影响跨海通道的反事实框架。分别以厦门大桥地铁+常规公交、厦门大桥常规公交和杏林大桥常规公交的跨

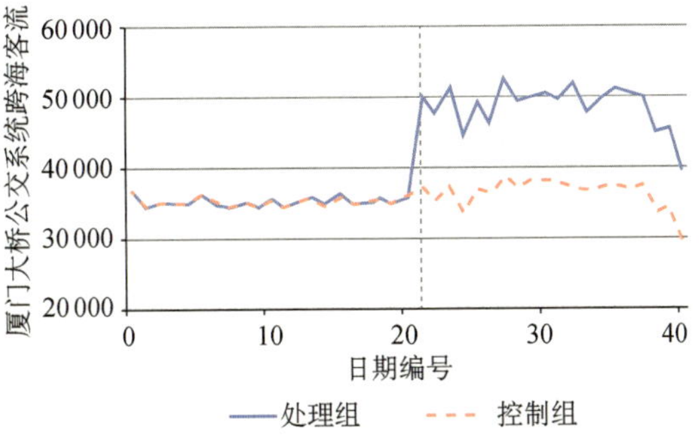

(a) 海沧大桥常规公交跨岛客流

注：处理组为厦门大桥地铁+常规公交跨岛客流；控制组为海沧大桥常规公交跨岛客流，集美大桥BRT+常规公交跨岛客流，翔安隧道常规公交跨岛客流。

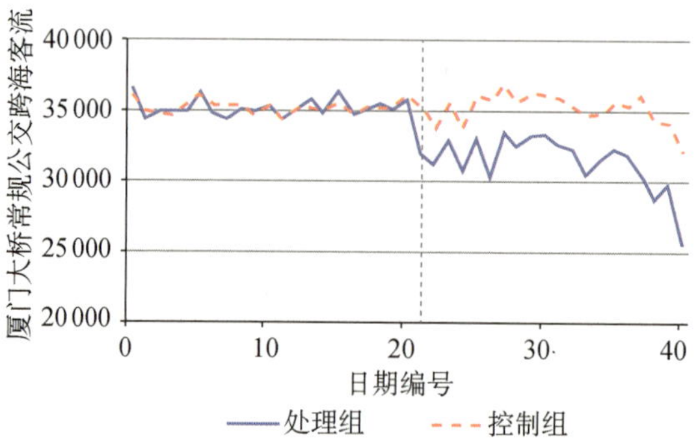

(b) 厦门大桥常规公交跨岛客流

注:处理组为厦门大桥常规公交跨岛客流;控制组为海沧大桥、集美大桥、翔安隧道常规公交跨岛客流。

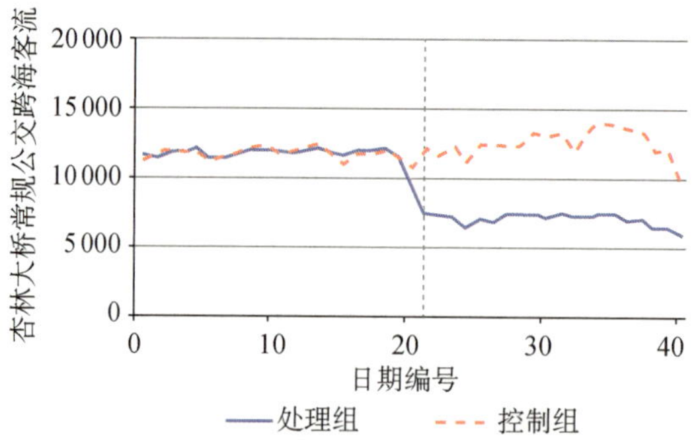

(c) 杏林大桥常规公交跨岛客流

注:处理组为杏林大桥常规公交跨岛客流;控制组为海沧大桥、集美大桥、翔安隧道常规公交跨岛客流。

图 10-39 跨海通道合成控制法结果(识别起讫点)

岛客流为处理组,以海沧大桥、集美大桥、翔安隧道为控制组,使用合成控制法观察地铁开通对跨海通道的影响(图 10-39)。轨道交通开通后,厦门大桥常规公交客流有所下降,但随着地铁这一新的公交方式的引入,公共交通客流量上升明显,而杏林大桥因地铁开通常规公交客流量下降明显。

从计算结果来看,采用合成控制法来构建反事实替身,从时变序列中分离对策实际导致的结果是可能的。当使用更长时间的数据时,合成控制法应能够提供真正有价值的信息。

参考文献

[1] 何凌晖. 基于多源数据的专用道在公交网络中的作用分析[D]. 上海:同济大学,2018.

[2] Wilcoxon F. Two sequential two-sample grouped rank tests with applications to screening experiments[J]. Biometrics, 1962, 19(1): 58-77, 79-84.

[3] Wilcoxon F. Individual comparisons by ranking methods[J]. Biometrics Bulletin, 1945, 1(6): 80-83.

[4] 余庆. 基于移动通信数据的城市群居民空间活动特征分析[D]. 上海:同济大学,2022.

[5] 杨东援,段征宇. 透过大数据把脉城市交通[M]. 上海:同济大学出版社,2017:190-194.

[6] 余庆. 基于移动通信数据的居民活动空间检测与分析[D]. 上海:同济大学,2018.

[7] Chidlovskii B. Mining smart card data for travelers' mini activities[J]. IEEE Transactions on Intelligent Transportation Systems, 2018, 19(11): 3676-3685.

[8] Ma X, Wu Y J, Wang Y, et al. Mining smart card data for transit riders' travel patterns[J]. Transportation Research, 2013, 36(11):1-12.

[9] Carla Inclán, Tiao G C. Use of cumulative sums of squares for retrospective detection of changes of variance[J]. Journal of the American Statistical Association, 1994, 89(427): 913-923.

[10] Fragkou A D, Karakasidis T E, Nathanail E. Detection of traffic incidents using nonlinear time series analysis[J]. Chaos, 2018, 28(6): 63-108.

[11] 李玮峰,段征宇,杨东援. 快速路行程时间波动性分析[J]. 计算机工程与应用,2015,51(4):260.

[12] Breiman L. Bagging prediction[J]. Machine Learning, 1996, 24.

[13] Tin Kam Ho. The random subspace method for constructing decision forests[J]. IEEE Transactions on Pattern Analysis & Machine Intelligence, 1998, 20(8): 832-844.

[14] 李秀劲,段征宇,马忠政. 基于 AFC 数据的地铁站点客流典型时变特征分析[J]. 交通与运输,2021,37(06):21-26.

[15] Abadie A, Diamond A, Hainmueller J. Comparative politics and the synthetic control method [J]. American Journal of Political Science, 2012, 59(2): 495-510.

11 凝练与思考[①]

① 本章部分图表在之前出现过，为了便于读者更加连贯地阅读而重复使用。

城市交通领域对大数据技术的关注,是在技术进步、需求拉动的双向作用下产生的。城市交通大数据分析的核心任务,是将大数据资源转化为决策能力,从而提升城市交通的对策水平。

11.1 适应变革的转型

国土空间规划是我国国土空间治理体系的重要组成部分,由此带来的规划体系制度框架的变革,以及实施模式的转变,已经并将进一步产生深远的影响。与此同时,与空间相关的规划逻辑也正在发生深刻的变化,生态文明发展观、"双碳"目标、以人民为中心的城市建设理念,正推动着规划编制内容与方法的转型。

新制度框架下的新规划逻辑,促使综合交通系统的规划研究对象,从以"车"为中心的交通网络,拓展到以"人"为中心的空间活动系统;从工程性内容占据主体的技术系统规划,拓展到公共政策导向下的技术策略规划。在此背景下,形成了新的交通关联的决策分析语境(图 11-1),及相应的决策分析方法变革需求。

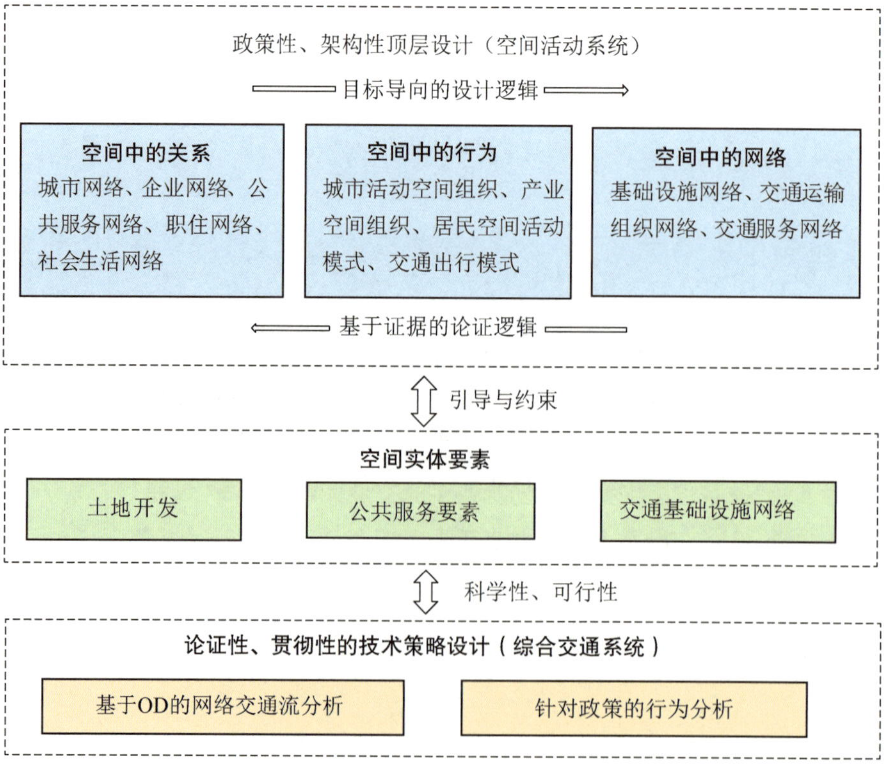

图 11-1 与交通关联的决策分析语境

尽管新的规划体系制度框架尚未完全稳定,但是国土空间规划的核心地位与引领作用已经明确。为了有效衔接技术应用场景，在剖析多种规划研究案例的基础上，提出国土空间规划与综合交通规划的关系框架(图 11-2)。

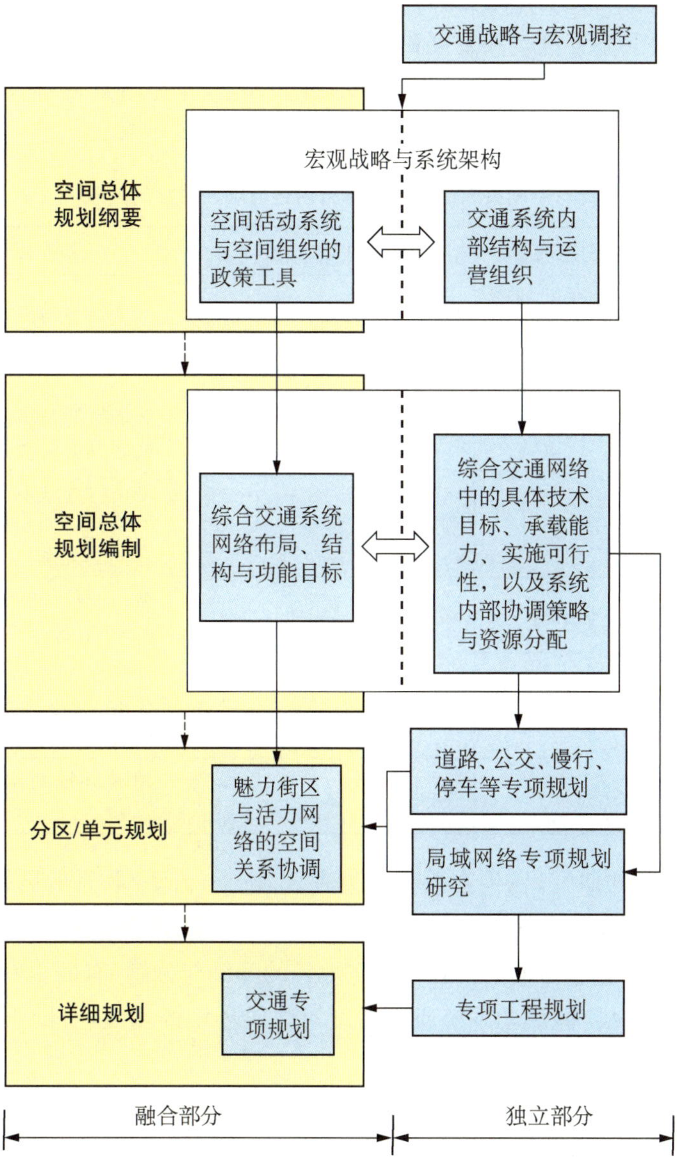

图 11-2　综合交通规划与国土空间规划融合关系

11.2　空间中的关系—空间中的行为—空间中的网络

空间活动系统分析是本书所提出的决策分析技术拓展的核心，其分析逻辑遵循“空间中的关系—空间中的行为—空间中的网络”的研究主线。

1. 空间中的关系

空间中的关系是社会行为主体在由公共服务要素分布与交通网络的共同构成的外部环境下，经过一个历史演化过程的产物。交通规划所关注的关系包括职住关系、城市对外联系空间、公共服务覆盖和发展机会可达性等。这些空间关系既是影响居民通勤时耗、绿色出行比例、区域活力等规划目标的重要因素，也是规划所涉及的空间组织策略所希望实现的目标(表 11-1)。

表 11-1　　针对空间关系的大数据分析内容与规划目标的关联

层级	基于大数据识别的内容	与规划目标的联系	需要探索的问题
城市网络	基于企业网络关联度的城市体系结构辨识	城市目标定位	两者联合效应对城市网络中地位的影响
	城市群一体化评判	趋势判断	
空间区域	城市群的空间层级结构	区域轨道服务	区域轨道与城市群空间层级结构之间的关系
	城市对外联系空间结构	城市内外交通的关系协调	城市对外联系空间结构与交通网络结构，以及空间要素集聚之间的关系
	空间中的职住关联结构	城市居民通勤时间	城市职住关联结构与居民通勤时间的关系
	空间中的长短距离出行分布结构	绿色出行的比例	居民短距离出行与其锚点(居住地、工作地)，以及锚点周边建成环境的关系
	城市建成环境分析	空间正义	建成环境对空间活动行为的影响

对空间中关系的研究，以内在关系的外在表现——流动/联系的网络结构为基础。网络模块化结构的辨识，为进一步分析与规划目标的关联创造条件；引力强度空间分布特征，给予我们理解关联强度的钥匙。时空矩阵的降维与分解，有助于发现内在因素所产生的活动频谱。从空间活动系统研究角度对建成环境的测度，有助于说明空间中的活动的产生背景。

2. 空间中的行为

空间中的行为，是联系空间关系与空间网络之间技术纽带，是交通大数据分析中寻找内在因果的关键领域。不同于商业大数据技术应用，公共政策属性的规划必须尽可能探寻关联关系背后的因果，以承担相应决策的社会责任。

尽管交通大数据资源存在固有的盖然性，但相比传统行为模型分析的小样本调查，其在全面把握问题、避免选择性偏差方面具有独特的优势。因此，在空间中的行为分析中，融合大数据与小数据之长，互补其短，是其技术路线的关键。

采用活动空间来表征行为主体空间互动的属性特征，可通过多视图框架下的多维聚类，表征研究对象的群体类别结构，可通过决策树等分析工具，获得空间活动属性与所处环境及个体属性之间的关联(图 11-3)。并据此设计深入调研方案，通过案例剖析识别内在规律。

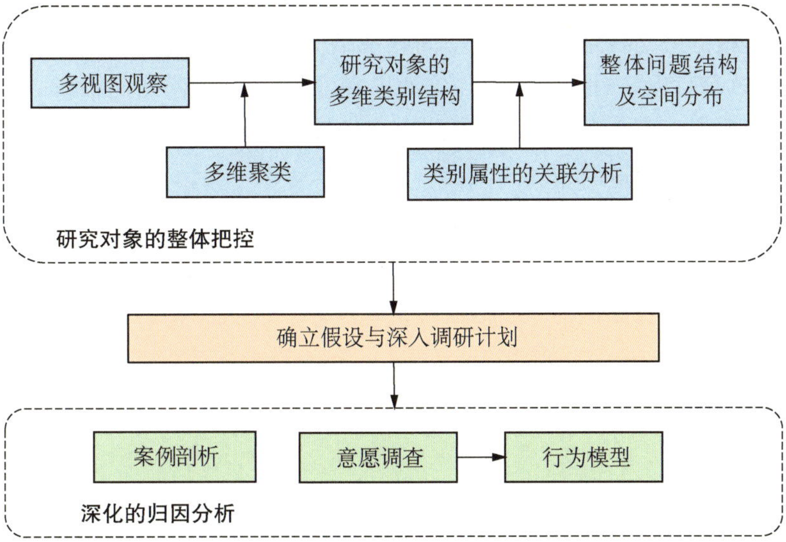

图 11-3 “空间中的行为”的分析流程

3. 空间中的网络

从网络与空间的关联角度思考问题，将网络服务在空间中的延展覆盖、网络对空间联系的贡献、场所对网络的影响等作为主要研究内容，旨在为下一步空间关系与空间网络适配性研究奠定基础(图 11-4)。

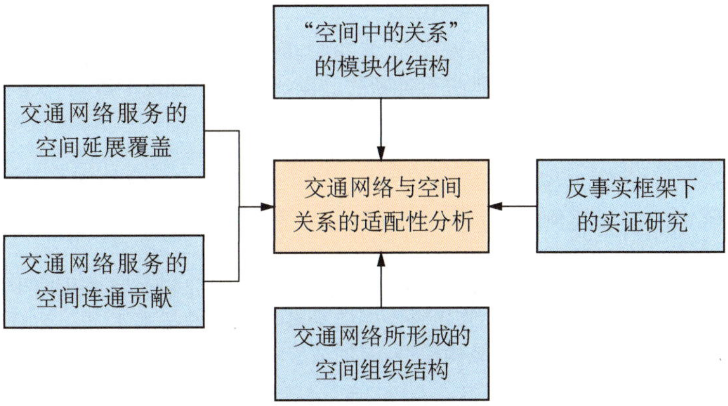

图 11-4 “空间中的网络”分析技术与规划应用的关系

依靠大数据所提供的观测能力，研究者获得了对于网络服务空间覆盖更加具体的理解。轨道交通乘客在站点周边的时空活动范围显示出，站点的服务覆盖并非一个简单的距离，而是与所处区位（中心城核心区或者外围地区）以及具体时段密切相关。在轨道站点的服务覆盖中，共享单车发挥了重要的作用。对共享单车接驳活动范围以及类别辨识的研究，初步展示出借助共享单车轨道网络向空间渗透的特征。

公交专用道是城市空间网络路权资源分配调整所产生的要素，但是长期以来公交专用道一直是根据公交线路分布而非空间联系结构需求进行设置的。随着智能驾驶等新技术的逐步成熟，以及对于街道关注度的提升，城市空间的网络面临新一轮的资源调整分配。在此背景下研究专用道系统对城市空间连通的贡献，有助于更加合理地贴近本源需求思考公交专用道的布局问题。

为了与职住空间结构进行关联研究，对于公交网络及道路网络同样进行了基于复杂网络理论的模块化结构识别分析。同样的模块结构特征表达方式，为加强两者之间的适配性评估以及寻找优化网络结构创造了条件。

11.3 交通大数据分析的工具箱

与传统分析模型不同，交通大数据分析技术呈现的是一系列分析工具（表 11-2），而非一条固化的“生产线”，这些工具被组合成为不断扩展的类似主题的“应用场景”（表 11-3），而根据实际需求作用于规划工作的“议程”。

表 11-2 本书中主要采用的大数据分析工具

分析工具类型	分析工具概述
多视图数据与多维聚类	多视图（multi-view）数据指的是样本对象具有多个属性集，每个属性集对应一个视图；多维聚类则是针对研究对象的不同侧面进行数据聚类分析，并让使用者根据自己对问题的研究需要进行最终的类别划分抉择的方法
关联分析与循证推断	循证分析是从发现“关联”到判断“因果”的探索过程，在关联分析等启示下对内在机理进行推断的过程，涉及关联强度的度量、关联效应的度量和循证分析框架
宏微观嵌套分析	嵌套分析始于初步的大样本分析，以充分把握研究对象的结构与分布，而后进入案例剖析小样本分析阶段，希望借此发现内在的规律和因果关系
“社区”结构分析	针对复杂系统具有的模块结构，从子图分割问题演化产生的社区发现算法，是一种非常适合空间活动系统研究的技术工具。针对空间层级结构的分层社区结构模型，更加适应城市群区域空间活动系统的结构分析
反事实框架中的合成控制法	反事实框架提出通过构建对象地区假想未受到政策或项目的干预影响会出现的变化，并与事实上受到干预的实际数据对比，从而确定“处理效应”的构想。合成控制法选取特定的预测变量，通过对控制组中各样本的预测变量进行加权，从而拟合一个与处理组特质相近的反事实合成组，据此比较政策实施后处理组与合成组之间的长期差异来评估政策影响

表 11-3　　定性定量结合分析的几种证—析应用场景

应用场景	说明
信息融合	在数据层、特征层以量化分析为主，决策层融合以定性分析为主
案例分析	通过宏观层面依托大数据的聚类及关联分析，确定研究对象结构，拟定案例调查方案，通过具体案例剖析获得因果判断
意见归纳	基于大数据平台提供相对对称信息环境，通过专题组座谈、深入访谈等，获取专家意见，借助证据理论实现意见归纳
循证分析	在循证分析框架下，拟定议案，收集证据，科学评估，提炼结论

所有这些技术分析工具，将逐步融入一个定性定量集合的集成研讨的决策分析体系之中，各自发挥所长来完成决策支持使命(表 11-4)。

表 11-4　　综合交通规划中的定性与定量分析

	定性研究	定量研究
认识论	研究对象是不可分的有机整体，因而审视的是系统整体和整个演变过程	研究对象可以像解剖麻雀一样被分成几个部分，通过对这些组成部分的观察可以获得整体的认识
目标	判断趋势、识别挑战、明确目标； 拟定政策性框架，构建对策体系； 剖析案例，发现问题和进行总结； 判断事物属性，识别问题结构；提出假设，拟定探索及研究方向等	从大数据中提炼判断依据； 将数据组织成为信息； 在假设前提下进行量化验证； 系统承载力分析； 技术可行性论证
数据收集	非结构化或半结构化	结构化
分析方法	逻辑推理； 历史比较； 文献分析； 个案调查； 专家研讨等	循证分析； 统计分析； 网络交通流仿真模型分析； 行为分析模型； 基于证据理论的共识归纳等
结果	提供最初的理解	建议最终的行动方案

11.4 国土空间规划背景下的交通大数据分析“议程”

新制度框架下新规划逻辑中，国土空间规划与综合交通规划代表两种不同的视角，国土空间规划代表空间资源配置与空间治理的公共政策视角，综合交通规划则代表一种更加偏重技术策略的建构视角。将两者融合为综合“议程”，在每个议程中明确任务定位，凝练议题，构建合理的交流语境，明确产出要求，是交通大数据应用的基础与前提，也决定了技术工具的遴选与使用方式(表 11-5)。

表 11-5　　国土空间规划背景下交通大数据分析的部分议程

任务定位	议题	参与者	成果产出
战略层面的态势研判	交通网络与空间组织策略的适配性	规划部门、发改部门、交通主管部门	对挑战、机遇、定位的判断，成为制定战略的依据
	交通网络与城市空间活动的契合程度		
	交通服务与发展模式的互动		
	交通网络与产业空间的关系		
交通网络布局与功能结构	高快速路网与空间及轨道的布局协调	交通部门、规划部门、建设部门、地区政府	高快速网络的功能定位与空间布局
	公交走廊与公共服务要素集聚	规划部门、地区政府、交通部门、公交企业等	公交专用道方案，公交线网调整方案，TOD开发方案
	区域轨道与“城市—区域”空间结构	所涉及的地区政府、规划部门、交通部门、铁路部门及轨道运营企业等	区域轨道的布局与运营方案构想
	道路网络—公交专用道网络—街道网络的三网协调	规划部门、交通部门	三网融合技术方案
绿色交通	降低居民通勤时耗的技术策略	交通部门、规划部门、公交企业、发展与改革研究院等	降低居民通勤时耗的技术策略建议
	提升城市绿色交通比例的技术策略	规划部门、交通部门、发展与改革研究院等	技术策略建议
枢纽规划	站城融合的需求分析	规划部门、交通部门、地区政府等	需求分析报告
	综合枢纽功能整合对于能级提升的影响	发改部门、规划部门、交通部门、运营企业等	政策与技术策略建议
	枢纽地区交通网络功能冲突协调	地区政府、交通部门、规划部门等	技术方案推荐意见
空间品质	街道的空间布局要求	规划部门、交通部门	布局方案框架性建议
	魅力空间与活力网络的关系协调	规划部门、交通部门	布局方案框架性建议
空间正义	城市交通的弱势群体分析	交通部门、社会发展部门、规划部门等	政策性建议
	公共服务覆盖的需求与效率	规划部门、交通部门、商业服务部门等	公共服务设施布局策略建议
	城市社会的空间整合	规划部门、交通部门、发展与改革研究院、发改部门等	政策与技术策略建议

注：参与者中排列第一位的是承担议程发起责任的单位。

11.5 思考——历程与未来

自 2014 年出版《连续数据环境下的交通规划与管理》开始参与交通大数据分析技术研究以来，不知不觉已过了 8 年。在众多研究者和技术人员的共同努力下，交通大数据领域不仅在科学研究上取得了极大进展，而且地方政府和中央部门已经搭建了水平很高的技术平台，取得了卓有成效的应用进展。

当前交通大数据分析技术已经进入研究工作的深水区，局部的技术进展很难满足快速发展的紧迫需求，交通大数据分析技术已经到了体系性推进的阶段。

与许多技术研究领域一样，交通大数据分析的技术发展持续动力来自实践中的需求。将大数据资源转变为决策能力，进而提升行动效果，始终是这一领域技术发展的推进主线。

大数据技术重要的用武之地，是处于物理—信息—社会三元空间中的复杂系统，而交通系统，特别是城市交通系统，恰恰是具有此类典型特征的代表系统。在当前发展形势下，交通大数据技术研究有两个具有极大潜力的应用领域：国土空间治理背景下的交通规划，以及城市交通治理。其原因在于：制度框架变革和规划逻辑转变，凸显了综合交通规划的公共政策导向的技术策略属性，空间与网络的关联与互动问题被推到重点关注位置，传统理论在这一方向的局限性呼唤新技术发展；现代治理体系和治理能力的变革，使得调控对象从物理系统转变为社会系统，复杂的矛盾与冲突，亟待智慧治理能力的支持。

再次强调，交通大数据分析并非“自动”产生结论，而只是提供了一系列“证据”，且绝大多数是间接证据。要形成判断结论，必须将间接证据构建成为证据链。这一不可或缺的重要技术环节，是亟待加强研究的领域。

希望本书能够起到“抛砖引玉”的作用，帮助更多的研究者获得更加出色的成果。

附　　录

附录Ⅰ　用于复杂网络结构分析的社区发现算法

社区发现算法分为非重叠社区划分和重叠社区划分两大类型。复杂网络中的社区最初被认为是相互分隔的，即每个节点均只属于一个社区。然而研究者逐步认识到社区之间有重叠，一个节点有可能分属几个不同的社区，且社区之间往往还存在一定的层次关系。

Ⅰ.1　非重叠社区发现算法

非重叠社区划分算法包括基于模块度优化的算法、基于谱分析的算法[1-4]、基于信息论的算法、基于标号传递的算法等。

Ⅰ.1.1　基于模块度优化的社区发现算法

采用模块度(Modularity)作为衡量社区划分结果好坏的度量指标的算法，被称为基于模块度优化的社区发现算法[5-9]。模块度是一个－1 到 1 之间的度量值，用于比较划分社区结果的内部联系紧密程度与社区之间联系紧密程度。

模块度的数学表达形式为

$$M=\frac{1}{2m}\sum_{i,j}\left(A_{ij}-\frac{k_ik_j}{2m}\right)\delta(c_i,c_j),\ m=\frac{1}{2}\sum_{ij}A_{ij} \qquad (\text{Ⅰ-1})$$

式中，M 为模块度；A_{ij} 为节点 i 和 j 之间的权重；k_i 是与节点 i 连接的边的权重之和；c_i 是节点 i 所分配到的社区，$\delta(c_i, c_j)$ 定义为

$$\delta(c_i,c_j)=\begin{cases}1, & \text{if } c_i=c_j\\ 0, & \text{otherwise}\end{cases}$$

即当节点 i 和 j 位于同一个社区时取值为 1，否则为 0。

Python-igraph 工具中的 Fast Unfolding 算法[10]就是一种基于模块度优化的算法。

Fast Unfolding 算法重复进行包含以下两个步骤的迭代运算，直到模块度不再增加(图Ⅰ-1)：

(1) 模块度最优：将联系紧密的节点合并，直到无法通过合并节点提高模块度；

(2) 社区集计：将已合并的节点合并为社区，并将社区视为节点，重新计算节点之间边的权重。

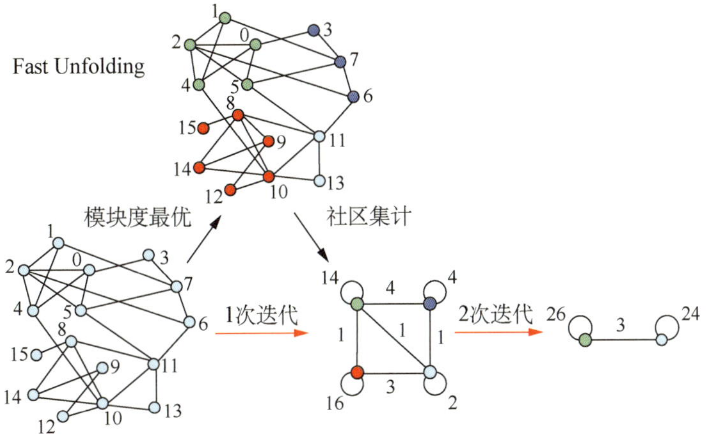

图Ⅰ-1　Fast Unfolding 算法迭代过程示例

Fast Unfolding 算法具有如下优点：

(1) 该算法的节点合并次序对模块度的计算影响不大，能够产生比较稳定的结果。

(2) 在每次迭代过程中，算法将前一次迭代的社区合并为更大的社区，这一迭代过程可以得到一个层次化的城市结构。

(3) 算法计算复杂度小，计算速度较快，适合大型网络的分析。

Ⅰ.1.2　基于标签传播的社区发现算法[11]

标签传播算法(Label Propagation Algorithm，LPA)的基本思想是：通过节点之间的相似度，将标签传播下去，以已被赋予标签的节点为源头，通过相似度向其他没有赋予标签的节点传播标签，相似度越大越容易传播，反之则越难以传播。标签传播算法的处理过程中，在初始化阶段，为网络中的每个节点随机分配唯一的标签；算法进行过程中，循环更新节点的标签，节点选择邻居节点中使用频率最高的标签来更新自己的标签；如果存在多个相同最高频率的标签，则随机选择其一；算法终止条件是每个节点的标签不再变化；算法结束后，拥有相同标签的节点构成一个社区，标签种类的数量表示社区数量。

标签传播算法的特点是算法时间复杂度较低，实现比较简单，能够高效地划分大规模网络。但是在低密度网络中，标签传播算法不能得到理想的社区划分结果。

与 LPA 算法随机分配标签不同，SemTagP 算法[12]中为用户分配的标签是用户自己使用的标号，且在传播过程中考虑标号的泛化关系。通过这种传播方式，能够将拥有具体标号的成员划分到同一上位词标号构成的社区中。

为避免在大型网络上产生过大的社区，Barber 等引入了跳跃衰减和节点倾向性方法[13]。

根据跳跃衰减，每个标签的评分为：

$$s_i(l)=\left[\max_{j\in N_i(l)} \quad s_j(l_j)\right]-\delta \tag{Ⅰ-2}$$

式中，$s_i(l)$ 指的是节点 i 上的标签 l 的评分；l_j 是节点 j 上的标签；$N_i(l)$ 是节点 i 的邻居节点中标签为 l 的节点集合；δ 是衰减因子。

节点的初始评分为 1，伴随标签传递评分会逐渐降低，当评分降为 0 时，该标签不再进行传递，从而达到避免过大社区出现的目的。

有关研究表明，将跳跃衰减和节点倾向性相结合，能够取得更好的效果。这时，节点 i 的标签选择表达为：

$$l_i=\arg_i\max\sum_{j\in N_i} s_j(l_j)f(j)^m W(i,j) \tag{Ⅰ-3}$$

式中，$W(i,j)$ 为节点 i 与节点 j 之间的权重；$f(j)$ 为节点倾向性选择函数；m 为调节参数，一般取 $m=0.1$。

Ⅰ.2 重叠社区发现算法

在现实世界中，经常出现某些节点同时分属多个社区的情况，具有重叠社区的划分算法成为近年来新的研究热点。重叠社区划分算法包括基于团渗透改进的算法、基于局部社区发现算法、基于边聚类的算法等。

Ⅰ.2.1 基于团渗透改进的重叠社区发现算法[14]

基于团渗透改进的重叠社区发现算法(Clique Percolation Method)认为社区是具有共享节点的全连通子图集合，通过一种团过滤算法来识别网络中的社区结构，并被应用到带权图、有向图及二分图中。

图 $G(V,E)$ 的团是一个两两之间都有边的节点的集合，即团是完全连通图。将 K 个节点构成的完全连通图定义为 K 极大团，极大团中任意两个节点之间都有边连接，并且它不被其他的团所包含。在极大团中添加新的节点将不再满足团的定义。在图Ⅰ-2(a)所示中的网络中，图Ⅰ-2(b)—(e)所示的子图均为团，但是只有图Ⅰ-2(b)、(d)和(e)为完全连通图，因而是极大团，图Ⅰ-2(f)所示的子图则不是团。

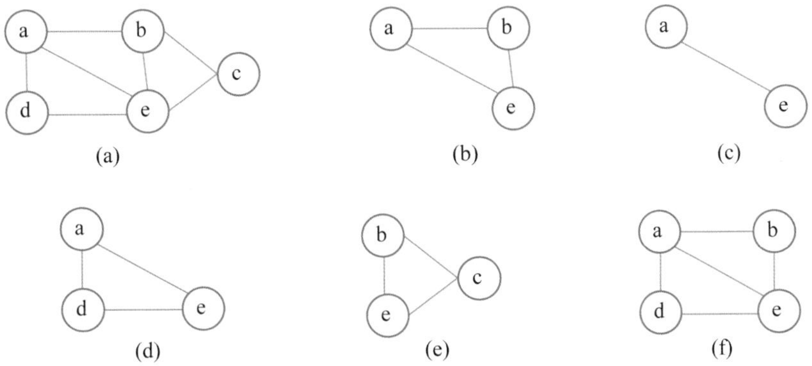

图Ⅰ-2 图、团、极大团的示意

Derényi 等提出基于极大团过滤的重叠社区发现算法[15]时所作的假设是，可将一个社区看成一些相互连通的极大团集合，并将社区定义为一组相互连通的 K 极大团集合。如果两个 K 极大团共同拥有 $K-1$ 个节点，那么这两个 K 极大团是相互连接的。如果一个 K 极大团可以通过若干相邻的 K 极大团到达另一个 K 极大团，则称这两个 K 极大团是前后可达的。

建立在上述构想基础上的 CPM 算法，首先找出网络中所有大小大于或等于 K 的极大团[16]；然后构建一个团图，每个极大团都是团图中的一个节点，如果两个团 C_1 与 C_2 共享 $\min(C_1, C_2)-1$ 个邻居的话，它们在新图中的结点之间就存在边；最后团图中的每个连通单元就是一个节点的社区，而且它可能是重叠的。

在 CPM 算法中，参数 K 为输入值，其取值将会影响最终社区发现结果。K 取值越小社区将会越大，且社区结构稀疏。有研究指出实验证明 K 的取值影响不是很大，一般取值为 4～6。由于该算法基于完全连通子图，因此比较适用于完全连通子图比较多的网络，即边密集的网络，对于稀疏网络效率将会很低。此外，由于在 CPM 算法中，不包含在任何 K 极大团中的节点将被忽略，因此所得到的社区结构不一定覆盖原网络中的所有节点。

Farkas 等将 CPM 算法拓展到有向图上，引入子图密度这一概念对 K 极大团进行搜索[17]。

对于一个 K 极大团 C 来说，C 中的节点 i 和 j 对应的权重为 W_{ij}，那么，C 的子图密度如下公式计算。只有当 K 极大团的子图密度大于阈值时，才被加入社区。子图密度阈值和 K 作为参数需要预先指定。

$$I(C)=\left(\prod_{\substack{i<j \\ i,j\in C}} W_{ij}\right)^{\frac{2}{k(k-1)}} \tag{Ⅰ-4}$$

CPM 算法中必须解决的问题是在复杂网络中挖掘极大团，在网络中找出极大团的具体方法包括回溯法、分支限界法等，启发式算法有蚁群算法、顺序贪婪算法、DLS-MC 算法和智能搜索算法等。

最容易理解的极大团挖掘算法是暴力枚举法。从设定的最大节点数 K 开始，先将度小于 $K-1$ 的节点从图中移除，因为这部分节点不可能成为大小为 K 的极大团中的组成部分。然后在剩下的节点中取所有的 K 个节点的集合，并判断集合内所有的节点是否形成 K 极大团。然后将 K 减少 1，继续进行以上步骤。这种算法的速度无疑是不理想的，但是却适合于需要按照极大团的规模从大到小地输出极大团的情况，或者是只关注节点数量多于一定阈值的极大团。

Ⅰ.2.2 基于局部社区发现算法

此类算法的基本思想是以具有某种特征的子网络为种子，通过合并、扩展等操作向邻接节点扩展，直至获得评价函数最大的社团。其中的评价函数被定义为两个适应度函数（fitness 函数）：社区的适应度和节点对社团的适应度。

Lancichinetti 等提出以若干个节点为种子，通过扩展形成对整个网络的覆盖，构建了 LMF 算法[18]。

LMF 算法认为社区围绕一些中心节点而形成，在当前社区中添加/删除一些节点可以取得优化评价函数的效果。

算法所定义的社区适应度函数用来衡量一组节点连接紧密程度，即：

$$f_{g}=\frac{k_{\text{in}}^{g}}{(k_{\text{in}}^{g}+k_{\text{out}}^{g})^{\alpha}} \tag{Ⅰ-5}$$

式中，k_{in}^{g} 表示这些节点内部的度数；k_{out}^{g} 表示与外部节点相连的度数；α 是正实数，用于控制社区大小，α 越小，社区越大。

社区由一组使社区适应度函数达到极大值的节点组成。也就是说，再向这个社区中添加任何邻居节点都会引发社区适应度函数变小。

节点 a 将这个社区的适应度函数定义为包含这个节点的社区的适应度函数与不包含这个节点的社区的适应度函数的差值，即：

$$f_{g}^{a}=f_{g+\{a\}}-f_{g-\{a\}} \tag{Ⅰ-6}$$

LFM 算法过程划分为两个基本步骤：选取种子和拓展种子。随机地选择一个还没有被分配社区的节点作为种子构成初始社区；考虑与其相邻的节点，将节点对社区适应度最大的邻节点加入到当前社团形成新的社区；重新计算新社区中各节点对社区的适应度，将适应度为负的节点剔除；重复上述过程直到扩展后的社团的邻节点对它的适应度均为负，以这种优化社区适应度函数的方法拓展初始社区以逐步形成一个成熟社区。由于在拓展社区的时候，已经被分配社区的结点仍然允许被添加进来，所以 LFM 算法能够发现重叠社区。

Ⅰ.2.3 基于边聚类的重叠社团发现

边聚类算法首先借助于边的相似度，将问题转化为聚类算法能够处理的模型。在此基础上进一步利用层次聚类算法，得到一棵聚类树图，在恰当的相似度阈值处切割树图，就得到了最终的社区划分结果。由于复杂网络中的节点一般存在多条连接边，因而边聚类算法很自然地将节点划分到多个社区之中。

经典的边聚类算法是 Y. Y. Ahn 等提出的[19]，使用 Jaccard 相似度计算方法来衡量边之间的相似性，进而获得边的相似度矩阵；同时使用分割密度作为评价标准来确定最佳分割层次。

Jaccard 相似度(Jaccard similarity coefficient)用于比较有限样本集之间的相似性和差异性，Jaccard 相似度越大，样本相似度越高。

给定两个集合 A 和 B，狭义 Jaccard 相似度定义为 A 和 B 交集大小与 A 和 B 并集大小的比值，即

$$J(A, B)=\frac{|A \cap B|}{|A \cup B|}=\frac{|A \cap B|}{|A|+|B|-|A \cap B|} \tag{Ⅰ-7}$$

与 Jaccard 相似度相关的技术概念是 Jaccard 距离，用以衡量集合之间的不相似程度。其数学形式为

$$d_J(A, B)=1-J(A, B)=\frac{|A \cup B|-|A \cap B|}{|A \cup B|} \tag{Ⅰ-8}$$

广义 Jaccard 相似度则将相似性度量扩展到向量和非负函数。

对于给定的两个 n 维向量，则 Jaccard 相似度定义为

$$J(A, B)=\frac{\sum_{i=1}^{n}\min(x_i, y_i)}{\sum_{i=1}^{n}\max(x_i, y_i)} \tag{Ⅰ-9}$$

城市空间联系网络为有向、有权重网络，为此引入由 Jaccard 系数扩展而来的 Tanimoto 系数(Tanimoto coefficient)，度量带有权重有向的边之间的相似度[20]。

给定向量 $A_i=(a_{i1}, \cdots, a_{iN})$，其中：

$$a_{ij}=\frac{1}{k_i}\sum_{l \in n(i)} w_{il}\delta_{ij}+w_{ij} \tag{Ⅰ-10}$$

式中，w_{ij} 为边 e_{ij} 的权重，$n(i)=\{j \mid w_{ij}>0\}$ 为节点 i 的所有邻接节点，$k_i=|n(i)|$；当 $i=j$ 时，$\delta_{ij}=1$，其他情况 $\delta_{ij}=0$。则边 e_{ik} 与 e_{jk} 的 Tanimoto 相似度的数学表达为

$$S(e_{ik}, e_{jk})=\frac{A_i \cdot A_j}{|A_i|^2+|A_j|^2-A_i \cdot A_j} \tag{Ⅰ-11}$$

采用分割密度(partition density)指标作为决定最佳聚类簇数的判别依据，该指标主要衡量社区内部的联系强度，以分割密度取得最大值作为重叠社区的最优划分基准。对于一个有 M 条边与 N 个节点的网络，$P=\{P_1, \cdots, P_k, \cdots, P_c\}$ 表示将所有边切分

为 c 个子集。P_k 子集中的边数量为 $l_k = |P_k|$，这些边所连接的节点数量为 $n_k = |U_{e_{ij} \in P_k}\{i, j\}|$，其中在所有节点均连通的状态下有 $\sum_{k=1}^{c} l_k = L$，而 $\sum_{k=1}^{c} n_k \geqslant N$。对于无向图，单个社区 P_k 内，最大的边数量为 $\frac{n_k(n_k-1)}{2}$，最少边数量为(n_k-1)。分割密度 D_k 表示的是用最大和最小可能的边数量标准化实际的边数量后的值（如果 $n_k=2$，则 $D_k=0$），其数学表达如下：

$$D_k = \frac{l_k-(n_k-1)}{\frac{n_k(n_k-1)}{2}-(n_k-1)} \tag{Ⅰ-12}$$

而对整个重叠社区划分的分割密度 D，则为所有子集的 D_k 以其中边数量为权重计算得的平均值：

$$D = \frac{2}{L}\sum_{k=1}^{c} l_k \frac{l_k-(n_k-1)}{(n_k-2)(n_k-1)} \tag{Ⅰ-13}$$

在层次聚类算法通过计算不同类别数据点间的相似度所创建的嵌套聚类树中，不同类别的原始样本点是树的最低层，树的顶层是一个聚类的根节点。在每次合并后，算法计算一次该社区划分状态下的分割密度 D，从而得到伴随合并的分割密度变化，其中分割密度 D 取得最大值时，即为社区的最优划分结果。

附录Ⅱ　矩阵降维与分解

为了识别与空间联系相关的时空矩阵具有内部低秩结构，进而达到聚焦于问题本征结构、便于可视化，以及便于进行机器学习模型的训练和预测的目的，往往需要对时空矩阵进行降维和分解处理（图Ⅱ-1）。

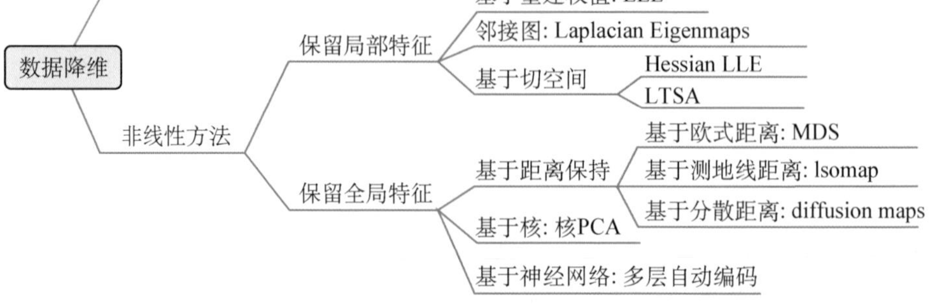

图Ⅱ-1　数据降维的技术谱系

Ⅱ.1 主成分分析法

Pearson 在 1901 年提出的主成分分析(Principal Component Analysis，PCA)方法[21]，是在矩阵降维中最常使用的方法之一，Hotelling 在 1933 年对其进行了有效的推广工作[22]。该方法认为原始矩阵 $\boldsymbol{D}$，由低秩矩阵 $\boldsymbol{L}_0$ 与较小且服从独立同分布的高斯分布的噪声扰动矩阵 $\boldsymbol{S}_0$ 共同构成，即有：

$$\boldsymbol{D} = \boldsymbol{L}_0 + \boldsymbol{S}_0 \tag{Ⅱ-1}$$

通过求解如下的极值模型，寻找最优秩 k 的解逼近 $\boldsymbol{L}_0$，可以完成矩阵分解工作。

$$\begin{aligned} &\min_{L,S} \quad \| \boldsymbol{X} - \boldsymbol{L} \|_2 \\ &\text{s.t.} \quad rank(\boldsymbol{L}) \leqslant k,\ \boldsymbol{X} = \boldsymbol{L}_0 + \boldsymbol{S}_0 \end{aligned} \tag{Ⅱ-2}$$

式中，$\| \cdot \|_2 = \sqrt{\lambda_1}$ 为矩阵的 2 -范数，是矩阵 $\boldsymbol{X}^{\mathrm{T}}\boldsymbol{X}$ 最大特征值的平方根。

作为一种常用的矩阵降维方法，PCA 能够比较好地提炼出高维数据样本中的潜在低维特征。但是其要求原始矩阵 $\boldsymbol{X}$ 噪声较小、且满足独立同分布的高斯分布。当 $\boldsymbol{X}$ 中存在过大的噪声或者严重的离群点时，都会导致估计的低秩矩阵 $\boldsymbol{L}_{es}$ 偏离真实的 $\boldsymbol{L}_0$，最终无法有效分离原始矩阵中低秩部分和稀疏部分[23-24]。在实际应用中的数据经常会有一定程度的噪声而无法满足 PCA 的要求，导致分解结果不太理想。

Ⅱ.2 奇异值分解(SVD)

与 PCA 算法求解策略具有显著差异的 SVD (Singular Value Decomposition)算法，是利用奇异值来实现矩阵降维[25]。

首次阐述奇异值(Singular Value Decomposition，SVD)问题的是 Beltrami (1873 年)，Jordan 在 1874 年也完成了奇异值分解独立的数学推导工作。其后经过 Sylvester、Schmidt 和 Weyl 等学者的补充和扩展[26]，奇异值分解理论趋于完善成熟。

Beltrami 的研究中提出了双线性函数的定义，即

$$f(x,\ y) \in \boldsymbol{x}^{\mathrm{T}} A \boldsymbol{y},\ A \in R^{m \times n} \tag{Ⅱ-3}$$

设变量 x 和 y 存在如下线性变换：

$$\boldsymbol{x} = \boldsymbol{U}\alpha,\ \boldsymbol{y} = \boldsymbol{V}\beta \tag{Ⅱ-4}$$

则可得到双线性函数：

$$\begin{aligned} f(\boldsymbol{x},\ \boldsymbol{y}) &= \alpha S \beta \\ \boldsymbol{S} &= \boldsymbol{U}^{\mathrm{T}} A \boldsymbol{V} \end{aligned} \tag{Ⅱ-5}$$

Beltrami 发现，若将 $\boldsymbol{U}$ 和 $\boldsymbol{V}$ 都约束为正交矩阵，则它们的选择存在 n^2-n 个自由度，令这些自由度在取得一定值后使矩阵 $\boldsymbol{S}$ 除对角线以外的元素全为零，即矩阵 $\boldsymbol{S}$ 为对角矩阵：

$$\boldsymbol{S}=\Sigma=\mathrm{diag}(\lambda_1, \lambda_2, \cdots, \lambda_n) \tag{Ⅱ-6}$$

接着用 $\boldsymbol{U}$ 和 $\boldsymbol{V}$ 分别左乘和右乘以上公式，由 $\boldsymbol{U}$ 和 $\boldsymbol{V}$ 的正交性可得到

$$\boldsymbol{A}=\boldsymbol{U}\Sigma\boldsymbol{V}^{\mathrm{T}} \tag{Ⅱ-7}$$

式（Ⅱ-7）就是 Beltrami 在 1873 年得到的关于实正方矩阵的定义。

因此，可以设 $\boldsymbol{D}$ 为一个 $m\times n$ 的矩阵，$\boldsymbol{D}^{\mathrm{T}}\boldsymbol{D}$ 的特征值为

$$\lambda_1\geqslant\lambda_2\geqslant\cdots\geqslant\lambda_r\geqslant\lambda_{r+1}=\cdots=\lambda_n=0$$

即 $\boldsymbol{D}$ 的秩为 r，则称

$$\sigma_i=\sqrt{\lambda_i} \quad i=0, \cdots, n$$

为矩阵 $\boldsymbol{D}$ 的奇异值，λ_i 越大，所反映的矩阵 $\boldsymbol{D}$ 的能量或包含的信息也就越多。

则存在 $m\times m$ 的正交矩阵 $\boldsymbol{U}$ 和 $n\times n$ 的正交矩阵 $\boldsymbol{V}$，使得

$$\boldsymbol{D}_{m\times n}=\boldsymbol{U}_{m\times m}\times S_{m\times n}\times\boldsymbol{V}_{n\times n} \tag{Ⅱ-8}$$

其中

$$\boldsymbol{S}_{m\times n}=\begin{bmatrix}\Sigma_{r\times r} & 0_{r,(n-r)} \\ 0_{(m-r),r} & 0_{(m-r),(n-r)}\end{bmatrix}$$

$$\boldsymbol{\Sigma}_{r\times r}=\begin{bmatrix}\sigma_1 & & & \\ & \sigma_2 & & \\ & & \ddots & \\ & & & \sigma_r\end{bmatrix}$$

通过这种矩阵分解，可以近似找到一个简化矩阵，即将对角线矩阵 $\boldsymbol{S}$，保留其 k 个最大奇异值的左奇异矩阵组成一个 k 维空间（$k\times n$），从而得到一个新的对角矩阵 $\boldsymbol{S}_k$，相应的矩阵 $\boldsymbol{U}$、$\boldsymbol{S}$、$\boldsymbol{V}$ 的维度分别为（$m\times k$）、（$k\times k$）和（$k\times n$），于是所得到的近似矩阵 $\boldsymbol{D}_{k(m\times n)}=\boldsymbol{U}_{k(m\times k)}\times\boldsymbol{S}_{k(k\times k)}\times\boldsymbol{V}_{k(k\times n)}$，而有 $\boldsymbol{D}_{k(m\times n)}\approx\boldsymbol{D}_{m\times n}$。由于特征值数值大小对于矩阵—向量乘积的影响为正比关系，而奇异值与特征值为正比关系，因此奇异值分解能够产生初始矩阵 $\boldsymbol{D}$ 的所有秩等于 k 的矩阵中与矩阵 $\boldsymbol{D}$ 最为近似的一个。

矩阵 $\boldsymbol{D}$ 的 Frobenious 范数等于其所有非零奇异值平方和的正平方根，即有

$$\| D \|_F=\sqrt{\sigma_1^2+\sigma_2^2+\cdots+\sigma_r^2}$$

大多数情况下，前少数的奇异值的平方和就占了全部的奇异值平方和的99%以上了。

综上，奇异值分解将矩阵的每一个特征以不同的奇异特征值表现出来，从而能够实现对矩阵特征的分离提取，但是其与主成分分析具有同样的问题，对于异常值和噪声数据较为敏感。

Ⅱ.3　鲁棒性主成分分析(RPCA)

为了克服 PCA 存在的问题，Candès 等[27]提出了鲁棒性主成分分析(Robust Principal Component Analysis, RPCA)的分解优化模型，简称为 RPCA 分解。

RPCA 能够将一个被任意大小的稀疏噪声污染的数据矩阵分解成为低秩矩阵 $\boldsymbol{L}$ 和稀疏矩阵 $\boldsymbol{S}$，克服了传统主成分分析对稀疏的高强度噪声敏感的不足。

$$\boldsymbol{D}=\boldsymbol{L}+\boldsymbol{S} \tag{Ⅱ-9}$$

对于(Ⅱ-9)所示的问题，可以通过如式(Ⅱ-10)所示的极值模型加以求解。

$$\begin{aligned} \min_{L,S} \quad & rank(\boldsymbol{L})+\lambda\|\boldsymbol{S}\|_0 \\ \text{s.t.} \quad & \boldsymbol{D}=\boldsymbol{L}+\boldsymbol{S} \end{aligned} \tag{Ⅱ-10}$$

式中，λ 为权衡矩阵 $\boldsymbol{L}$ 的秩与矩阵 $\boldsymbol{S}$ 的 l_0 范数(即矩阵中非零元素的总个数)的常系数，其取值通常采用公式(Ⅱ-11)的方法。

$$\lambda=\frac{1}{\max(m,n)} \tag{Ⅱ-11}$$

其中，m，n 为矩阵 $\boldsymbol{R}$ 两个维度上的维数。

相比于 PCA 分解中要求噪声足够小，RPCA 分解仅要求 S_0 足够稀疏。然而该优化问题是 NP-Hard 问题，秩函数和 l_0 范数在优化上存在非凸和非光滑特性，所以采用凸松弛技术，使用矩阵的核范数(矩阵奇异值绝对值之和)和矩阵 l_1 范数(非零元素的绝对值之和)分别代替矩阵 $\boldsymbol{L}$ 的秩与矩阵 $\boldsymbol{S}$ 的 l_0 范数，从而将问题转换成求解主成分追踪(Principal Component Pursuit, PCP)问题：

$$\begin{aligned} \min_{L,S} \quad & \|\boldsymbol{L}\|_*+\lambda\|\boldsymbol{S}\|_1 \\ \text{s.t.} \quad & \boldsymbol{D}=\boldsymbol{L}+\boldsymbol{S} \end{aligned} \tag{Ⅱ-12}$$

其中，$\boldsymbol{L}$，$\boldsymbol{S}\in R^{m\times n}$，且 $X\in R^{m\times n}$；$\|\boldsymbol{L}\|_*=\sum_{i=1}^{r}\sigma_i(L)$ 为矩阵 $\boldsymbol{L}$ 的核范数；$\|\boldsymbol{S}\|_1=\Sigma_{i,j}S_{ij}$ 是矩阵 $\boldsymbol{S}$ 的 L_1 范数。同时，Candè[27]，Wright, Ganesh et al.[28]等在研究中证明，满足一定的条件下，PCP 可以准确还原出 L_0 和 S_0，约束条件见式(Ⅱ-13)。对于

$m \times n$ 的矩阵，所建议平衡参数的取值为 $1/\sqrt{\max(m, n)}$。

$$\begin{cases} \max_i \| U_i^{\mathrm{T}} e_i \|^2 \leqslant \dfrac{\mu r}{m} \\ \max_i \| V_i^{\mathrm{T}} e_i \|^2 \leqslant \dfrac{\mu r}{n} \\ \| U^{\mathrm{T}} V \|_{\infty} \leqslant \sqrt{\dfrac{ur}{mn}} \end{cases} \tag{Ⅱ-13}$$

交通需求中存在一些无法简单归入低秩部分和稀疏部分的内容，例如短时期的商务出行、非假日高峰的游客出行等，并没有明显集中或者规律出现的模式，并不完全符合原始数据矩阵 $\boldsymbol{X}$ 由具有低秩结构或近似低秩结构的低秩矩阵 $\boldsymbol{L}_0$ 和随机分布的稀疏噪声矩阵 $\boldsymbol{S}_0$ 构成的条件。松弛主成分追踪（Relaxed Principal Component Pursuit，RPCP）提供了相应的解决方案，其优化模型如式（Ⅱ-14）所示，不再要求将原始矩阵严格精确分解为低秩矩阵和稀疏矩阵之和。而是采用新增变量 δ 为随机需求的 F—范数的约束问题，容许分解有一定的差别范围模拟随机的需求波动。

$$\begin{aligned} \min \quad & \| \boldsymbol{L} \|_* + \lambda \| \boldsymbol{S} \|_1 \\ \text{s.t.} \quad & \| \boldsymbol{D} - \boldsymbol{L} - \boldsymbol{S} \|_F \leqslant \delta \end{aligned} \tag{Ⅱ-14}$$

在确定随机矩阵约束参数 δ 时，借鉴 Lakhina A[29]提到的主成分分析方法，将原始矩阵采用奇异值分解（Singular Value Decomposition，SVD）算法进行分解，对分解得到的特征分量通过以下判别准则分为周期性分量、突变分量以及噪声分量，然后通过噪声分量估计交通流量数据中的噪声需求。

对 u_i 特征分量的类别进行划分如下所述：

（1）周期性特征分量（$Type1$）：采用快速傅里叶变换（FFT）[30]对 u_i 进行频谱分析，计算特征分量的周期，如果周期为 12 小时的倍数，则认为其为交通流量的周期性特征分量。

（2）包含突变的特征分量（$Type2$）：如果 u_i 中至少包含一个超出$[mean(u_i) - 5\sigma, mean(u_i) + 5\sigma]$的元素，则认为该分量包含时间序列的突变特征，其中 σ 为 u_i 分量的标准差。

（3）噪声分量（$Type3$）：不属于前两类的特征分量。

算法Ⅱ-1	**参数 δ 估计算法**
输入：快速路网半小时交通流量数据 $D \in R^{m*n}$，m 表示时段数量，n 表示断面数量；	
1. 对 D 进行奇异值分解，$D = U\Sigma V$	
2. 对每一列 u_j 的属性进行判断	

（续表）

$if\ u_j$ 快速傅里叶分解,其频率为 12 的倍数 $\quad i \in Type1$ $else\ if\ u_i$ 存在 5 倍的标准差的值 $\quad i \in Type2$ $else \quad i \in Type3$
3. 噪声需求矩阵 $N = \sum_{i \in type3} \delta_i u_i v_i^{\mathrm{T}}$
输出：$\delta = \| N \|_F$

采用加速近端梯度算法(Accelerate Proximal Gradient, APG)来求解公式(3.8)所示的模型,算法求解前需要通过拉格朗日乘子将问题写成如公式 3.10 所示的形式[31-32],算法的具体步骤如表 3-2 所示,其中输入参数 μ 采用 Zhou 等[33] 在其研究中给出的推荐值 $\mu = \sqrt{2\max(m, n)}\sigma$。

$$\min_{L, S} \quad \mu \| L \|_* + \mu\lambda \| S \|_1 + \frac{1}{2} \| M - L - S \|_F^2 \tag{Ⅱ-15}$$

算法Ⅱ-2　　　　求解 RPCA 的加速近端算法

输入：快速路网半小时交通流量数据 $X \in R^{m*n}$，m 表示时段数量，n 表示断面数量；参数 λ，μ
1. 令 $L_0 = L_{-1} = 0$, $S_0 = S_{-1} = 0$, $t_0 = t_{-1} = 1$, $\tau_0 = 2$, $\eta = 0.9$。$For\ k = 0, 1, 2, \cdots$
2. $Y_k^L = L_k + \frac{t_{k-1} - 1}{t_k}(L_k - L_{k-1})$ $Y_k^S = S_k + \frac{t_{k-1} - 1}{t_k}(S_k - S_{k-1})$ $G_k^L = Y_k^L - \frac{1}{2}(Y_k^L + Y_k^S - M)$ $G_k^S = Y_k^S - \frac{1}{2}(Y_k^L + Y_k^S - M)$ $(U, \Sigma, V) = svd(G_k^L)$
3. 用线性搜索的方法寻找更优的 τk $\hat{\tau} 0 = \eta\tau_k$ For $j = 0, 1, 2, \cdots.$ $X_j^L = US_{\frac{\lambda\mu}{\hat{\tau} j}}(\Sigma)V^{\mathrm{T}}$ $X_j^S = S\lambda\mu / \hat{\tau} j(G_k^S)$ $if\ \frac{1}{2}\| X_j^L + X_j^S - M \|_F^2 \leqslant \frac{1}{2}\hat{\tau}_j(\| X_j^L - G_k^L \|_F^2 + \| X_j^S - G_k^S \|_F^2)$ $+ \frac{1}{2}(1 - \hat{\tau}_j)\| Y_i^L + Y_i^S - M \|_F^2$ $\tau_k = \hat{\tau}_j$, $stop$ $else$ $\hat{\tau}_j = \min\left(\frac{\hat{\tau}_j}{\eta}, L_f\right)$

（续表）

4. $L_{k+1}=X_j^L$, $S_{k+1}=X_j^S$, $t_{k+1}=\frac{1+\sqrt{1+4(t_k)^2}}{2}$
输出:矩阵 L, S
式中:$S_\varepsilon(X)$ 为软阈值函数,对矩阵　第　行第　列的元素 X^{ij} 满足下式: $S_\varepsilon(X)^{ij}=\begin{cases}X^{ij}-\varepsilon & \text{if } X^{ij}>\varepsilon\\ X^{ij}+\varepsilon & \text{if } X^{ij}<-\varepsilon\\ 0 & \text{otherwise}\end{cases}$

参考文献

[1] Fiedler M. Algebraic connectivity of graphs[J]. Czechoslovak Mathematical Journal, 1973,23(98): 298-305.

[2] Donetti L, Munoz M A. Detecting network communities: a new systematic and efficient algorithm[J]. Journal of Statistical Mechanics: Theory and Experiment, 2004(10): 10012.

[3] Zhang Shihua, Wang Ruisheng, Zhang Xiangsun. Identification of overlapping community structure in complex networks using fuzzy c-means clustering[J]. Physic A: Statistical Mechanics and its Applications, 2007, 374(4): 483-490.

[4] 黄发良,肖南峰.用于网络重叠社区发现的粗糙谱聚类算法[J].小型微型计算机系统,2012,33(2):263-266.

[5] Newman M E. Fast algorithm for Detecting Community Structure in Networks[J]. Physical Review E Statistical Nonlinear & Soft Matter Physices, 2003, 69(6 Pt 2): 066133.

[6] Clauset A. Finding local community structure in networks[J]. Physical Review E Statistical Nonlinear & Soft Matter Physices, 2005, 72(2 Pt 2): 026132.

[7] Schuetz P, Caflisch A. Multistep greedy algorithm identifies community structure in real-world and computer-generated networks[J]. Physical Review E Statistical Nonlinear & Soft Matter Physices, 2008, 78(2 Pt 2): 026112.

[8] Newman M E J. Modularity and community structure in networks[J]. Proceedings of the National Academy of Sciences, 2006, 103(23).

[9] Duch J, Arenas A. Community detection in complex networks using extremal optimization[J]. Physical Review E Statistical Nonlinear & Soft Matter Physices, 2005, 72 (2 Pt 2):027104.

[10] Blondel V D, Guillaume J L, Lambiotte R, et al. Fast unfolding of community hierarchies in large networks[J]. J Stat Mech, 2008, abs/0803.0476.

[11] Newman M E. Finding community structure in network using the eigenvectors of matrices[J]. Physical Review E Statistical Nonlinear & Soft Matter Physics, 2006, 74(3 Pt 2): 036104.

[12] Erétéo G, Gandon F, Buffa M. SemTagP: Semantic Community Detection in Folksonomies[J]. IEEE/WIC/ACM International Conference on Web Intelligence & Intelligent Agent Technology, 2011, 1: 324-331.

[13] Barber M J, Clark J W. Detecting network communities by propagation labels under constraints[J]. Physical Review E Statistical Nonlinear & Soft Matter Physics, 2009, 80(2 Pt 2): 026129.

[14] Palla G, Derényi I, Farkas I, et al. Uncovering the overlapping community structure of complex networks in nature and society[J]. Nature, 2005, 435.

[15] Derényi I, Palla G, Vicsek T. Clique percolation in random networks[J]. Physical Review Letters, 2005, 94(16): 160-202.

[16] Östergård, Patric R J. A fast algorithm for the maximum clique problem[J]. Elsevier Science Publishers B. V., 2002, 120(1-3): 197-207.

[17] Farkas I, Ábel D, Palla G, et al. Weighted network modules[J]. New Journal of Physics, 2007, 9(6): 180.

[18] Lancichinetti A, Fortunato S, J Kertész. Detecting the overlapping and hierarchical community structure of complex networks[J]. New Journal of Physics, 2009, 11(3).

[19] Ahn Y Y, Bagrow J P, Lehmann S. Link communities reveal multi-scale complexity networks [J]. Nature, 2010, 466(7307): 761.

[20] Tanimoto T T. An elementary mathematical theory of classification and prediction [C]. Proceedings of the IBM Internal Report, F, 1958.

[21] Pearson K. LIII. On lines and planes of closest fit to systems of points in space[J]. The London, Edinburgh, and Dublin Philosophical Magazine and Journal of Science, 1901, 2(11): 559-572.

[22] Hotelling H. Analysis of a complex of statistical variables into principal components[J]. Journal of Educational Psychology, 1933, 24(6): 417.

[23] Eckart C, Young G. The approximation of one matrix by another of lower rank [J]. Psychometrika, 1936, 1(3): 211-218.

[24] Jolliffe I T. Choosing a subset of principal components or variables[M]//Principal Component Analysis. New York: Springer, 1986: 92-114.

[25] Lathauwer L D, Moor B D, Vandewalle J. A multilinear singular value decomposition[J]. Siam Journal on Matrix Analysis & Applications, 2000, 21(4): 1253-1278.

[26] Stewart G W. On the early history of the singular value decomposition[J]. SIAM Review, 1993, 35(4): 551-566.

[27] Candès E J, Li X, Ma Y, et al. Robust principal component analysis? [J]. Journal of the ACM (JACM), 2011, 58(3): 11.

[28] Wright J, Ganesh A, Rao S, et al. Robust principal component analysis: exact recovery of corrupted low-rank matrices via convex optimization [C]//Advances in neural information processing systems, 2009: 2080-2088.

[29] Lakhina A, Papagiannaki K, Crovella M, et al. Structural analysis of network traffic flows[C]// ACM SIGMETRICS Performance Evaluation Review, 2004, 32(1): 61-72.

[30] 杨毅明. 数字信号处理[M]. 2 版. 北京:机械工业出版社,2017.

[31] Ganesh A, Lin Z, Wright J, et al. Fast algorithms for recovering a corrupted low-rank matrix [C]//Computational Advances in Multi-Sensor Adaptive Processing(CAMSAP), 2009 3rd IEEE International Workshop on, 2009: 213-216.

[32] Toh K C, Yun S. An accelerated proximal gradient algorithm for nuclear norm regularized linear least squares problems[J]. Pacific Journal of Optimization, 2010, 6(615-640): 1-31.

[33] Zhou Z, Li X, Wright J, et al. Stable Principal Component Pursuit[C]//IEEE International Symposium on Information Theory Proceedings, 2010: 1518-1522.

图 表 索 引

表索引

图索引